P R E F A C E

HANGEUL  

IT 워크북 시리즈는 공부하시는 분들이 좀 더 손쉽게 배울 수 있도록 체계적인 기획 하에 다음과 같은 특징을 가지고 만들었습니다.

1. 따라하기 형태의 내용 구성

각 기능들을 쉬운 단계부터 시작하여 실습 형태로 따라하면서 자연스럽게 익혀 실무에 활용할 수 있도록 하였습니다.

2. 풍부하고도 다양한 예제 제공

실무에서 실제로 사용하는 예제 위주 편성으로 인해 학습을 하는데 친밀감이 들도록 하여 학습 효율을 강화시켰습니다.

3. 베테랑 강사들의 노하우 제공

일선에서 다년간 경험을 쌓으면서 수첩 등에 꼼꼼히 적어놓았던 보물같은 내용들을 [Tip], [참고], [Upgrade] 등의 코너를 만들어 배치시켰습니다.

4. 한 달 단위 교육 일정에 맞춘 체계적 진행

4주에 맞추어 학습을 진행할 수 있도록 하였습니다.

5. 스스로 풀어보는 다양한 실전 예제 수록

각 단원이 끝날 때마다 배운 내용을 실습하면서 완벽히 익힐 수 있도록 난이도별로 다양한 실습 문제를 제시하여 복습할 수 있도록 하였습니다.

◐ 실습 파일 받아보기

– 예제 소스는 아티오(www.atio.co.kr) 홈페이지의 [자료실]에서 다운받으시면 됩니다.

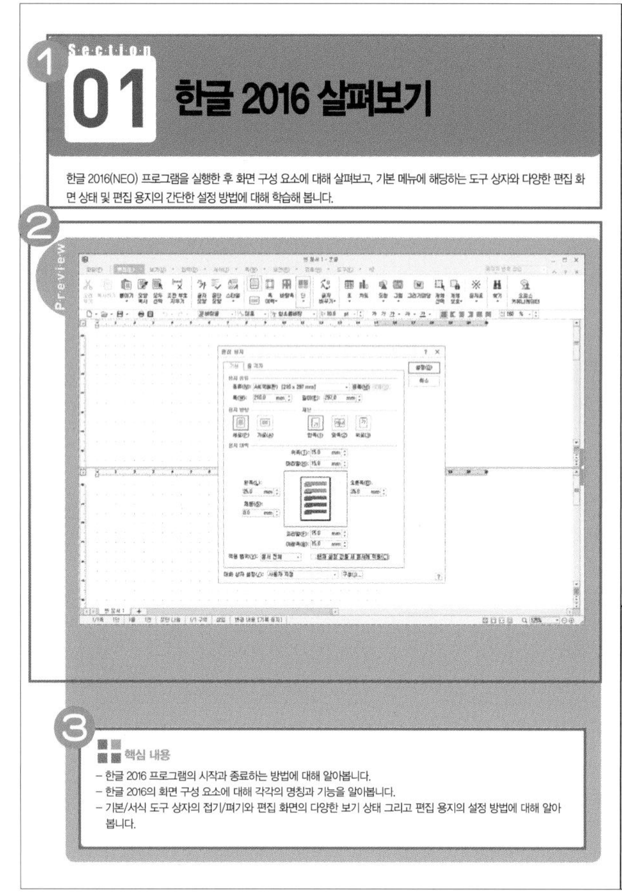

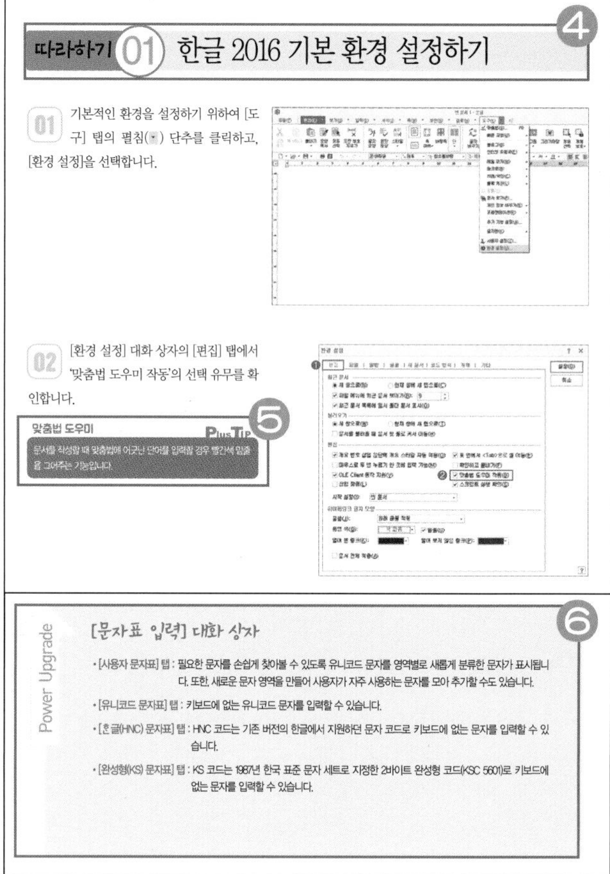

① 섹션 설명

해당 단원에서 배울 내용에 대한 전체적인 개념을 설명함으로써 단원에 대한 이해도를 증진시키도록 합니다.

② Preview

해당 단원에서 만들어볼 결과물을 미리 보여줌으로써 실습하는데 따르는 전체적인 틀을 이해할 수 있도록 하여 학습 효율을 극대화시켜 줍니다.

③ 핵심내용

해당 단원에서 배울 내용들에 대한 차례를 기록하여 흐름을 파악할 수 있습니다.

④ 따라하기

본문 내용을 하나씩 따라해 가면서 실습하다 보면 자연스럽게 관련 기능을 이해할 수 있도록 구성하여 누구나 쉽게 한글을 사용할 수 있도록 하였습니다.

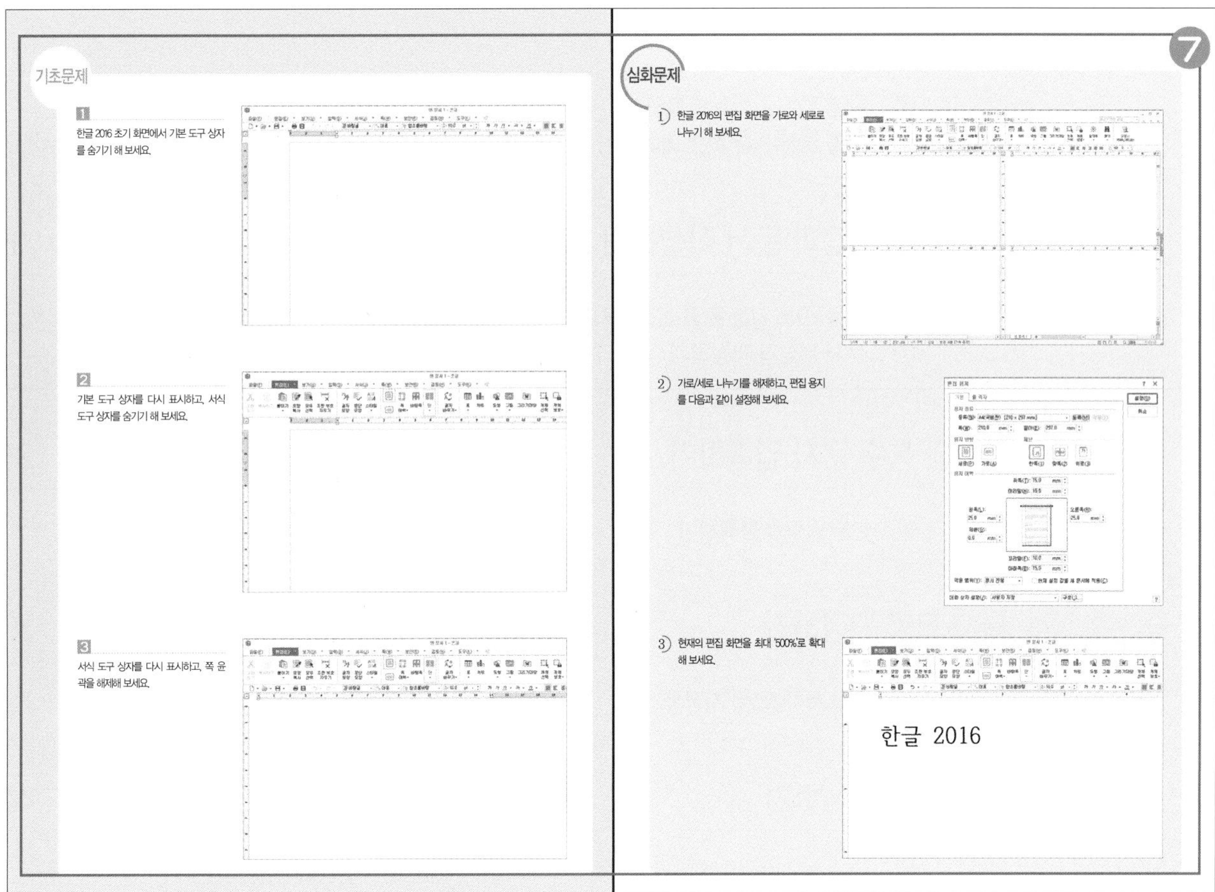

⑤ Plus Tip

저자만이 가지고 있는 다양한 노하우 및 좀 더 편리하게 접근하기 위한 정보들을 제공합니다.

⑥ Power Upgrade

난이도가 높아 본문의 따라하기에서 다루지는 않았지만 익혀놓으면 나중에 실무에서 도움이 될 것 같은 내용들을 별도로 구성해 놓았습니다.

⑦ 기초문제, 심화문제

본문에서 배운 내용을 다양한 예제를 통하여 실습하면서 확실하게 익힐 수 있도록 난이도별로 나누어 실습 문제를 담았습니다.

C · O · N · T · E · N · T · S

Section

01 한글 2016 살펴보기

한글 2016(NEO) 프로그램을 실행한 후 화면 구성 요소에 대해 살펴보고, 기본 메뉴에 해당하는 도구 상자와 다양한 편집 화면 상태 및 편집 용지의 간단한 설정 방법에 대해 학습해 봅니다.

Preview

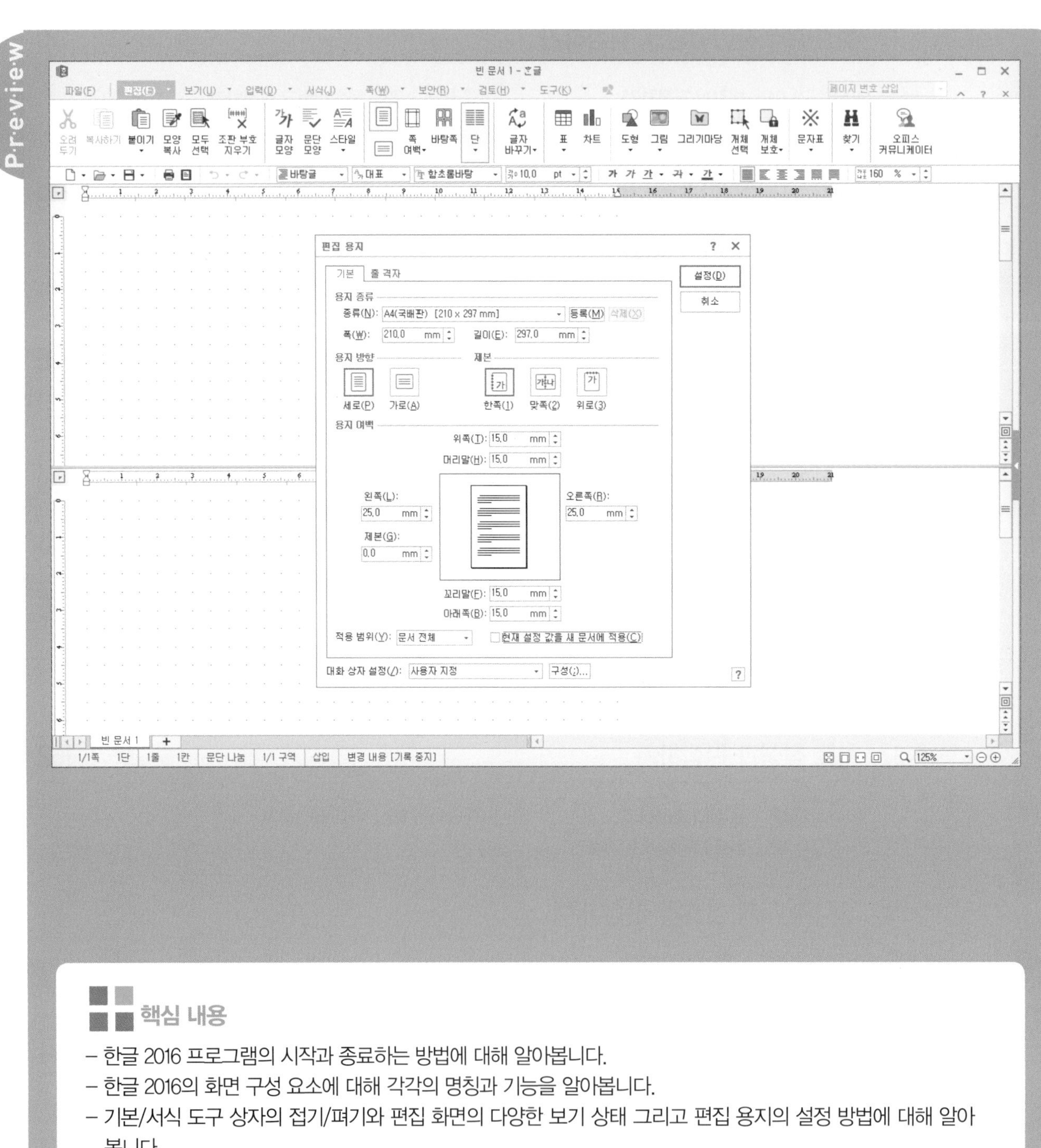

핵심 내용

- 한글 2016 프로그램의 시작과 종료하는 방법에 대해 알아봅니다.
- 한글 2016의 화면 구성 요소에 대해 각각의 명칭과 기능을 알아봅니다.
- 기본/서식 도구 상자의 접기/펴기와 편집 화면의 다양한 보기 상태 그리고 편집 용지의 설정 방법에 대해 알아봅니다.

따라하기 01 한글 2016 시작과 종료하기

01 시작(⊞) 단추를 클릭하고, [한글]을 선택하거나 바탕 화면에서 바로 가기 아이콘( )을 더블 클릭합니다.

02 한글 2016(NEO) 프로그램이 실행되면서 빈 문서의 한글 초기 화면이 나타납니다.

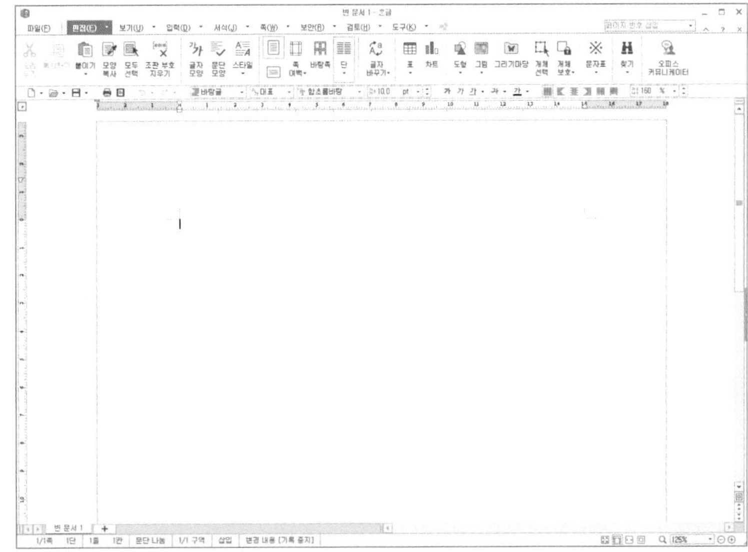

03 한글 2016(NEO) 프로그램을 종료하려면 [파일] 탭을 클릭하고, [끝]을 선택하거나 단축키 Alt + X를 누릅니다.

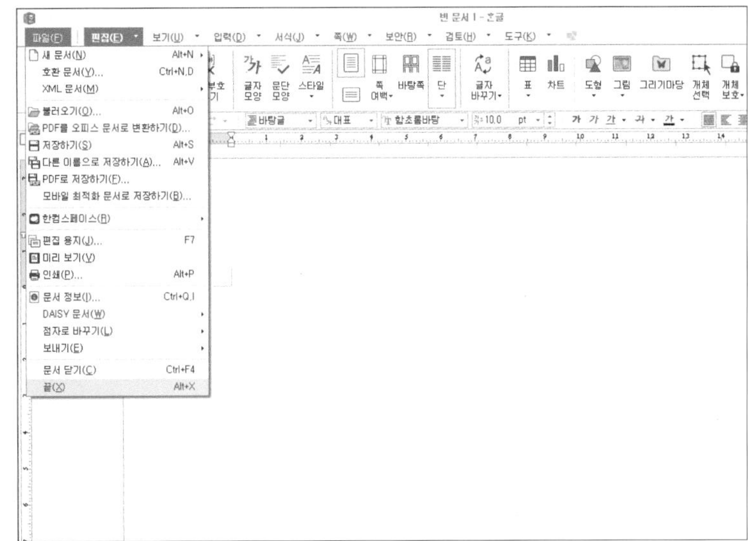

한글 2016(NEO) 종료 — Plus TIP

한글 2016을 종료할 때 화면 오른쪽 상단에서 닫기(✕) 단추를 클릭해도 됩니다.

따라하기 02 한글 2016 화면 구성 이해하기

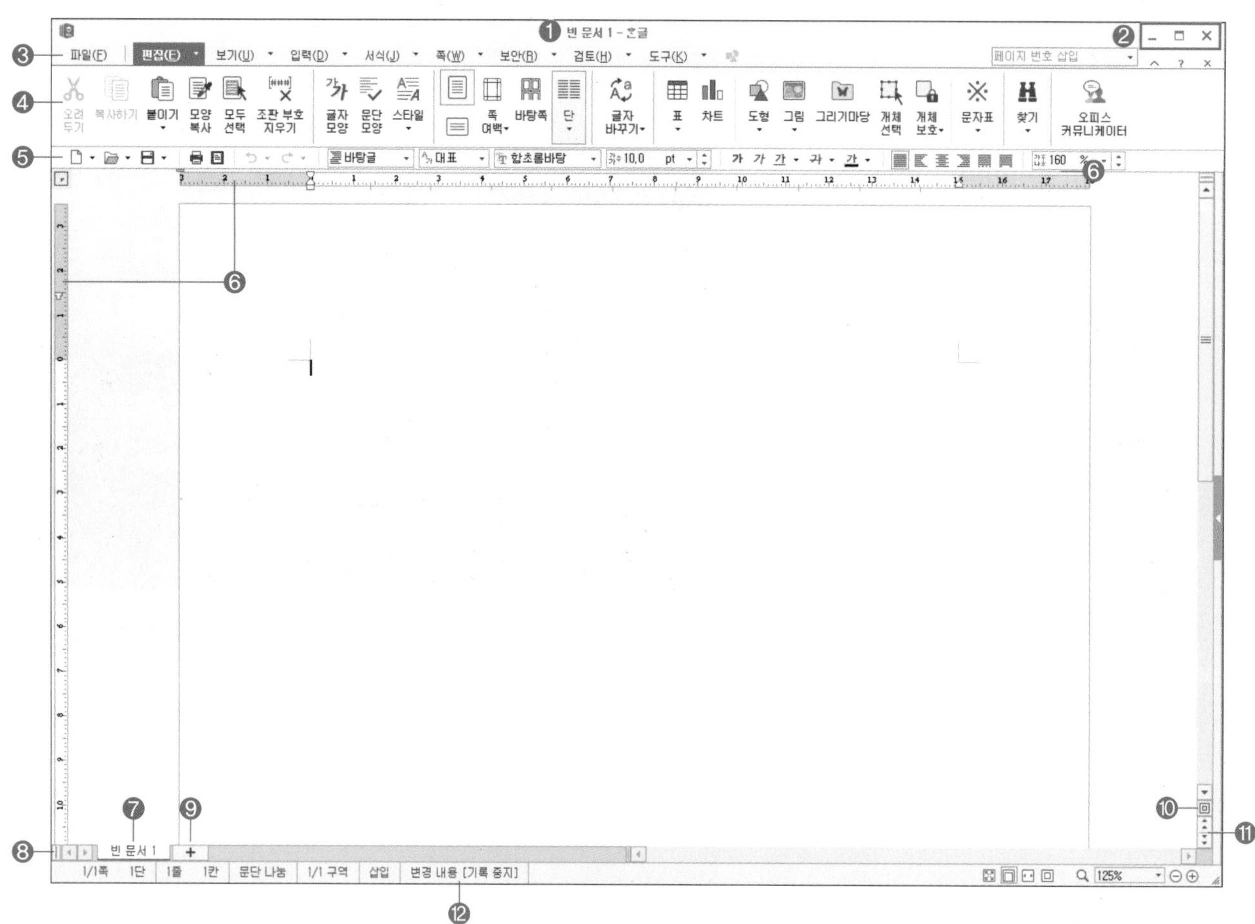

❶ 제목 표시줄

현재 문서 파일의 위치 경로와 이름(파일명)을 표시합니다.

❷ 창 조절 단추

현재 창의 크기를 최소화, 최대화, 이전 크기로 복원, 닫기의 형태로 표시합니다.

❸ 메뉴 탭

문서 작업에 필요한 다양한 기능을 풀다운 메뉴 형식으로 표시합니다.

❹ 기본 도구 상자

자주 사용하는 메뉴를 아이콘(Icon) 형태로 표시하며, 작업 상황에 따라 [개체] 탭, [상황] 탭이 나타납니다.

❺ 서식 도구 상자

자주 사용하는 서식 관련 기능을 한 번의 클릭으로 바로 실행할 수 있도록 아이콘으로 표시합니다.

❻ 눈금자

탭 위치, 오른쪽/왼쪽 여백, 눈금 단위, 행 길이, 들여쓰기, 내어쓰기 등을 설정합니다.

❼ 문서 탭

현재 문서에 포함된 탭 이름을 표시합니다.

❽ 탭 이동 단추

문서 탭이 여러 개일 경우 다른 문서 탭으로 이동합니다.

❾ 새 탭

새로운 문서 탭을 삽입합니다.

❿ 보기 선택 아이콘

쪽 윤곽, 문단/조판 부호 보이기/숨기기, 격자 설정, 찾기, 쪽/구역/줄 찾아가기 등의 기능을 선택할 수 있습니다.

⓫ 쪽 이동 단추

작성 중인 문서가 여러 쪽일 때 쪽(페이지) 단위로 이동합니다.

⓬ 상태 표시줄

편집 화면의 여러 정보가 표시되는 줄로 커서 위치, 쪽 번호, 삽입/수정 상태 등을 표시합니다.

따라하기 03 한글 2016 기본 화면 이해하기

01 화면에서 기본/서식 도구 상자를 모두 숨기려면 [보기] 탭의 펼침(▾) 단추를 클릭하고, [도구 상자]–[도구 상자 접기/펴기]를 선택합니다.

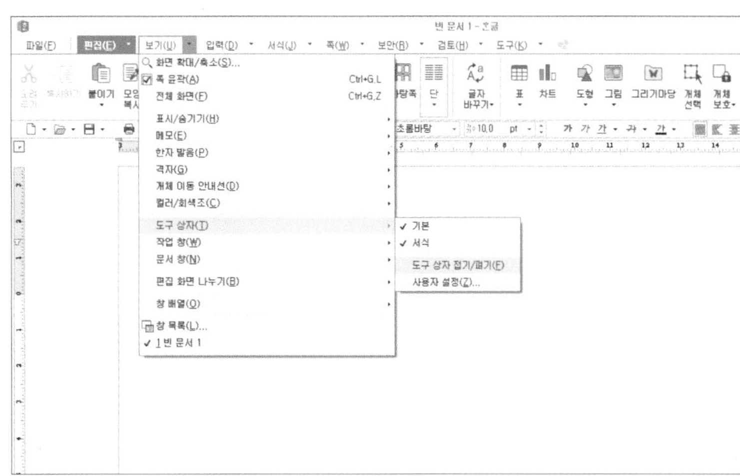

02 다시 기본/서식 도구 상자를 표시하려면 [보기] 탭의 펼침(▾) 단추를 클릭하고, [도구 상자]–[도구 상자 접기/펴기]를 선택합니다.

기본/서식 도구 상자 표시 Plus Tip

도구 상자를 표시할 때 [기본] 또는 [서식]을 각각 선택하면 해당 도구 상자를 하나씩 표시할 수 있습니다.

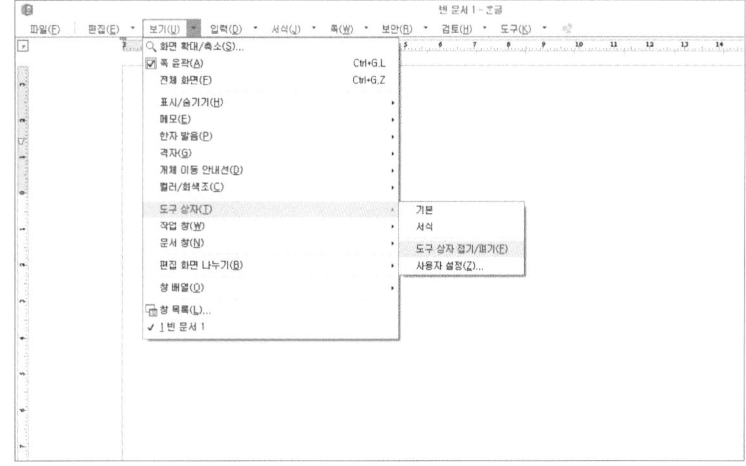

03 화면의 쪽 윤곽을 해제하려면 [보기] 탭의 펼침(▾) 단추를 클릭하고, [쪽 윤곽]을 선택합니다(= Ctrl + G, L).

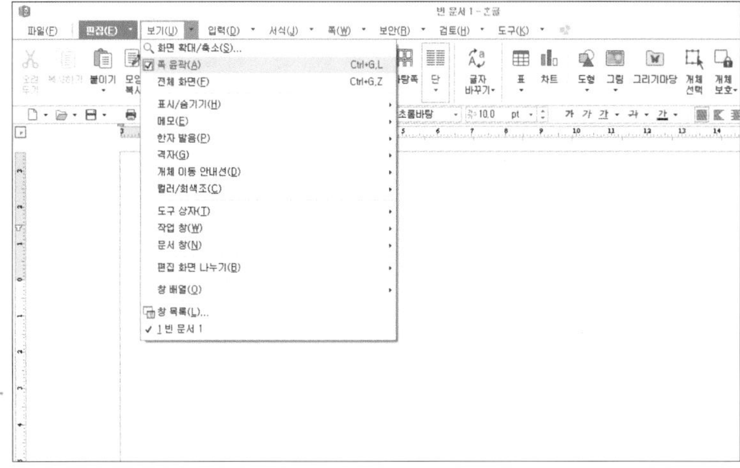

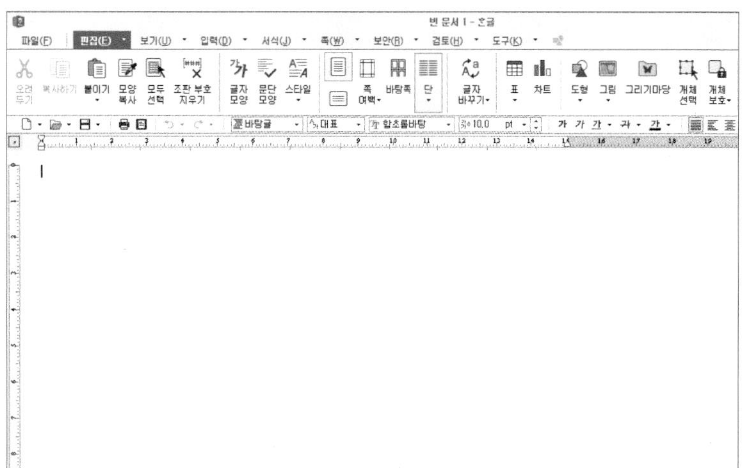

04 그 결과 쪽 윤곽이 해제된 넓은 작업 화면이 나타납니다.

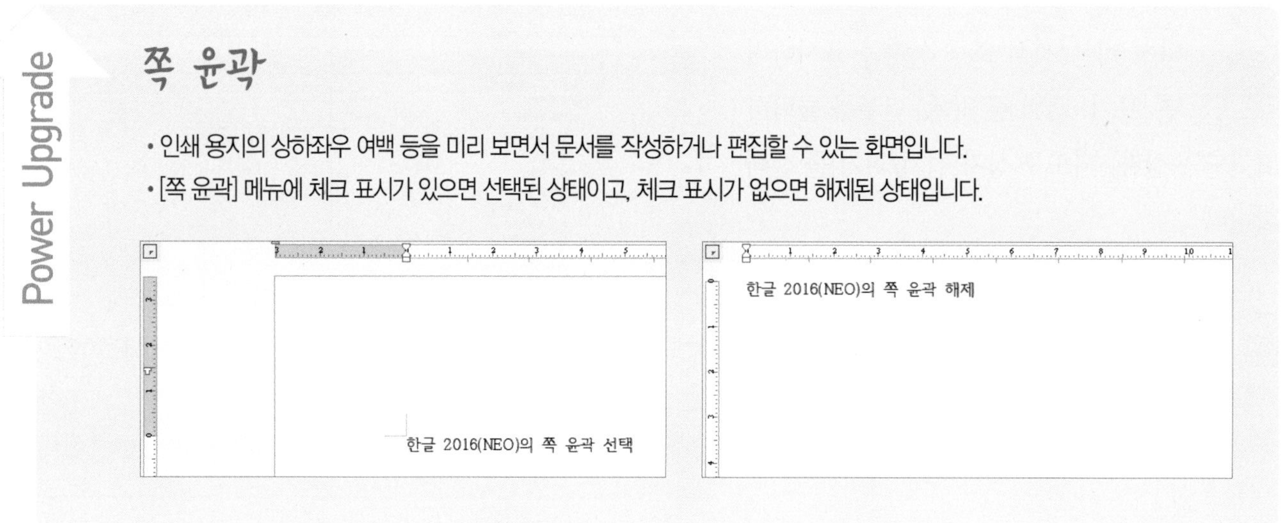

쪽 윤곽

- 인쇄 용지의 상하좌우 여백 등을 미리 보면서 문서를 작성하거나 편집할 수 있는 화면입니다.
- [쪽 윤곽] 메뉴에 체크 표시가 있으면 선택된 상태이고, 체크 표시가 없으면 해제된 상태입니다.

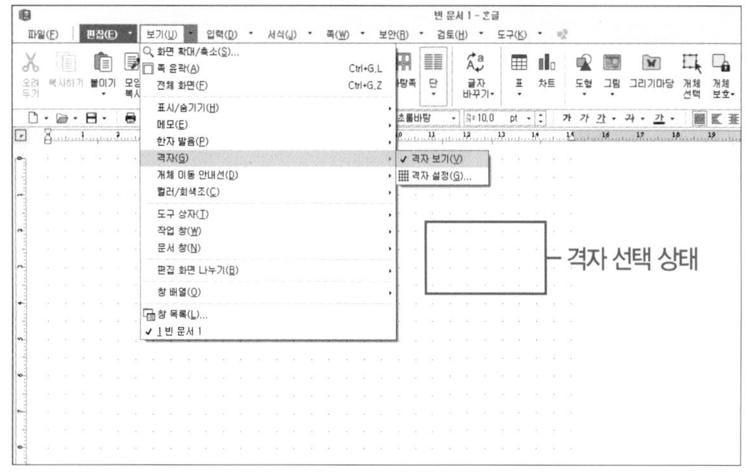

05 화면에 격자점을 표시하려면 [보기] 탭의 펼침(▾) 단추를 클릭하고, [격자]–[격자 보기]를 선택합니다(격자를 해제하려면 다시 [격자]–[격자 보기]를 선택).

격자(Grid) 표시 PlusTip

편집 화면에 가로/세로 일정한 간격으로 점을 찍거나 선을 그리는 기능으로 그림을 삽입하거나 편집할 때 정확한 간격을 맞추어 세밀한 편집을 할 수 있습니다.

06 편집 화면을 가로로 나누기 위하여 [보기] 탭의 펼침(▾) 단추를 클릭하고, [편집 화면 나누기] – [가로로 나누기]를 선택합니다(= Ctrl + W, H).

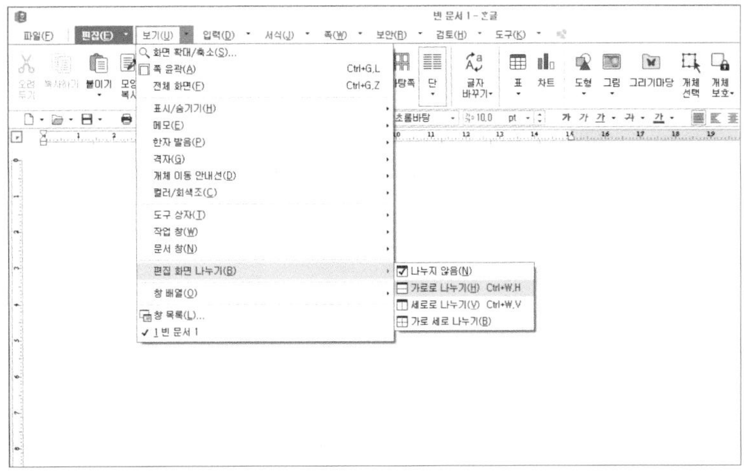

07 편집 화면을 세로로 나누기 위하여 [보기] 탭의 펼침(▾) 단추를 클릭하고, [편집 화면 나누기] – [세로로 나누기]를 선택합니다(= Ctrl + W, V).

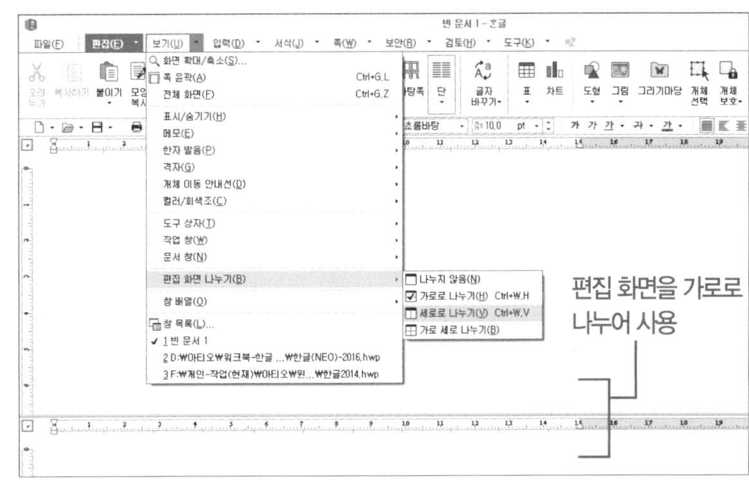

08 편집 화면을 원위치하려면 [보기] 탭의 펼침(▾) 단추를 클릭하고, [편집 화면 나누기] – [나누지 않음]을 선택합니다.

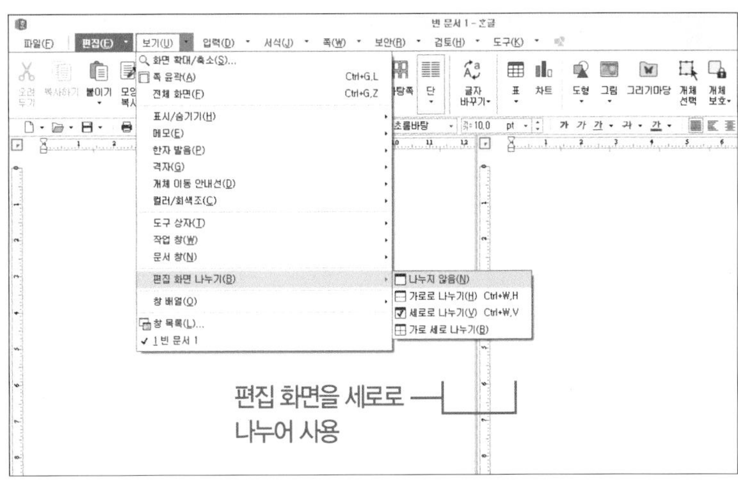

09 이번에는 편집 용지를 설정하기 위하여 [쪽] 탭의 펼침(▾) 단추를 클릭하고, [편집 용지]를 선택합니다(= F7).

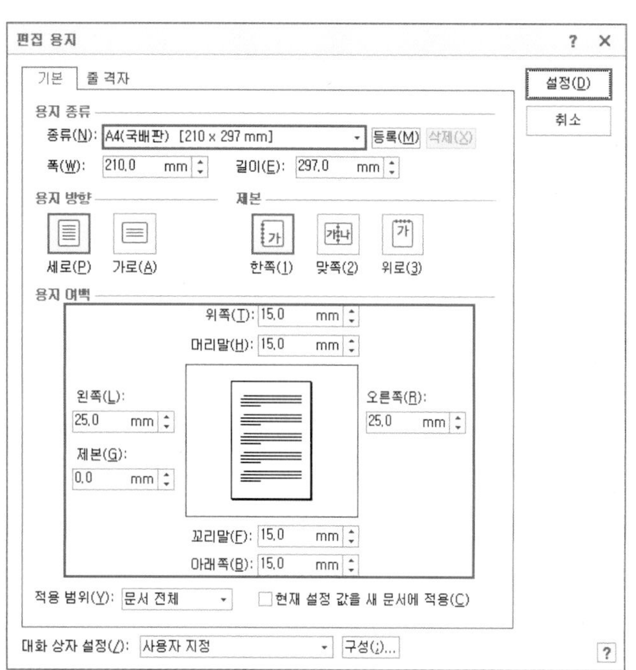

10 [편집 용지] 대화 상자의 [기본] 탭에서 용지 종류, 용지 방향, 용지 여백 등을 다음과 같이 각각 지정하고, [설정] 단추를 클릭합니다.

편집 용지 Plus Tip

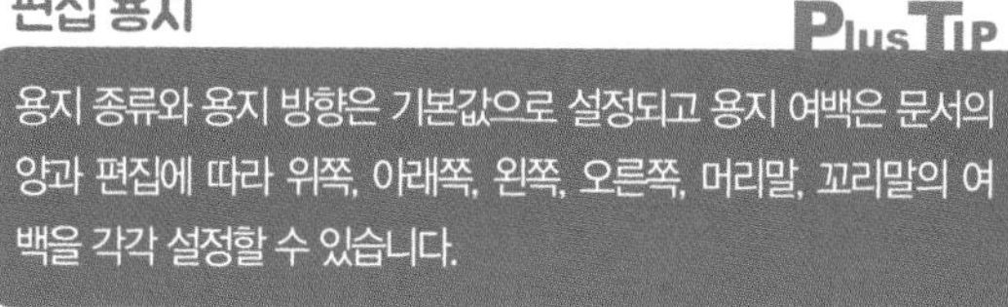
용지 종류와 용지 방향은 기본값으로 설정되고 용지 여백은 문서의 양과 편집에 따라 위쪽, 아래쪽, 왼쪽, 오른쪽, 머리말, 꼬리말의 여백을 각각 설정할 수 있습니다.

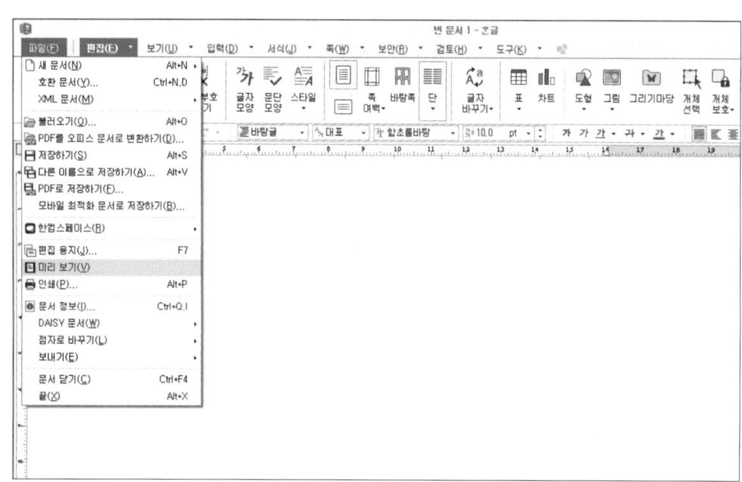

11 편집 용지를 확인하고 싶으면 [파일]–[미리 보기]를 선택하거나 서식 도구 상자에서 미리 보기(▣) 아이콘을 클릭합니다.

12 [미리 보기] 탭에서 여백 보기(여백 보기) 아이콘을 클릭하면 [편집 용지] 대화 상자에서 설정한 용지 여백이 빨간색 점선으로 표시됩니다.

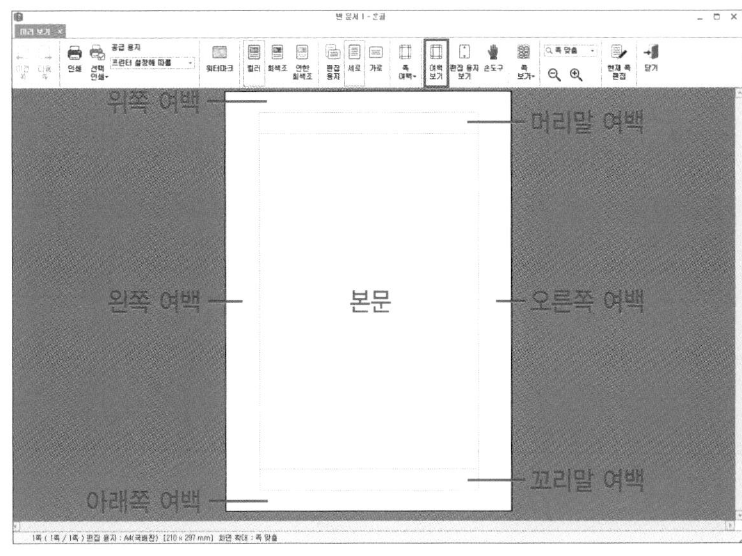

Power Upgrade

화면 확대/축소

- [보기] 탭의 펼침(▾) 단추를 클릭하고, [화면 확대/축소]를 선택합니다.
- [화면 확대/축소] 대화 상자에서 지정된 비율을 선택하거나 사용자 임의로 화면 비율을 조절할 수 있습니다.

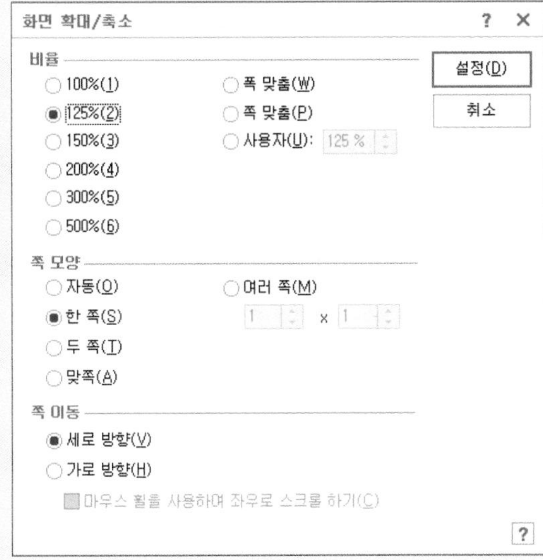

기초문제

1

한글 2016 초기 화면에서 기본 도구 상자를 숨기기 해 보세요.

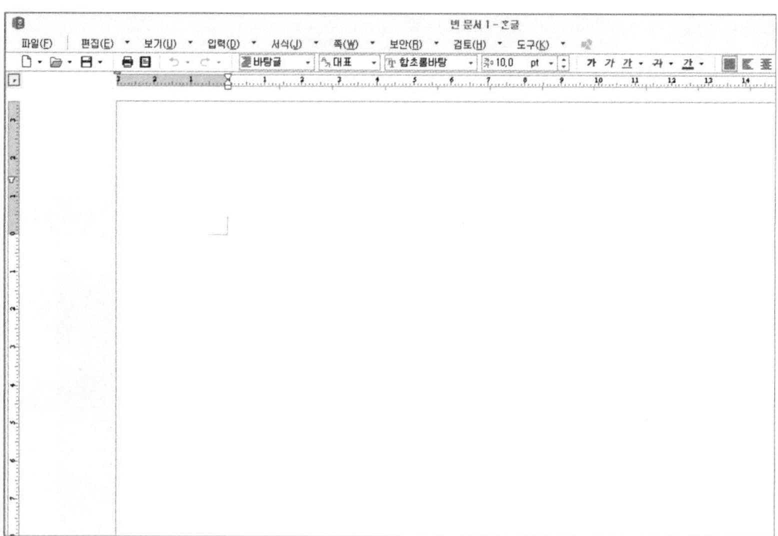

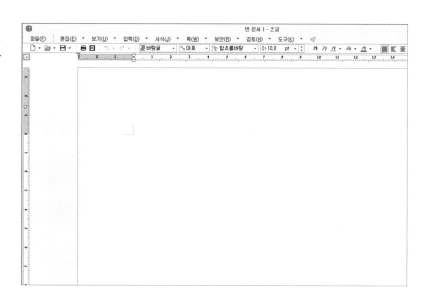

2

기본 도구 상자를 다시 표시하고, 서식 도구 상자를 숨기기 해 보세요.

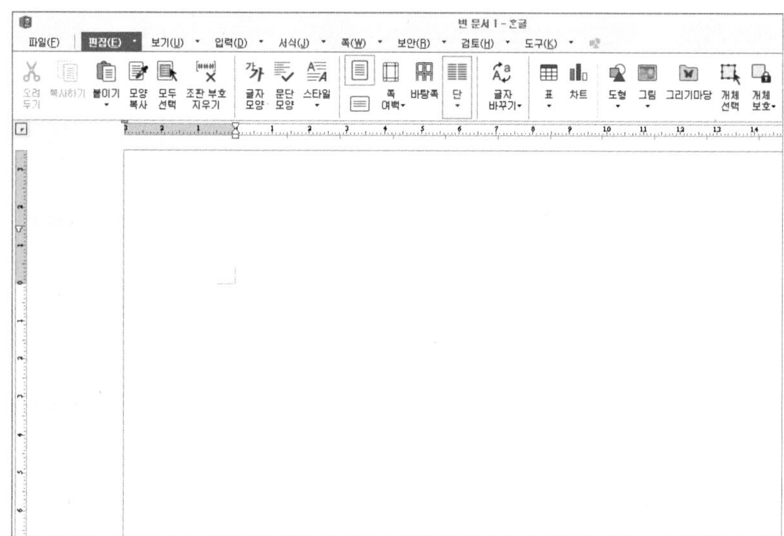

3

서식 도구 상자를 다시 표시하고, 쪽 윤곽을 해제해 보세요.

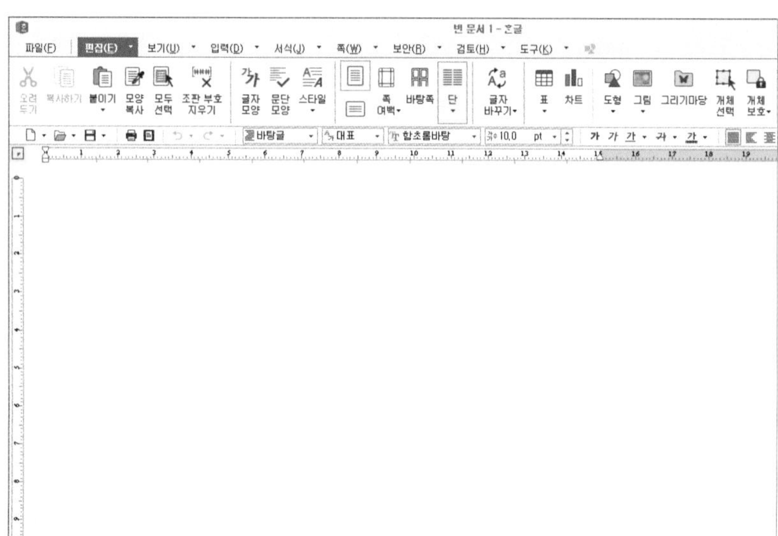

화문제

1) 한글 2016의 편집 화면을 가로와 세로로 나누기 해 보세요.

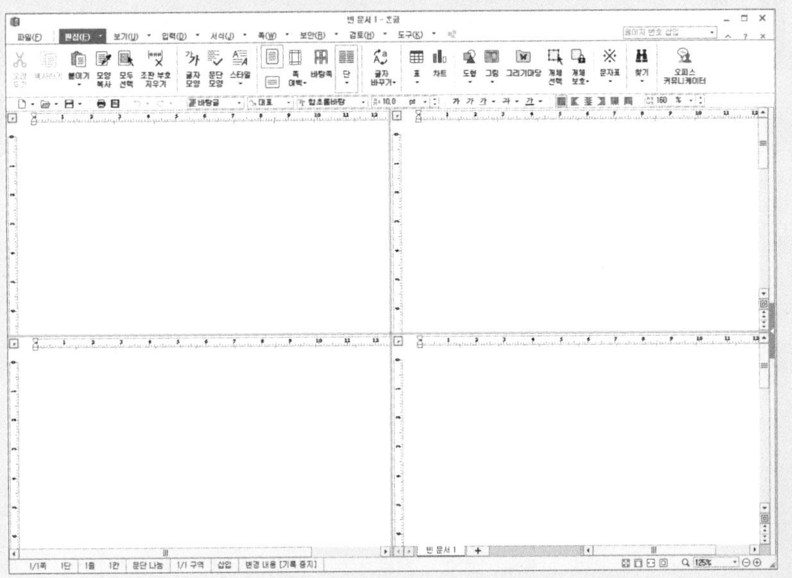

2) 가로/세로 나누기를 해제하고, 편집 용지를 다음과 같이 설정해 보세요.

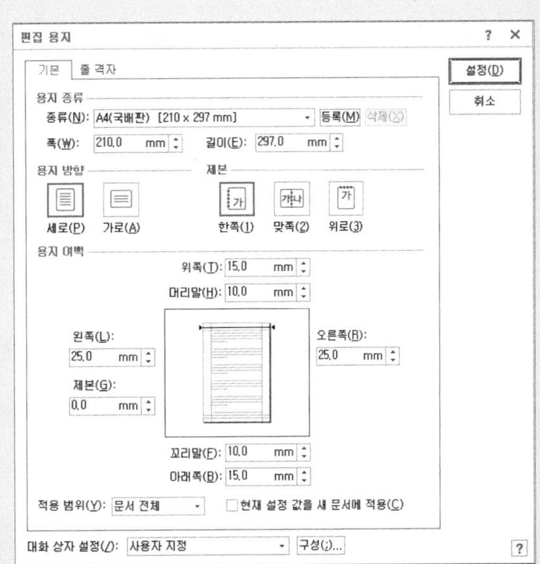

3) 현재의 편집 화면을 최대 '500%'로 확대해 보세요.

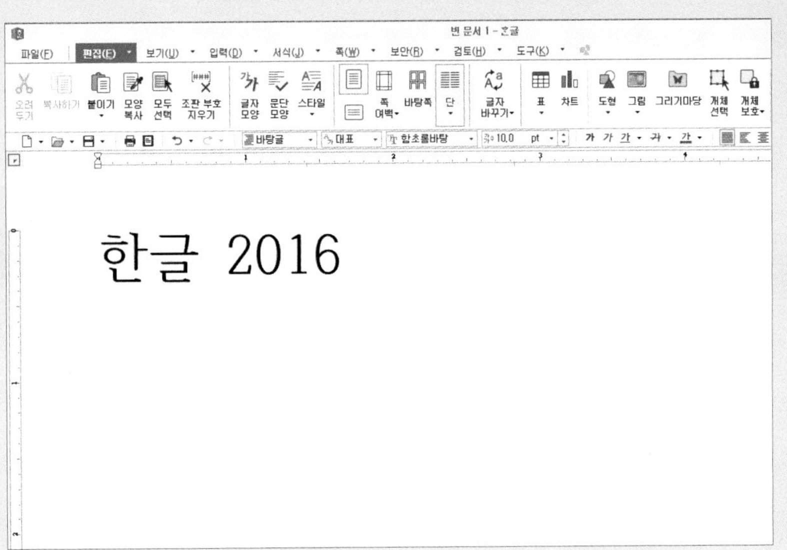

Section

02 기본 환경 설정과 문서 작성하기

한글 2016(NEO)의 작업 환경에 필요한 기본적인 설정 사항을 살펴보고, 삽입과 수정 상태에 따라 문서 내용을 입력해 봅니다. 그리고 새로운 문서를 작성한 후 이를 저장하고, 불러오는 방법에 대해서 학습해 봅니다.

Preview

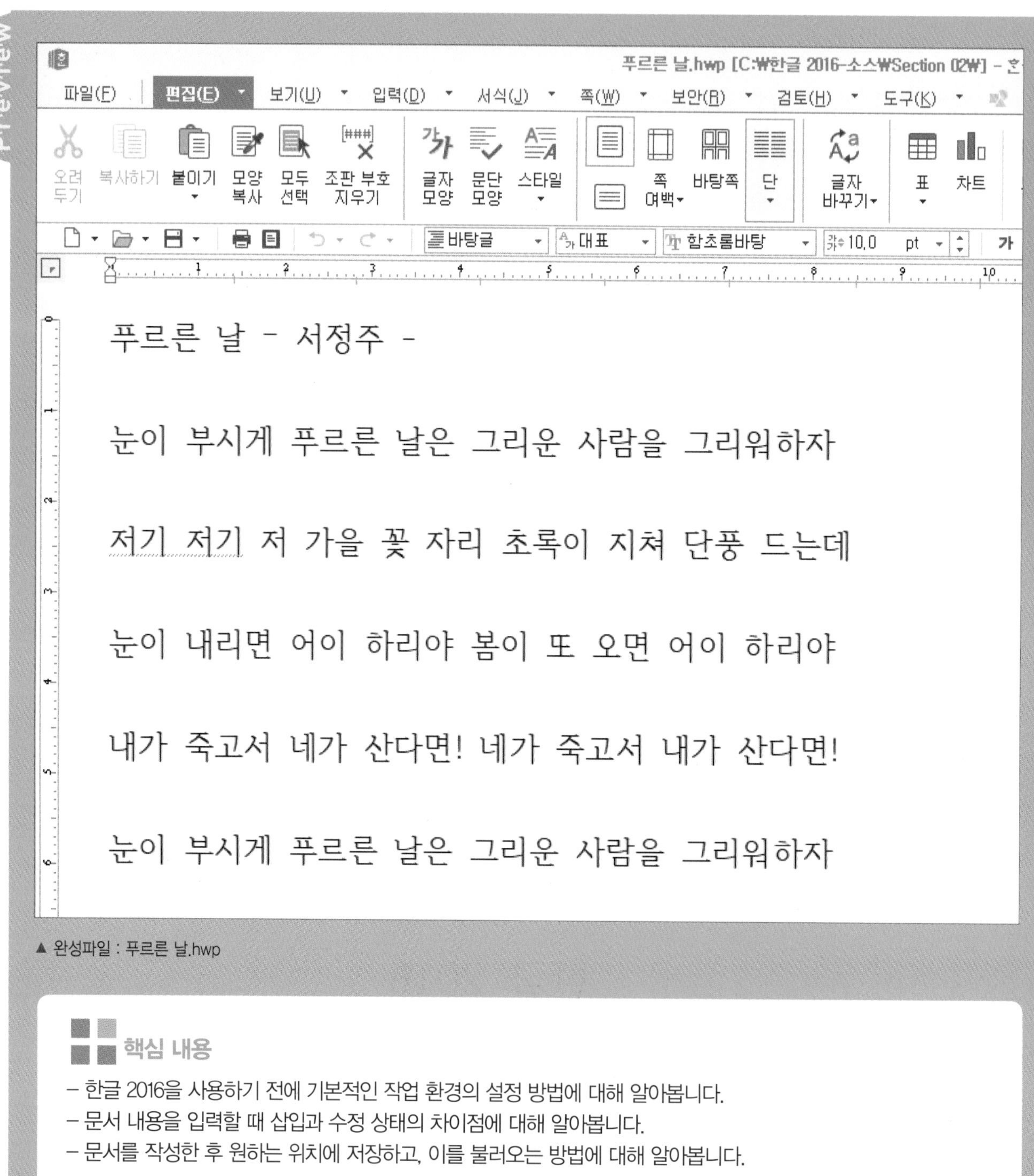

푸르른 날.hwp [C:₩한글 2016-소스₩Section 02₩] - 한
파일(F) 편집(E) 보기(U) 입력(D) 서식(J) 쪽(W) 보안(R) 검토(H) 도구(K)
오려 두기 복사하기 붙이기 모양 복사 모두 선택 조판 부호 지우기 글자 모양 문단 모양 스타일 쪽 여백 바탕쪽 단 글자 바꾸기 표 차트
바탕글 대표 함초롬바탕 10.0 pt
푸르른 날 - 서정주 -
눈이 부시게 푸르른 날은 그리운 사람을 그리워하자
저기 저기 저 가을 꽃 자리 초록이 지쳐 단풍 드는데
눈이 내리면 어이 하리야 봄이 또 오면 어이 하리야
내가 죽고서 네가 산다면! 네가 죽고서 내가 산다면!
눈이 부시게 푸르른 날은 그리운 사람을 그리워하자

▲ 완성파일 : 푸르른 날.hwp

핵심 내용

- 한글 2016을 사용하기 전에 기본적인 작업 환경의 설정 방법에 대해 알아봅니다.
- 문서 내용을 입력할 때 삽입과 수정 상태의 차이점에 대해 알아봅니다.
- 문서를 작성한 후 원하는 위치에 저장하고, 이를 불러오는 방법에 대해 알아봅니다.

따라하기 01 한글 2016 기본 환경 설정하기

01 기본적인 환경을 설정하기 위하여 [도구] 탭의 펼침(▾) 단추를 클릭하고, [환경 설정]을 선택합니다.

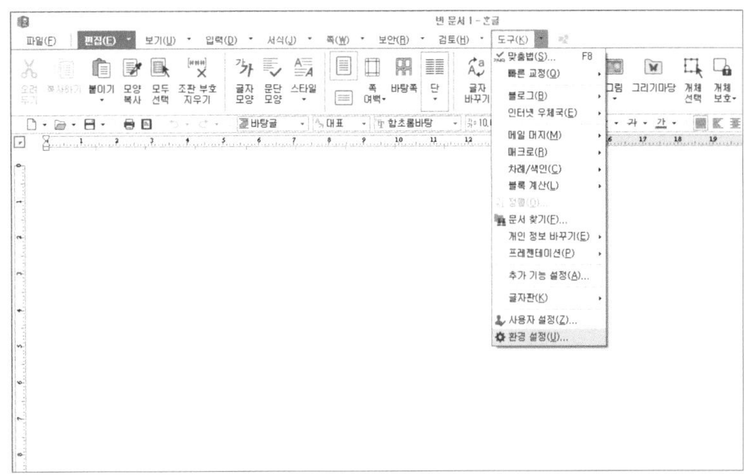

02 [환경 설정] 대화 상자의 [편집] 탭에서 '맞춤법 도우미 작동'의 선택 유무를 확인합니다.

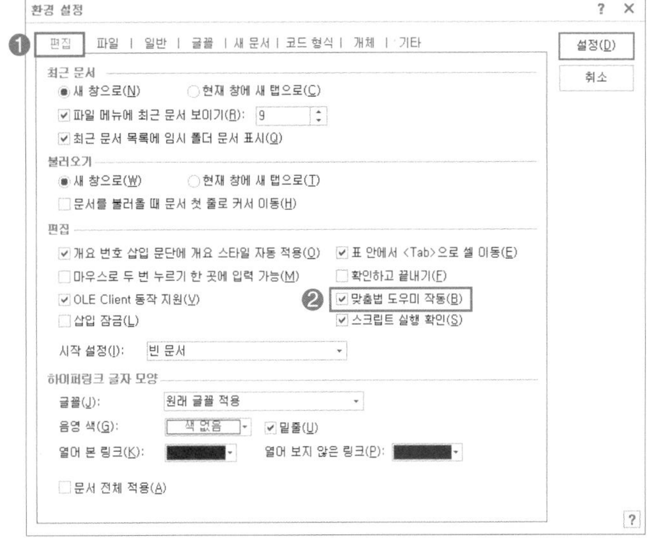

맞춤법 도우미 Plus Tip

문서를 작성할 때 맞춤법에 어긋난 단어를 입력할 경우 빨간색 밑줄을 그어주는 기능입니다.

03 계속해서 [파일] 탭에서 무조건 자동 저장은 '5분', 쉴 때 자동 저장은 '30초'로 각각 지정합니다.

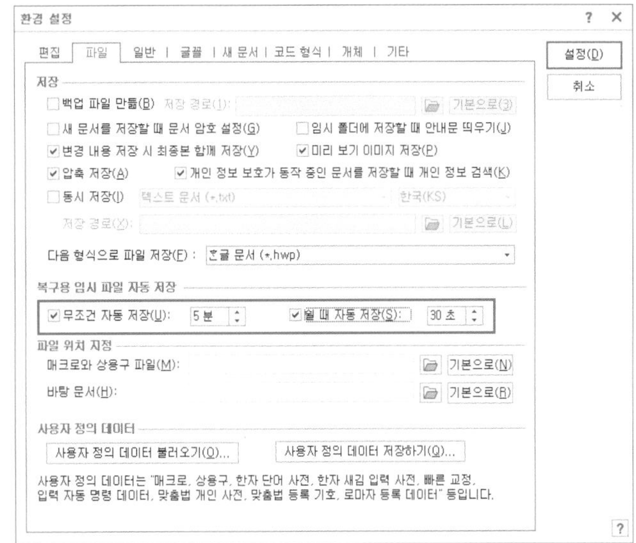

복구용 임시 파일 자동 저장 Plus Tip

'무조건 자동 저장'과 '쉴 때 자동 저장'이 될 때는 확장자가 .HWP가 아닌 .ASP인 임시 파일로 저장되며, 한글을 정상적으로 종료하면 해당 파일은 지워집니다.

Power Upgrade

저장 옵션

- 백업 파일 만듦 : 저장 공간에 같은 이름의 .HWP 파일이 있으면 파일 확장자를 .BAK로 바꾸어 저장하는 기능으로 문서 저장 시 백업 파일(.BAK)을 만들어 실수로 삭제한 경우에 대비할 수 있습니다.
- 변경 내용 저장 시 최종본 함께 저장 : 변경 추적 문서 저장 시 최종본을 함께 저장해야 이전에 변경된 내용을 최종본으로 확인할 수 있습니다.
- 미리 보기 이미지 저장 : [불러오기] 대화 상자의 미리 보기 창에 나타난 이미지를 문서에 저장하는 기능으로 해당 항목을 선택하면 미리 보기 속도가 빨라집니다.
- 압축 저장 : 한글 파일의 용량을 작은 크기로 줄여서 저장하는 기능으로 중요한 문서를 작업할 때는 압축 저장을 해제하고 작업하는 것이 안전합니다.
- 무조건 자동 저장 : 지정한 시간 간격으로 작업 내용을 무조건 자동 저장하는 기능으로 예기치 않은 사고에 대비할 수 있습니다.
- 쉴 때 자동 저장 : 지정된 시간 간격동안 키보드(글자판)의 입력이 없을 때 자동 저장하는 기능으로 예기치 않은 사고에 대비할 수 있습니다.

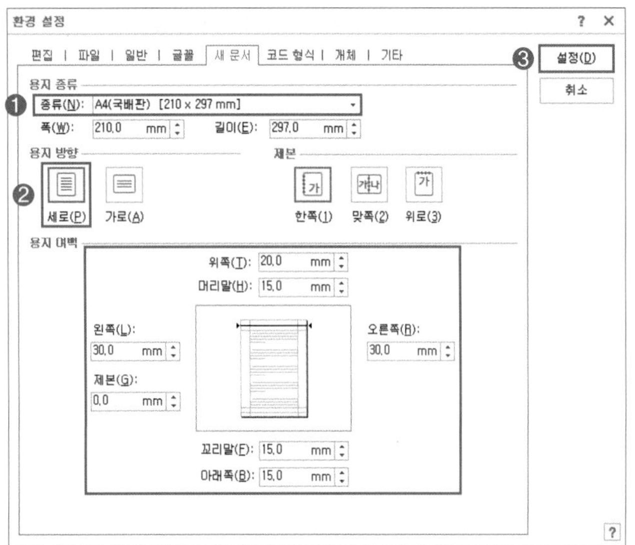

04 마지막으로 [새 문서] 탭에서 용지 종류(A4)와 용지 방향(세로)을 확인한 후 용지 여백은 사용자에 맞게 조절하고, [설정] 단추를 클릭합니다.

따라하기 02 삽입과 수정 상태 이해하기

01 상태 표시줄의 '삽입' 상태에서 주어진 내용을 입력한 후 '응원하기' 앞에 커서를 위치시킵니다.

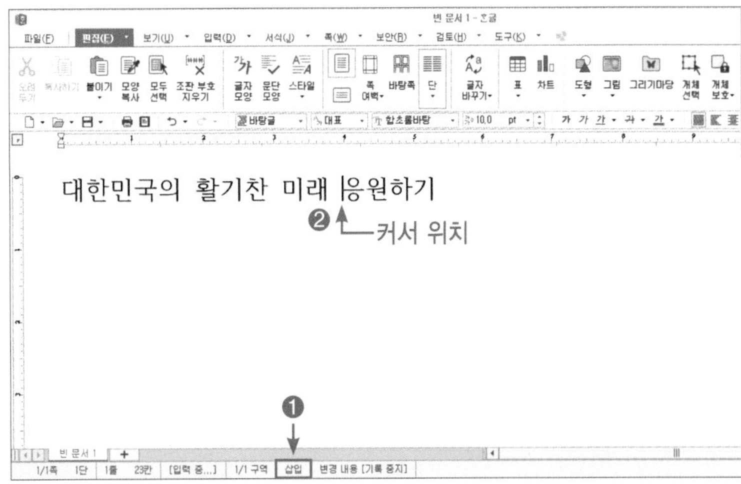

02 커서 위치에서 "적극"을 입력하면 글자가 한 글자씩 뒤로 밀리면서 새로운 내용이 입력됩니다.

삽입과 수정 상태 PLUS TIP

Insert 키를 한 번씩 누를 때마다 상태 표시줄의 '삽입'과 '수정' 상태가 서로 전환됩니다.

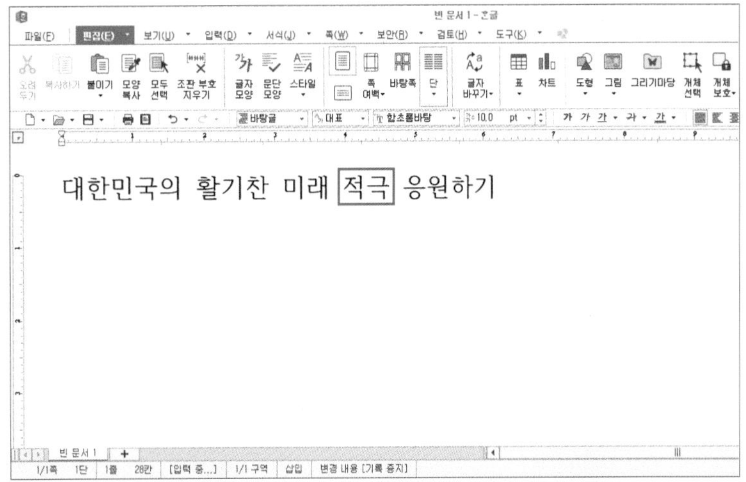

03 이번에는 '활기찬' 앞에 커서를 위치시킨 후 Insert 키를 눌러 수정 상태로 전환합니다.

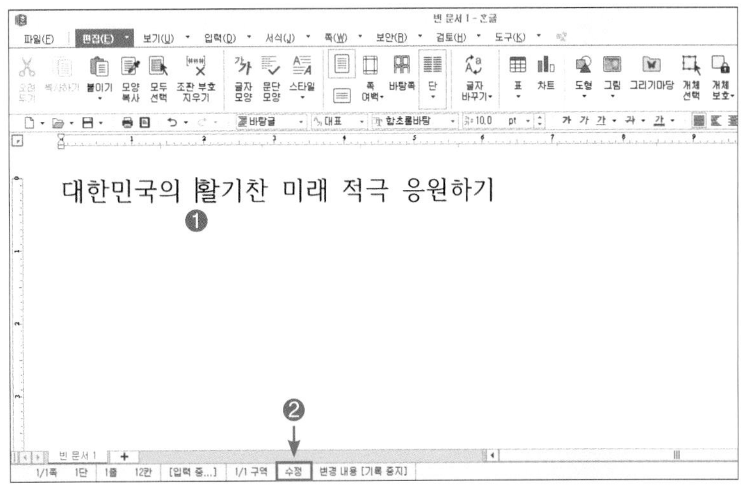

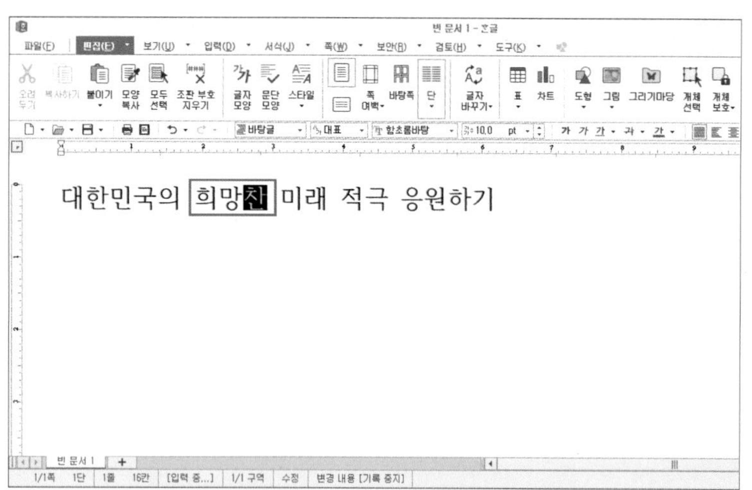

04 커서 위치에서 "희망찬"을 입력하면 오른쪽 글자가 하나씩 지워지면서 새로운 내용이 입력됩니다.

Power Upgrade

삽입/수정/삭제

기능	설명
삽입 Insert 키	• 단어(글자) 사이에 새로운 내용이나 공백, 띄어쓰기 등을 추가 • 삽입 상태에서 Space Bar 키를 누르면 커서 위치에 공백이 삽입됨
수정 Insert 키	• 새로운 내용을 입력하면 기존 내용이 지워지면서 새롭게 입력 • 수정 상태에서 Space Bar 키를 누르면 커서 위치의 문자가 삭제됨
삭제 Delete 키	• Back Space 키를 누르면 커서의 왼쪽 문자가 삭제됨 • Delete 키를 누르면 커서 위치는 변경되지 않고, 오른쪽 문자가 삭제됨

따라하기 03 문서 작성과 저장하기

01 화면에 주어진 내용을 입력한 후 해당 부분을 마우스로 드래그하여 블록 지정하고, [편집] 탭에서 복사하기(복사하기) 아이콘을 클릭합니다.

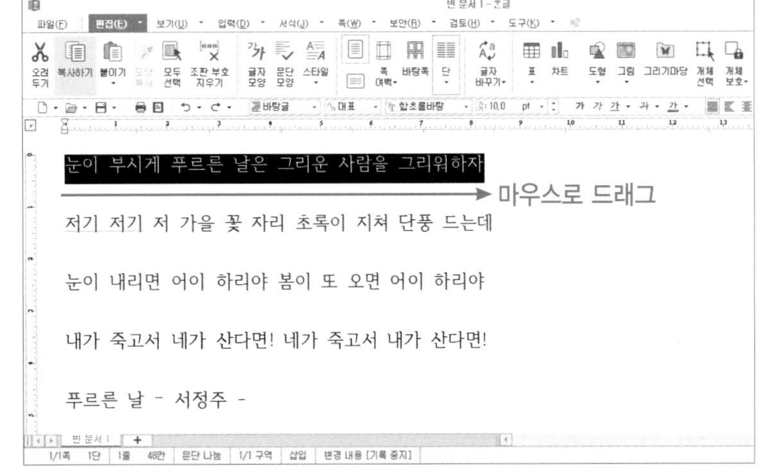

눈이 부시게 푸르른 날은 그리운 사람을 그리워하자
마우스로 드래그
저기 저기 저 가을 꽃 자리 초록이 지쳐 단풍 드는데
눈이 내리면 어이 하리야 봄이 또 오면 어이 하리야
내가 죽고서 네가 산다면! 네가 죽고서 내가 산다면!
푸르른 날 - 서정주 -

블록 지정 방법 PLUS TIP

마우스로 원하는 부분을 드래그하거나 F3 키를 누른 후 방향키로 지정합니다.

02 붙여넣기 할 부분을 마우스로 클릭한 후 Enter 키를 누르고, [편집] 탭에서 붙이기( ) 아이콘을 클릭합니다.

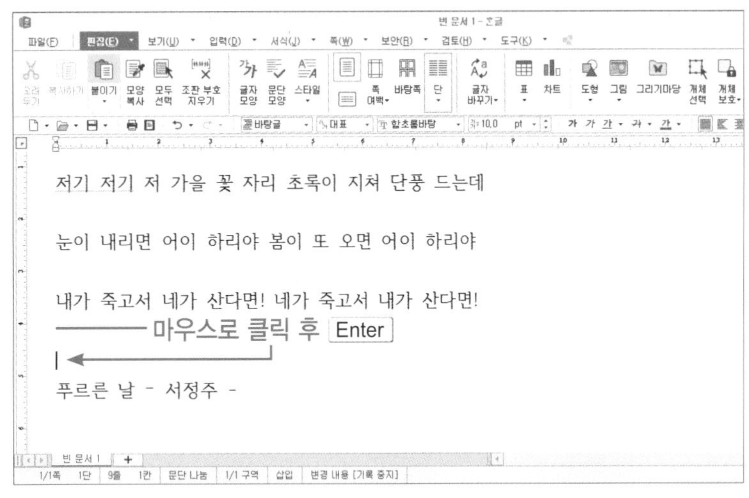

저기 저기 저 가을 꽃 자리 초록이 지쳐 단풍 드는데
눈이 내리면 어이 하리야 봄이 또 오면 어이 하리야
내가 죽고서 네가 산다면! 네가 죽고서 내가 산다면!
마우스로 클릭 후 Enter
푸르른 날 - 서정주 -

03 이번에는 제목을 이동시키기 위하여 제목을 블록 지정한 후 [편집] 탭에서 오려 두기(오려 두기) 아이콘을 클릭합니다.

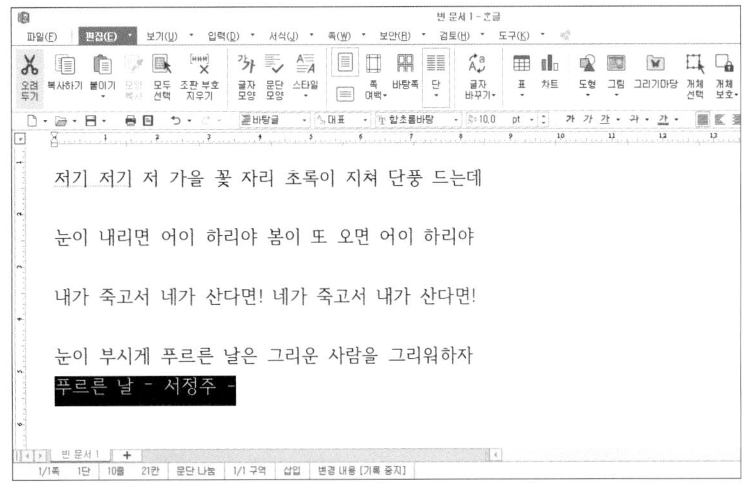

저기 저기 저 가을 꽃 자리 초록이 지쳐 단풍 드는데
눈이 내리면 어이 하리야 봄이 또 오면 어이 하리야
내가 죽고서 네가 산다면! 네가 죽고서 내가 산다면!
눈이 부시게 푸르른 날은 그리운 사람을 그리워하자
푸르른 날 - 서정주 -

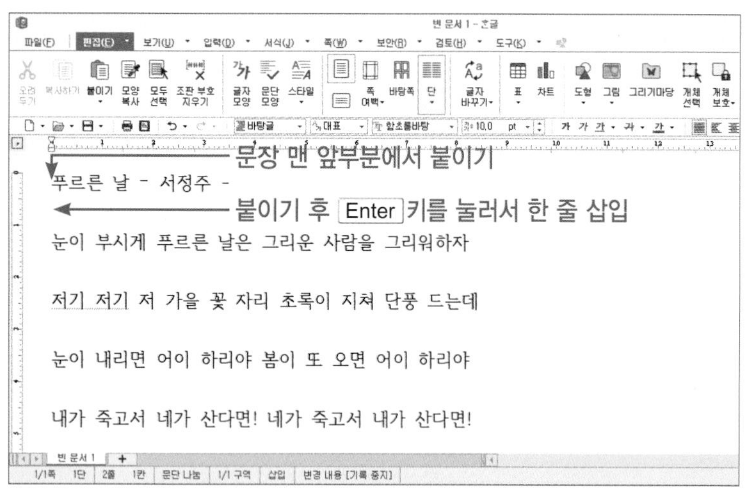

04 붙여넣기 할 문장 맨 앞부분을 마우스로 클릭한 후 Enter 키를 누르고, [편집] 탭에서 붙이기( ) 아이콘을 클릭합니다.

단축키 PlusTip

복사하기 : Ctrl + C , 오려 두기 : Ctrl + X ,
붙이기 : Ctrl + V

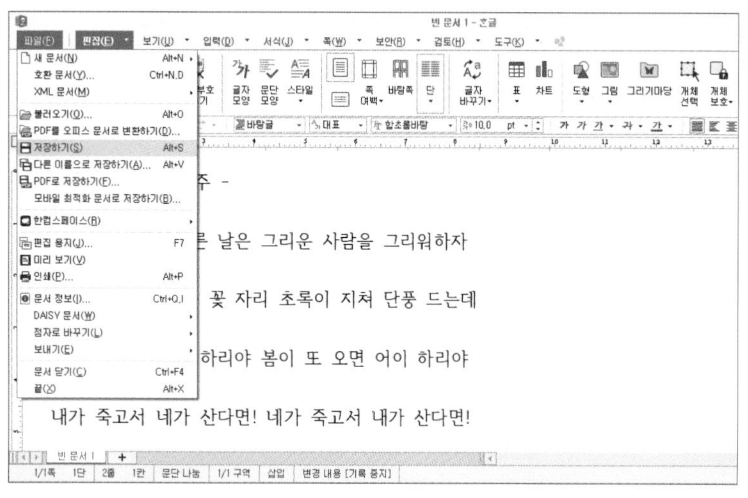

05 작성한 문서를 저장하기 위하여 [파일] 탭을 클릭하고, [저장하기]를 선택합니다(= Alt + S).

저장하기 PlusTip

서식 도구 상자에서 저장하기( ) 아이콘을 클릭해도 됩니다.

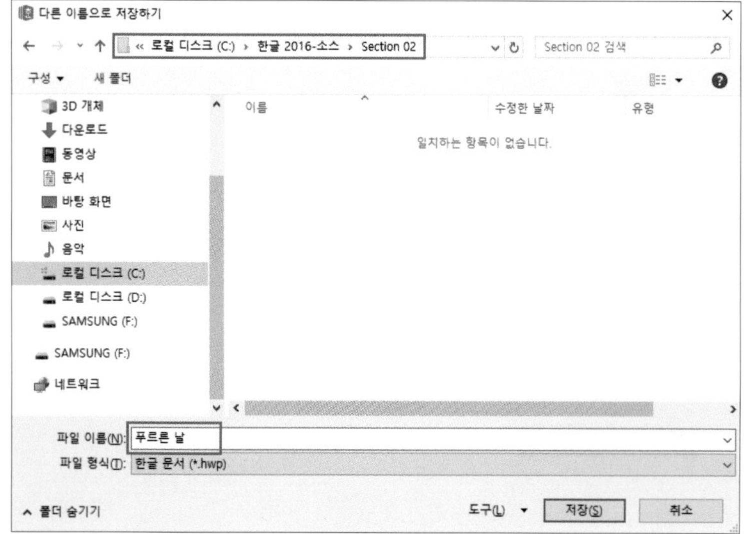

06 [다른 이름으로 저장하기] 대화 상자에서 저장 위치는 'C:₩한글 2016–소스₩Section 02'로 지정하고, 파일 이름은 "푸르른 날"로 입력한 후 [저장] 단추를 클릭합니다.

07 제목 표시줄에서 '파일 이름'과 '저장 위치'를 확인한 후 현재 파일을 닫기 위하여 화면 오른쪽 상단에서 문서 닫기(X) 단추를 클릭합니다.

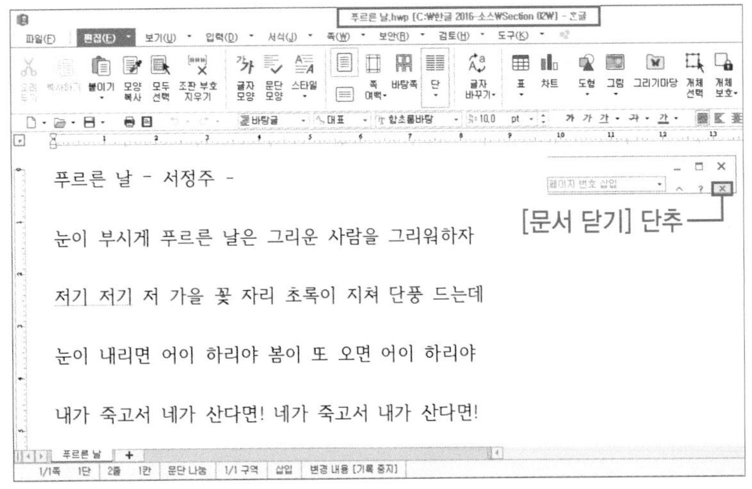

다른 이름으로 저장하기 Plus Tip

기존 문서는 그대로 두고 새로운 이름으로 문서를 하나 더 만들 수 있으며, 편집 시 파일 이름뿐만 아니라 파일 형식도 바꾸어 저장할 수 있습니다.

08 이후부터는 저장한 문서를 불러오려면 [파일] 탭을 클릭하고, [불러오기]를 선택합니다(= Alt + O).

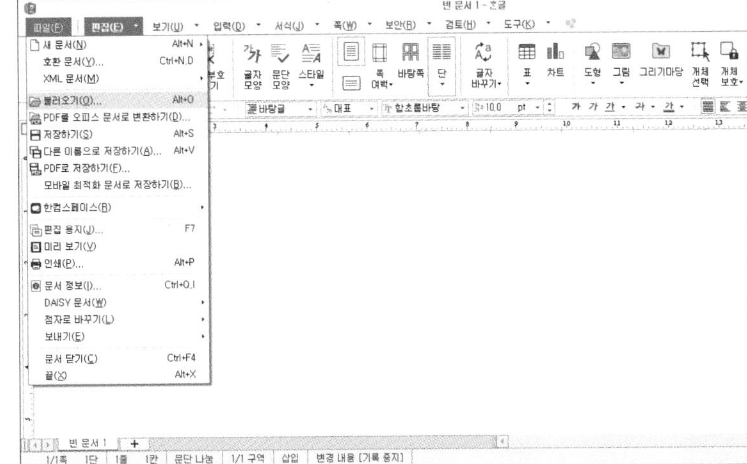

불러오기 Plus Tip

서식 도구 상자에서 불러오기( ) 아이콘을 클릭해도 됩니다.

09 [불러오기] 대화 상자에서 찾는 위치는 'C:₩한글 2016-소스₩Section 02'로 지정하고, 파일 이름은 '푸르른 날'을 선택한 후 [열기] 단추를 클릭합니다.

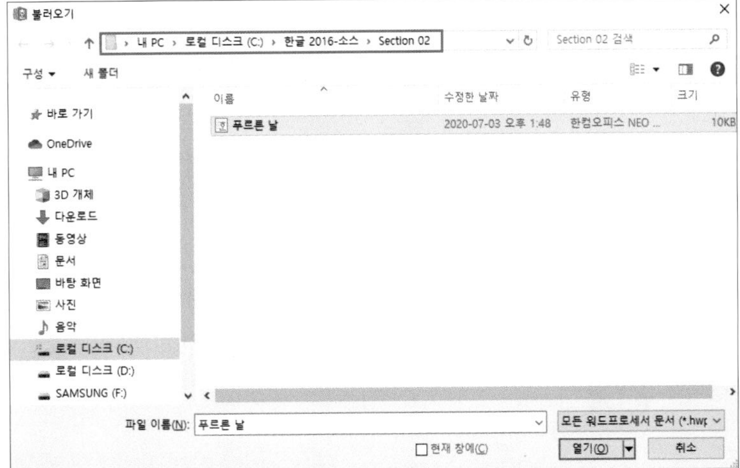

기초문제

1

한글 2016에서 파일의 자동 저장 시간을 원하는 시간으로 조정해 보세요.

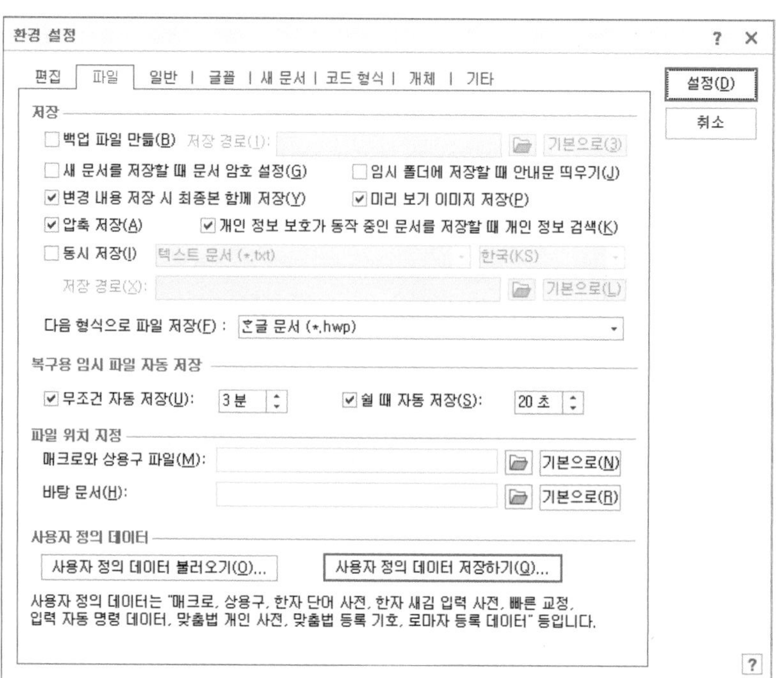

2

화면에 주어진 내용을 입력한 후 '개인정보.hwp'로 저장해 보세요.

개인정보란?

이름, 주민등록번호, 주소, 전화번호 등
개인에 대한 상세한 데이터를 의미합니다.

정보 기술의 발달로 영역이 확대되어
개인의 위치 정보나 얼굴, 지문, 홍채 같은
생체 정보 등도 포함됩니다.

개인정보

3

삽입과 수정 모드를 이용하여 해당 부분의 내용을 수정해 보세요.

개인정보란?

성명, 주민등록번호, 직업, 주소, 전화번호 등
개인에 대한 상세한 데이터를 의미합니다.

정보 기술의 발달로 영역이 점차 확대되어
개인의 위치 정보나 얼굴, 지문, 홍채 같은
생체 정보 등도 포함됩니다.

개인정보

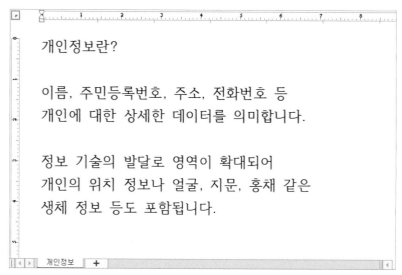

힌트 • Insert 키를 이용하되 '성명'은 수정 모드, '직업'과 '점차'는 삽입 모드에서 입력합니다.

심화문제

1) 화면에 주어진 내용을 입력하되 동일한 내용은 복사해서 작성해 보세요.

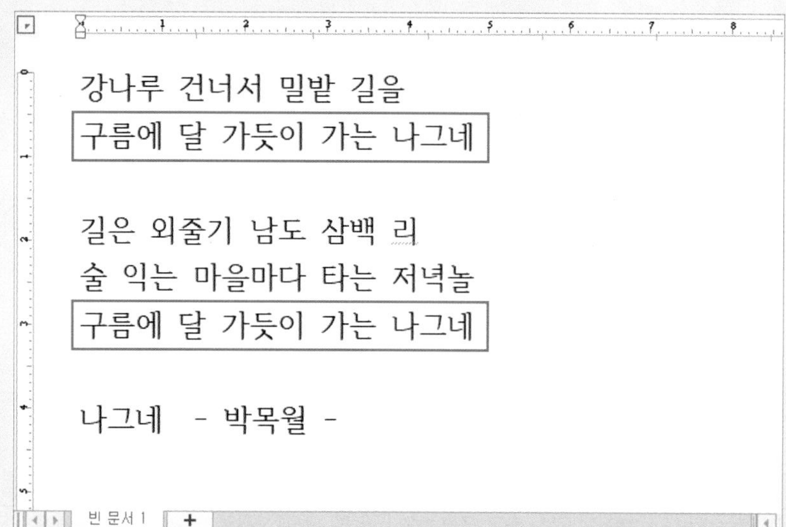

힌트 • [복사하기]–[붙이기]에 해당하는 메뉴, 아이콘, 단축키 중 원하는 방법을 사용합니다.

2) 제목을 내용 맨 위쪽으로 이동시킨 후 '나그네.hwp'로 저장해 보세요.

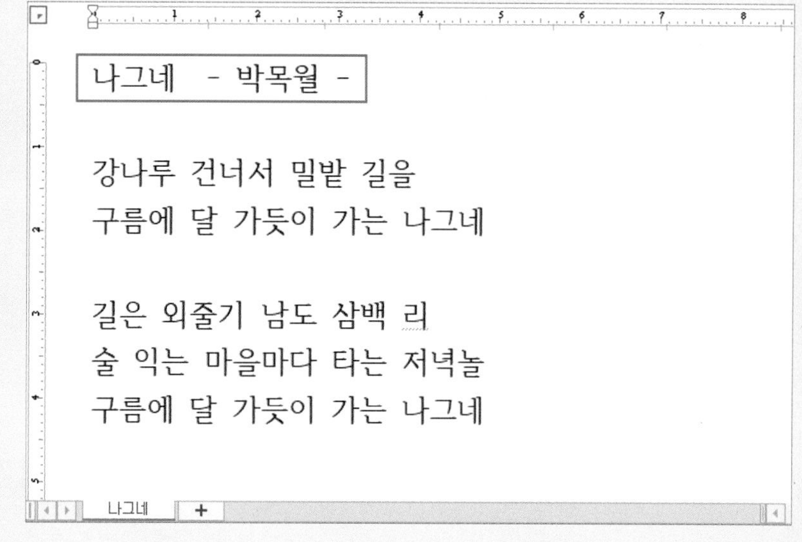

힌트 • [오려 두기]–[붙이기]에 해당하는 메뉴, 아이콘, 단축키 중 원하는 방법을 사용합니다.

3) 현재 파일을 닫기 한 후 '나그네.hwp' 파일을 다시 불러오기 해 보세요.

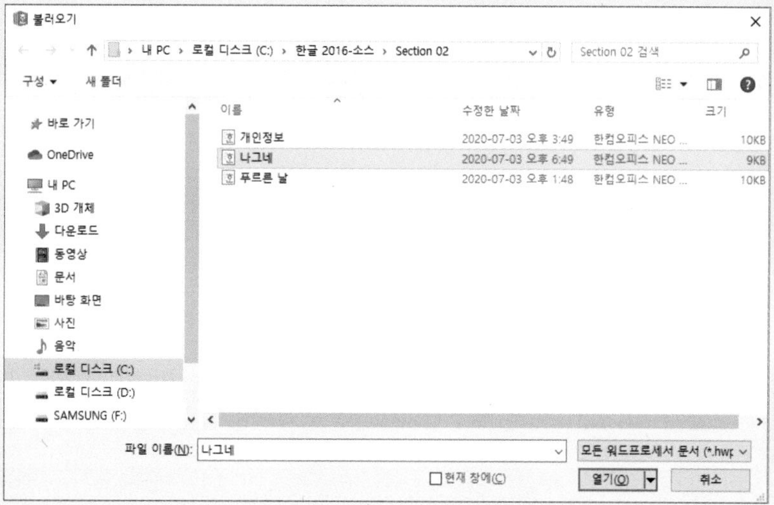

Section

03 한자와 특수 문자 입력하기

문서 내용을 입력하면서 키보드에 없는 한자와 한자 등록 그리고 다양한 특수 문자(기호)를 입력(삽입)하는 방법에 대해서 학습해 봅니다.

Preview

교육 안내.hwp [C:₩한글 2016-소스₩Section 03₩] - 한글

■ 벤처 창업(創業) 교육 안내 ■

Ⅰ. 일정 : 2020년 7월 10일(金曜日)
Ⅱ. 시간 : AM 10:00 ~ 12:00
Ⅲ. 인원 : 50명(선착순 접수)
Ⅳ. 장소 : 아티오 회의장(會議場) 3층

▶ 教育(교육) 과목은 '영업 및 마케팅 전략'과 '기업 지원 제도'입니다.
▶ 궁금한 사항은 인력지원과로 문의(問議)하시기 바랍니다.

▲ 완성파일 : 교육 안내.hwp

핵심 내용

– 한자 입력과 함께 필요한 한자 단어를 새롭게 등록하는 방법에 대해 알아봅니다.
– 문자표에 있는 다양한 특수 문자를 종류(영역)별로 삽입하는 방법에 대해 알아봅니다.

따라하기 01 한자 입력과 등록하기

01 화면에 주어진 문서 내용을 입력한 후 'C:₩한글 2016-소스₩Section 03'에 '교육 안내.hwp'로 저장합니다.

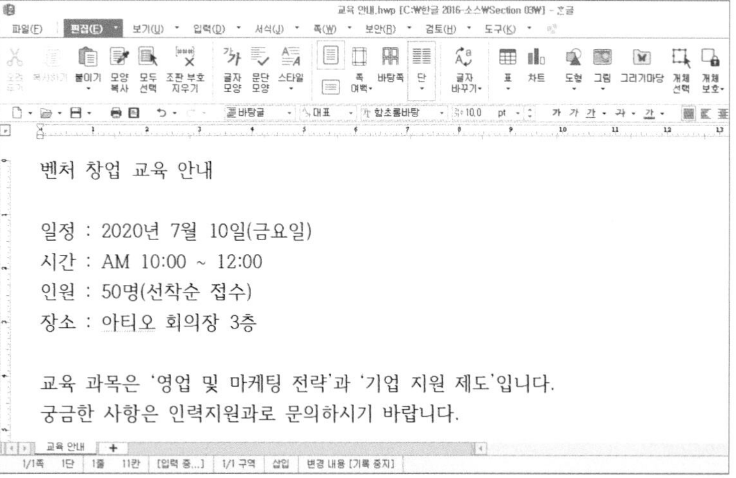

02 '창업' 뒤에 커서를 위치시킨 후 [편집] 탭에서 글자 바꾸기(글자 바꾸기) 아이콘을 클릭하고, [한자로 바꾸기]를 선택합니다.

한자 변경 Plus Tip

한자 변경 시 단어 뒤에서 F9 키나 한자 키를 눌러도 됩니다.

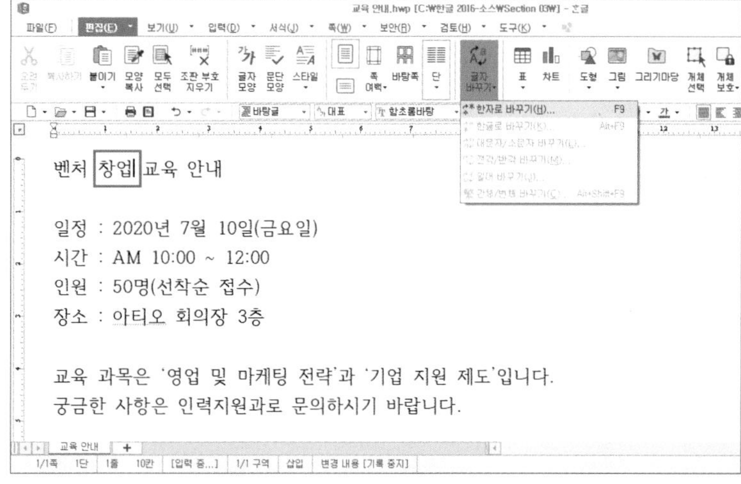

03 [한자로 바꾸기] 대화 상자에서 해당 '한자'와 '입력 형식'을 각각 선택하고, [바꾸기] 단추를 클릭합니다.

입력 형식 Plus Tip

漢字 : 創業, 漢字(한글) : 創業(창업), 한글(漢字) : 창업(創業)

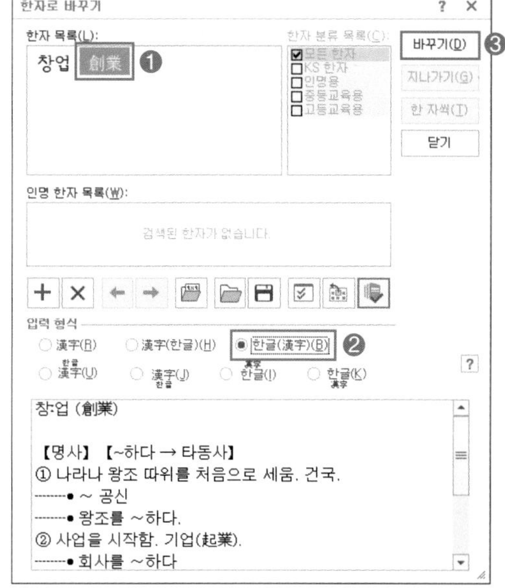

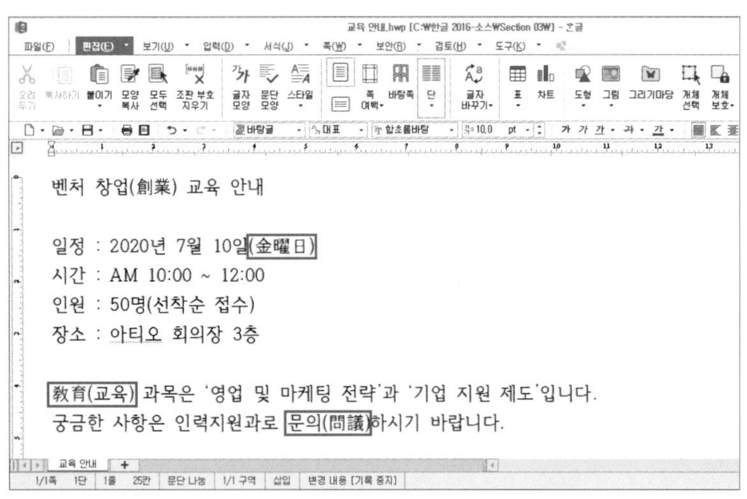

04 동일한 방법으로 해당 단어들을 한자로 각각 변경합니다(입력 형식을 맞추어 선택).

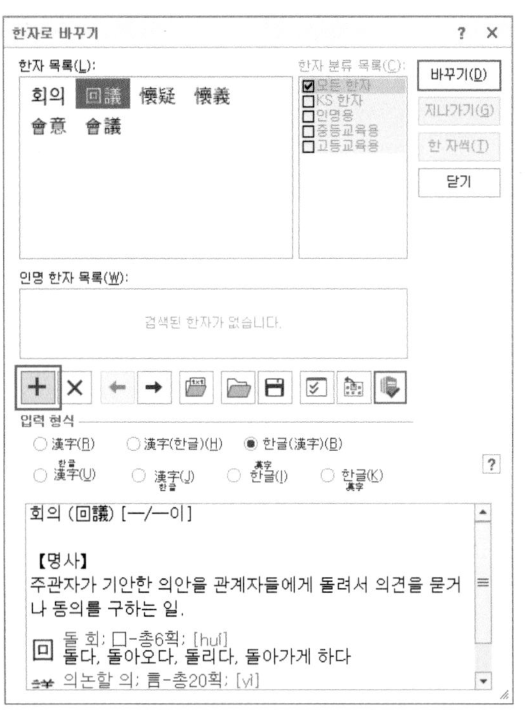

05 한자 단어가 사전에 등록되어 있지 않은 경우 해당 단어를 단어 사전에 추가로 등록할 수 있습니다. '회의장'을 등록해보기로 합니다. '회의장' 뒤에 커서를 위치시킨 후 F9 키를 누르고, [한자로 바꾸기] 대화 상자에서 한자 단어 등록(+) 단추를 클릭합니다.

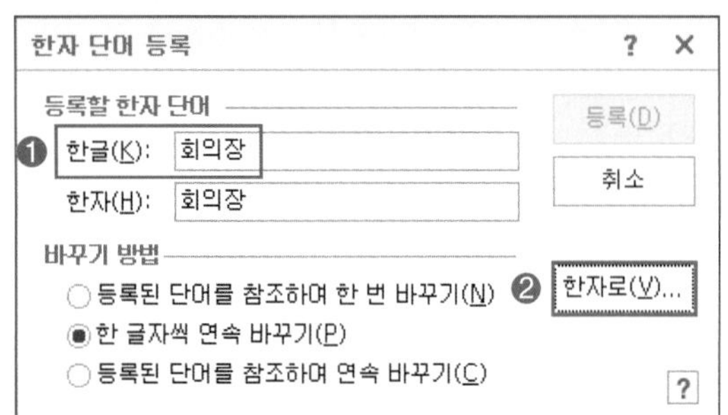

06 [한자 단어 등록] 대화 상자에서 등록할 한자 단어의 한글 입력란에 "회의장"을 입력하고, [한자로] 단추를 클릭합니다.

07 [한자로 바꾸기] 대화 상자의 한자 목록에서 '회(會), 의(議), 장(場)'을 차례대로 선택하고, [바꾸기] 단추를 각각 클릭합니다.

08 [한자 단어 등록] 대화 상자에서 한자 입력란의 '會議場'을 확인하고, [등록] 단추를 클릭합니다.

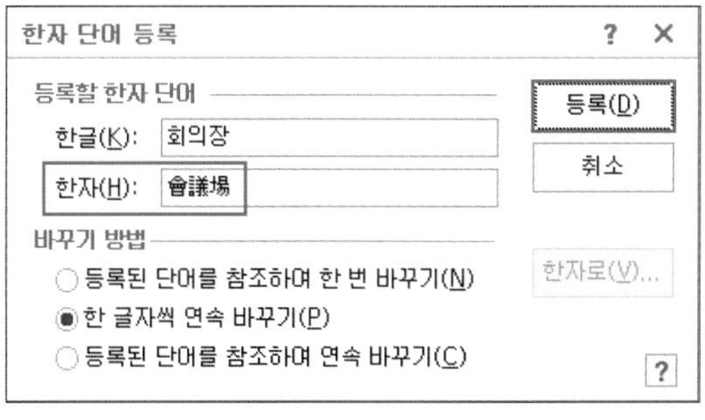

09 이제 등록된 한자를 확인하기 위하여 다시 '회의장' 뒤에 커서를 위치시킨 후 F9 키를 누릅니다.

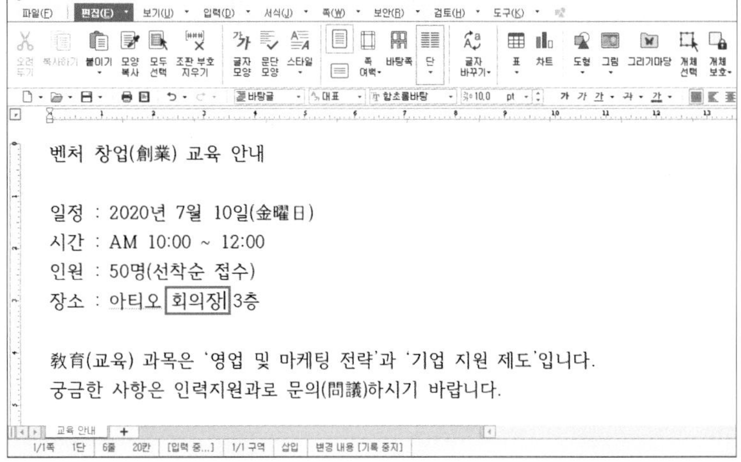

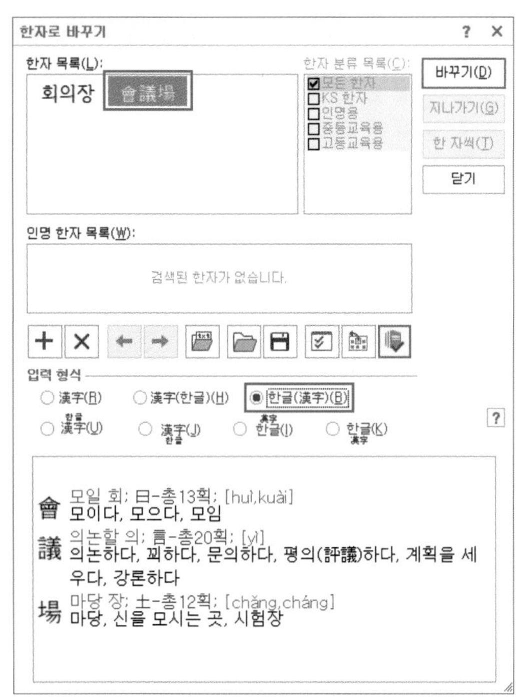

10 [한자로 바꾸기] 대화 상자에서 해당 '한자'와 '입력 형식'을 각각 선택하고, [바꾸기] 단추를 클릭합니다.

단어 등록 Plus Tip

'회의장'이라는 단어가 한자로 등록되어 있지 않은 경우는 '회의', '장'을 각각 한자로 변경하여 하나의 한자 단어로 등록합니다.

Power Upgrade

[한자로 바꾸기] 대화 상자 아이콘

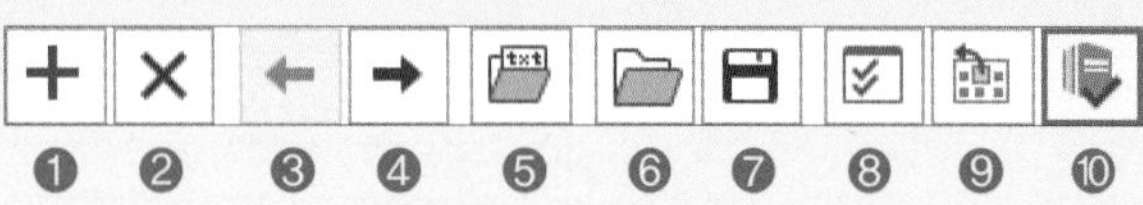

❶ 한자 단어 등록 : 자주 쓰는 한자 단어가 사전에 등록되어 있지 않을 때 사용자가 해당 단어를 한자 단어 사전에 추가로 등록할 수 있습니다.

❷ 단어 지우기 : 사용자가 한자 사전에 등록한 단어를 삭제합니다.

❸ 앞으로 이동 : [한자 목록] 상자에서 선택한 한자를 한 칸 앞으로 이동시켜 줍니다.

❹ 뒤로 이동 : [한자 목록] 상자에서 선택한 한자를 한 칸 뒤로 이동시켜 줍니다.

❺ 사용자 한자 텍스트 파일 등록하기 : 사용자가 별도로 만든 한자 단어 자료 파일(*.hju)을 불러와 한자 단어 사전에 추가로 등록합니다.

❻ 사용자 한자 사전 불러오기 : 다른 시스템에서 만든 사용자 한자 사전 파일(*.dic)을 불러와 현재 한글 프로그램에 덧붙여 사용합니다.

❼ 사용자 한자 사전 저장하기 : 한글에서 기본으로 제공하는 한자 단어 사전 이외에 사용자가 직접 추가한 한자 단어들을 다른 시스템에서 쓰고자 할 때 사용자 한자 사전을 별도의 파일로 저장하여 다른 시스템으로 옮길 수 있습니다.

❽ 선택 사항 : [선택 사항] 대화 상자에서 한자로 바꾸기 기능과 관련한 여러 가지 선택 사항을 설정할 수 있습니다.

❾ 처음 값으로 : 사용자가 임의로 변경한 한자 목록을 처음 값으로 되돌려 줍니다.

❿ 자전 보이기 : 한자에는 소리가 같고 뜻이 다른 말이 많으므로 한자 낱말 사전에 등록되어 있는 한자도 두 개 이상일 때가 많습니다. 이때 선택한 한자의 뜻과 음, 부수, 획수, 중국어 발음 기호 등 한자 자전을 뜻풀이 상자에 보여 주므로 원하는 한자를 쉽고 정확하게 선택할 수 있습니다.

따라하기 02 특수 문자 입력하기

01 특수 문자를 입력하려면 제목 앞에 커서를 위치시킨 후 [편집] 탭에서 문자표(문자표) 아이콘을 클릭하고, [문자표]를 선택합니다(= Ctrl + F10).

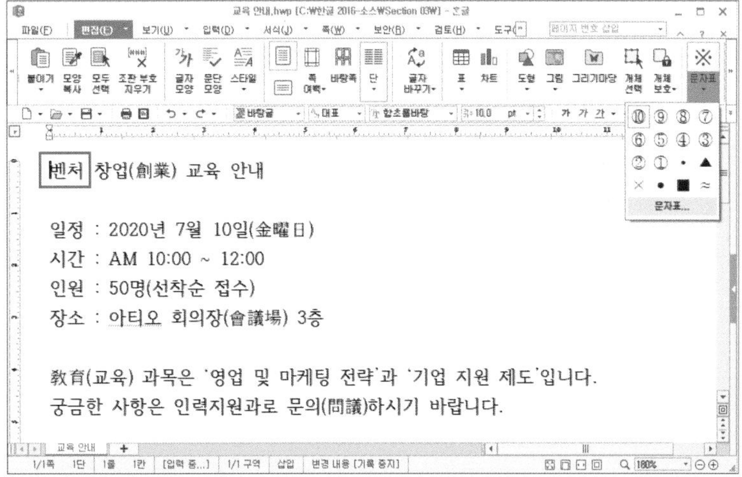

특수 문자 삽입 — Plus Tip

[편집] 탭에서 문자표(※) 아이콘을 클릭할 경우는 방금 전에 입력한 특수 문자가 바로 삽입됩니다.

02 [문자표 입력] 대화 상자의 [훈글(HNC) 문자표] 탭에서 문자 영역은 '전각 기호(일반)'을 선택하고, 원하는 모양의 특수 문자(■)를 선택한 후 [넣기] 단추를 클릭합니다.

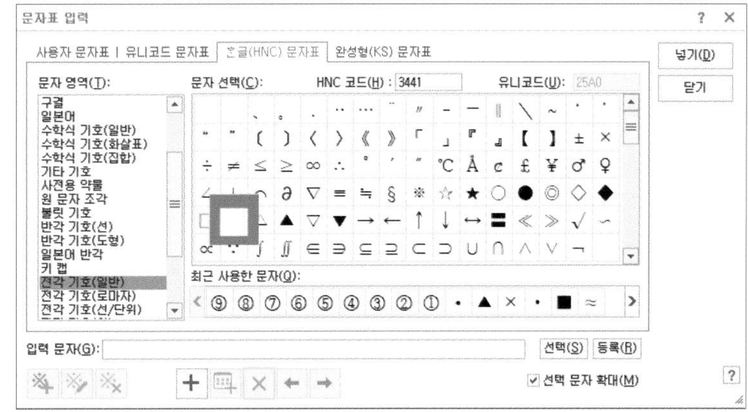

03 특수 문자가 삽입되면 Space Bar 키를 한 번 눌러 사이 간격을 띄워줍니다.

■ 벤처 창업(創業) 교육 안내

Space Bar 키를 누름

일정 : 2020년 7월 10일(金曜日)

시간 : AM 10:00 ~ 12:00

인원 : 50명(선착순 접수)

장소 : 아티오 회의장(會議場) 3층

敎育(교육) 과목은 '영업 및 마케팅 전략'과 '기업 지원 제도'입니다.

궁금한 사항은 인력지원과로 문의(問議)하시기 바랍니다.

교육 안내

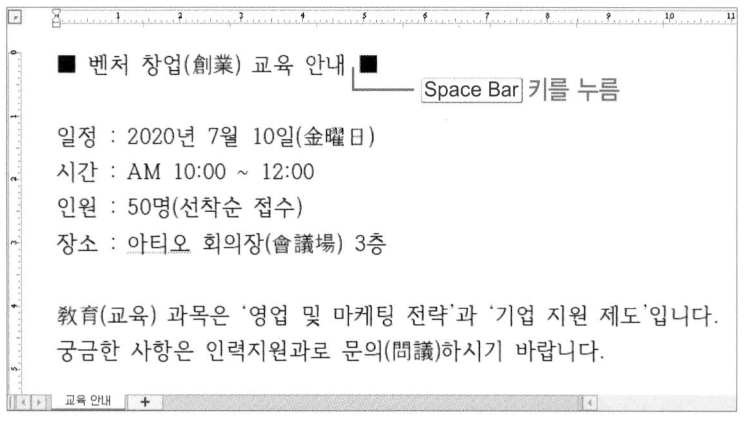
■ 벤처 창업(創業) 교육 안내 ■
Space Bar 키를 누름
일정 : 2020년 7월 10일(金曜日)
시간 : AM 10:00 ~ 12:00
인원 : 50명(선착순 접수)
장소 : 아티오 회의장(會議場) 3층
教育(교육) 과목은 '영업 및 마케팅 전략'과 '기업 지원 제도'입니다.
궁금한 사항은 인력지원과로 문의(問議)하시기 바랍니다.

04 동일한 방법으로 제목 끝에도 해당 특수 문자를 삽입하고, 사이 간격은 Space Bar 키를 이용합니다.

문자표 입력
넣기(D)
닫기

05 이번에는 '일정' 앞에 커서를 위치시킨 후 [문자표 입력] 대화 상자에서 문자 영역은 '전각 기호(로마자)', 문자 선택은 'Ⅰ'을 선택하고, [넣기] 단추를 클릭합니다.

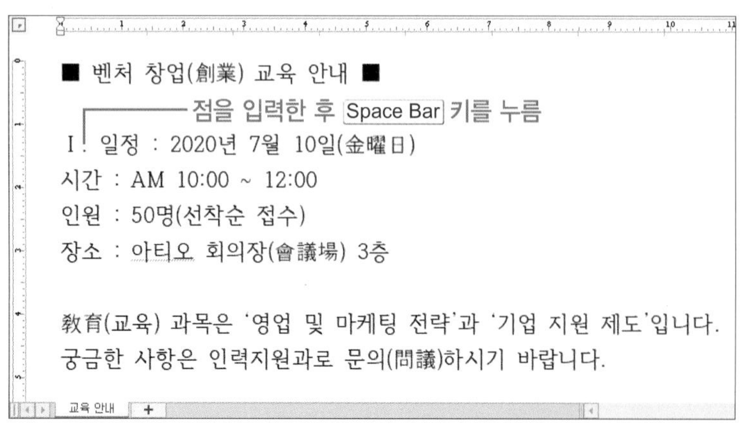
■ 벤처 창업(創業) 교육 안내 ■
점을 입력한 후 Space Bar 키를 누름
Ⅰ. 일정 : 2020년 7월 10일(金曜日)
시간 : AM 10:00 ~ 12:00
인원 : 50명(선착순 접수)
장소 : 아티오 회의장(會議場) 3층
教育(교육) 과목은 '영업 및 마케팅 전략'과 '기업 지원 제도'입니다.
궁금한 사항은 인력지원과로 문의(問議)하시기 바랍니다.

06 특수 문자가 삽입되면 점(.)을 입력하고, Space Bar 키를 한 번 눌러 사이 간격을 띄워줍니다.

07 동일한 방법으로 나머지 항목에도 해당 특수 문자(Ⅱ, Ⅲ, Ⅳ)를 각각 삽입합니다.

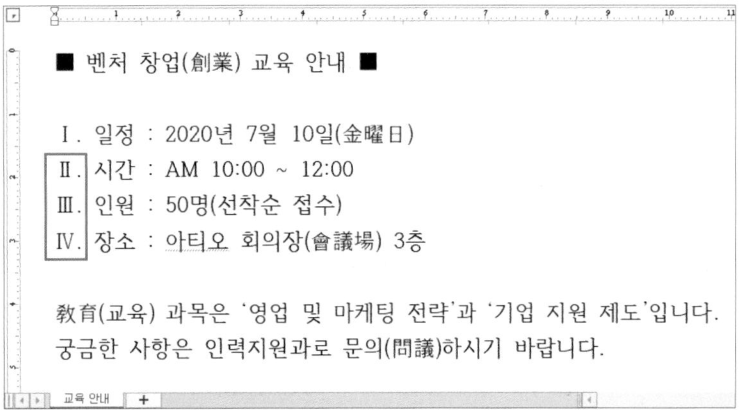

08 마지막 항목에는 '전각 기호(일반)'에서 해당 특수 문자(▶)를 각각 삽입합니다.

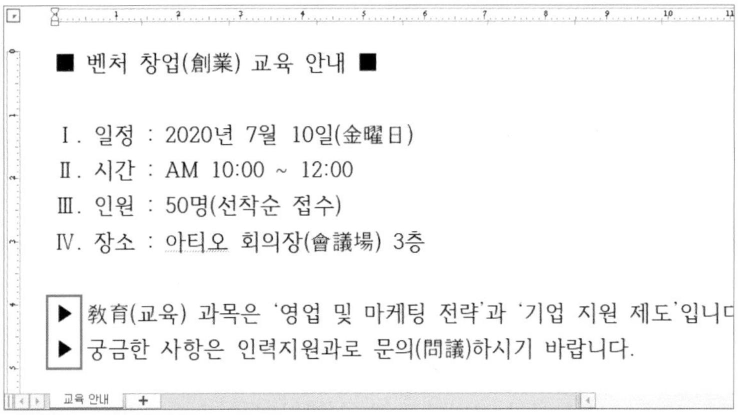

Power Upgrade

[문자표 입력] 대화 상자

- [사용자 문자표] 탭 : 필요한 문자를 손쉽게 찾아볼 수 있도록 유니코드 문자를 영역별로 새롭게 분류한 문자가 표시됩니다. 또한, 새로운 문자 영역을 만들어 사용자가 자주 사용하는 문자를 모아 추가할 수도 있습니다.
- [유니코드 문자표] 탭 : 키보드에 없는 유니코드 문자를 입력할 수 있습니다.
- [혼글(HNC) 문자표] 탭 : HNC 코드는 기존 버전의 한글에서 지원하던 문자 코드로 키보드에 없는 문자를 입력할 수 있습니다.
- [완성형(KS) 문자표] 탭 : KS 코드는 1987년 한국 표준 문자 세트로 지정한 2바이트 완성형 코드(KSC 5601)로 키보드에 없는 문자를 입력할 수 있습니다.

기초문제

1

동일한 문장은 복사하면서 주어진 내용을 입력하고, '애국가.hwp'로 저장해 보세요.

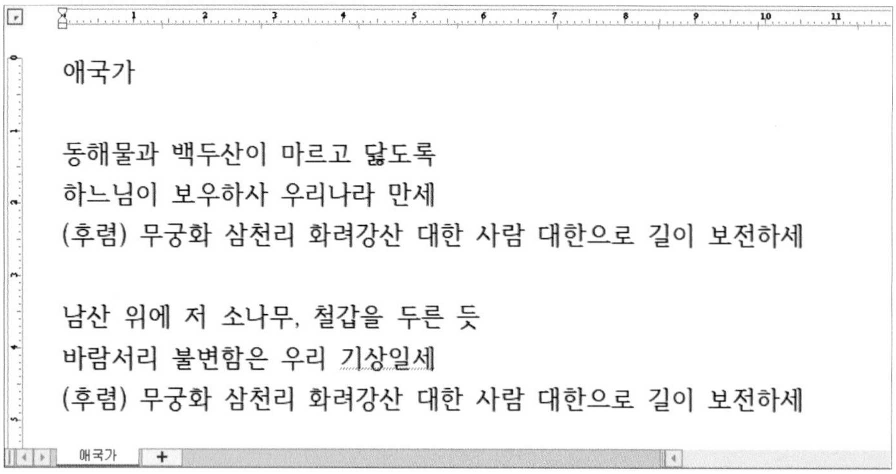

애국가

동해물과 백두산이 마르고 닳도록
하느님이 보우하사 우리나라 만세
(후렴) 무궁화 삼천리 화려강산 대한 사람 대한으로 길이 보전하세

남산 위에 저 소나무, 철갑을 두른 듯
바람서리 불변함은 우리 기상일세
(후렴) 무궁화 삼천리 화려강산 대한 사람 대한으로 길이 보전하세

2

해당 단어에 주어진 한자를 삽입하되 입력 형식대로 변경해 보세요.

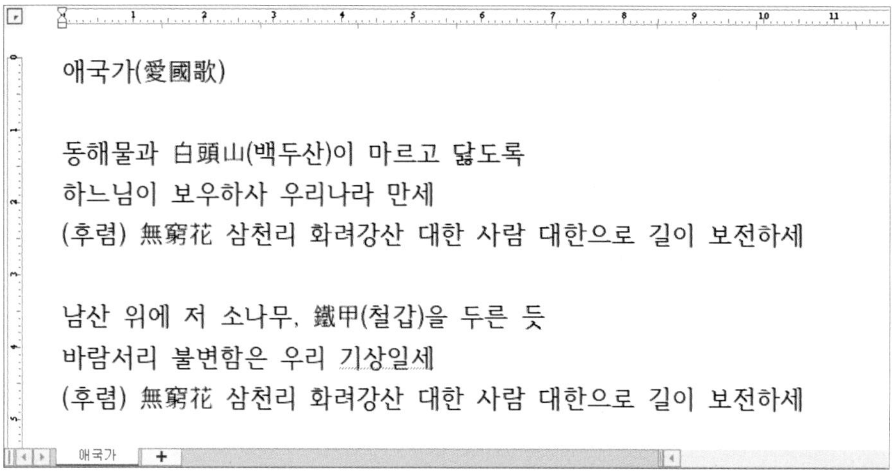

애국가(愛國歌)

동해물과 白頭山(백두산)이 마르고 닳도록
하느님이 보우하사 우리나라 만세
(후렴) 無窮花 삼천리 화려강산 대한 사람 대한으로 길이 보전하세

남산 위에 저 소나무, 鐵甲(철갑)을 두른 듯
바람서리 불변함은 우리 기상일세
(후렴) 無窮花 삼천리 화려강산 대한 사람 대한으로 길이 보전하세

힌트 • [한자로 바꾸기] 대화 상자의 한자 목록과 입력 형식에서 주어진 한자를 선택합니다.

3

한자 사전에 없는 '화려강산'을 한자로 등록하고, 입력 형식대로 변경해 보세요.

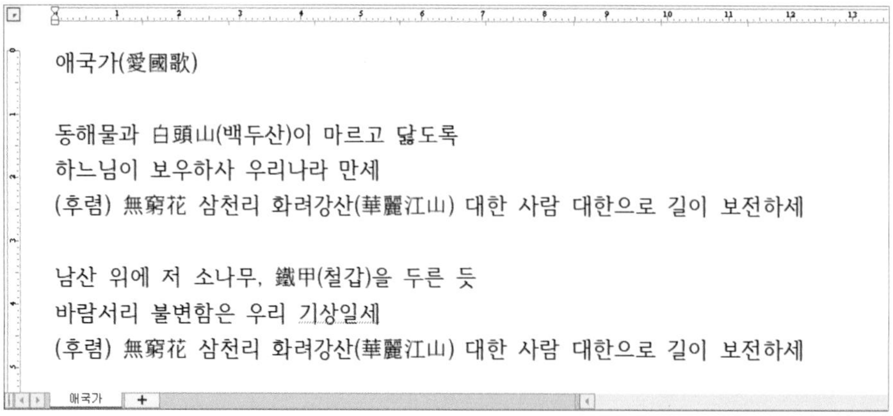

애국가(愛國歌)

동해물과 白頭山(백두산)이 마르고 닳도록
하느님이 보우하사 우리나라 만세
(후렴) 無窮花 삼천리 화려강산(華麗江山) 대한 사람 대한으로 길이 보전하세

남산 위에 저 소나무, 鐵甲(철갑)을 두른 듯
바람서리 불변함은 우리 기상일세
(후렴) 無窮花 삼천리 화려강산(華麗江山) 대한 사람 대한으로 길이 보전하세

힌트 • [한자 단어 등록] 대화 상자에서 화(華), 려(麗), 강(江), 산(山)을 각각 한자로 변경한 후 등록합니다.

심화문제

1) 다음의 내용을 입력한 후 입력 형식에 맞게 한자를 변경해 보세요.

보험료(保險料) 알림장

전월 세금에 대한 건강보험료 책정 안내
보험료 滯納(체납) 시 연체금 부과 안내
건강보험료 조정 신청(申請) 안내
보험료 과오납 선납대체 制度(제도) 안내

주택이 없는 세대는 부과 형평을 위해 전월세 보증금에 대해 부과합니다.
건강보험료는 매월 10일까지 납부(納付)하셔야 합니다.

빈 문서 1

2) 문서 제목과 본문 항목에 주어진 특수 문자(기호)를 각각 삽입해 보세요.

◐ 보험료(保險料) 알림장 ◑

◈ 전월 세금에 대한 건강보험료 책정 안내
◈ 보험료 滯納(체납) 시 연체금 부과 안내
◈ 건강보험료 조정 신청(申請) 안내
◈ 보험료 과오납 선납대체 制度(제도) 안내

주택이 없는 세대는 부과 형평을 위해 전월세 보증금에 대해 부과합니다.
건강보험료는 매월 10일까지 납부(納付)하셔야 합니다.

빈 문서 1

힌트 • [문자표 입력] 대화 상자의 [훈글(HNC) 문자표] 탭에서 '전각 기호(일반)'을 선택합니다.

3) 본문 마지막 항목에 주어진 특수 문자를 삽입하고, '알림장.hwp'로 저장해 보세요.

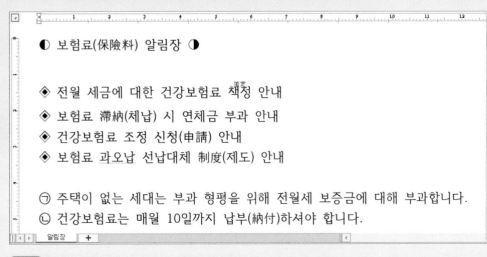

◐ 보험료(保險料) 알림장 ◑

◈ 전월 세금에 대한 건강보험료 책정 안내
◈ 보험료 滯納(체납) 시 연체금 부과 안내
◈ 건강보험료 조정 신청(申請) 안내
◈ 보험료 과오납 선납대체 制度(제도) 안내

㉠ 주택이 없는 세대는 부과 형평을 위해 전월세 보증금에 대해 부과합니다.
㉡ 건강보험료는 매월 10일까지 납부(納付)하셔야 합니다.

알림장

힌트 • [문자표 입력] 대화 상자의 [훈글(HNC) 문자표] 탭에서 '전각 기호(원)'을 선택합니다.

Section

04 글자 모양 지정하기

다양한 글꼴 서식(모양)을 이용하여 문서 내용의 일부분을 꾸며보고, 문단 첫 글자 장식을 이용하여 문단 시작의 첫 번째 글자를 장식하는 방법에 대해서 학습해 봅니다.

Preview

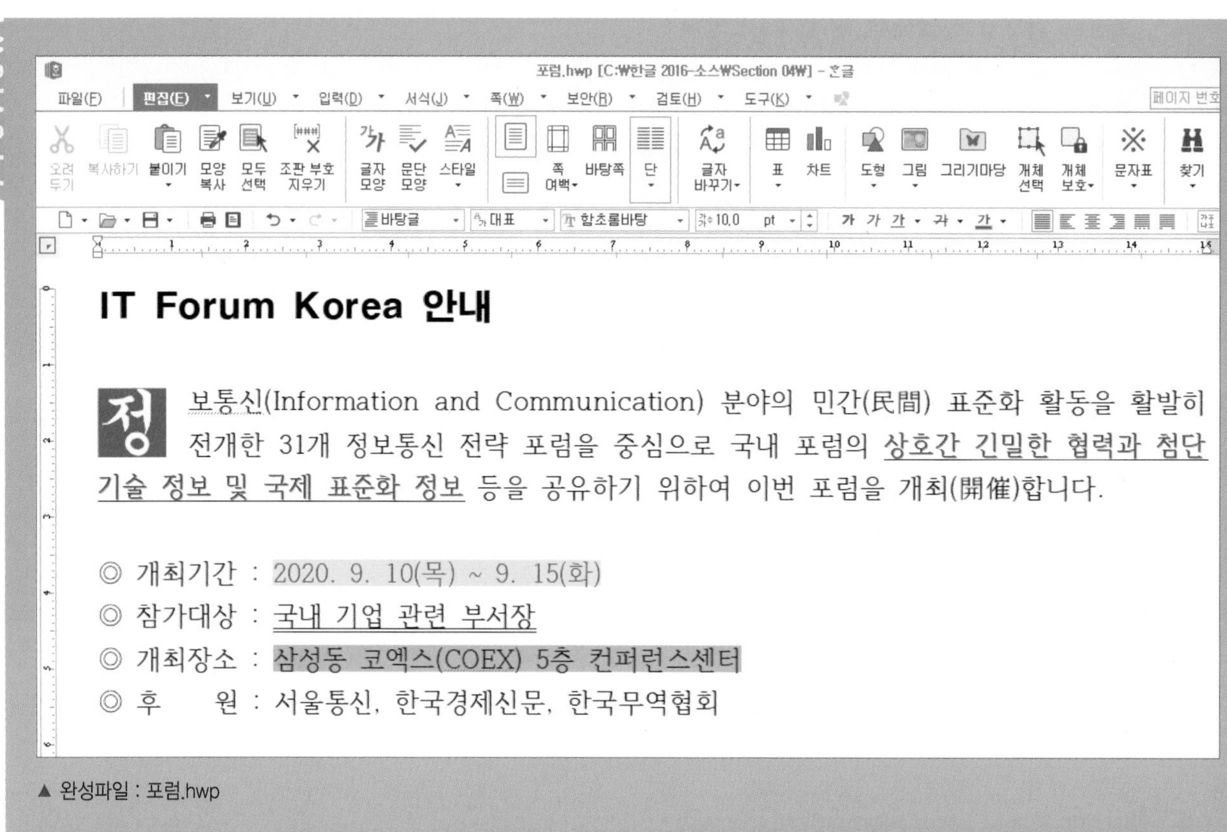

▲ 완성파일 : 포럼.hwp

핵심 내용

- 작성한 문서의 특정 부분에 다양한 글꼴 서식(모양)을 지정하는 방법에 대해 알아봅니다.
- 문단이 시작되는 첫 번째 글자에 장식 효과를 적용하는 방법에 대해 알아봅니다.

따라하기 01 글꼴 서식(모양) 지정하기

01 화면에 주어진 문서 내용을 입력한 후 'C:₩한글 2016-소스₩Section 04'에 '포럼.hwp'로 저장합니다.

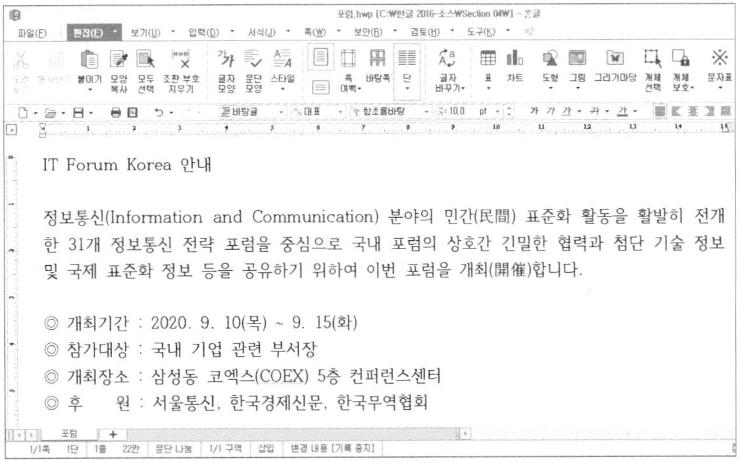

02 제목 내용을 블록 지정한 후 [서식] 탭의 펼침(▾) 단추를 클릭하고, [글자 모양]을 선택합니다(= Alt + L).

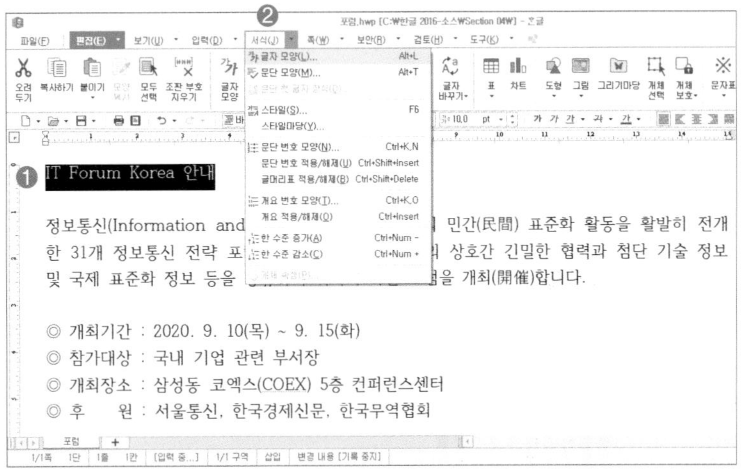

03 [글자 모양] 대화 상자의 [기본] 탭에서 기준 크기는 '13pt', 글꼴은 'HY견고딕', 장평은 '110%', 자간은 '-5%'를 각각 지정하고, [설정] 단추를 클릭합니다.

장평과 자간 Plus Tip

장평은 글자의 가로(좌우) 비율을 늘리거나 줄이고, 자간은 글자와 글자 사이의 간격을 조절합니다.

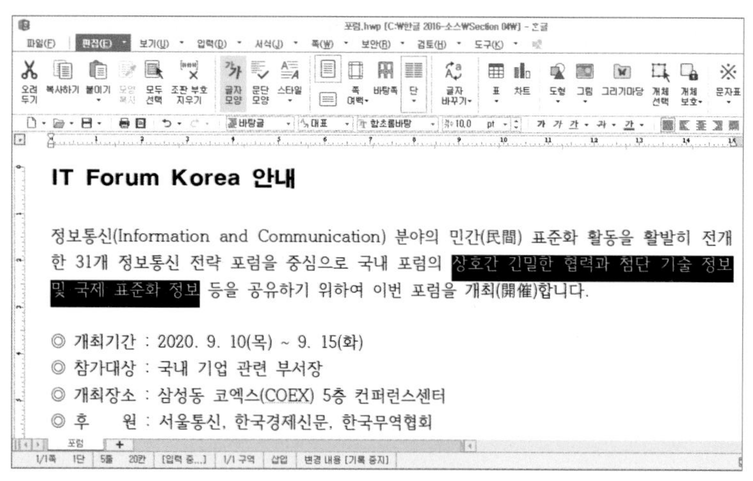

04 본문에서 해당 내용을 블록 지정한 후 이번에는 [편집] 탭에 있는 글자 모양(글자 모양) 아이콘을 클릭합니다.

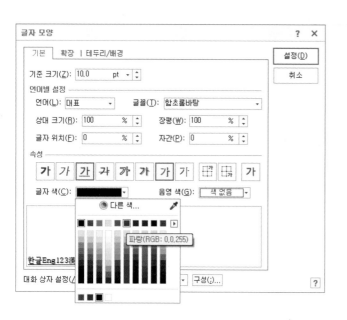

05 [글자 모양] 대화 상자의 [기본] 탭에서 속성은 '밑줄'과 '양각', 글자 색은 '파랑'을 각각 선택하고, [설정] 단추를 클릭합니다.

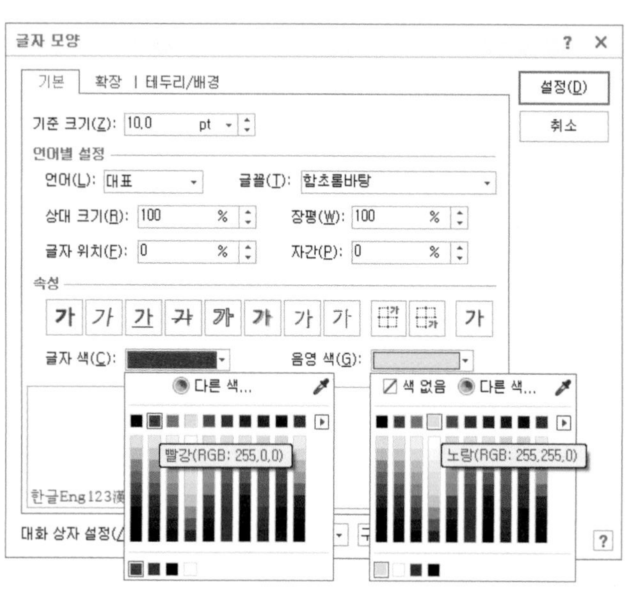

06 이번에는 개최기간의 '2020. 9. 10(목) ~ 9. 15(화)'를 블록 지정한 후 [글자 모양] 대화 상자의 [기본] 탭에서 글자 색은 '빨강', 음영 색은 '노랑'을 각각 선택하고, [설정] 단추를 클릭합니다.

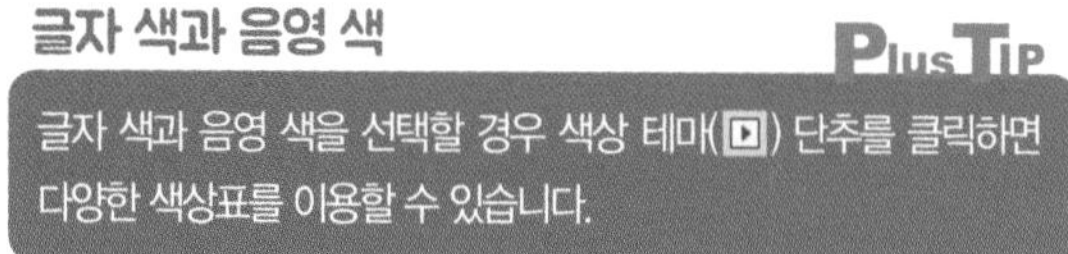

글자 색과 음영 색
Plus Tip
글자 색과 음영 색을 선택할 경우 색상 테마( ) 단추를 클릭하면 다양한 색상표를 이용할 수 있습니다.

07 계속해서 '국내 기업 관련 부서장'을 블록 지정한 후 서식 도구 상자에서 밑줄의 목록(가 ▾) 단추를 클릭하고, '이중 실선'을 선택합니다.

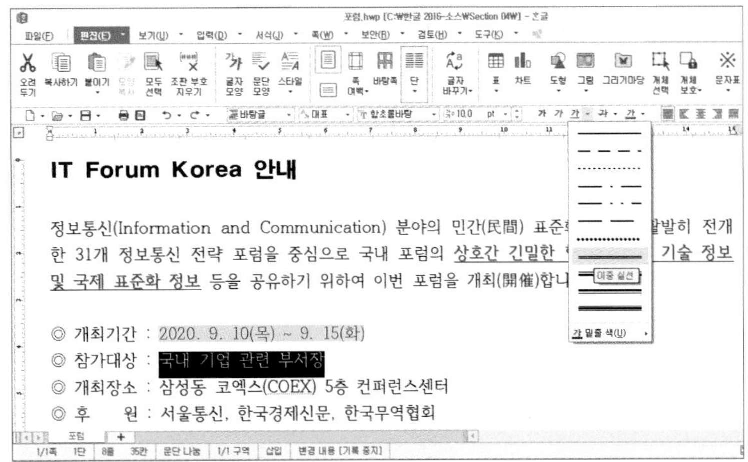

08 마지막으로 개최장소 내용을 블록 지정한 후 [서식] 탭에서 형광펜(✎ ▾) 아이콘을 클릭하고, '보라(RGB: 128,0,128) 80% 밝게'를 선택합니다.

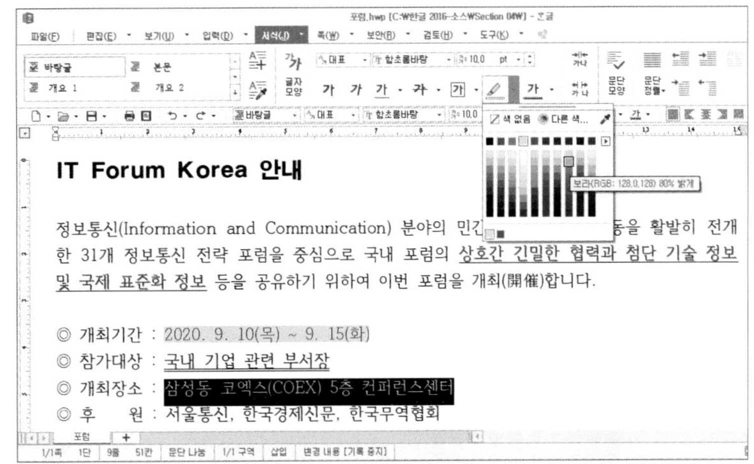

Power Upgrade

글자 속성

가	가	가	가	가	가	가	가	가	가	가
❶	❷	❸	❹	❺	❻	❼	❽	❾	❿	⓫

❶ 진하게 : **정보통신**

❷ 기울임 : *정보통신*

❸ 밑줄 : 정보통신

❹ 취소선 : ~~정보통신~~

❺ 외곽선 : 정보통신

❻ 그림자 : 정보통신

❼ 양각 : 정보통신

❽ 음각 : 정보통신

❾ 위 첨자 : 정보^{통신}

❿ 아래 첨자 : 정보$_{통신}$

⓫ 보통 모양 : 정보통신

따라하기 02 문단 첫 글자 장식하기

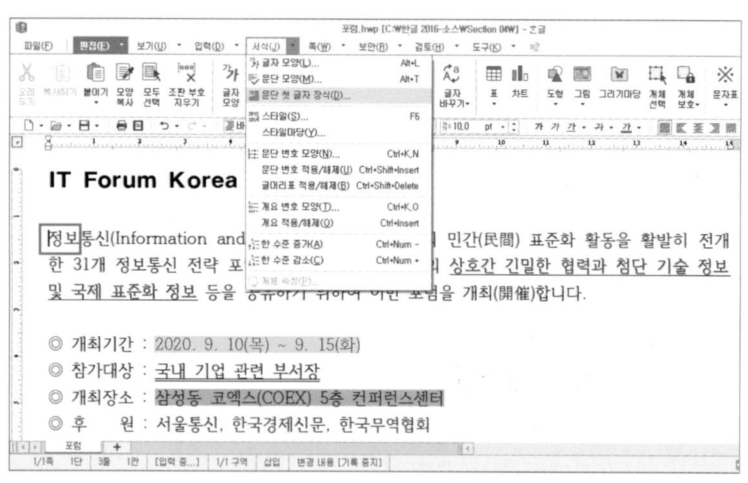

01 문단 첫 번째 글자 앞에 커서를 위치시킨 후 [서식] 탭의 펼침(▾) 단추를 클릭하고, [문단 첫 글자 장식]을 선택합니다.

> **문단 첫 글자 장식** — PLUS TIP
>
> 문단의 첫 번째 글자를 크게 만들어 장식 효과를 주는 기능으로 [서식] 탭에서 문단 첫 글자 장식( ) 아이콘을 클릭해도 됩니다.

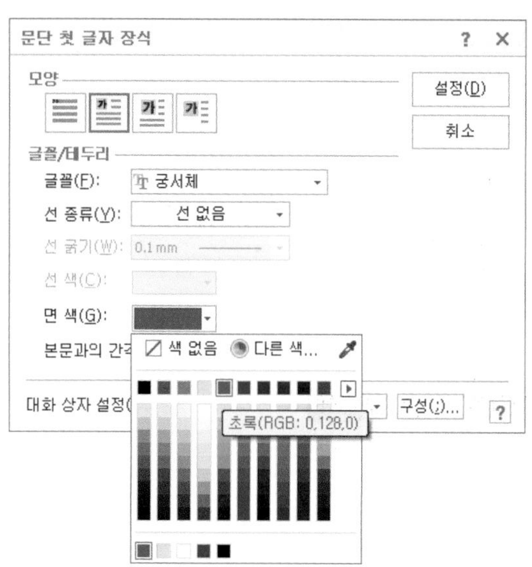

02 [문단 첫 글자 장식] 대화 상자에서 모양은 '2줄', 글꼴은 '궁서체', 면 색은 '초록(RGB: 0,128,0)'을 각각 지정하고, [설정] 단추를 클릭합니다.

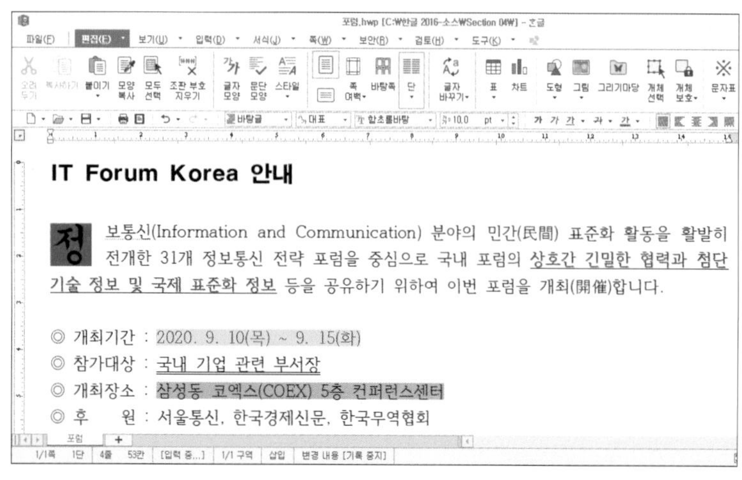

03 그 결과 문단의 첫 번째 글자에 장식 효과가 적용된 것을 확인할 수 있습니다.

04 문단 첫 글자 장식의 색상을 변경하기 위하여 해당 글자를 블록 지정한 후 서식 도구 상자에서 글자 색(가 ▾) 아이콘을 클릭하고, '노랑(RGB: 255,255,0) 90% 밝게'를 선택합니다.

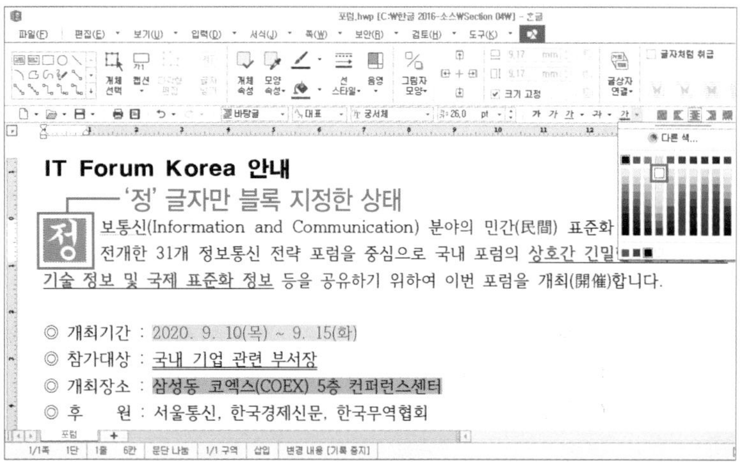

Power Upgrade

모양

- 없음 : 장식 글자를 해제하고, 원래 문단 모양으로 되돌립니다.
- 2줄 : 장식 글자를 문단의 왼쪽 끝에 맞추고, 나머지 본문은 장식 글자 오른쪽에 2줄만 걸치도록 배열합니다.
- 3줄 : 장식 글자를 문단의 왼쪽 끝에 맞추고, 나머지 본문은 장식 글자 오른쪽에 3줄만 걸치도록 배열합니다.
- 여백 : 장식 글자의 크기를 '3줄'과 같은 크기로 만들어 문단의 왼쪽 여백 바깥쪽에 배열합니다.

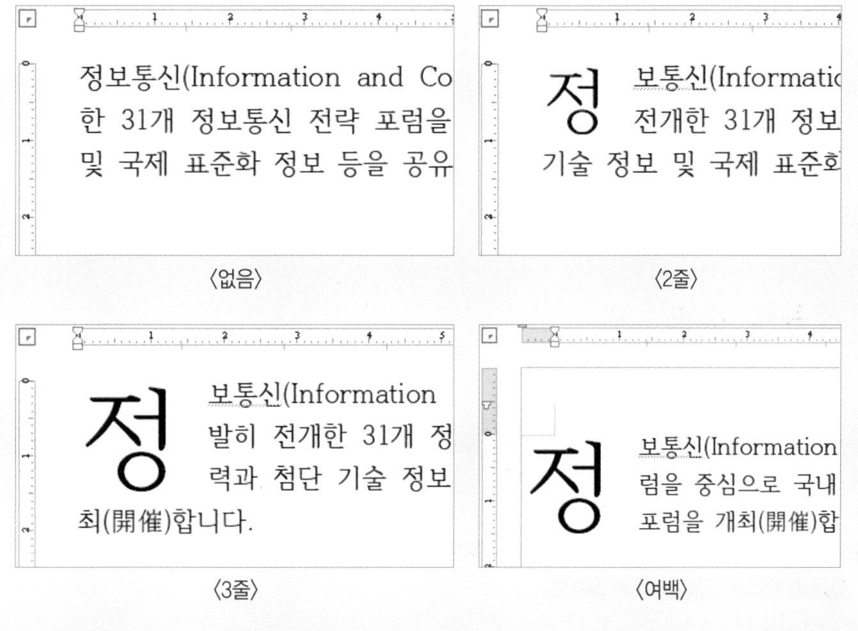

〈없음〉 〈2줄〉 〈3줄〉 〈여백〉

기초문제

1

다음의 내용을 입력한 후 제목에 임의의 글자 모양을 지정하고, '문예.hwp'로 저장하세요.

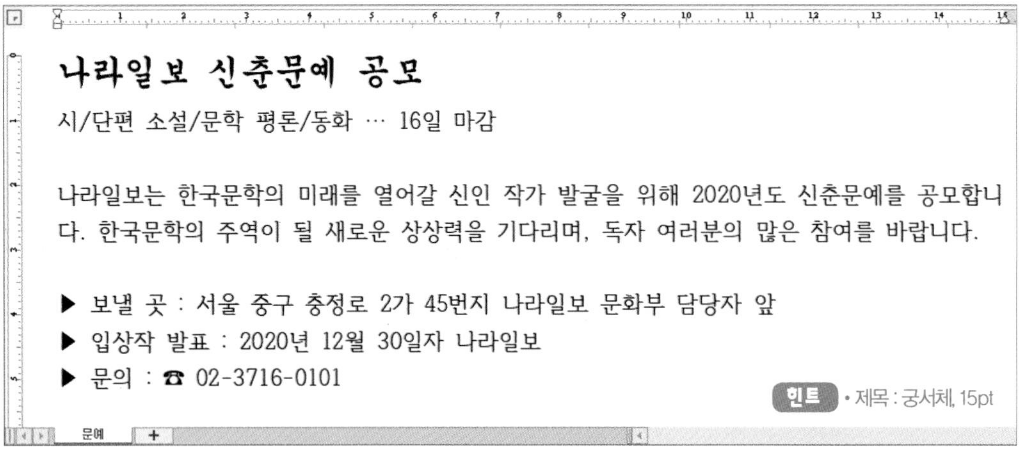

나라일보 신춘문예 공모

시/단편 소설/문학 평론/동화 … 16일 마감

나라일보는 한국문학의 미래를 열어갈 신인 작가 발굴을 위해 2020년도 신춘문예를 공모합니다. 한국문학의 주역이 될 새로운 상상력을 기다리며, 독자 여러분의 많은 참여를 바랍니다.

▶ 보낼 곳 : 서울 중구 충정로 2가 45번지 나라일보 문화부 담당자 앞
▶ 입상작 발표 : 2020년 12월 30일자 나라일보
▶ 문의 : ☎ 02-3716-0101

문예 +

힌트 • 제목 : 궁서체, 15pt

2

문서의 해당 내용에 임의의 장평, 자간과 글자 속성을 지정해 보세요.

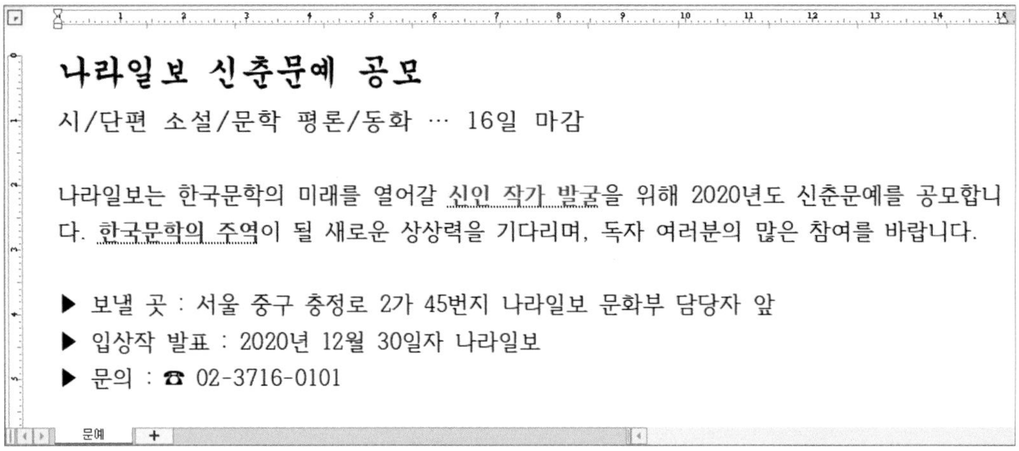

나라일보 신춘문예 공모

시/단편 소설/문학 평론/동화 … 16일 마감

나라일보는 한국문학의 미래를 열어갈 신인 작가 발굴을 위해 2020년도 신춘문예를 공모합니다. 한국문학의 주역이 될 새로운 상상력을 기다리며, 독자 여러분의 많은 참여를 바랍니다.

▶ 보낼 곳 : 서울 중구 충정로 2가 45번지 나라일보 문화부 담당자 앞
▶ 입상작 발표 : 2020년 12월 30일자 나라일보
▶ 문의 : ☎ 02-3716-0101

문예 +

힌트 • 부제목 : 장평(110%), 자간(10%) • 본문 : 진하게, 밑줄(원형 점선), 글자 색(빨강, 파랑)

3

문서의 마지막 항목에는 음영색과 형광펜을 지정해 보세요.

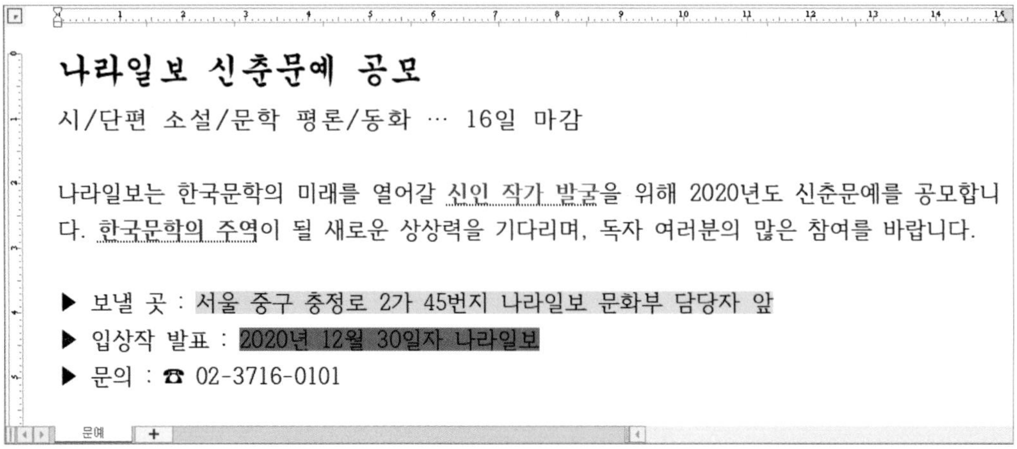

나라일보 신춘문예 공모

시/단편 소설/문학 평론/동화 … 16일 마감

나라일보는 한국문학의 미래를 열어갈 신인 작가 발굴을 위해 2020년도 신춘문예를 공모합니다. 한국문학의 주역이 될 새로운 상상력을 기다리며, 독자 여러분의 많은 참여를 바랍니다.

▶ 보낼 곳 : 서울 중구 충정로 2가 45번지 나라일보 문화부 담당자 앞
▶ 입상작 발표 : 2020년 12월 30일자 나라일보
▶ 문의 : ☎ 02-3716-0101

문예 +

힌트 • 보낼 곳 : 음영 색(노랑) • 입상작 발표 : 형광펜(주황)

심화문제

1) 다음의 내용을 입력한 후 제목과 본문에 임의의 글자 모양을 지정하고, '광고.hwp'로 저장하세요.

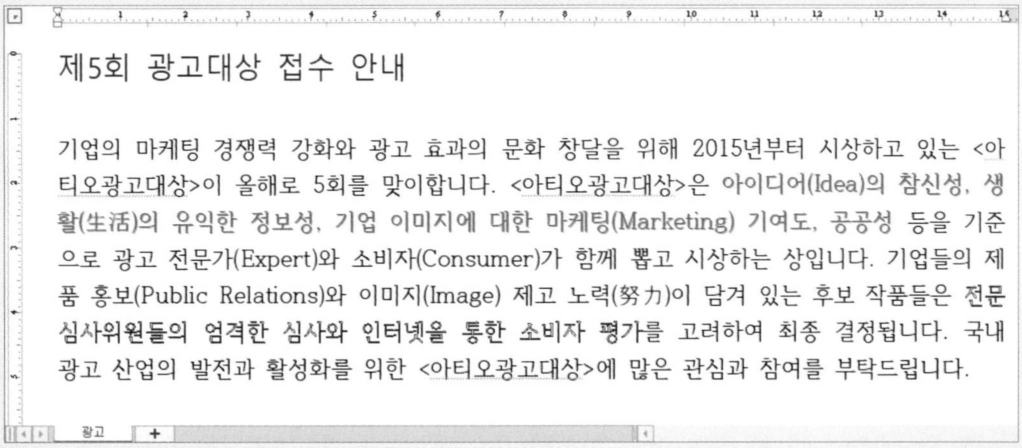

제5회 광고대상 접수 안내

기업의 마케팅 경쟁력 강화와 광고 효과의 문화 창달을 위해 2015년부터 시상하고 있는 <아티오광고대상>이 올해로 5회를 맞이합니다. <아티오광고대상>은 아이디어(Idea)의 참신성, 생활(生活)의 유익한 정보성, 기업 이미지에 대한 마케팅(Marketing) 기여도, 공공성 등을 기준으로 광고 전문가(Expert)와 소비자(Consumer)가 함께 뽑고 시상하는 상입니다. 기업들의 제품 홍보(Public Relations)와 이미지(Image) 제고 노력(努力)이 담겨 있는 후보 작품들은 전문심사위원들의 엄격한 심사와 인터넷을 통한 소비자 평가를 고려하여 최종 결정됩니다. 국내 광고 산업의 발전과 활성화를 위한 <아티오광고대상>에 많은 관심과 참여를 부탁드립니다.

광고 +

힌트
- 제목 : 글자 크기(13pt), 글꼴(맑은 고딕), 글자 색(남색)
- 본문 : 속성(양각, 외곽선), 글자 색(초록, 보라)

2) 첫 번째 글자에 2줄 모양의 문단 첫 글자를 장식해 보세요.

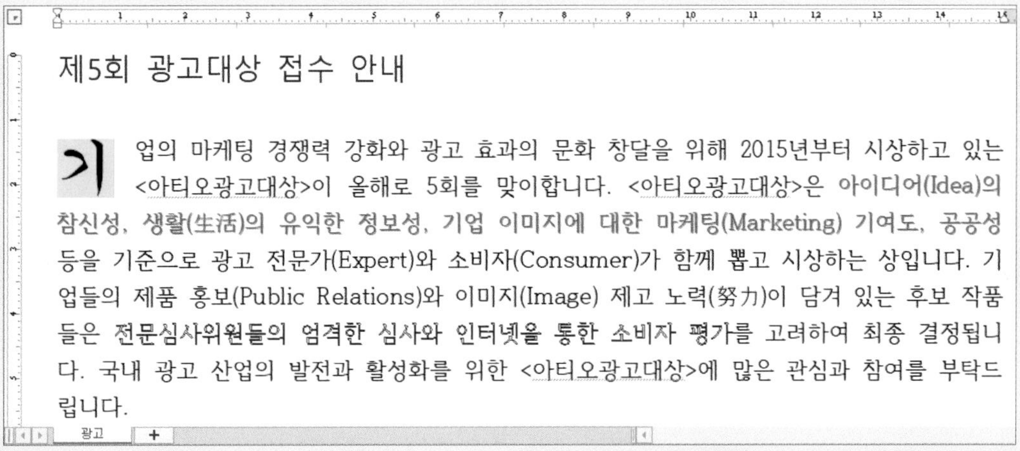

제5회 광고대상 접수 안내

기업의 마케팅 경쟁력 강화와 광고 효과의 문화 창달을 위해 2015년부터 시상하고 있는 <아티오광고대상>이 올해로 5회를 맞이합니다. <아티오광고대상>은 아이디어(Idea)의 참신성, 생활(生活)의 유익한 정보성, 기업 이미지에 대한 마케팅(Marketing) 기여도, 공공성 등을 기준으로 광고 전문가(Expert)와 소비자(Consumer)가 함께 뽑고 시상하는 상입니다. 기업들의 제품 홍보(Public Relations)와 이미지(Image) 제고 노력(努力)이 담겨 있는 후보 작품들은 전문심사위원들의 엄격한 심사와 인터넷을 통한 소비자 평가를 고려하여 최종 결정됩니다. 국내 광고 산업의 발전과 활성화를 위한 <아티오광고대상>에 많은 관심과 참여를 부탁드립니다.

광고 +

힌트 • 모양 : 2줄, 글꼴 : 궁서체, 면 색 : 노랑

3) 첫 번째 글자에 3줄 모양의 문단 첫 글자를 장식하고, 글자 색을 변경해 보세요.

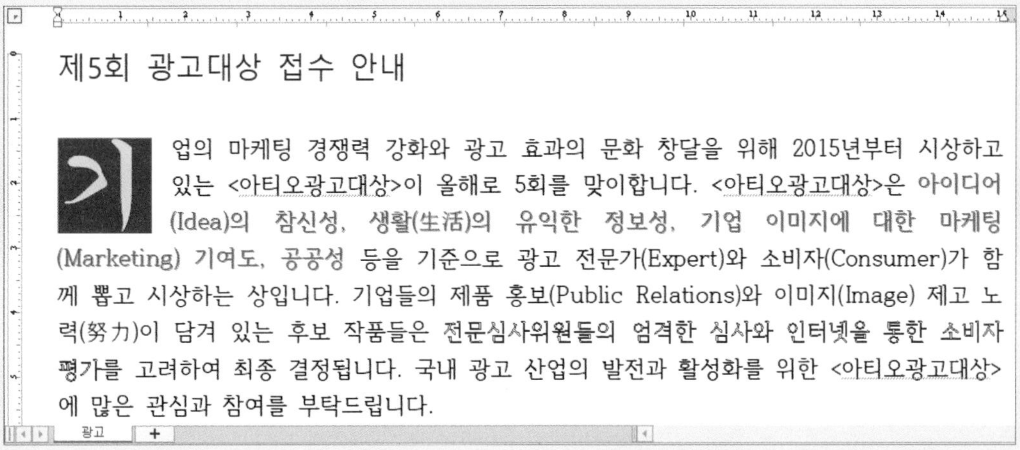

제5회 광고대상 접수 안내

기업의 마케팅 경쟁력 강화와 광고 효과의 문화 창달을 위해 2015년부터 시상하고 있는 <아티오광고대상>이 올해로 5회를 맞이합니다. <아티오광고대상>은 아이디어(Idea)의 참신성, 생활(生活)의 유익한 정보성, 기업 이미지에 대한 마케팅(Marketing) 기여도, 공공성 등을 기준으로 광고 전문가(Expert)와 소비자(Consumer)가 함께 뽑고 시상하는 상입니다. 기업들의 제품 홍보(Public Relations)와 이미지(Image) 제고 노력(努力)이 담겨 있는 후보 작품들은 전문심사위원들의 엄격한 심사와 인터넷을 통한 소비자 평가를 고려하여 최종 결정됩니다. 국내 광고 산업의 발전과 활성화를 위한 <아티오광고대상>에 많은 관심과 참여를 부탁드립니다.

광고 +

힌트 • 모양 : 3줄, 글꼴 : 궁서체, 면 색 : 빨강, 글자 색 : 노랑

Section

05 문단 모양 지정하기

작성한 문서 내용에서 다양한 정렬 방식과 왼쪽/오른쪽 여백, 들여쓰기, 내어쓰기, 줄 간격, 문단 위, 문단 아래 등을 설정하는 방법에 대해서 학습해 봅니다.

Preview

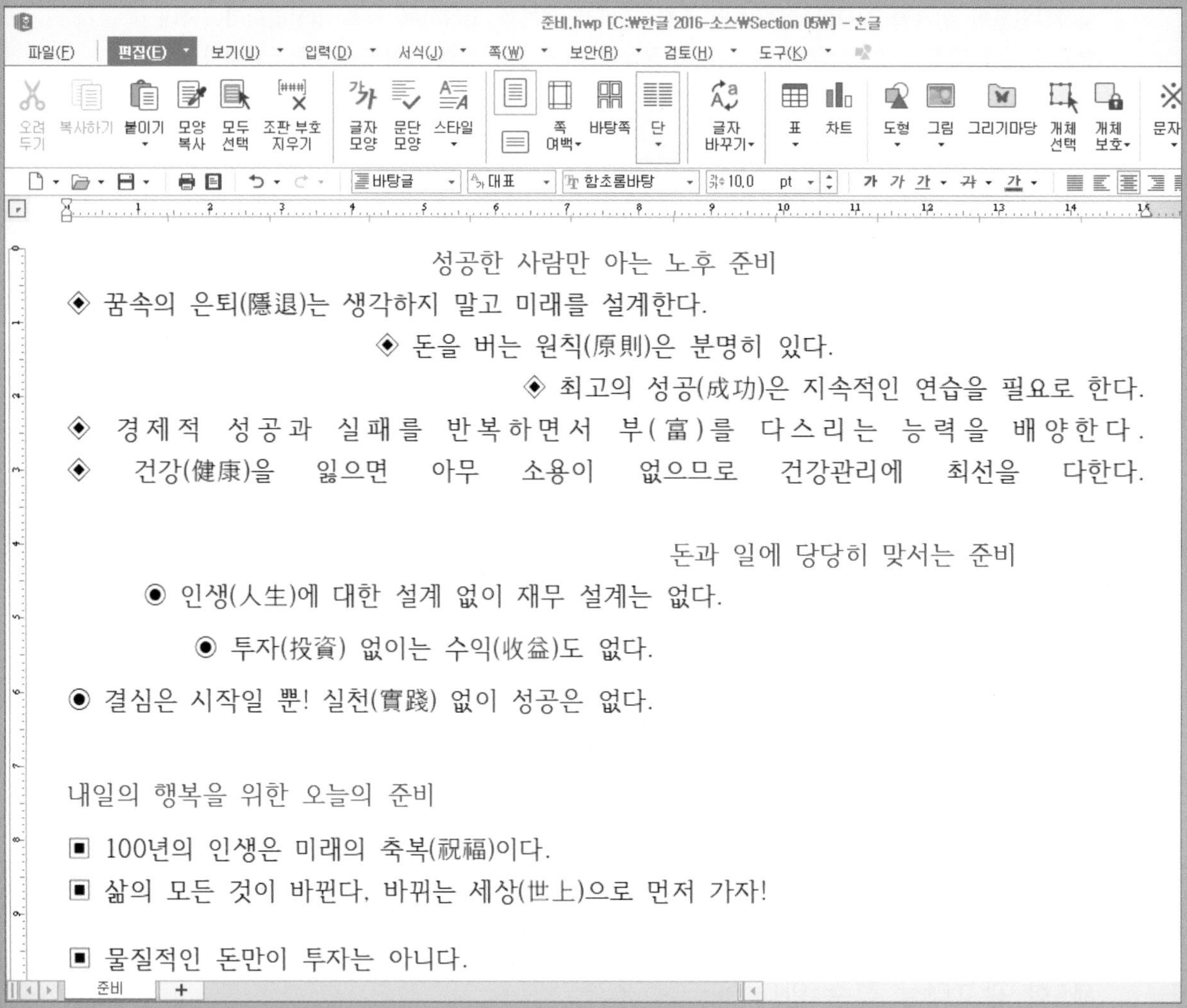

준비.hwp [C:\한글 2016-소스\Section 05\] - 한글

성공한 사람만 아는 노후 준비

◈ 꿈속의 은퇴(隱退)는 생각하지 말고 미래를 설계한다.

◈ 돈을 버는 원칙(原則)은 분명히 있다.

◈ 최고의 성공(成功)은 지속적인 연습을 필요로 한다.

◈ 경제적 성공과 실패를 반복하면서 부(富)를 다스리는 능력을 배양한다.

◈ 건강(健康)을 잃으면 아무 소용이 없으므로 건강관리에 최선을 다한다.

돈과 일에 당당히 맞서는 준비

◉ 인생(人生)에 대한 설계 없이 재무 설계는 없다.

◉ 투자(投資) 없이는 수익(收益)도 없다.

◉ 결심은 시작일 뿐! 실천(實踐) 없이 성공은 없다.

내일의 행복을 위한 오늘의 준비

▣ 100년의 인생은 미래의 축복(祝福)이다.

▣ 삶의 모든 것이 바뀐다. 바뀌는 세상(世上)으로 먼저 가자!

▣ 물질적인 돈만이 투자는 아니다.

▲ 완성파일 : 준비.hwp

핵심 내용

– 문단 모양에서 다양한 정렬 방식을 지정하는 방법에 대해 알아봅니다.
– 문단 모양에서 여백, 첫 줄, 간격의 여러 가지 설정 방법에 대해 알아봅니다.

따라하기 01 문단 정렬 방식 지정하기

01 화면에 주어진 문서 내용을 입력한 후 'C:₩한글 2016-소스₩Section 05'에 '준비.hwp'로 저장합니다.

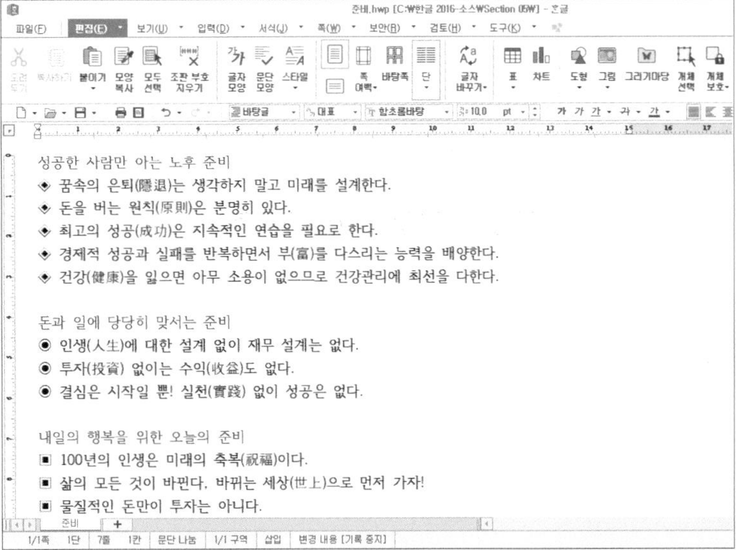

02 첫 번째 문단을 블록 지정한 후 서식 도구 상자에서 가운데 정렬() 아이콘을 클릭합니다.

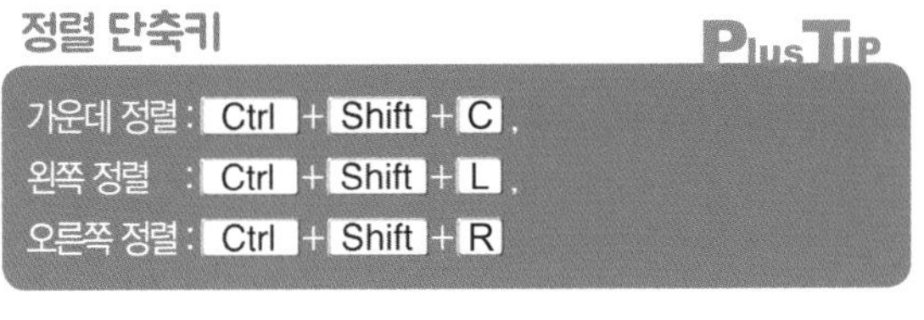

정렬 단축키
PlusTip
가운데 정렬 : Ctrl + Shift + C,
왼쪽 정렬 : Ctrl + Shift + L,
오른쪽 정렬 : Ctrl + Shift + R

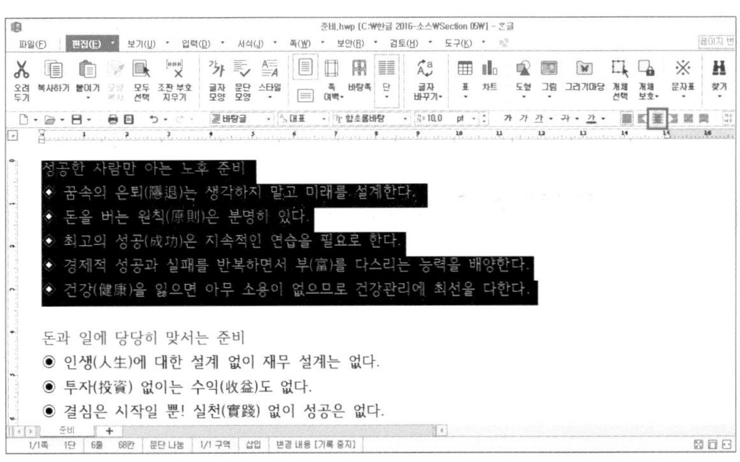

03 문단에서 첫 번째 줄을 블록 지정한 후 서식 도구 상자에서 왼쪽 정렬() 아이콘을 클릭합니다.

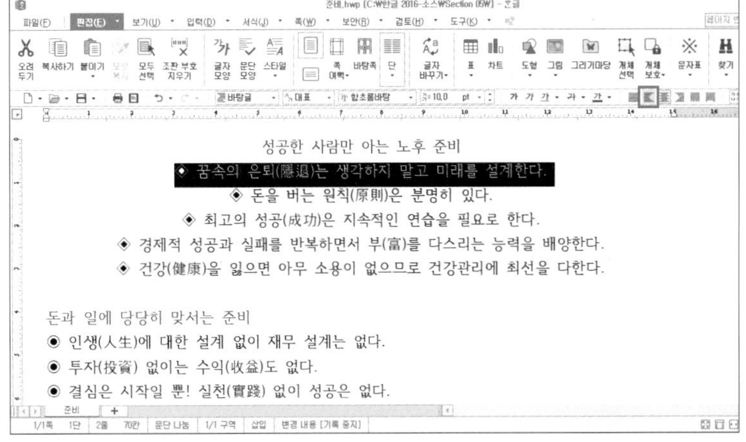

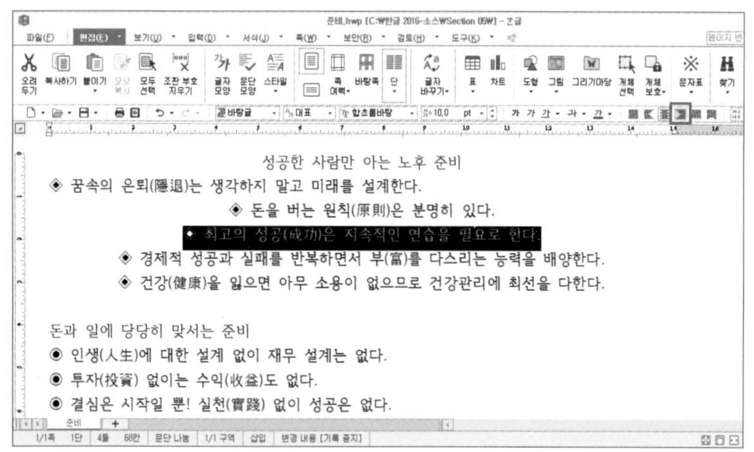

04 문단에서 세 번째 줄을 블록 지정한 후 서식 도구 상자에서 오른쪽 정렬(▤) 아이콘을 클릭합니다.

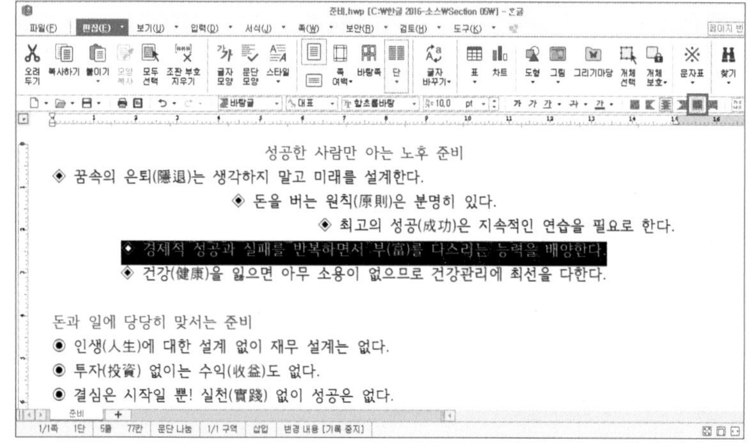

05 문단에서 네 번째 줄을 블록 지정한 후 서식 도구 상자에서 배분 정렬(▤) 아이콘을 클릭합니다.

배분 정렬 Plus Tip

글자 수에 상관없이 양쪽 정렬을 하되, 글자 사이를 일정하게 띄우는 정렬 방식입니다.

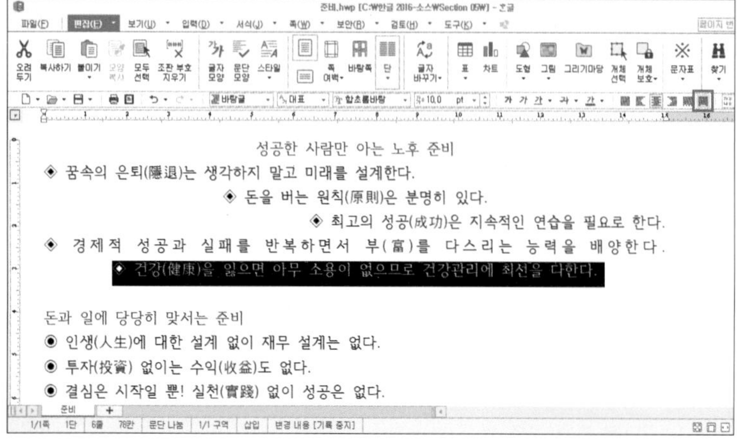

06 문단에서 다섯 번째 줄을 블록 지정한 후 서식 도구 상자에서 나눔 정렬(▤) 아이콘을 클릭합니다.

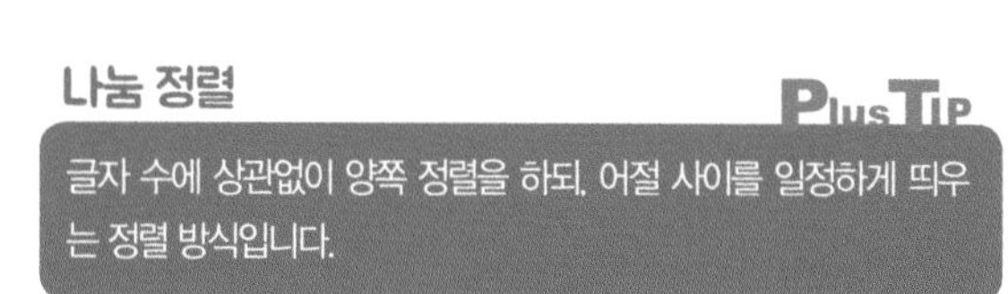

나눔 정렬 Plus Tip

글자 수에 상관없이 양쪽 정렬을 하되, 어절 사이를 일정하게 띄우는 정렬 방식입니다.

07 그 결과 각 줄마다 정렬 방식이 적용된 것을 확인할 수 있습니다.

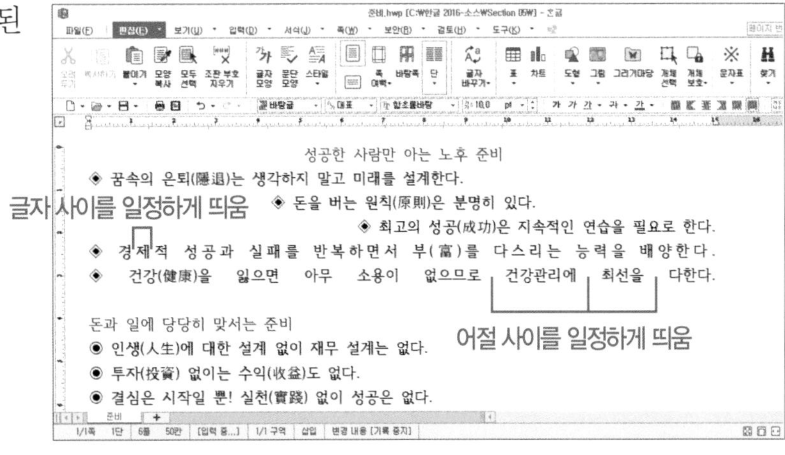

Power Upgrade

정렬 방식

- 해당 내용을 블록 지정한 후 [서식] 탭에서 문단 정렬( ) 아이콘을 클릭하고, 원하는 정렬 방식을 선택합니다.
- 해당 내용을 블록 지정한 후 [서식] 탭의 펼침( ) 단추를 클릭하고, [문단 모양]을 선택합니다(= Alt + T). [문단 모양] 대화 상자의 [기본] 탭에서 원하는 정렬 방식을 클릭합니다.

양쪽 정렬	Ctrl+Shift+M
왼쪽 정렬	Ctrl+Shift+L
가운데 정렬(C)	Ctrl+Shift+C
오른쪽 정렬	Ctrl+Shift+R
배분 정렬	Ctrl+Shift+T
나눔 정렬	

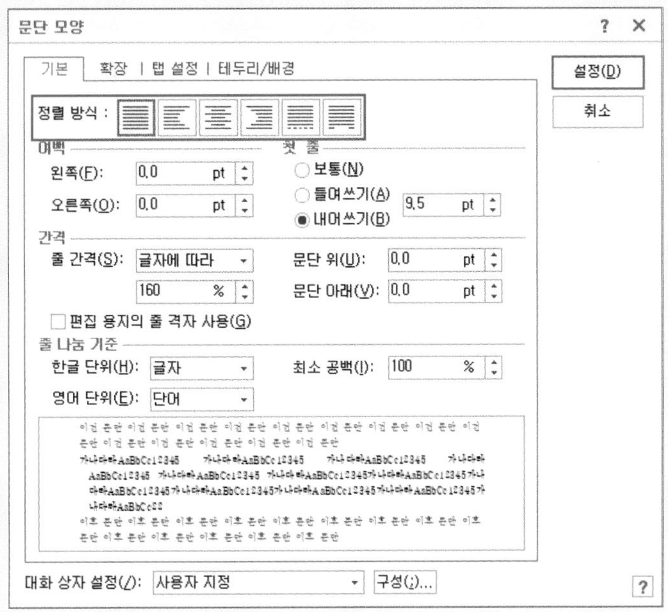

따라하기 02 문단 여백과 간격 지정하기

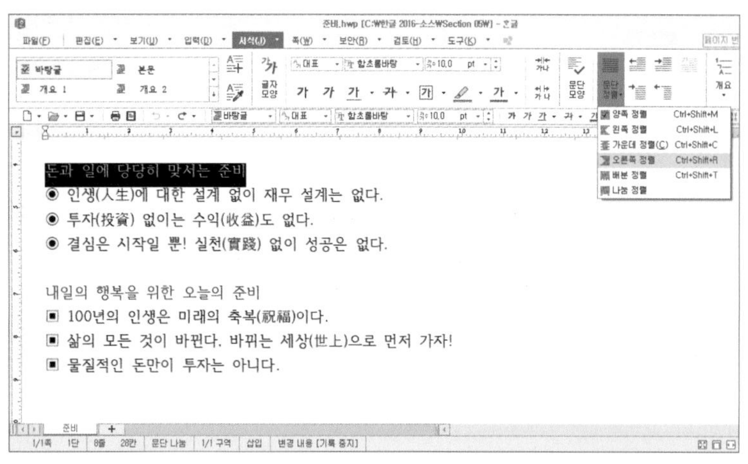

01 두 번째 문단의 제목을 블록 지정한 후 [서식] 탭에서 문단 정렬( ) 아이콘을 클릭하고, [오른쪽 정렬]을 선택합니다.

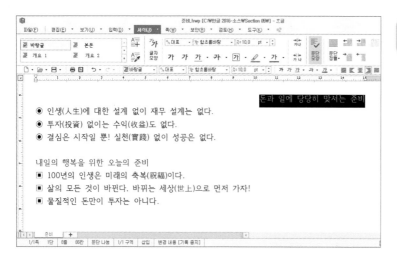

02 계속해서 [서식] 탭에서 문단 모양( ) 아이콘을 클릭합니다.

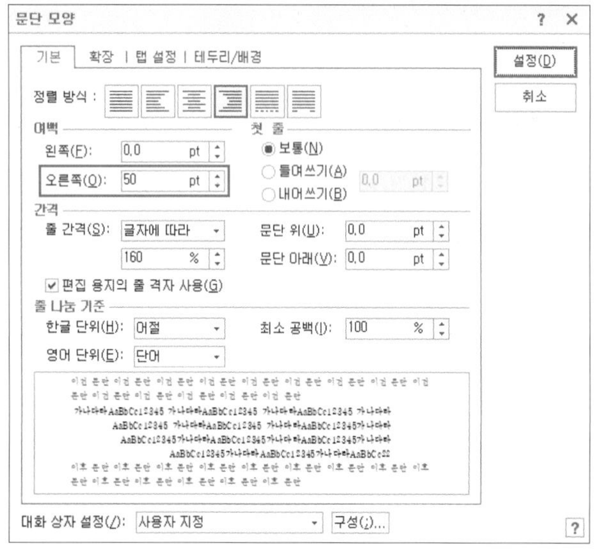

03 [문단 모양] 대화 상자의 [기본] 탭에서 오른쪽 여백을 '50pt'로 지정하고, [설정] 단추를 클릭합니다.

04 두 번째 문단 내용을 모두 블록 지정한 후 [서식] 탭에서 문단 모양(문단 모양) 아이콘을 클릭합니다.

왼쪽/오른쪽 여백 Plus Tip

현재 문단 내용의 왼쪽/오른쪽 여백을 어느 정도 띄울 것인지를 지정합니다.

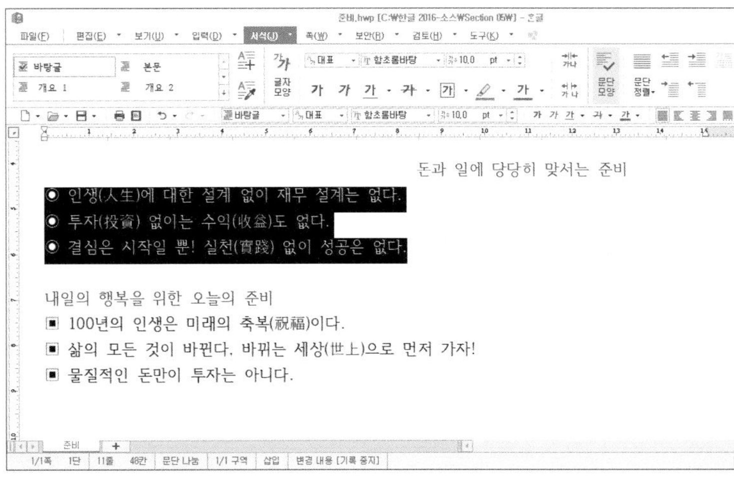

05 [문단 모양] 대화 상자의 [기본] 탭에서 왼쪽 여백을 '30pt'로 지정하고, [설정] 단추를 클릭합니다.

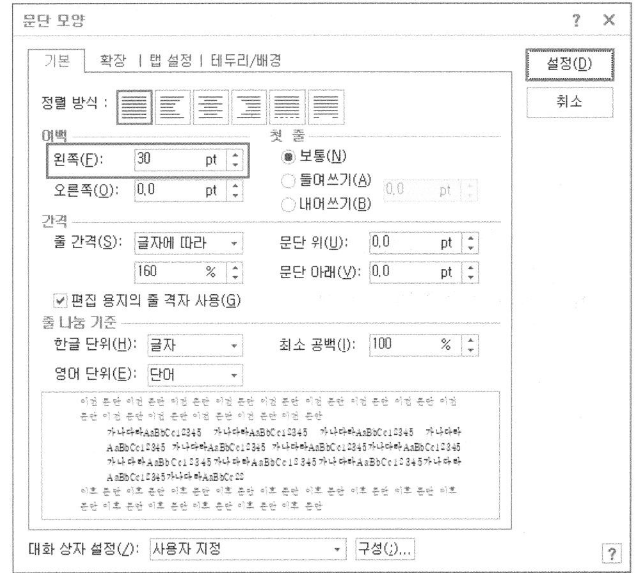

06 두 번째 줄을 블록 지정한 후 [문단 모양] 대화 상자의 [기본] 탭에서 들여쓰기를 '20pt'로 지정하고, [설정] 단추를 클릭합니다.

들여쓰기 Plus Tip

문단 첫 줄이 해당 문단 전체의 왼쪽 여백보다 오른쪽으로 들어가서 시작되도록 설정합니다.

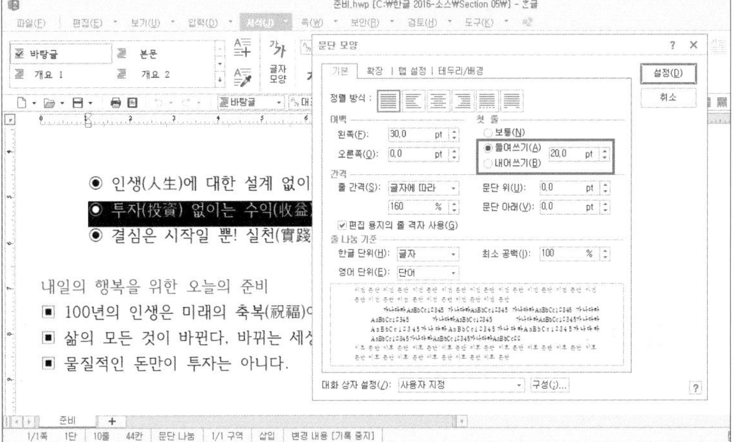

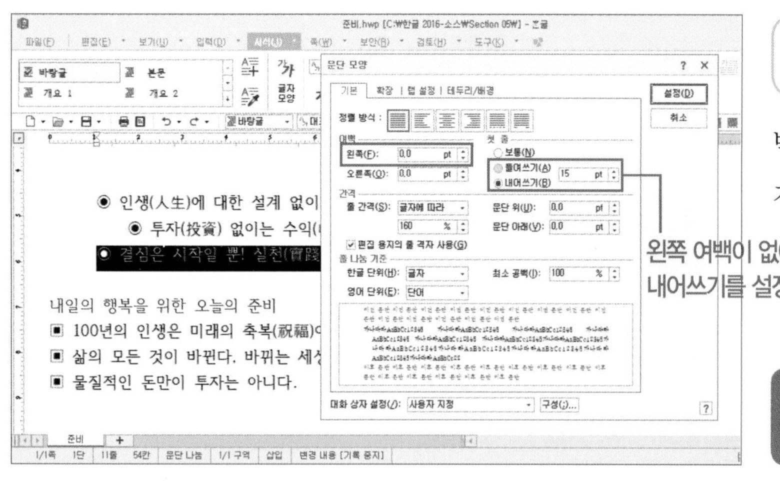

왼쪽 여백이 없어야
내어쓰기를 설정할 수 있음

07 세 번째 줄을 블록 지정한 후 [문단 모양] 대화 상자의 [기본] 탭에서 왼쪽 여백은 '0pt', 내어쓰기는 '15pt'로 지정하고, [설정] 단추를 클릭합니다.

내어쓰기 Plus Tip

문단 첫 줄을 제외한 해당 문단 전체의 왼쪽 여백이 내어쓰기 값만큼 들어가서 시작되도록 설정합니다.

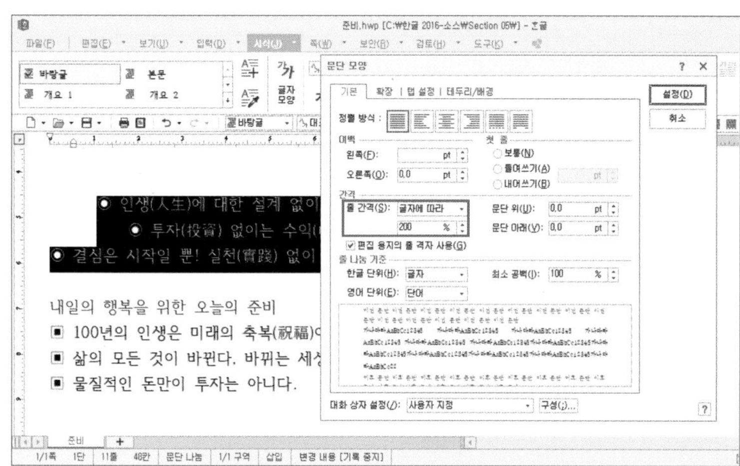

08 다시 두 번째 문단 내용을 모두 블록 지정한 후 [문단 모양] 대화 상자의 [기본] 탭에서 줄 간격을 '200%'로 지정하고, [설정] 단추를 클릭합니다.

줄 간격 Plus Tip

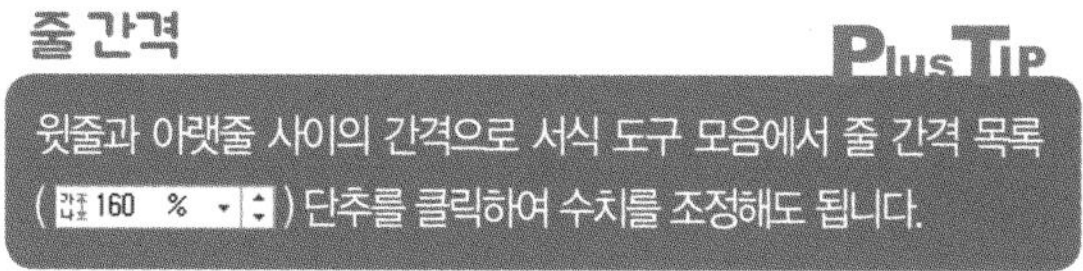

윗줄과 아랫줄 사이의 간격으로 서식 도구 모음에서 줄 간격 목록 (160 %) 단추를 클릭하여 수치를 조정해도 됩니다.

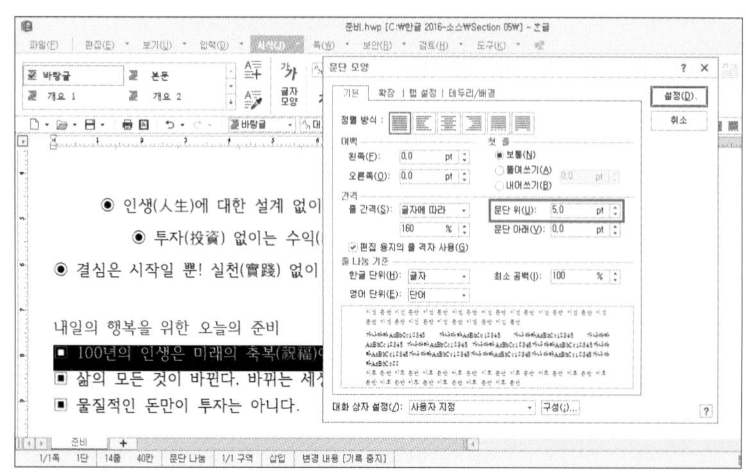

09 마지막 문단에서 첫 번째 줄을 블록 지정한 후 [문단 모양] 대화 상자의 [기본] 탭에서 문단 위를 '5pt'로 지정하고, [설정] 단추를 클릭합니다.

10 두 번째 줄을 블록 지정한 후 [문단 모양] 대화 상자의 [기본] 탭에서 문단 아래를 '10pt'로 지정하고, [설정] 단추를 클릭합니다.

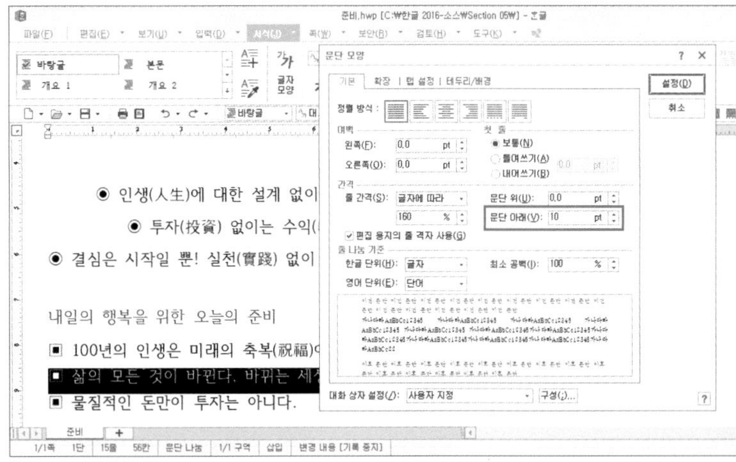

문단 위/문단 아래 PlusTip

문단 위는 현재 문단과 위쪽 문단의 사이 간격을 지정하고, 문단 아래는 현재 문단과 아래쪽 문단의 사이 간격을 지정합니다.

11 그 결과 문단 모양에서 지정한 여백과 간격을 확인할 수 있습니다.

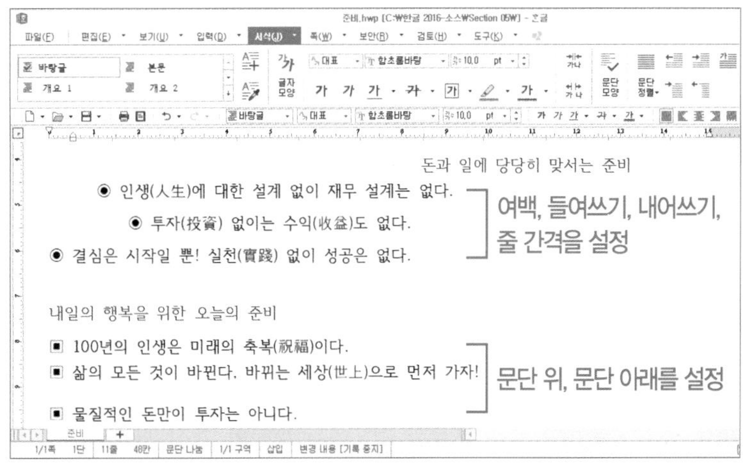

Power Upgrade

줄 나눔 기준

한 낱말의 일부분이 오른쪽 여백에 걸려서 낱말 전체가 다음 줄로 넘어가면 그 앞줄은 낱말과 낱말 사이의 간격이 넓어집니다. 이러한 경우 각 줄의 마지막을 나누는 기준과 앞줄에 있는 낱말들 사이의 빈칸 간격을 조정하여 줄 끝에 낱말이 걸리지 않게 조절합니다.

- **한글 단위 :** 각 줄의 마지막에 한글이 올 때 줄 나눔 기준을 '글자' 단위로 할지, '어절' 단위로 할지를 선택합니다.
- **영어 단위 :** 각 줄의 마지막에 영어가 올 때 줄 나눔 기준을 '글자' 단위로 할지, '어절' 단위로 할지, '하이픈'을 넣을 것인지를 선택합니다.
- **최소 공백 :** 낱말들 사이의 빈칸 간격을 일정한 범위까지 줄임으로써 줄 끝에 걸린 낱말이 다음 줄로 넘어가지 않고 해당 줄에 남을 수 있도록 최소 공백 값을 지정합니다.

기초문제

1

다음의 내용을 입력한 후 제목을 가운데 정렬하고, '주차.hwp'로 저장하세요.

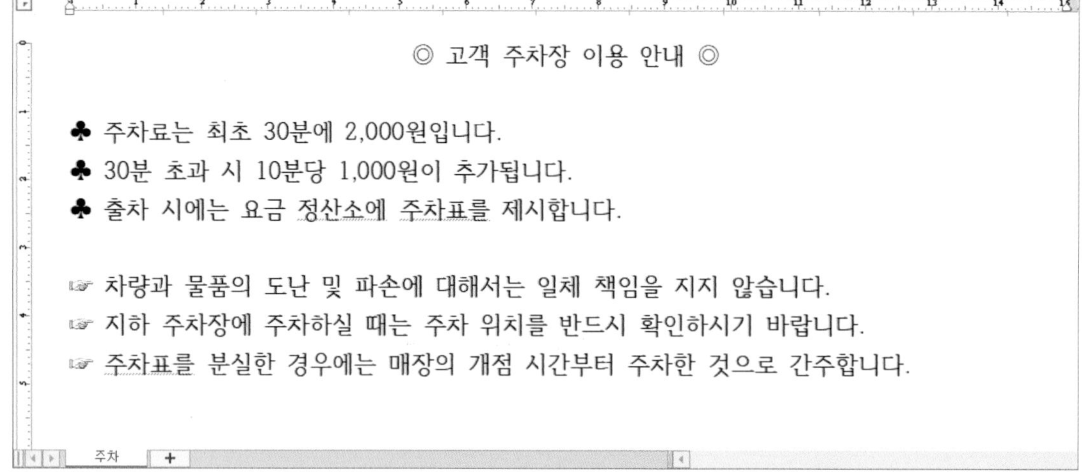

◎ 고객 주차장 이용 안내 ◎

♣ 주차료는 최초 30분에 2,000원입니다.
♣ 30분 초과 시 10분당 1,000원이 추가됩니다.
♣ 출차 시에는 요금 정산소에 주차표를 제시합니다.

☞ 차량과 물품의 도난 및 파손에 대해서는 일체 책임을 지지 않습니다.
☞ 지하 주차장에 주차하실 때는 주차 위치를 반드시 확인하시기 바랍니다.
☞ 주차표를 분실한 경우에는 매장의 개점 시간부터 주차한 것으로 간주합니다.

2

문서 내용 중 첫 번째 문단을 오른쪽으로 정렬해 보세요.

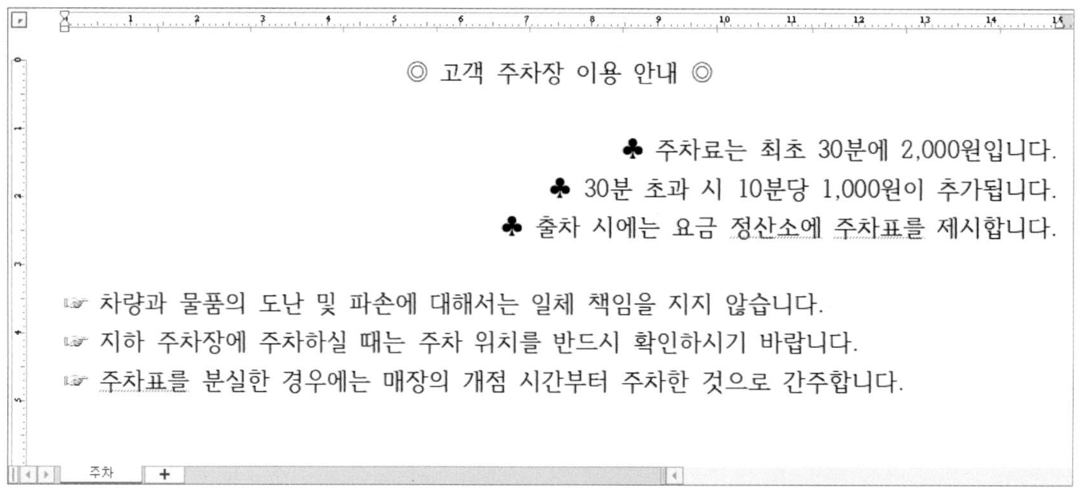

◎ 고객 주차장 이용 안내 ◎

♣ 주차료는 최초 30분에 2,000원입니다.
♣ 30분 초과 시 10분당 1,000원이 추가됩니다.
♣ 출차 시에는 요금 정산소에 주차표를 제시합니다.

☞ 차량과 물품의 도난 및 파손에 대해서는 일체 책임을 지지 않습니다.
☞ 지하 주차장에 주차하실 때는 주차 위치를 반드시 확인하시기 바랍니다.
☞ 주차표를 분실한 경우에는 매장의 개점 시간부터 주차한 것으로 간주합니다.

3

문서 내용 중 두 번째 문단을 배분 정렬해 보세요.

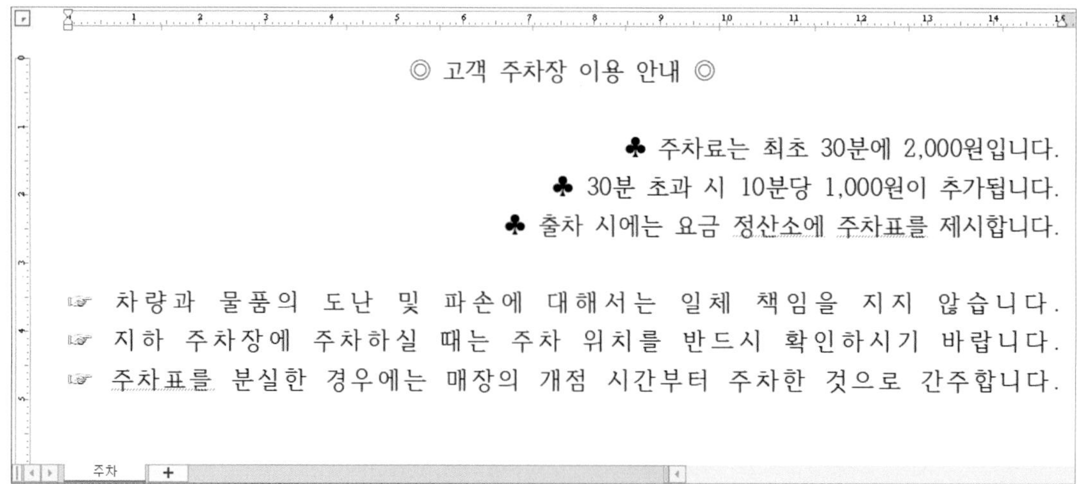

◎ 고객 주차장 이용 안내 ◎

♣ 주차료는 최초 30분에 2,000원입니다.
♣ 30분 초과 시 10분당 1,000원이 추가됩니다.
♣ 출차 시에는 요금 정산소에 주차표를 제시합니다.

☞ 차량과 물품의 도난 및 파손에 대해서는 일체 책임을 지지 않습니다.
☞ 지하 주차장에 주차하실 때는 주차 위치를 반드시 확인하시기 바랍니다.
☞ 주차표를 분실한 경우에는 매장의 개점 시간부터 주차한 것으로 간주합니다.

심화문제

1) 다음의 내용을 입력한 후 첫 문단에 들여쓰기를 '20pt'로 지정하고, '유학.hwp'로 저장하세요.

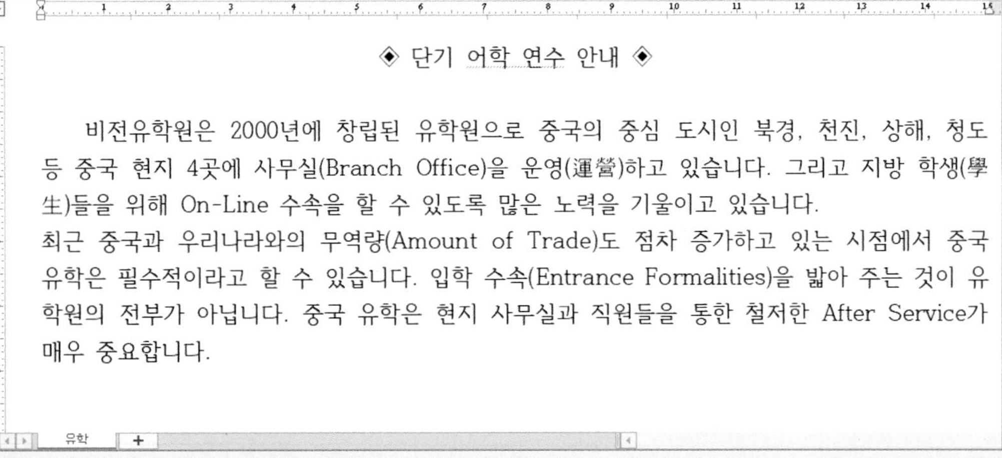

◈ 단기 어학 연수 안내 ◈

　　비전유학원은 2000년에 창립된 유학원으로 중국의 중심 도시인 북경, 천진, 상해, 청도 등 중국 현지 4곳에 사무실(Branch Office)을 운영(運營)하고 있습니다. 그리고 지방 학생(學生)들을 위해 On-Line 수속을 할 수 있도록 많은 노력을 기울이고 있습니다.

최근 중국과 우리나라와의 무역량(Amount of Trade)도 점차 증가하고 있는 시점에서 중국 유학은 필수적이라고 할 수 있습니다. 입학 수속(Entrance Formalities)을 밟아 주는 것이 유학원의 전부가 아닙니다. 중국 유학은 현지 사무실과 직원들을 통한 철저한 After Service가 매우 중요합니다.

힌트 • 첫 번째 문단을 블록 지정한 후 [문단 모양] 대화 상자의 [기본] 탭에서 들여쓰기를 '20pt'로 지정합니다.

2) 문서 내용에서 왼쪽 여백은 '15pt', 오른쪽 여백은 '10pt'를 각각 지정해 보세요.

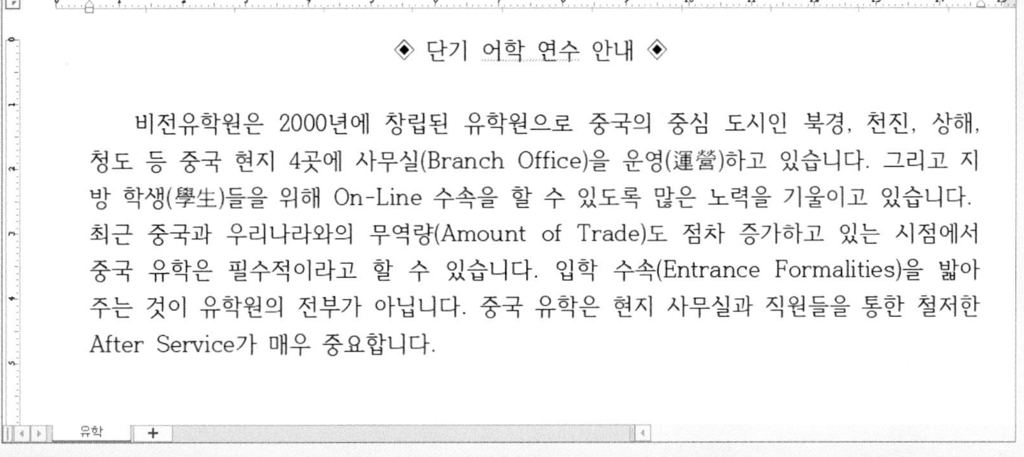

◈ 단기 어학 연수 안내 ◈

　　비전유학원은 2000년에 창립된 유학원으로 중국의 중심 도시인 북경, 천진, 상해, 청도 등 중국 현지 4곳에 사무실(Branch Office)을 운영(運營)하고 있습니다. 그리고 지방 학생(學生)들을 위해 On-Line 수속을 할 수 있도록 많은 노력을 기울이고 있습니다.

최근 중국과 우리나라와의 무역량(Amount of Trade)도 점차 증가하고 있는 시점에서 중국 유학은 필수적이라고 할 수 있습니다. 입학 수속(Entrance Formalities)을 밟아 주는 것이 유학원의 전부가 아닙니다. 중국 유학은 현지 사무실과 직원들을 통한 철저한 After Service가 매우 중요합니다.

힌트 • 전체 내용을 블록 지정한 후 [문단 모양] 대화 상자의 [기본] 탭에서 왼쪽은 '15pt', 오른쪽은 '10pt'를 각각 지정합니다.

3) 문서 내용의 전체 줄 간격을 '200%'로 지정해 보세요.

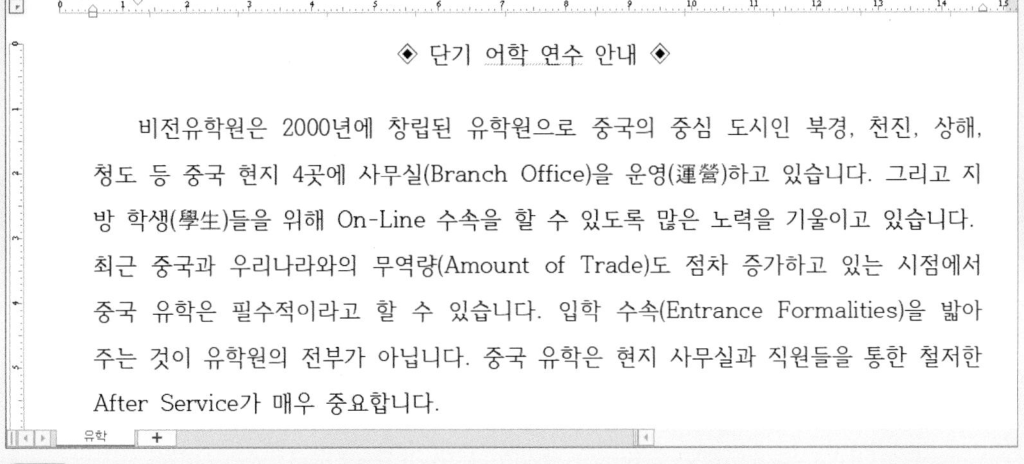

◈ 단기 어학 연수 안내 ◈

　　비전유학원은 2000년에 창립된 유학원으로 중국의 중심 도시인 북경, 천진, 상해, 청도 등 중국 현지 4곳에 사무실(Branch Office)을 운영(運營)하고 있습니다. 그리고 지방 학생(學生)들을 위해 On-Line 수속을 할 수 있도록 많은 노력을 기울이고 있습니다.

최근 중국과 우리나라와의 무역량(Amount of Trade)도 점차 증가하고 있는 시점에서 중국 유학은 필수적이라고 할 수 있습니다. 입학 수속(Entrance Formalities)을 밟아 주는 것이 유학원의 전부가 아닙니다. 중국 유학은 현지 사무실과 직원들을 통한 철저한 After Service가 매우 중요합니다.

힌트 • 전체 내용을 블록 지정한 후 [문단 모양] 대화 상자의 [기본] 탭에서 줄 간격을 '200%'로 지정합니다.

Section

06 문단과 쪽 테두리 지정하기

작성한 문서 내용 중 특정 문단의 테두리를 지정해 보고, 전체 문서에 대해서는 쪽 테두리와 원하는 배경 색을 설정하는 방법에 대해서 학습해 봅니다.

Preview

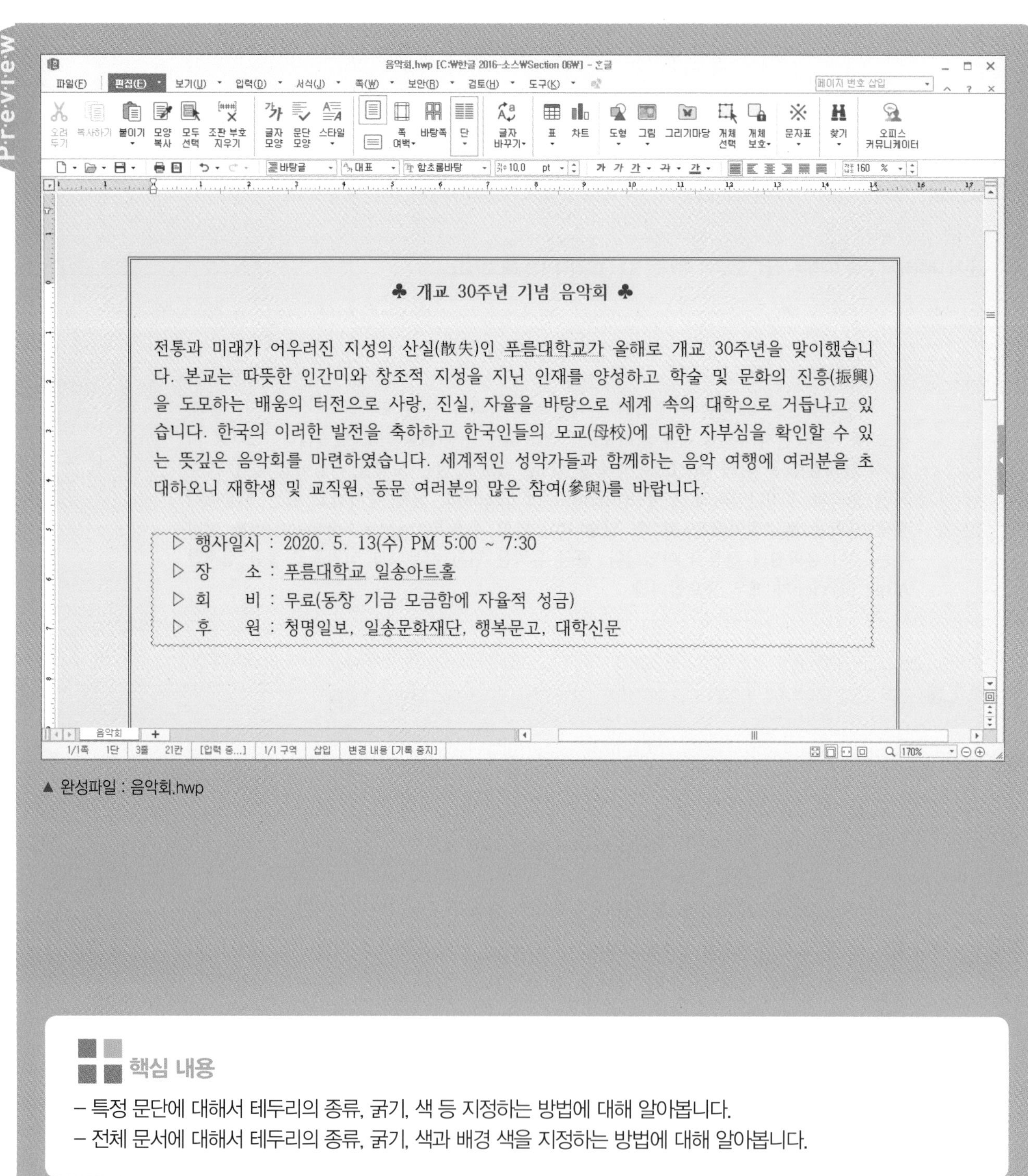

▲ 완성파일 : 음악회.hwp

핵심 내용

– 특정 문단에 대해서 테두리의 종류, 굵기, 색 등 지정하는 방법에 대해 알아봅니다.
– 전체 문서에 대해서 테두리의 종류, 굵기, 색과 배경 색을 지정하는 방법에 대해 알아봅니다.

따라하기 01 문단 테두리 지정하기

01 화면에 주어진 문서 내용을 입력한 후 'C:₩한글 2016-소스₩Section 06'에 '음악회.hwp'로 저장합니다.

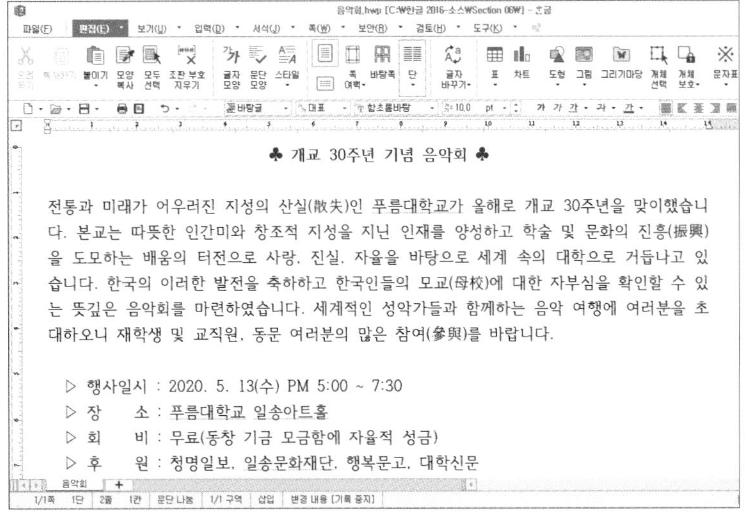

02 두 번째 문단 내용을 블록 지정한 후 [편집] 탭에서 문단 모양( ) 아이콘을 클릭합니다.

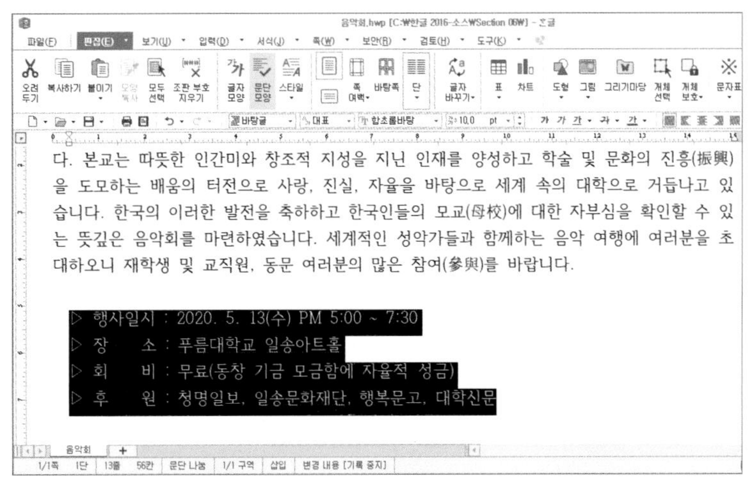

03 [문단 모양] 대화 상자의 [테두리/배경] 탭에서 테두리의 종류는 '물결선', 굵기는 '0.5mm', 색은 '빨강'을 각각 지정합니다.

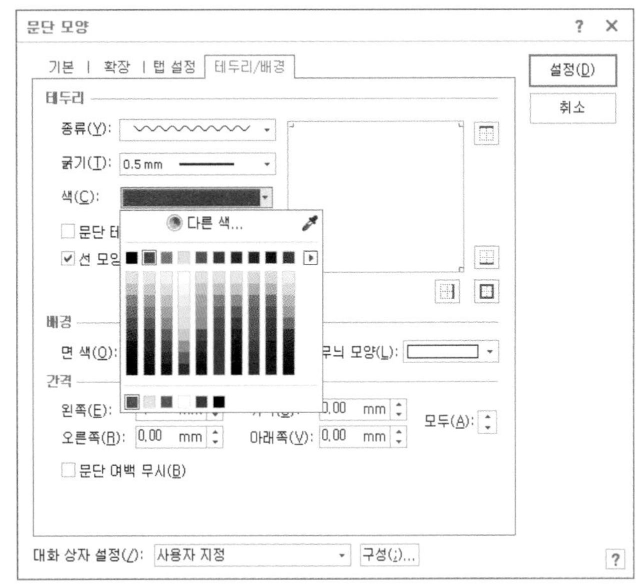

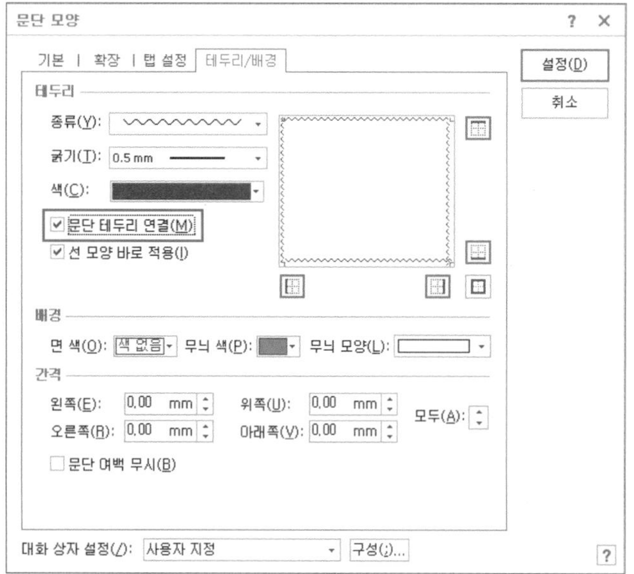

04 계속해서 모두(▣) 단추를 클릭하여 문단 테두리의 미리 보기를 확인한 후 '문단 테두리 연결'을 선택하고, [설정] 단추를 클릭합니다.

문단 테두리 연결 PLUS TIP

두 개 이상의 문단에서 현재 문단과 이어지는 다음 문단들을 하나의 문단 테두리로 연결하는 것으로 이를 선택하지 않으면 줄 사이마다 테두리 선이 나타납니다.

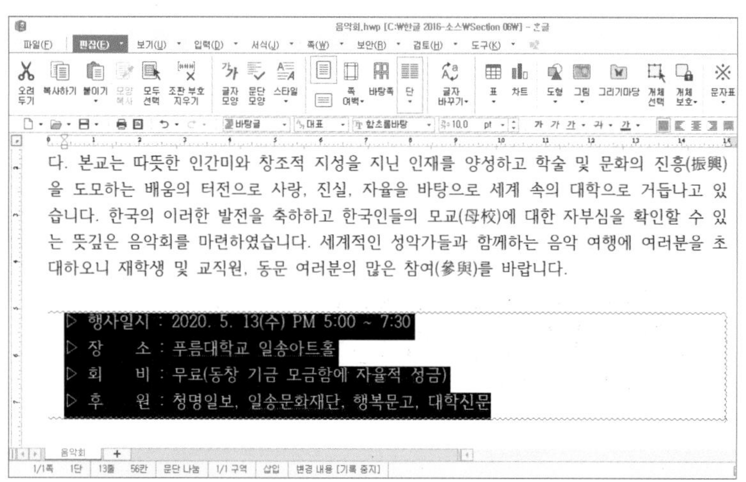

05 그 결과 해당 문단에 물결선의 테두리가 적용된 것을 확인할 수 있습니다.

Power Upgrade

테두리의 종류, 굵기, 색상

- 종류 : 13개의 선 목록 중에서 원하는 선 종류를 선택합니다.
- 굵기 : 테두리의 선 두께를 선택합니다.
- 색 : 테두리의 선 색을 선택합니다.

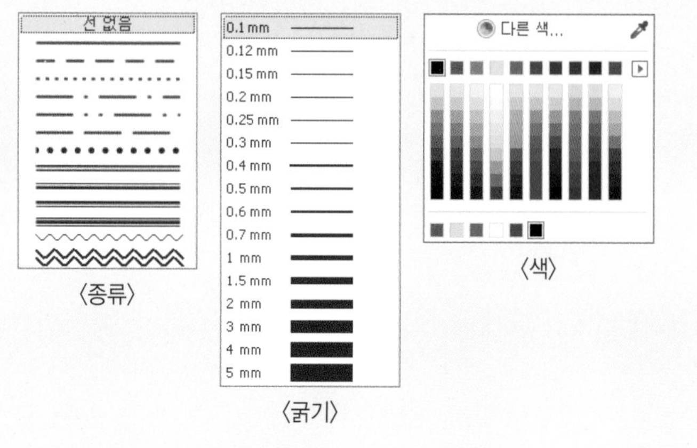

〈종류〉 〈굵기〉 〈색〉

따라하기 02 쪽 테두리 지정하기

01 현재 문서에 쪽 테두리를 지정하려면 [쪽] 탭의 펼침(▾) 단추를 클릭하고, [쪽 테두리/배경]을 선택합니다.

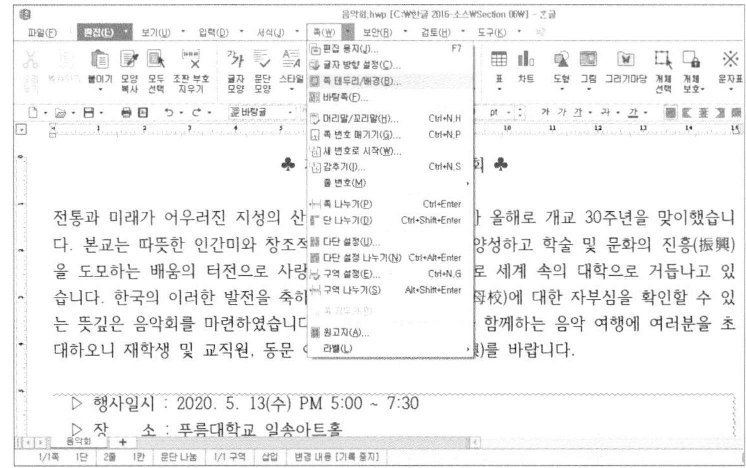

02 [쪽 테두리/배경] 대화 상자의 [테두리] 탭에서 테두리의 종류는 '이중 실선', 굵기는 '0.5mm', 색은 '파랑'을 각각 지정합니다.

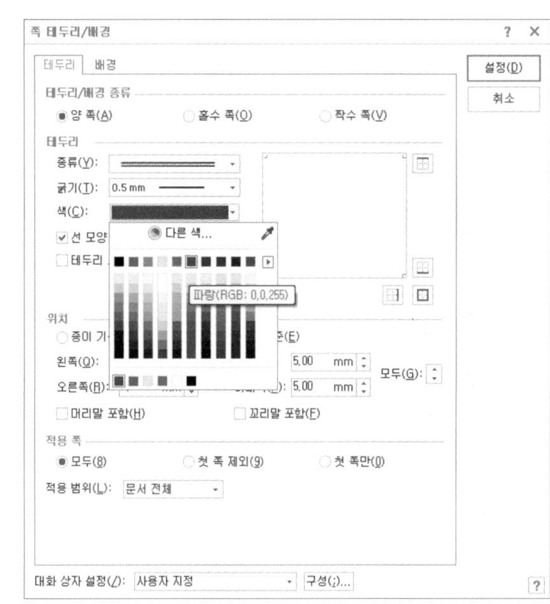

03 계속해서 모두(▣) 단추를 클릭하여 쪽 테두리의 미리 보기를 확인한 후 [설정] 단추를 클릭합니다.

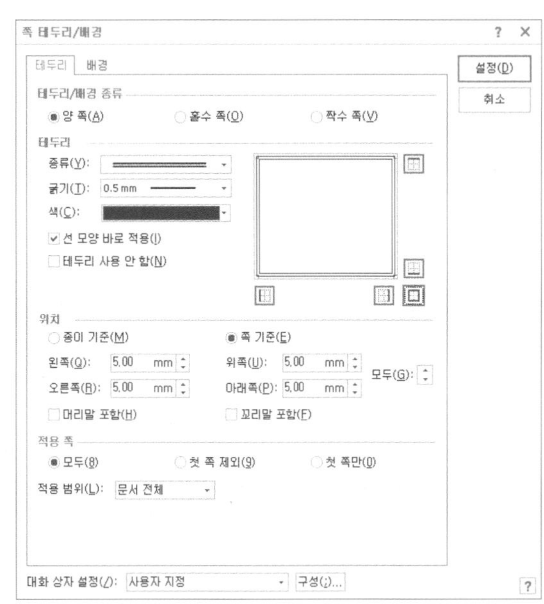

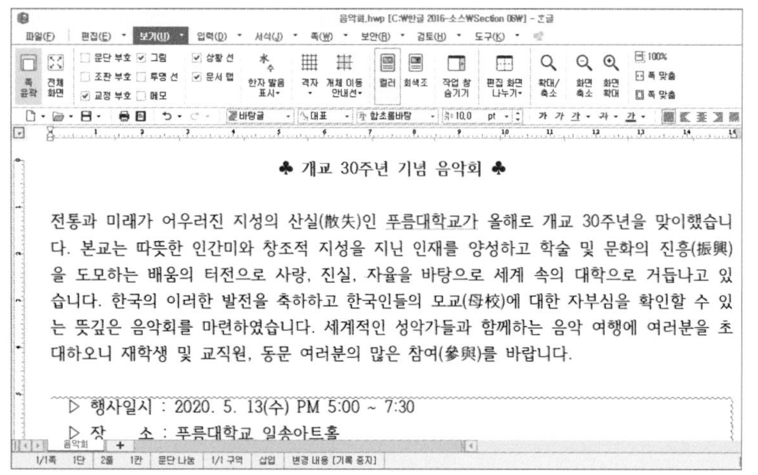

04 쪽 테두리를 확인하기 위하여 [보기] 탭에서 쪽 윤곽(쪽 윤곽) 아이콘을 클릭합니다.

쪽 테두리 확인

Plus Tip

쪽 테두리는 쪽 윤곽을 해제한 상태에서는 확인할 수 없으며, [파일]-[미리 보기]를 선택하면 전체 내용을 한번에 확인할 수 있습니다.

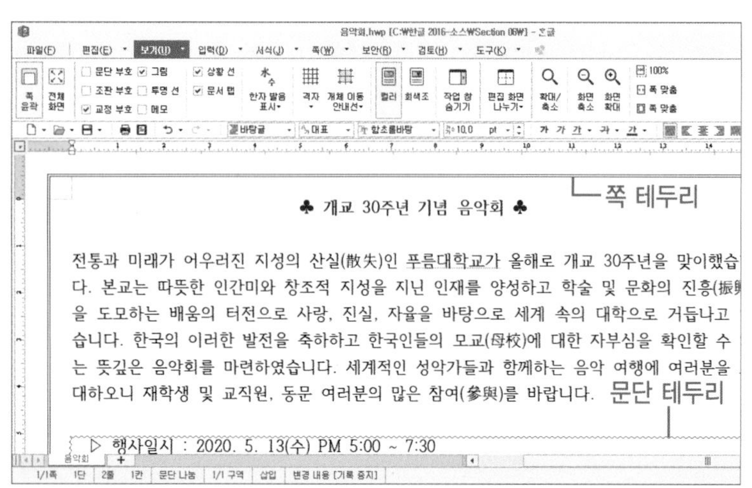

05 그 결과 현재 문서에 쪽 테두리가 적용된 것을 확인할 수 있습니다.

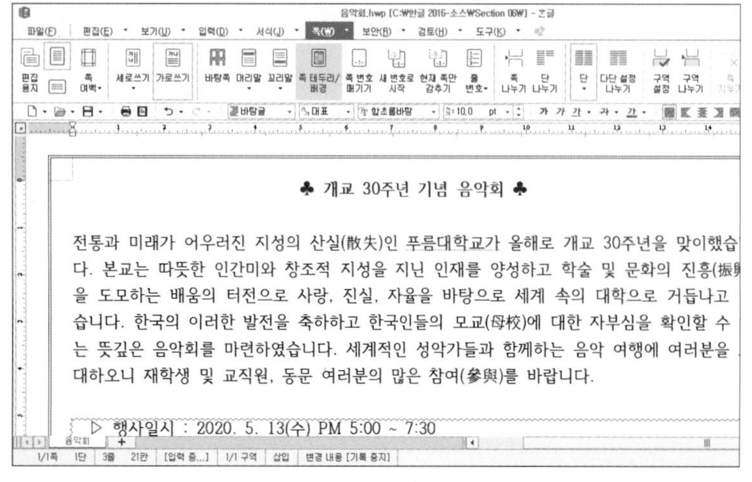

06 이번에는 문서 배경에 색을 지정하기 위하여 [쪽] 탭에서 쪽 테두리/배경(쪽 테두리/배경) 아이콘을 클릭합니다.

07 [쪽 테두리/배경] 대화 상자의 [배경] 탭에서 색을 선택한 후 면 색을 '노랑'으로 지정하고, [설정] 단추를 클릭합니다.

08 그 결과 문서의 전체 배경에 색이 적용되는 것을 확인할 수 있습니다.

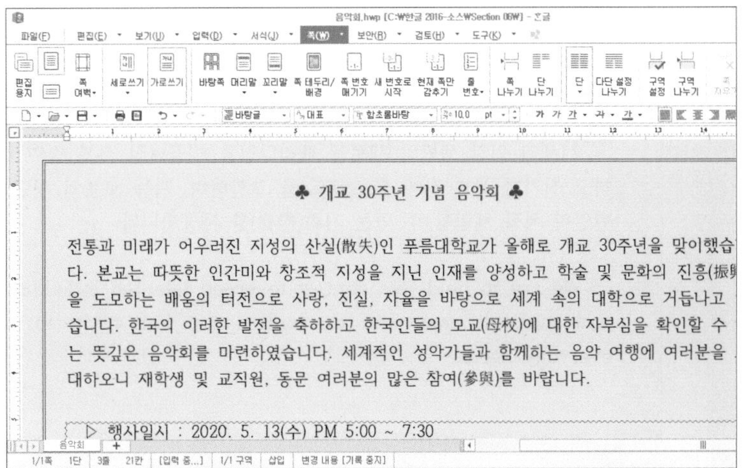

Power Upgrade

[쪽 테두리/배경] 대화 상자의 [배경] 탭

- 색 채우기 없음 : 색, 그러데이션, 그림 채우기 효과 등을 적용하지 않습니다.
- 면 색 : 색상표를 눌러 색상 팔레트가 나타나면 배경 색을 선택합니다.
- 무늬 색 : 색상표를 눌러 색상 팔레트가 나타나면 배경에 지정할 무늬 색을 선택합니다.
- 무늬 모양 : 무늬 모양 목록에서 배경을 채울 무늬 모양을 선택합니다.
- 그러데이션 : 다단계 색 퍼짐 효과를 주는 그러데이션(Gradation)으로 배경을 채웁니다.
- 그림 : 그림 파일을 불러와서 배경을 그림으로 채웁니다.
- 적용 쪽 : 선택한 배경을 적용할 쪽(페이지)을 선택합니다.
- 적용 범위 : 현재 편집 문서의 구역 수, 커서 위치, 블록 설정 상태에 따라 설정 범위를 제시합니다.
- 채울 영역 : 종이, 쪽, 테두리 중에서 쪽 배경을 채울 영역을 선택합니다.

기초문제

1

다음의 내용을 입력한 후 문단마다 들여쓰기를 지정하고, '로봇.hwp'로 저장하세요.

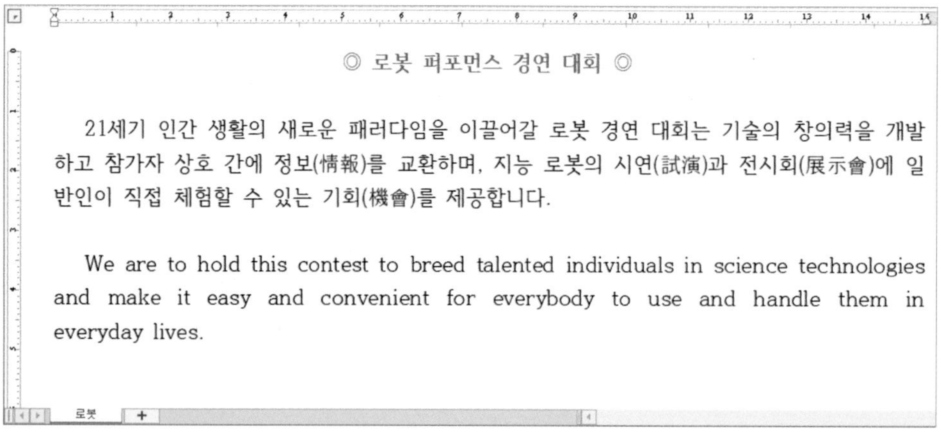

◎ 로봇 퍼포먼스 경연 대회 ◎

21세기 인간 생활의 새로운 패러다임을 이끌어갈 로봇 경연 대회는 기술의 창의력을 개발하고 참가자 상호 간에 정보(情報)를 교환하며, 지능 로봇의 시연(試演)과 전시회(展示會)에 일반인이 직접 체험할 수 있는 기회(機會)를 제공합니다.

We are to hold this contest to breed talented individuals in science technologies and make it easy and convenient for everybody to use and handle them in everyday lives.

힌트 • 문단을 블록 지정한 후 [문단 모양] 대화 상자의 [기본] 탭에서 들여쓰기를 '15pt'로 각각 지정합니다.

2

한글 문단에는 점선의 주황색 테두리를 지정해 보세요.

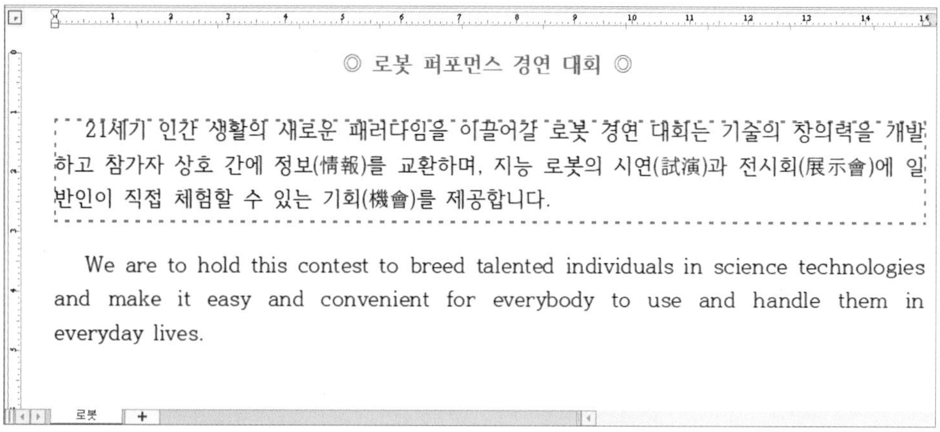

◎ 로봇 퍼포먼스 경연 대회 ◎

21세기 인간 생활의 새로운 패러다임을 이끌어갈 로봇 경연 대회는 기술의 창의력을 개발하고 참가자 상호 간에 정보(情報)를 교환하며, 지능 로봇의 시연(試演)과 전시회(展示會)에 일반인이 직접 체험할 수 있는 기회(機會)를 제공합니다.

We are to hold this contest to breed talented individuals in science technologies and make it easy and convenient for everybody to use and handle them in everyday lives.

힌트 • [문단 모양] 대화 상자의 [테두리/배경] 탭에서 테두리 종류는 '점선', 굵기는 '0.5mm', 색은 '주황'을 지정합니다.

3

영문 문단에는 이중 물결선의 초록색 테두리를 지정해 보세요.

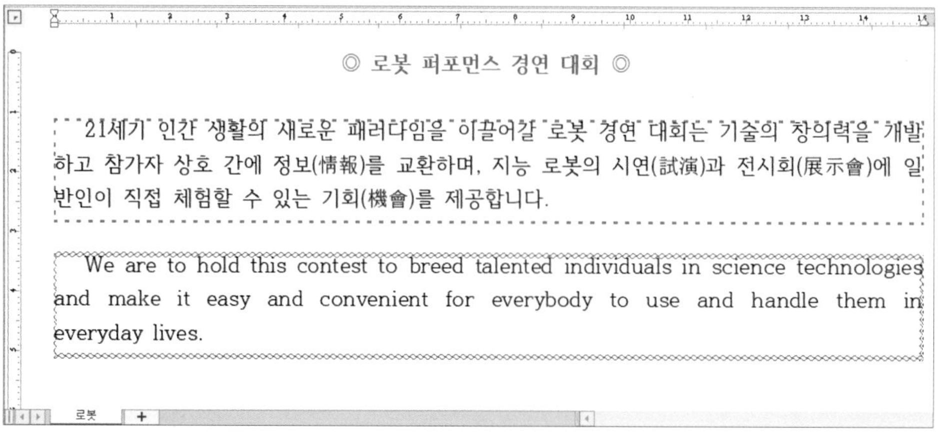

◎ 로봇 퍼포먼스 경연 대회 ◎

21세기 인간 생활의 새로운 패러다임을 이끌어갈 로봇 경연 대회는 기술의 창의력을 개발하고 참가자 상호 간에 정보(情報)를 교환하며, 지능 로봇의 시연(試演)과 전시회(展示會)에 일반인이 직접 체험할 수 있는 기회(機會)를 제공합니다.

We are to hold this contest to breed talented individuals in science technologies and make it easy and convenient for everybody to use and handle them in everyday lives.

힌트 • [문단 모양] 대화 상자의 [테두리/배경] 탭에서 테두리 종류는 '이중 물결선', 굵기는 '0.5mm', 색은 '초록'을 지정합니다.

1) 다음의 내용을 입력한 후 첫 문단에 물결선의 보라색 테두리와 임의의 면 색을 지정하고, '나들이.hwp'로 저장하세요.

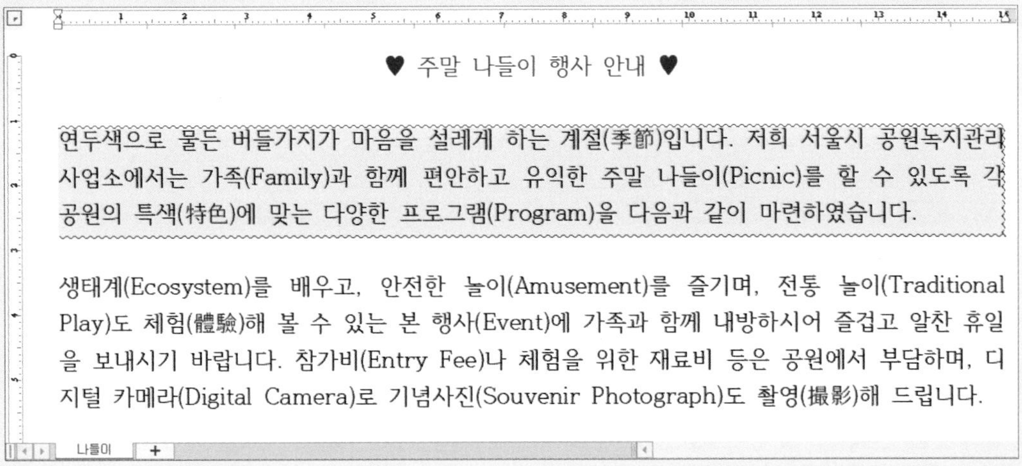

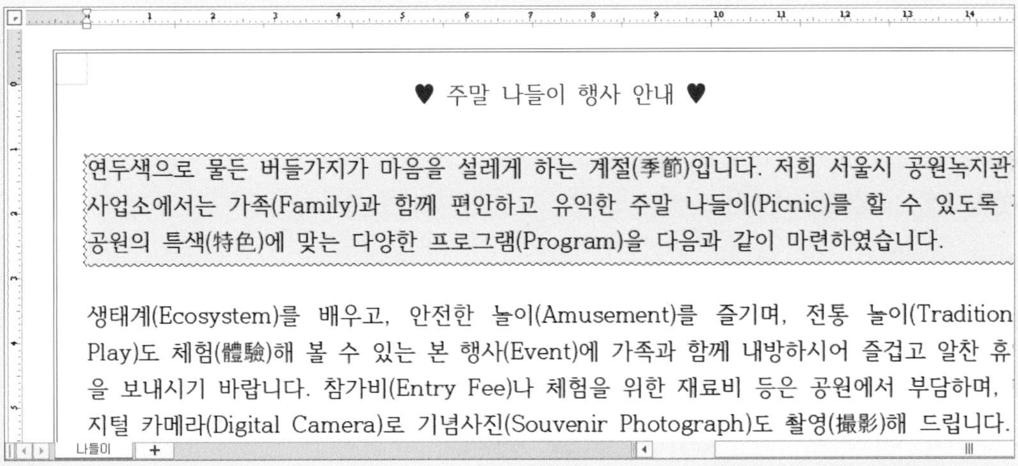

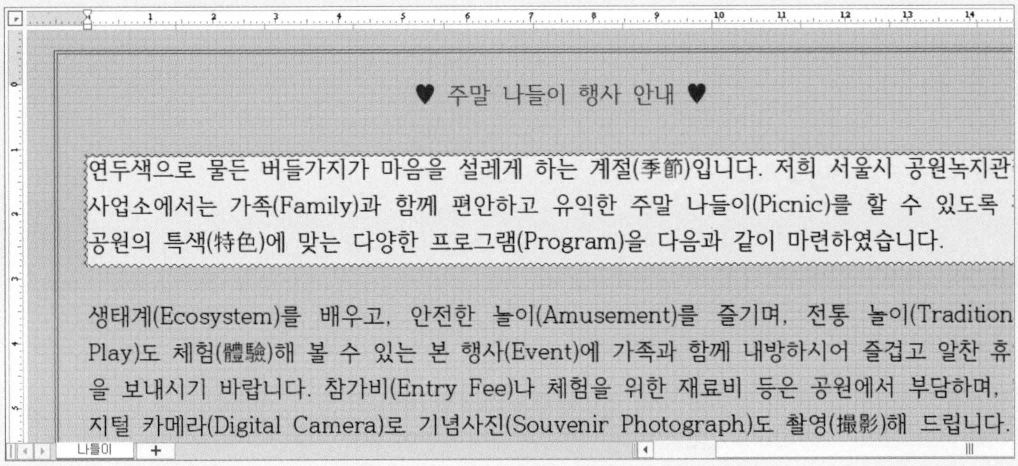

♥ 주말 나들이 행사 안내 ♥

연두색으로 물든 버들가지가 마음을 설레게 하는 계절(季節)입니다. 저희 서울시 공원녹지관리사업소에서는 가족(Family)과 함께 편안하고 유익한 주말 나들이(Picnic)를 할 수 있도록 각 공원의 특색(特色)에 맞는 다양한 프로그램(Program)을 다음과 같이 마련하였습니다.

생태계(Ecosystem)를 배우고, 안전한 놀이(Amusement)를 즐기며, 전통 놀이(Traditional Play)도 체험(體驗)해 볼 수 있는 본 행사(Event)에 가족과 함께 내방하시어 즐겁고 알찬 휴일을 보내시기 바랍니다. 참가비(Entry Fee)나 체험을 위한 재료비 등은 공원에서 부담하며, 디지털 카메라(Digital Camera)로 기념사진(Souvenir Photograph)도 촬영(撮影)해 드립니다.

나들이

힌트 • [문단 모양] 대화 상자의 [테두리/배경] 탭에서 테두리 종류는 '물결선', 굵기는 '0.5mm', 색은 '보라'와 배경 면 색은 '탁한 황갈(90% 밝게)'을 지정합니다.

2) 문서 전체에 이중 실선의 빨간색 쪽 테두리를 지정해 보세요.

힌트 • [쪽 테두리/배경] 대화 상자의 [테두리] 탭에서 테두리 종류는 '이중 실선', 굵기는 '0.5mm', 색은 '빨강'을 각각 지정합니다.

3) 문서 전체에 눈금무늬와 임의의 색으로 배경 무늬를 지정해 보세요.

힌트 • [쪽 테두리/배경] 대화 상자의 [배경] 탭에서 면 색은 '초록(80% 밝게)', 무늬 색은 '검정(80% 밝게)', 무늬 모양은 '눈금무늬'로 각각 지정합니다.

Section

07 문단 번호와 글머리표 삽입하기

여러 개의 항목을 나열할 경우 문단의 앞부분에 순차적으로 번호를 매기거나 글머리표 삽입할 수 있습니다. 여기에서는 문단의 수준을 지정하는 문단 번호와 글머리표를 삽입하는 방법에 대해서 학습해 봅니다.

Preview

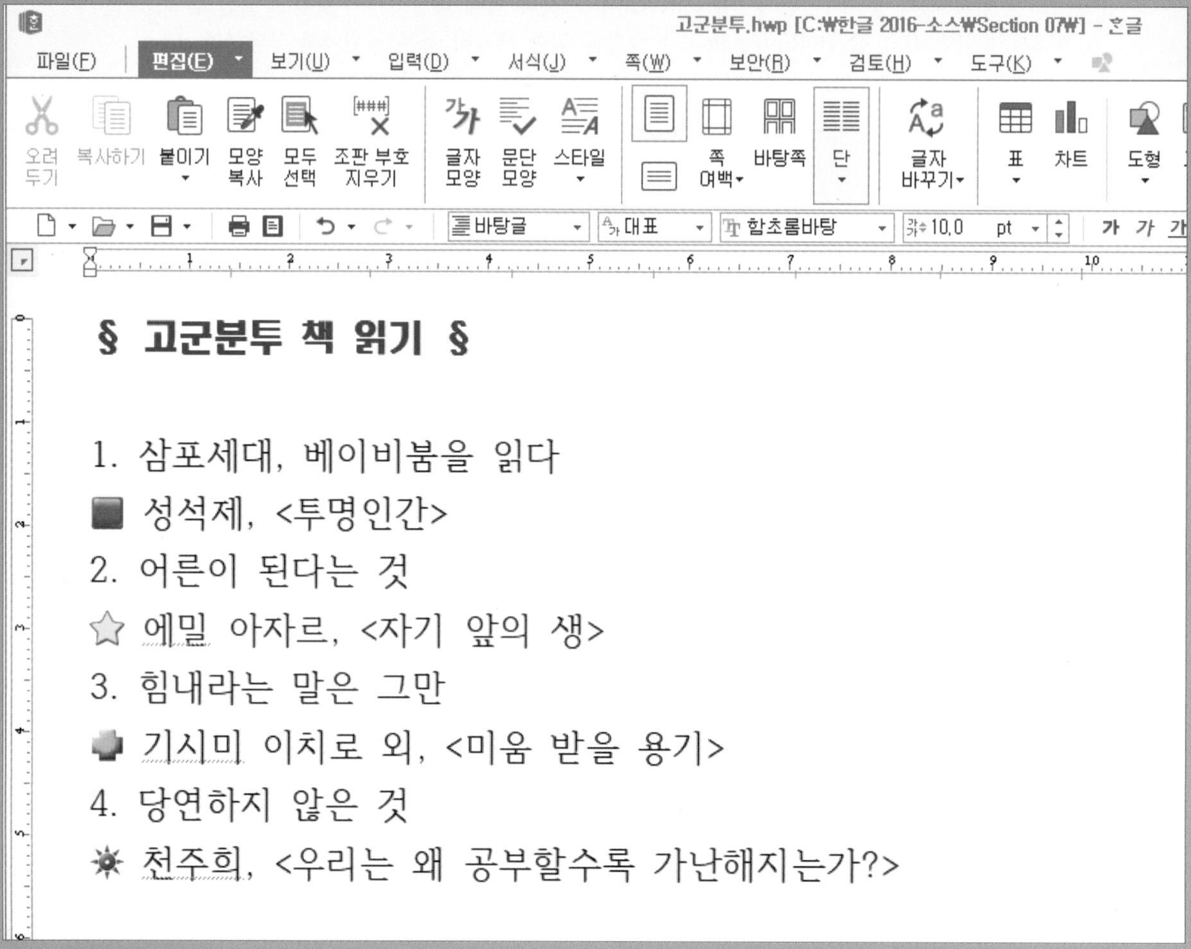

§ 고군분투 책 읽기 §

1. 삼포세대, 베이비붐을 읽다
■ 성석제, <투명인간>
2. 어른이 된다는 것
☆ 에밀 아자르, <자기 앞의 생>
3. 힘내라는 말은 그만
✚ 기시미 이치로 외, <미움 받을 용기>
4. 당연하지 않은 것
✹ 천주희, <우리는 왜 공부할수록 가난해지는가?>

▲ 완성파일 : 고군분투.hwp

핵심 내용

– 문단마다 번호를 자동으로 지정하는 문단 번호의 설정 방법에 대해 알아봅니다.
– 여러 항목마다 글머리표와 그림 글머리표를 적용하는 방법에 대해 알아봅니다.

따라하기 01 문단 번호 삽입하기

01 화면에 임의의 글꼴 서식으로 주어진 제목을 입력한 후 'C:₩한글 2016-소스₩Section 07'에 '고군분투.hwp'로 저장합니다.

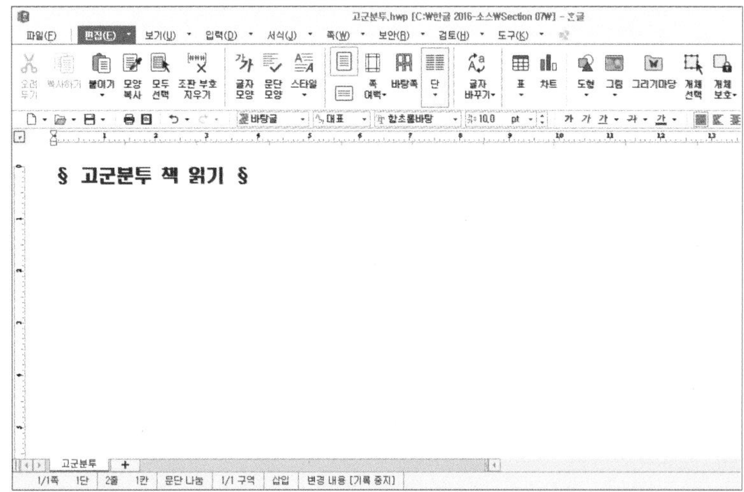

02 제목 밑에 커서를 위치시킨 후 [서식] 탭의 펼침(▾) 단추를 클릭하고, [문단 번호 모양]을 선택합니다.

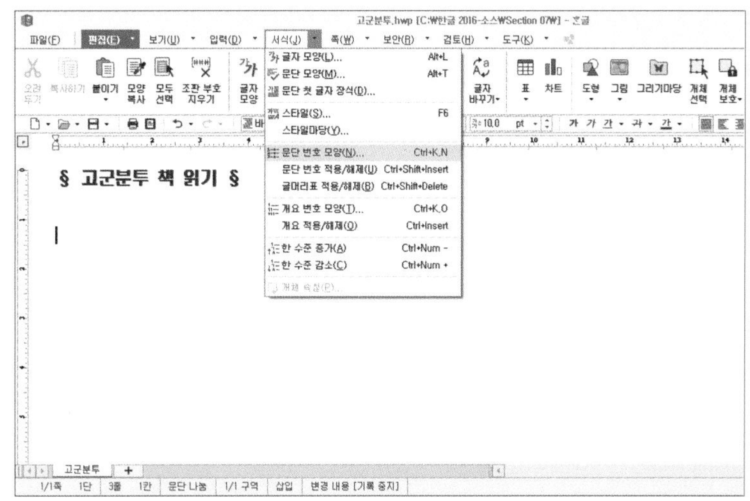

03 [문단 번호/글머리표] 대화 상자의 [문단 번호] 탭에서 '시작 번호 방식'과 '문단 번호 모양'을 다음과 같이 선택하고, [설정] 단추를 클릭합니다.

새 번호 목록 시작 Plus Tip

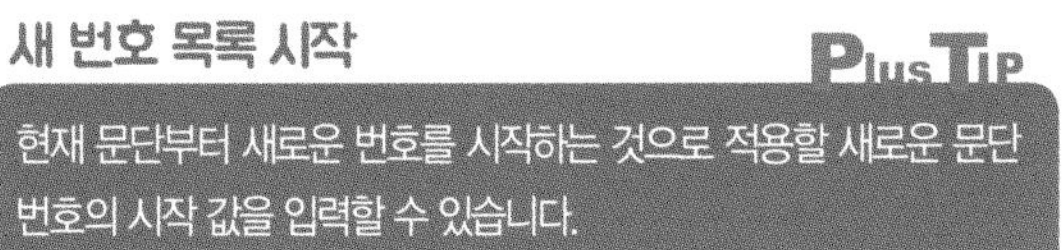

현재 문단부터 새로운 번호를 시작하는 것으로 적용할 새로운 문단 번호의 시작 값을 입력할 수 있습니다.

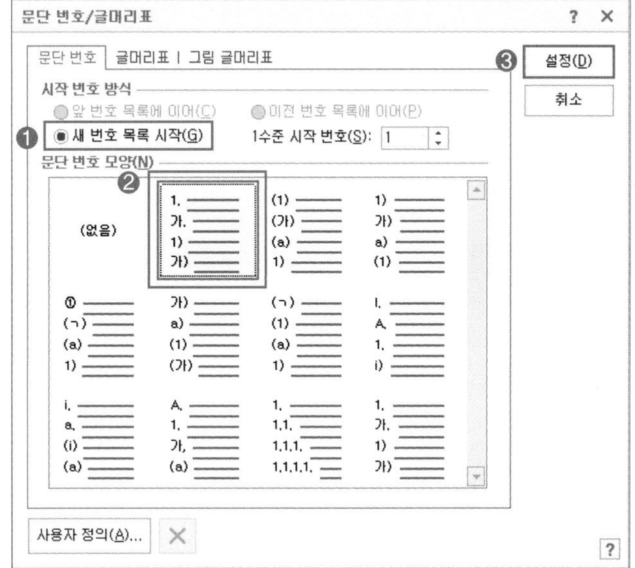

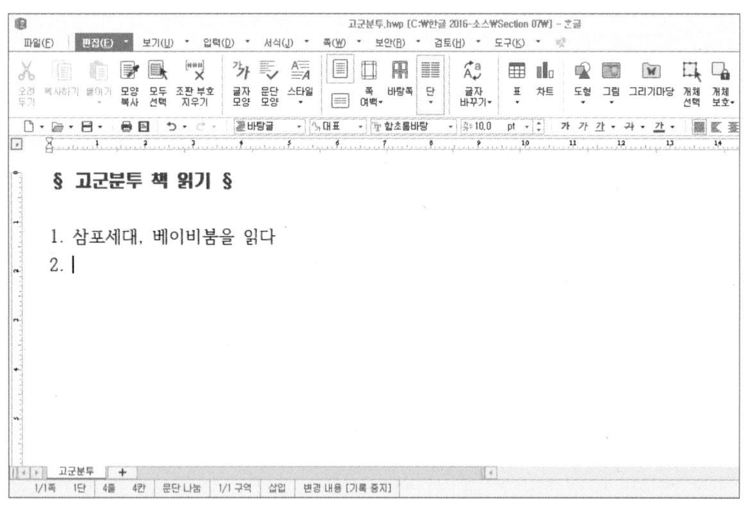

04 커서 위치에 문단 번호가 삽입되면 주어진 내용을 입력하고, Enter 키를 누릅니다.

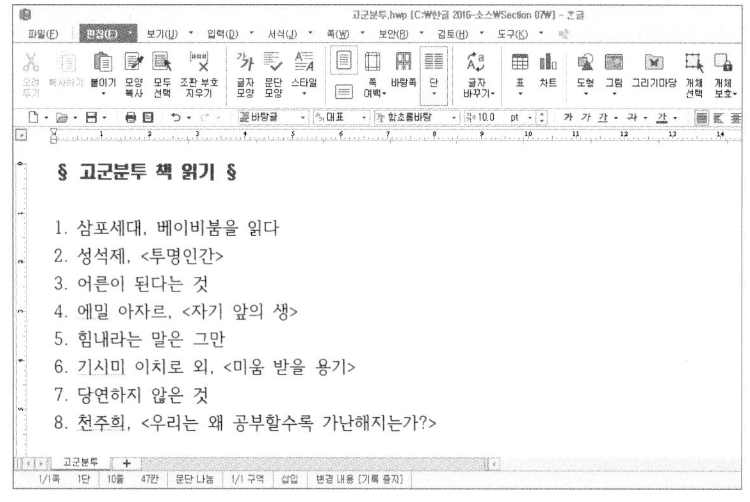

05 앞 번호에 이어진 새로운 문단 번호가 자동으로 삽입되면 주어진 내용을 차례대로 입력하고, Enter 키를 누릅니다.

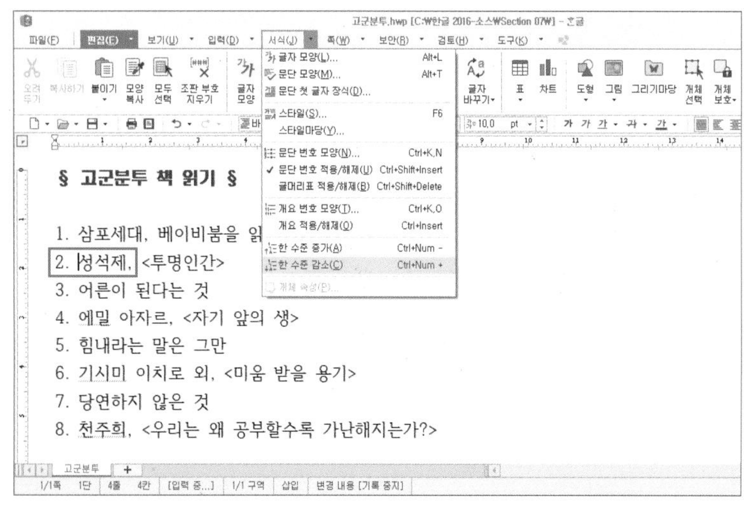

06 문단 번호의 수준을 조절하기 위하여 '성석제~' 앞에 커서를 위치시킨 후 [서식] 탭의 펼침( ) 단추를 클릭하고, [한 수준 감소]를 선택합니다.

한 수준 감소 Plus Tip

[서식] 탭에서 한 수준 감소( ) 아이콘을 클릭해도 됩니다.

07 해당 부분의 문단 수준이 감소되면 동일한 방법으로 나머지 항목의 수준도 각각 조절합니다.

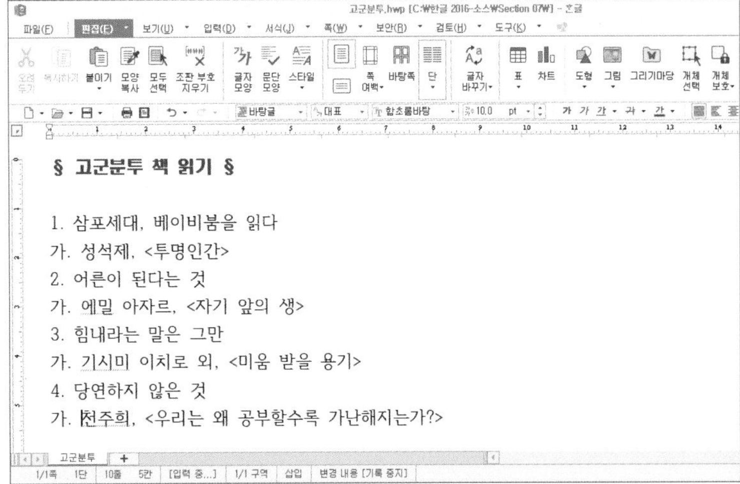

수준 목록 Plus TIP

총 7개(1. → 가. → (1) → (가) → 1) → 가) → ①)의 수준으로 구분됩니다.

08 감소된 수준을 구분하기 위하여 첫 번째 수준을 블록 지정한 후 [문단 모양] 대화 상자의 [기본] 탭에서 들여쓰기를 '30pt'로 지정하고, [설정] 단추를 클릭합니다.

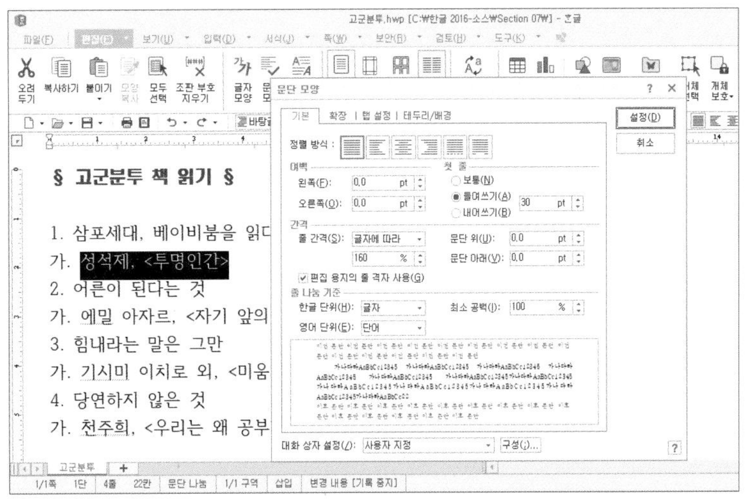

09 동일한 방법으로 나머지 감소된 수준에도 들여쓰기(30pt)를 각각 지정합니다.

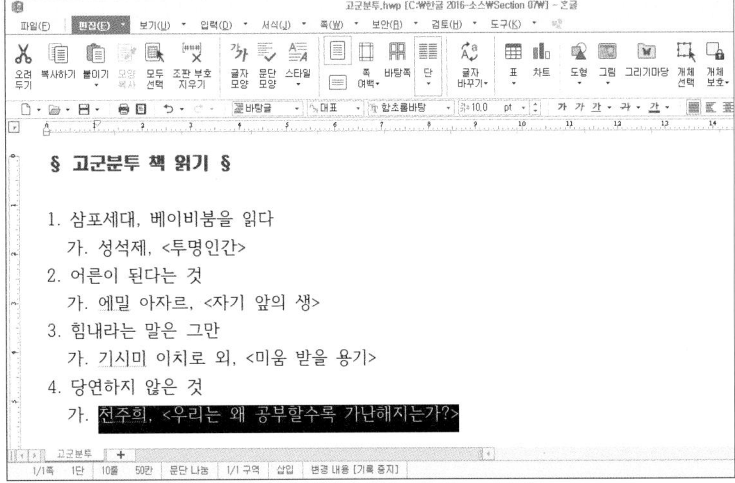

따라하기 02 글머리표와 그림 글머리표 삽입하기

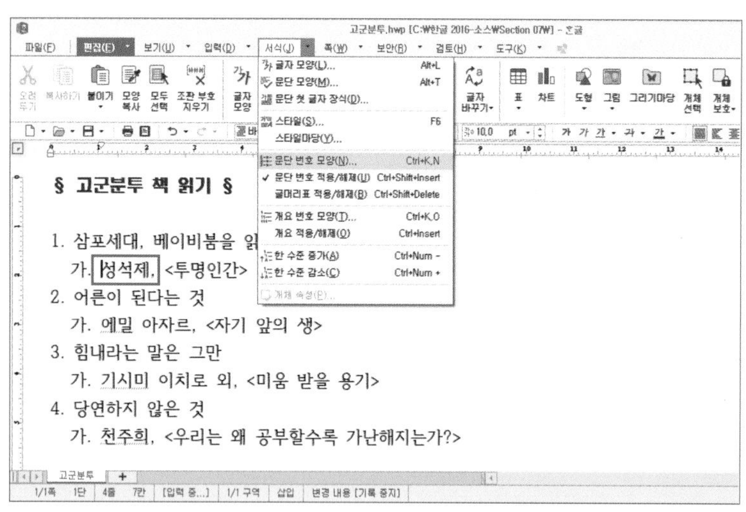

01 글머리표를 삽입하려면 '성석제~' 앞에 커서를 위치시킨 후 [서식] 탭의 펼침(▾) 단추를 클릭하고, [문단 번호 모양]을 선택합니다.

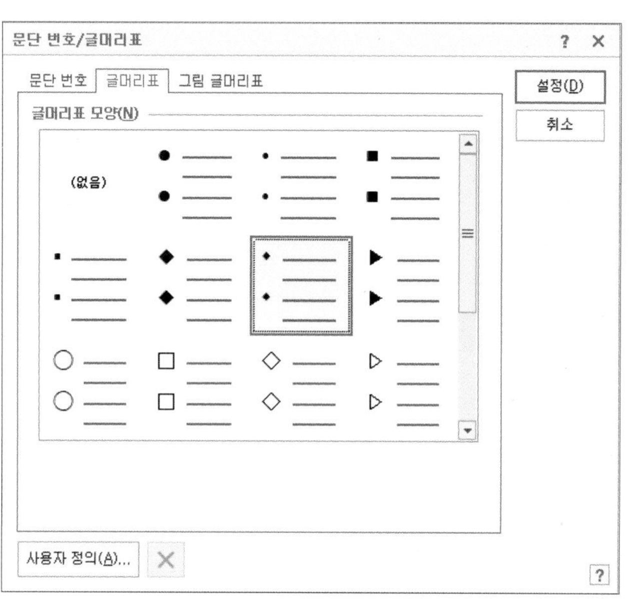

02 [문단 번호/글머리표] 대화 상자의 [글머리표] 탭에서 원하는 글머리표 모양을 선택하고, [설정] 단추를 클릭합니다.

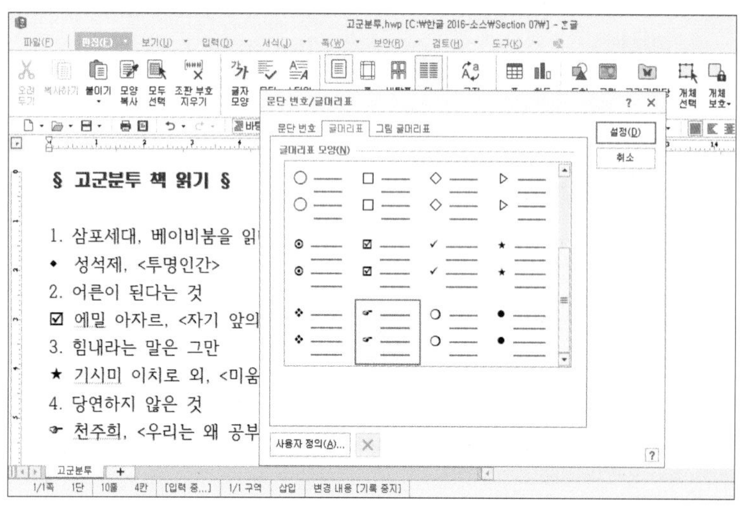

03 동일한 방법으로 나머지 수준 항목에도 원하는 글머리표를 각각 삽입합니다.

수준 들여쓰기 Plus Tip

글머리표나 그림 글머리표를 삽입하면 지정한 들여쓰기가 해제되는데, 필요한 경우 다시 설정할 수 있습니다.

04 이번에는 그림 글머리표를 삽입하기 위하여 해당 부분에 커서를 위치시킨 후 [문단 번호/글머리표] 대화 상자의 [그림 글머리표] 탭에서 원하는 그림 글머리표 모양을 선택하고, [설정] 단추를 클릭합니다.

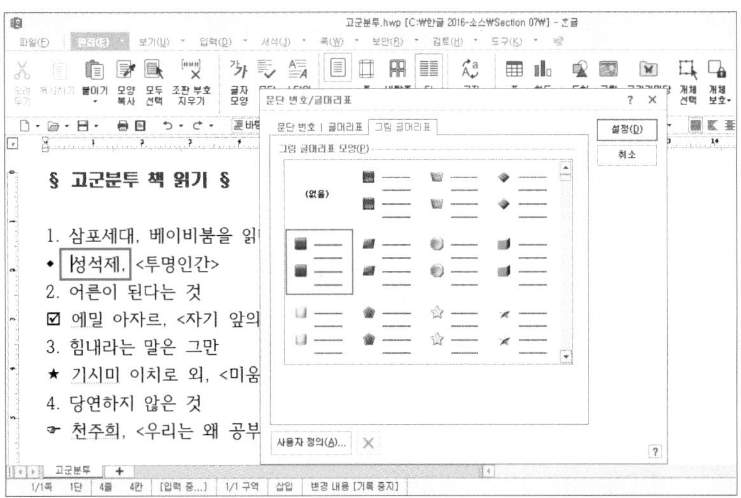

05 동일한 방법으로 나머지 수준 항목에도 원하는 그림 글머리표를 각각 삽입합니다.

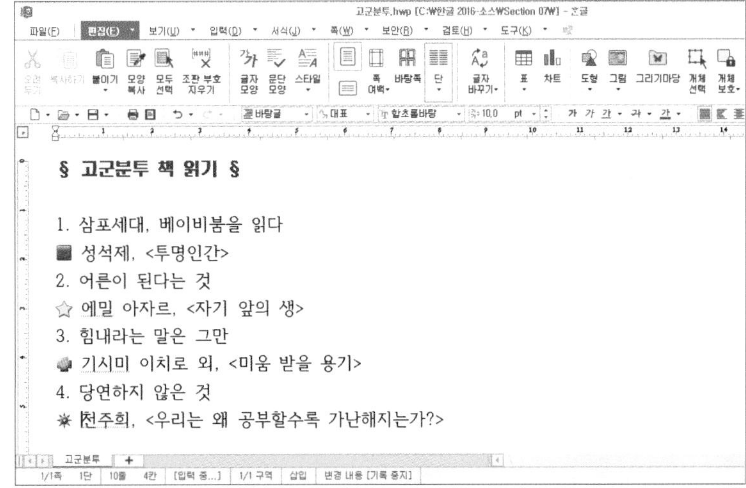

Power Upgrade

글머리표와 그림 글머리표

[서식] 탭에서 글머리표 목록( ) 단추와 그림 글머리표 목록( ) 단추를 클릭하고, 원하는 글머리표와 그림 글머리표를 선택할 수도 있습니다.

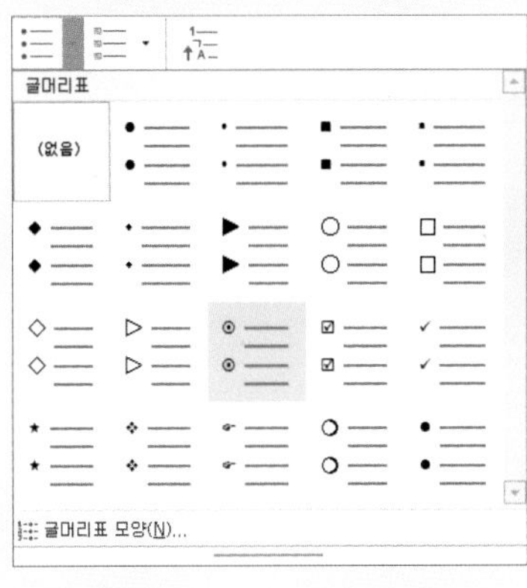

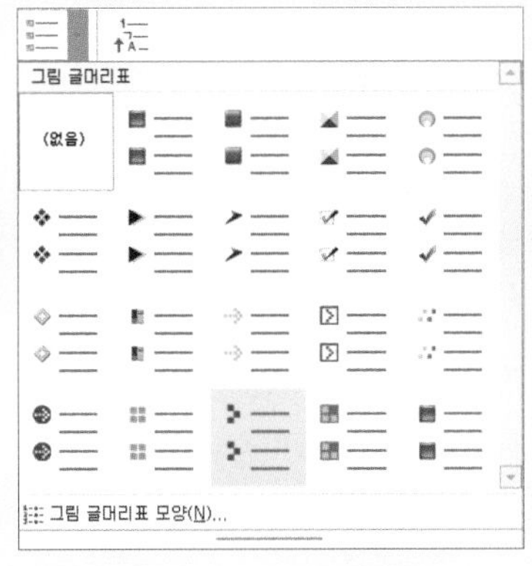

기초문제

1

다음의 내용에 해당 문단 번호를 지정하고, '용돈.hwp'로 저장하세요.

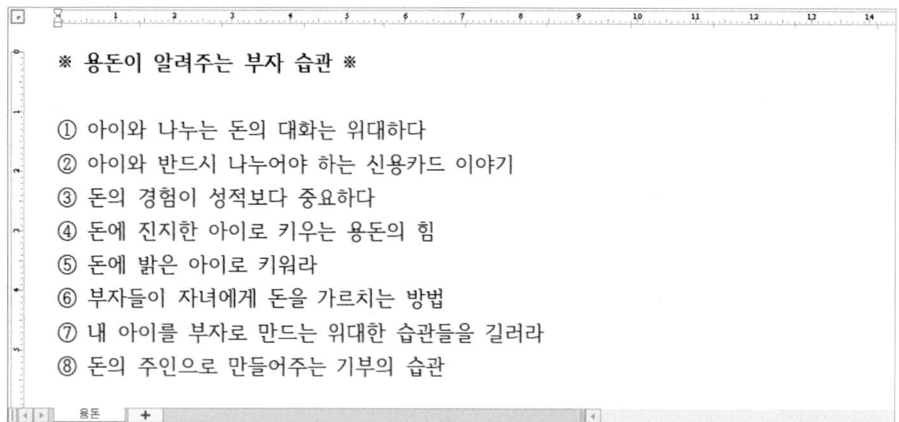
※ 용돈이 알려주는 부자 습관 ※

① 아이와 나누는 돈의 대화는 위대하다
② 아이와 반드시 나누어야 하는 신용카드 이야기
③ 돈의 경험이 성적보다 중요하다
④ 돈에 진지한 아이로 키우는 용돈의 힘
⑤ 돈에 밝은 아이로 키워라
⑥ 부자들이 자녀에게 돈을 가르치는 방법
⑦ 내 아이를 부자로 만드는 위대한 습관들을 길러라
⑧ 돈의 주인으로 만들어주는 기부의 습관

힌트 • [문단 번호/글머리표] 대화 상자의 [문단 번호] 탭에서 문단 번호 모양으로 '① (ㄱ) (a) 1) ㄱ) a)'를 선택합니다.

2

문서의 해당 부분마다 문단 수준을 한 수준씩 감소시켜 보세요.

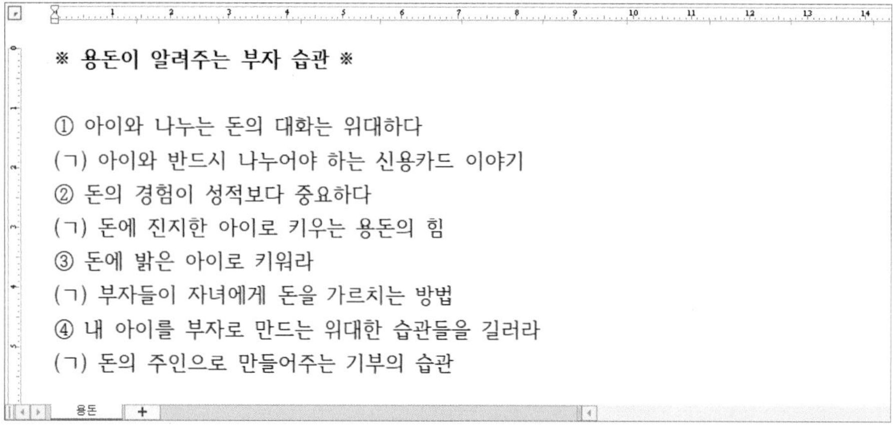
※ 용돈이 알려주는 부자 습관 ※

① 아이와 나누는 돈의 대화는 위대하다
(ㄱ) 아이와 반드시 나누어야 하는 신용카드 이야기
② 돈의 경험이 성적보다 중요하다
(ㄱ) 돈에 진지한 아이로 키우는 용돈의 힘
③ 돈에 밝은 아이로 키워라
(ㄱ) 부자들이 자녀에게 돈을 가르치는 방법
④ 내 아이를 부자로 만드는 위대한 습관들을 길러라
(ㄱ) 돈의 주인으로 만들어주는 기부의 습관

힌트 • 해당 부분(항목)에 커서를 위치시킨 후 [서식] 탭에서 [한 수준 감소] 아이콘을 클릭합니다.

3

감소된 수준마다 원하는 만큼의 들여쓰기를 지정해 보세요.

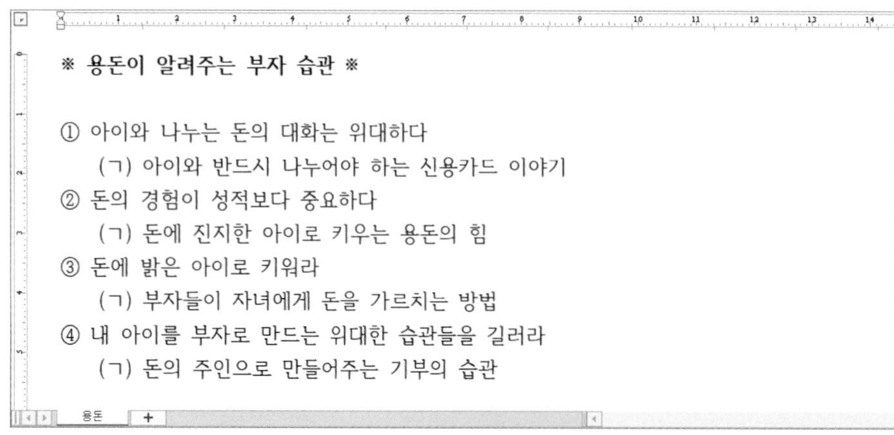
※ 용돈이 알려주는 부자 습관 ※

① 아이와 나누는 돈의 대화는 위대하다
　(ㄱ) 아이와 반드시 나누어야 하는 신용카드 이야기
② 돈의 경험이 성적보다 중요하다
　(ㄱ) 돈에 진지한 아이로 키우는 용돈의 힘
③ 돈에 밝은 아이로 키워라
　(ㄱ) 부자들이 자녀에게 돈을 가르치는 방법
④ 내 아이를 부자로 만드는 위대한 습관들을 길러라
　(ㄱ) 돈의 주인으로 만들어주는 기부의 습관

힌트 • 해당 수준을 블록 지정한 후 [문단 모양] 대화 상자의 [기본] 탭에서 들여쓰기를 '40pt'로 각각 지정합니다.

심화문제

1) 다음의 내용에 주어진 문단 번호를 지정하고, 해당 부분마다 문단 수준을 한 수준씩 감소시킨 후 '중미여행.hwp'로 저장하세요.

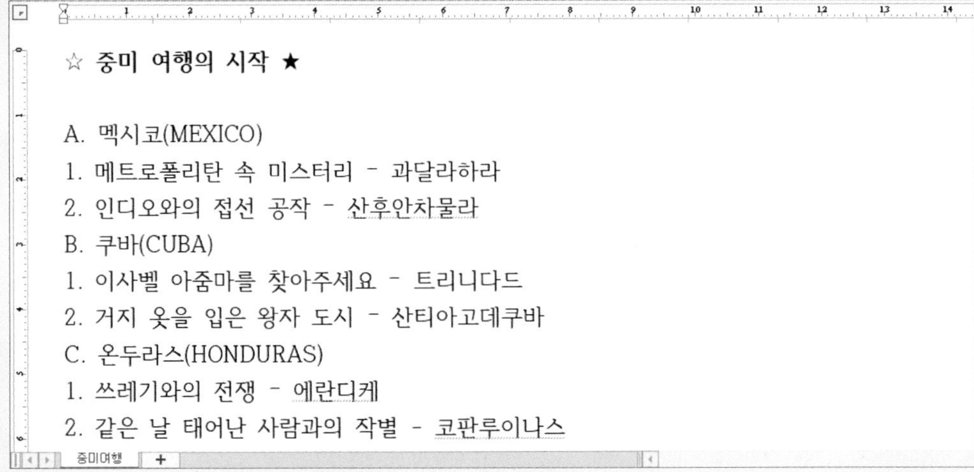

☆ 중미 여행의 시작 ★

A. 멕시코(MEXICO)
1. 메트로폴리탄 속 미스터리 - 과달라하라
2. 인디오와의 접선 공작 - 산후안차물라
B. 쿠바(CUBA)
1. 이사벨 아줌마를 찾아주세요 - 트리니다드
2. 거지 옷을 입은 왕자 도시 - 산티아고데쿠바
C. 온두라스(HONDURAS)
1. 쓰레기와의 전쟁 - 에란디케
2. 같은 날 태어난 사람과의 작별 - 코판루이나스

힌트 • 문단 번호 모양으로 'A. 1. 가 (a) (1). (가). ①'를 선택한 후 해당 부분을 블록 지정하고, [서식] 탭에서 [한 수준 감소] 아이콘을 클릭합니다.

2) 문서의 해당 부분마다 원하는 글머리표를 각각 삽입시켜 보세요.

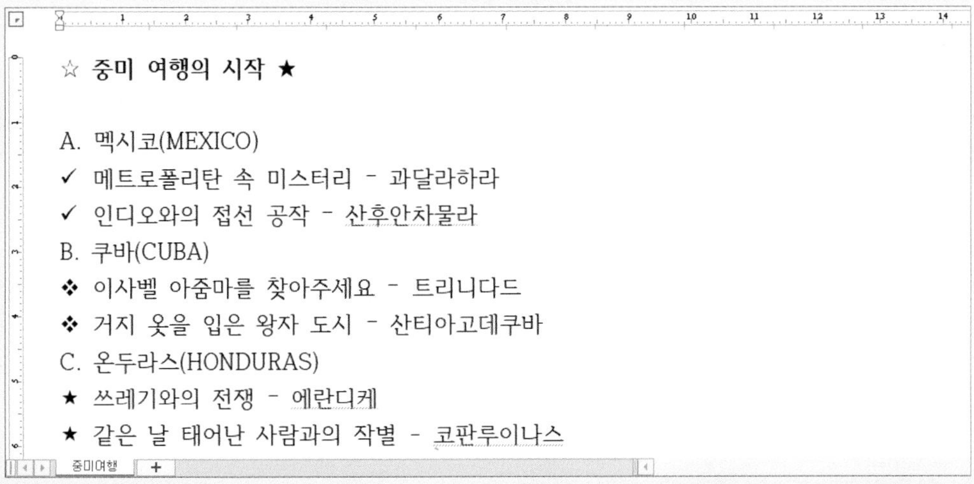

☆ 중미 여행의 시작 ★

A. 멕시코(MEXICO)
✓ 메트로폴리탄 속 미스터리 - 과달라하라
✓ 인디오와의 접선 공작 - 산후안차물라
B. 쿠바(CUBA)
❖ 이사벨 아줌마를 찾아주세요 - 트리니다드
❖ 거지 옷을 입은 왕자 도시 - 산티아고데쿠바
C. 온두라스(HONDURAS)
★ 쓰레기와의 전쟁 - 에란디케
★ 같은 날 태어난 사람과의 작별 - 코판루이나스

힌트 • 해당 부분을 블록 지정한 후 [문단 번호/글머리표] 대화 상자의 [글머리표] 탭에서 원하는 글머리표 모양을 각각 선택합니다.

3) 문서의 해당 부분마다 원하는 그림 글머리표를 각각 삽입시켜 보세요.

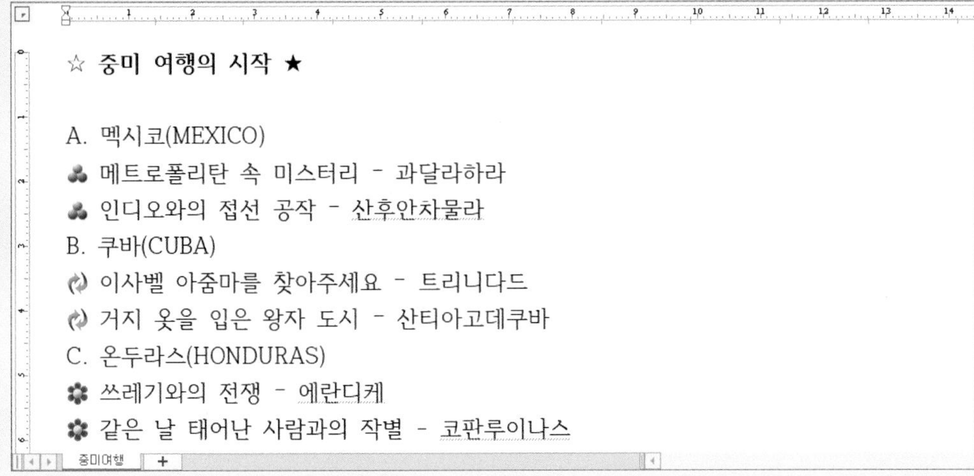

☆ 중미 여행의 시작 ★

A. 멕시코(MEXICO)
메트로폴리탄 속 미스터리 - 과달라하라
인디오와의 접선 공작 - 산후안차물라
B. 쿠바(CUBA)
이사벨 아줌마를 찾아주세요 - 트리니다드
거지 옷을 입은 왕자 도시 - 산티아고데쿠바
C. 온두라스(HONDURAS)
쓰레기와의 전쟁 - 에란디케
같은 날 태어난 사람과의 작별 - 코판루이나스

힌트 • 해당 부분을 블록 지정한 후 [문단 번호/글머리표] 대화 상자의 [그림 글머리표] 탭에서 원하는 그림 글머리표 모양을 각각 선택합니다.

Section

08 스타일 지정과 적용하기

스타일(Styles)은 자주 사용하는 글자 모양이나 문단 모양을 미리 정해 놓고 쓰는 기능으로 제목과 부제목에 대한 스타일을 지정한 후 이를 적용하여 글자 모양과 문단 모양을 한번에 바꾸는 방법에 대해서 학습해 봅니다.

Preview

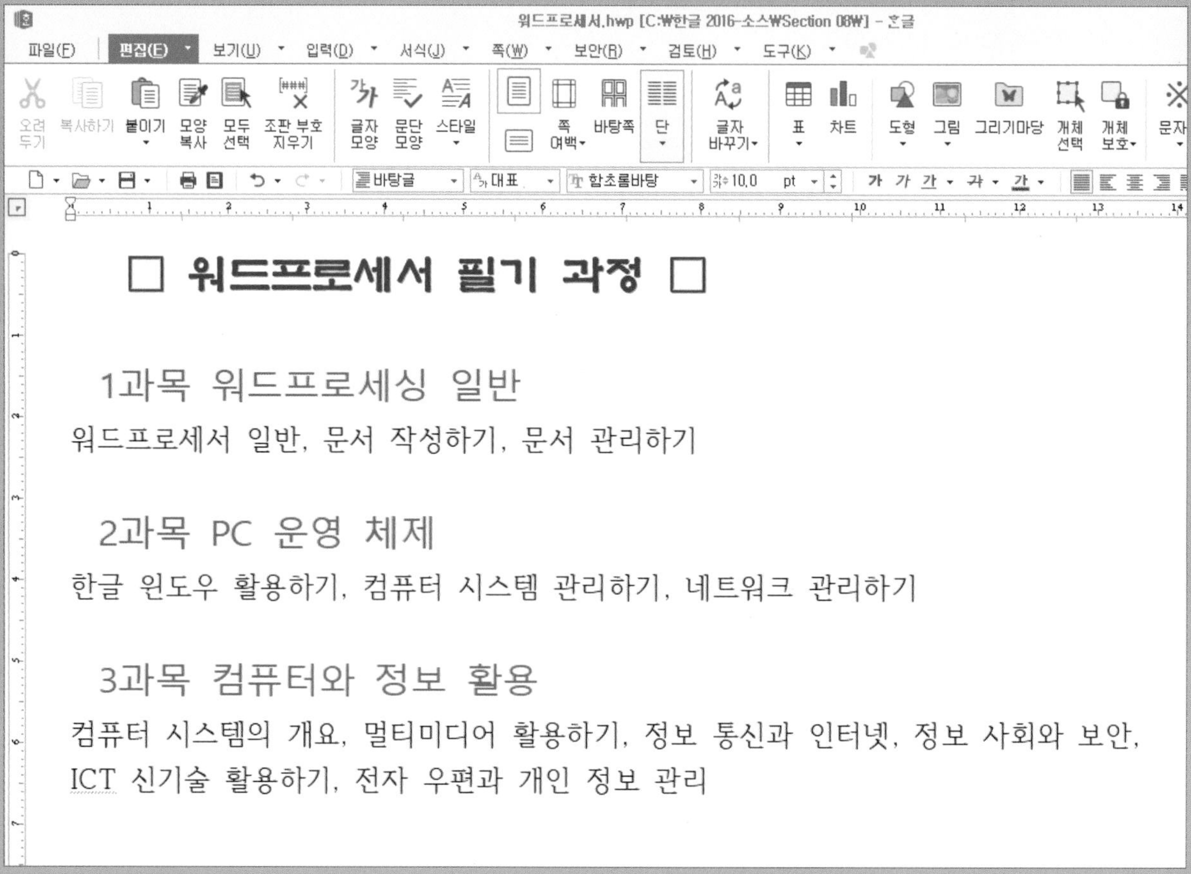
워드프로세서.hwp [C:\한글 2016-소스\Section 08\] - 한글
파일(F) 편집(E) 보기(U) 입력(D) 서식(J) 쪽(W) 보안(R) 검토(H) 도구(K)
오려 두기 복사하기 붙이기 모양 복사 모두 선택 조판 부호 지우기 글자 모양 문단 모양 스타일 쪽 여백 바탕쪽 단 글자 바꾸기 표 차트 도형 그림 그리기마당 개체 선택 개체 보호 문자
바탕글 대표 함초롬바탕 10.0 pt
□ 워드프로세서 필기 과정 □
1과목 워드프로세싱 일반
워드프로세서 일반, 문서 작성하기, 문서 관리하기
2과목 PC 운영 체제
한글 윈도우 활용하기, 컴퓨터 시스템 관리하기, 네트워크 관리하기
3과목 컴퓨터와 정보 활용
컴퓨터 시스템의 개요, 멀티미디어 활용하기, 정보 통신과 인터넷, 정보 사회와 보안, ICT 신기술 활용하기, 전자 우편과 개인 정보 관리

▲ 완성파일 : 워드프로세서.hwp

핵심 내용

- 글자 모양과 문단 모양을 한번에 바꿀 수 있는 스타일 지정 방법에 대해 알아봅니다.
- 지정한 스타일의 종류에 따라 제목과 부제목에 스타일을 적용하는 방법에 대해 알아봅니다.

따라하기 01 스타일 지정하기

01 화면에 주어진 문서 내용을 입력한 후 'C:₩한글 2016-소스₩Section 08'에 '워드프로세서.hwp'로 저장합니다.

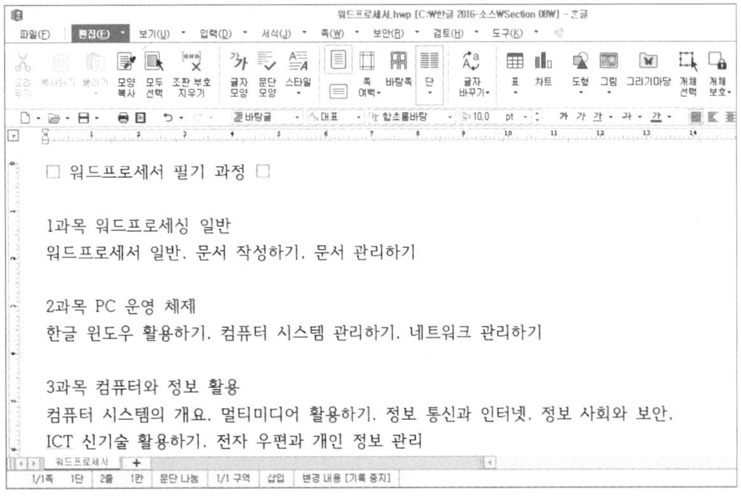

02 제목과 부제목의 스타일을 만들기 위하여 [서식] 탭의 펼침(▾) 단추를 클릭하고, [스타일]을 선택합니다(= F6)

커서 위치 PLUS TIP

스타일 작성 시 커서 위치는 신경 쓰지 않아도 되지만 새로운 스타일을 추가할 때는 글자 속성이 지정되지 않은 빈 줄(행)에 커서를 위치시킵니다.

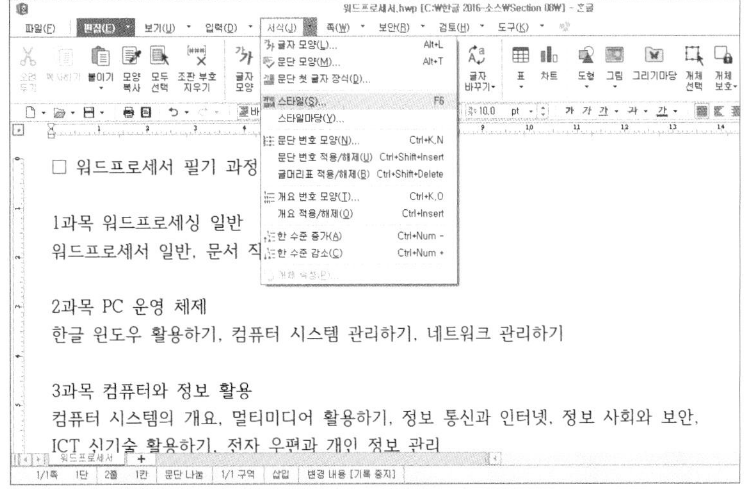

03 [스타일] 대화 상자에서 새로운 스타일을 만들기 위하여 스타일 추가하기(+) 아이콘을 클릭합니다.

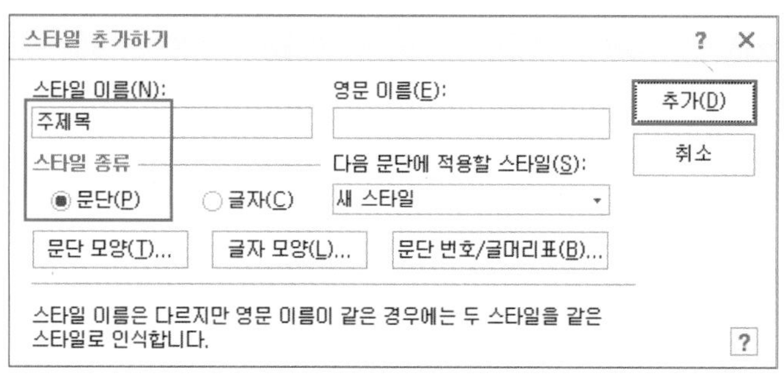

04 [스타일 추가하기] 대화 상자가 나타나면 스타일 이름에 "주제목"을 입력한 후 스타일 종류는 '문단'을 선택하고, [추가] 단추를 클릭합니다.

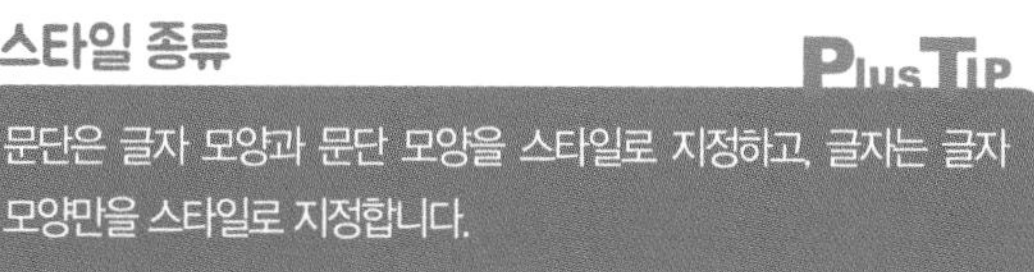
스타일 종류 PLUS TIP

문단은 글자 모양과 문단 모양을 스타일로 지정하고, 글자는 글자 모양만을 스타일로 지정합니다.

05 다시 [스타일] 대화 상자에서 스타일 목록에 생성된 '주제목'을 선택하고, 스타일 편집하기(✎) 아이콘을 클릭합니다.

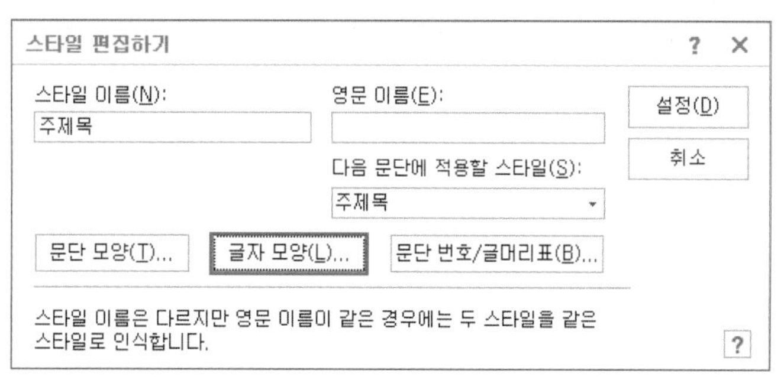

06 [스타일 편집하기] 대화 상자가 나타나면 [글자 모양] 단추를 클릭합니다.

07 [글자 모양] 대화 상자의 [기본] 탭에서 기준 크기는 '15pt', 글꼴은 '휴먼옛체', 속성은 '양각', 글자 색은 '파랑'을 각각 지정한 후 [설정] 단추를 클릭합니다.

08 다시 [스타일 편집하기] 대화 상자가 나타나면 [문단 모양] 단추를 클릭한 후 [문단 모양] 대화 상자의 [기본] 탭에서 왼쪽 여백을 '20pt'로 지정하고, [설정] 단추를 클릭합니다.

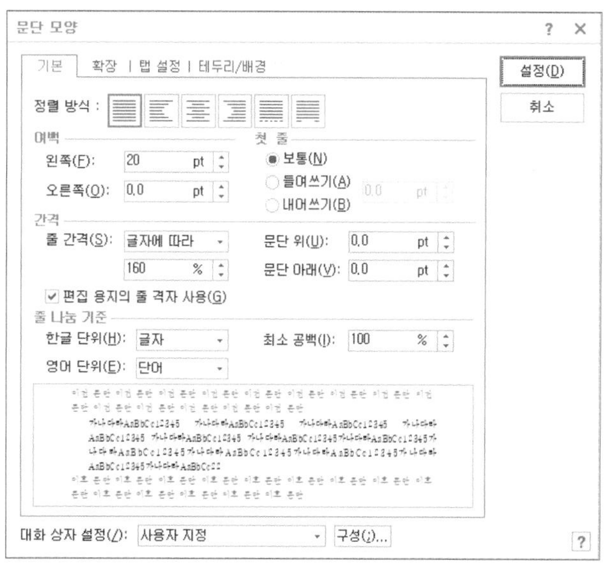

09 다시 [스타일 편집하기] 대화 상자가 나타나면 [설정] 단추를 클릭한 후 [스타일] 대화 상자에서 '주제목' 스타일을 확인하고, 스타일 추가하기(+) 아이콘을 클릭합니다.

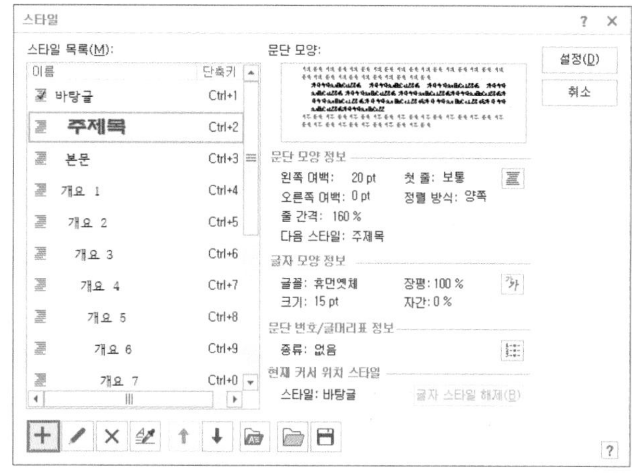

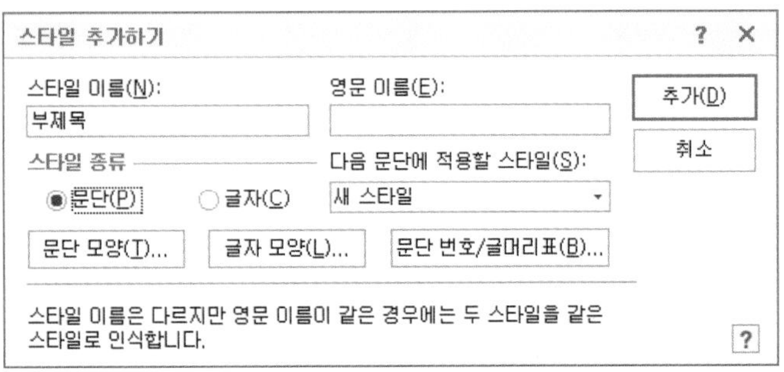

10 [스타일 추가하기] 대화 상자가 나타나면 스타일 이름에 "부제목"을 입력한 후 스타일 종류는 '문단'을 선택하고, [추가] 단추를 클릭합니다.

11 다시 [스타일] 대화 상자에서 스타일 목록에 생성된 '부제목'을 선택하고, 스타일 편집하기( ) 아이콘을 클릭합니다.

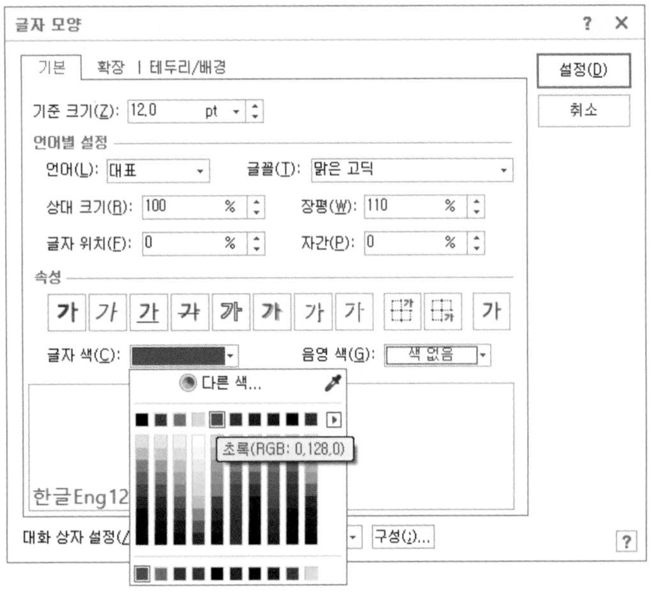

12 [스타일 편집하기] 대화 상자에서 [글자 모양] 단추를 클릭한 후 [글자 모양] 대화 상자의 [기본] 탭에서 기준 크기는 '12pt', 글꼴은 '맑은 고딕', 장평은 '110%', 글자 색은 '초록'을 각각 지정하고, [설정] 단추를 클릭합니다.

13 다시 [스타일 편집하기] 대화 상자가 나타나면 [문단 모양] 단추를 클릭한 후 [문단 모양] 대화 상자의 [기본] 탭에서 왼쪽 여백을 '10pt'로 지정하고, [설정] 단추를 클릭합니다.

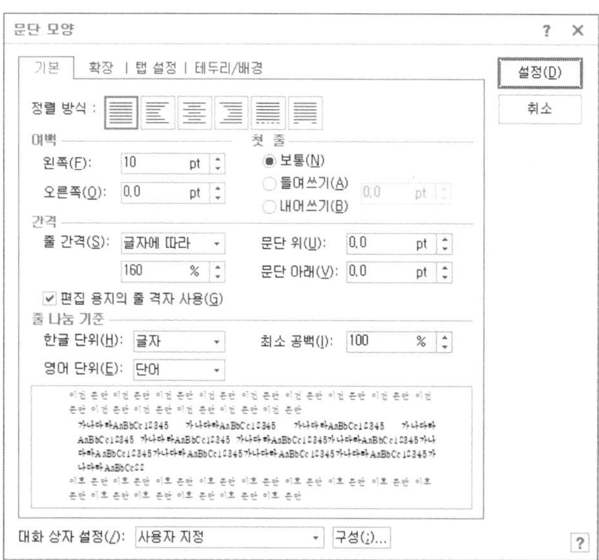

14 다시 [스타일 편집하기] 대화 상자가 나타나면 [설정] 단추를 클릭한 후 [스타일] 대화 상자에서 '부제목' 스타일을 확인하고, [취소] 단추를 클릭합니다.

[설정]/[취소] 단추 PLUS TIP

[스타일] 대화 상자에서 [설정] 단추를 클릭하면 현재 커서가 위치한 부분에 스타일이 바로 적용됩니다.

Power Upgrade

[스타일] 대화 상자 아이콘

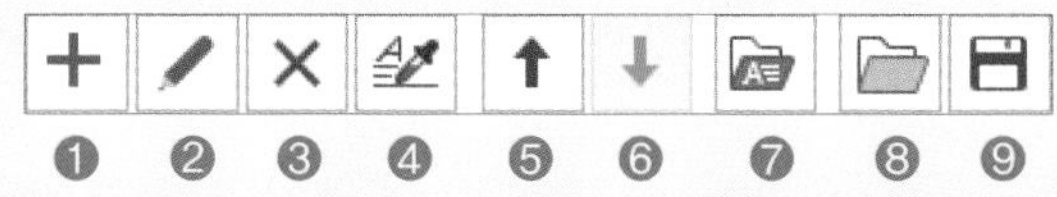

❶ ❷ ❸ ❹ ❺ ❻ ❼ ❽ ❾

❶ **스타일 추가하기 :** 새로운 이름의 스타일을 생성(추가)합니다.

❷ **스타일 편집하기 :** 스타일 목록에서 선택한 스타일의 내용을 편집합니다.

❸ **스타일 지우기 :** 선택한 스타일을 삭제합니다(단, 바탕글 스타일은 지울 수 없음).

❹ **현재 모양으로 바꾸기 :** 이미 있는 스타일에 현재 커서가 위치한 글자나 문단의 스타일을 덮어씁니다.

❺ **한 칸 위로 이동하기 :** 현재 등록되어 있는 스타일의 순서를 위로 이동하여 바꿉니다.

❻ **한 칸 아래로 이동하기 :** 현재 등록되어 있는 스타일의 순서를 아래로 이동하여 바꿉니다.

❼ **스타일마당 :** 문서의 종류에 따라 자주 쓰이는 스타일 묶음을 제공합니다.

❽ **스타일 가져오기 :** 저장해 놓은 스타일 파일을 가져옵니다.

❾ **스타일 내보내기 :** 현재 정의된 스타일 내용을 다른 문서에 끼워 넣거나 별도의 스타일 파일에 저장합니다.

따라하기 02 스타일 적용하기

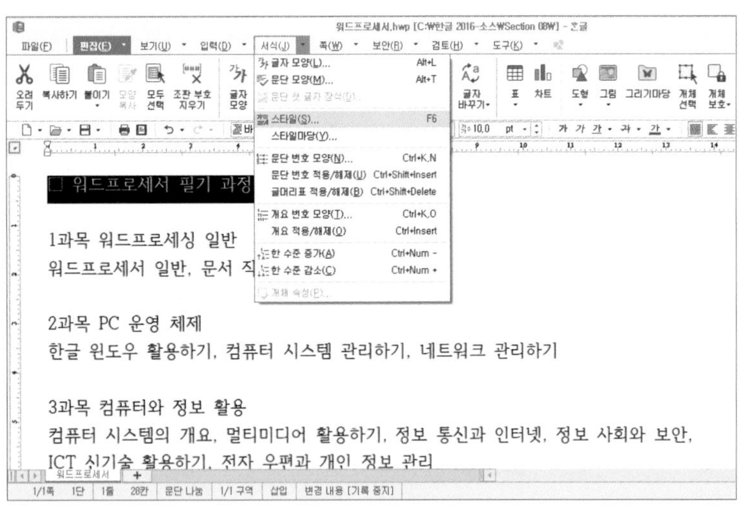

01 스타일을 적용할 제목을 블록 지정한 후 [서식] 탭의 펼침(▾) 단추를 클릭하고, [스타일]을 선택합니다(= F6).

02 [스타일] 대화 상자의 스타일 목록에서 '주제목'을 선택하고, [설정] 단추를 클릭합니다.

스타일 개수 Plus Tip

한 파일에 쓸 수 있는 스타일의 개수는 최대 160개이지만 보통 한 문서에 7~8개 정도의 스타일을 만들어 놓고 쓰는 것이 적당합니다.

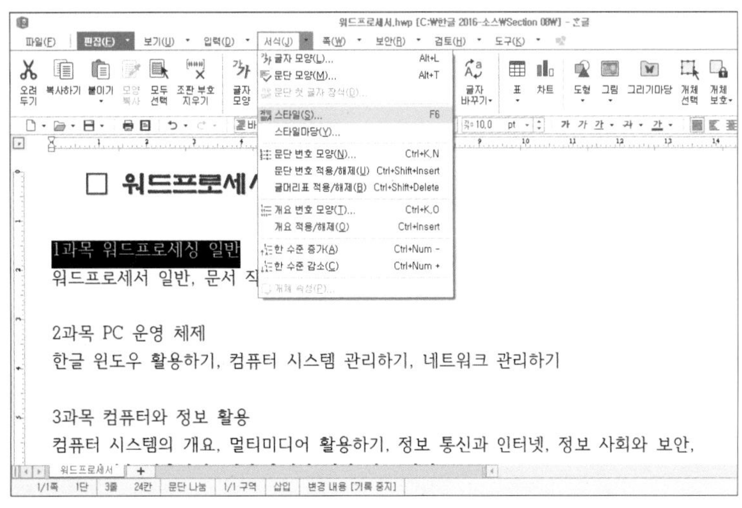

03 주제목에 스타일이 적용되면 이번에는 첫 번째 부제목을 블록 지정한 후 [서식] 탭의 펼침(▾) 단추를 클릭하고, [스타일]을 선택합니다.

04 [스타일] 대화 상자의 스타일 목록에서 '부제목'을 선택하고, [설정] 단추를 클릭합니다.

05 두 번째 부제목을 블록 지정한 후 [편집] 탭에서 스타일( ) 아이콘을 클릭하고, '부제목'을 선택합니다.

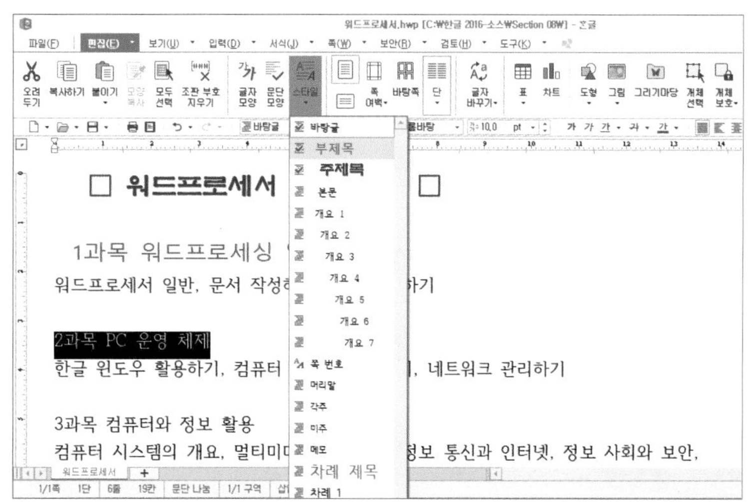

06 세 번째 부제목을 블록 지정한 후 [서식] 탭의 스타일 목록에서 '부제목'을 선택합니다.

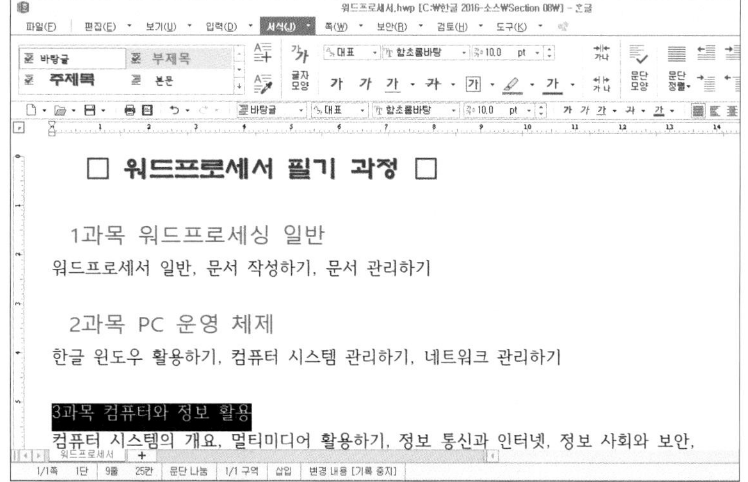

기초문제

1

다음의 내용을 작성한 후 대제목(13pt, 궁서체, 그림자, 초록) 스타일을 추가해 보세요.

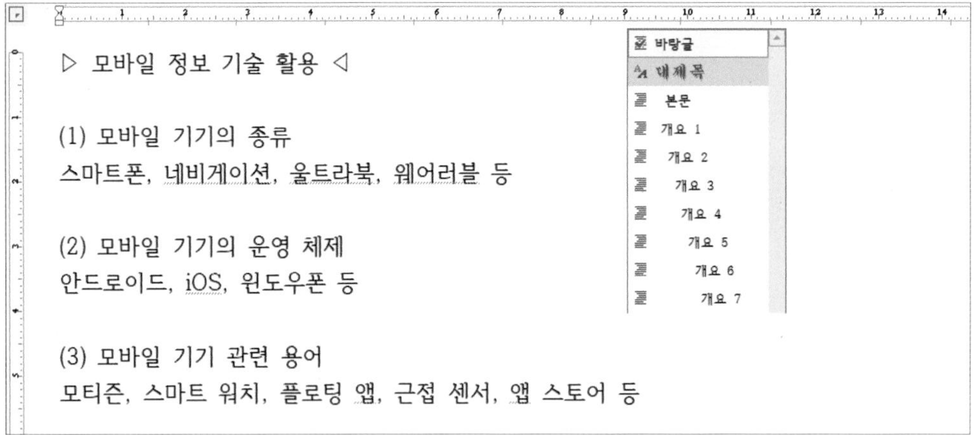

힌트 • [스타일] 대화 상자에서 '대제목' 스타일을 추가한 후 [글자 모양] 대화 상자의 [기본] 탭에서 주어진 글자 속성을 지정합니다.

2

다음의 내용에서 소제목(11pt, 맑은 고딕, 진하게, 주황) 스타일을 추가해 보세요.

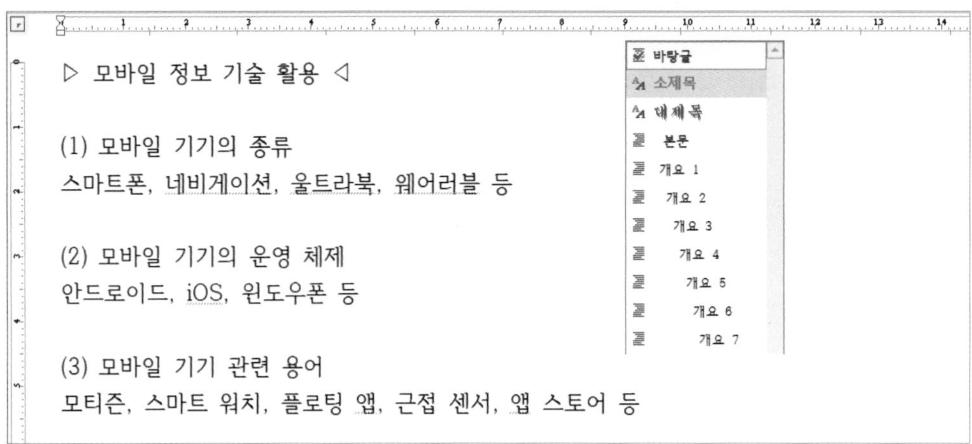

힌트 • [스타일] 대화 상자에서 '소제목' 스타일을 추가한 후 [글자 모양] 대화 상자의 [기본] 탭에서 주어진 글자 속성을 지정합니다.

3

문서에 대제목과 소제목의 스타일을 각각 적용한 후 '모바일.hwp'로 저장하세요.

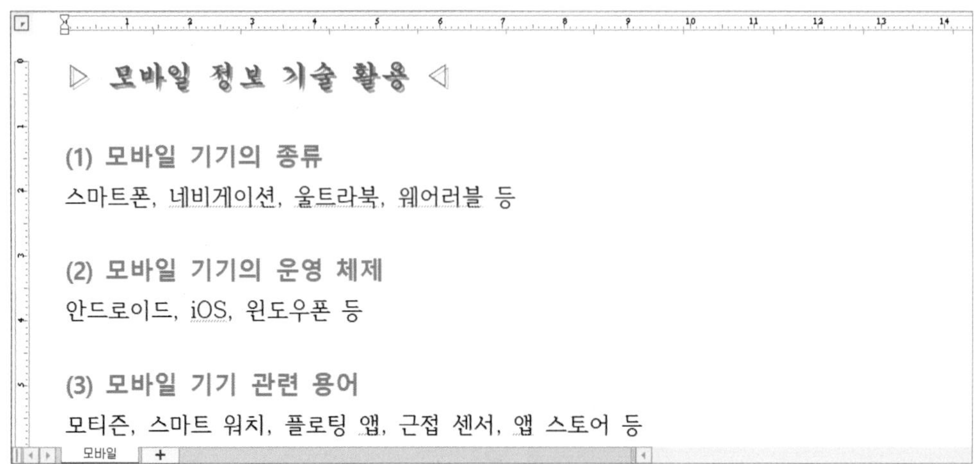

심화문제

1) 다음의 내용을 작성한 후 주제목(13pt, 휴먼고딕, 장평-110%, 밑줄, 글자 색-파랑, 음영 색-노랑, 왼쪽 여백-15pt) 스타일을 추가해 보세요.

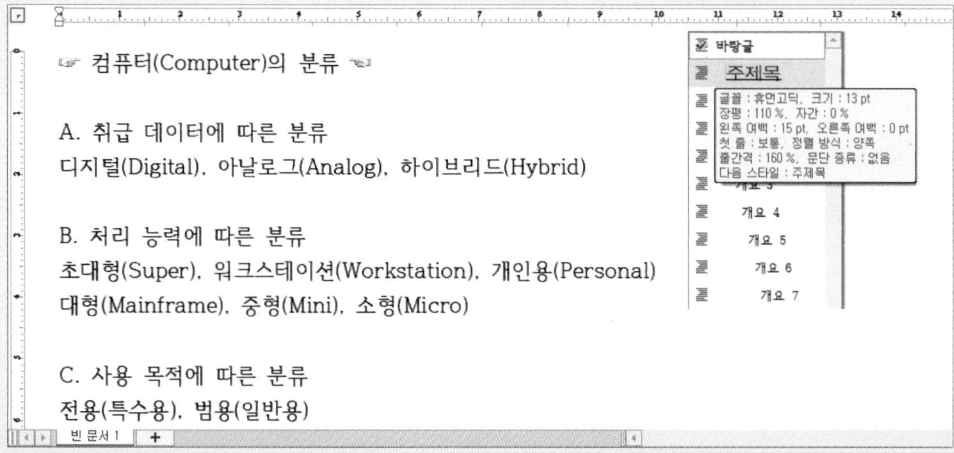

힌트 • [스타일] 대화 상자에서 '주제목' 스타일을 추가한 후 [글자 모양]/[문단 모양] 대화 상자에서 주어진 속성을 지정합니다.

2) 다음의 내용에서 부제목(10pt, 태 나무, 진하게, 보라, 왼쪽 여백-5pt) 스타일을 추가해 보세요.

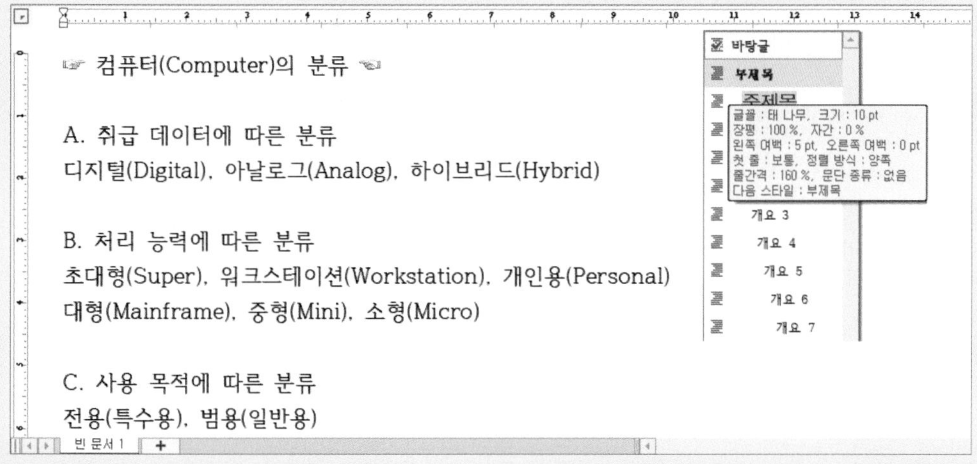

힌트 • [스타일] 대화 상자에서 '부제목' 스타일을 추가한 후 [글자 모양]/[문단 모양] 대화 상자에서 주어진 속성을 지정합니다.

3) 문서에 주제목과 부제목의 스타일을 각각 적용한 후 '컴퓨터.hwp'로 저장하세요.

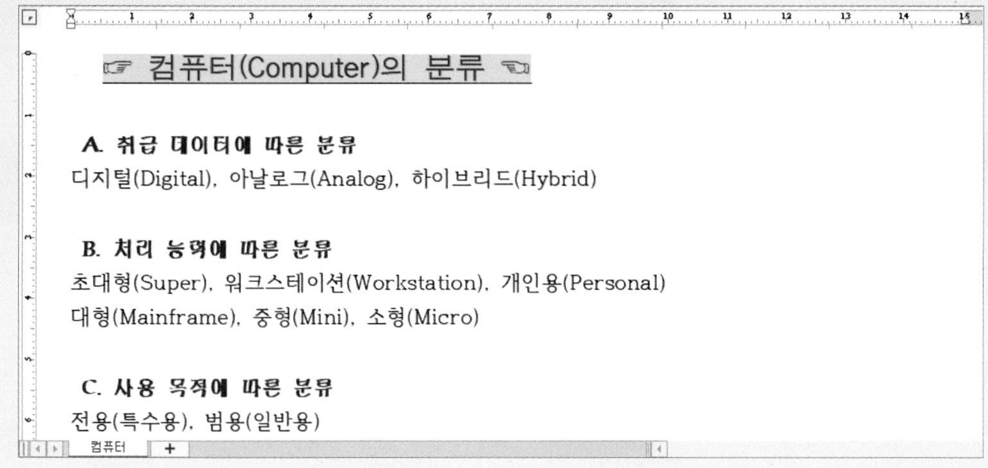

Section

09 다단 설정과 단 나누기

다단은 신문, 회보, 찾아보기 등을 만들 때 읽기 쉽도록 한 쪽을 여러 개의 단으로 나누는 기능입니다. 여기에서는 다단을 설정한 후 문서 내용에 따라 단을 분리하거나 독립적인 새로운 단을 나누는 방법에 대해서 학습해 봅니다.

Preview

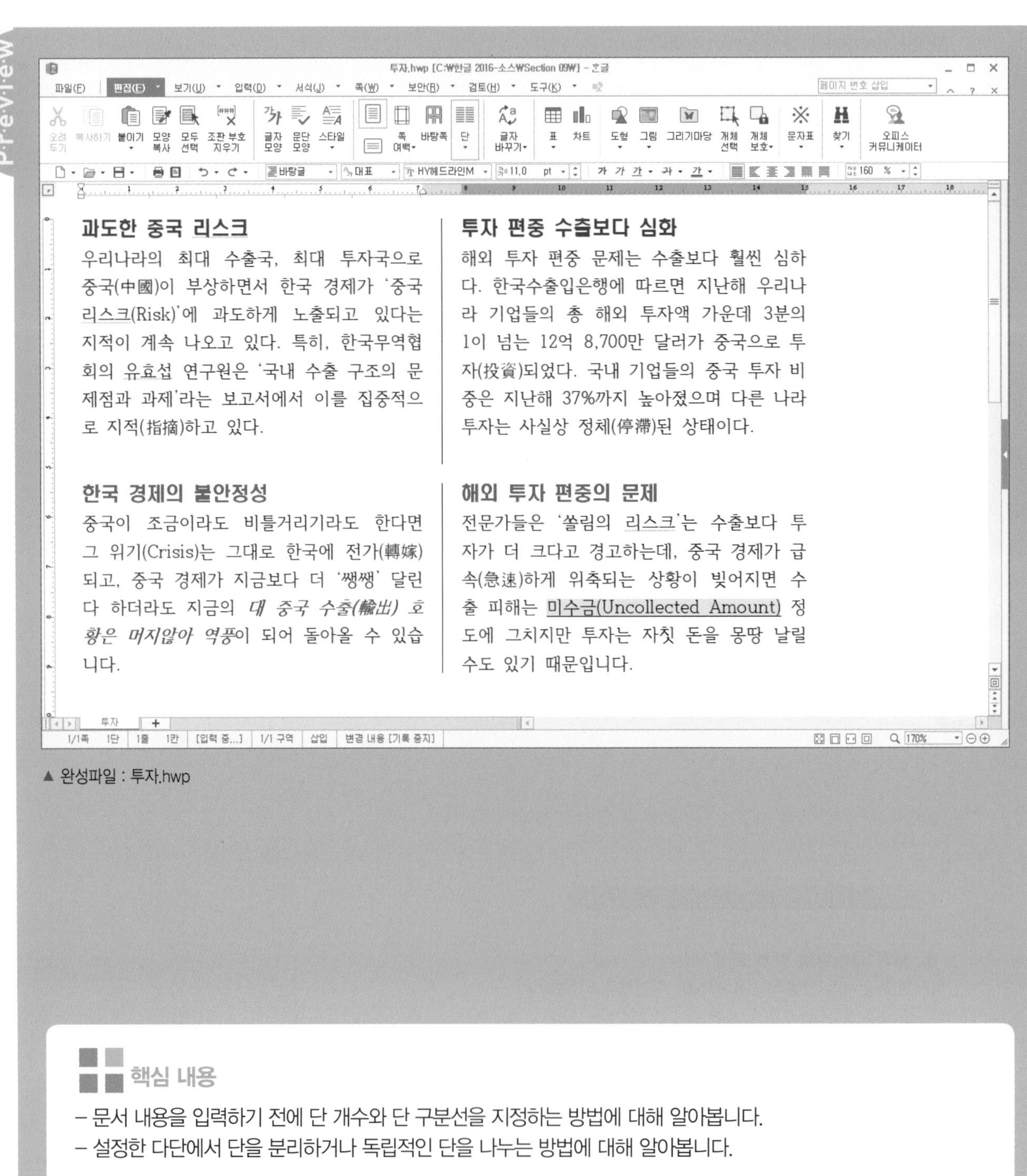

▲ 완성파일 : 투자.hwp

핵심 내용

- 문서 내용을 입력하기 전에 단 개수와 단 구분선을 지정하는 방법에 대해 알아봅니다.
- 설정한 다단에서 단을 분리하거나 독립적인 단을 나누는 방법에 대해 알아봅니다.

따라하기 01 다단 설정하기

01 본문을 2단으로 나누기 위하여 [쪽] 탭의 펼침(▾) 단추를 클릭하고, [다단 설정]을 선택합니다.

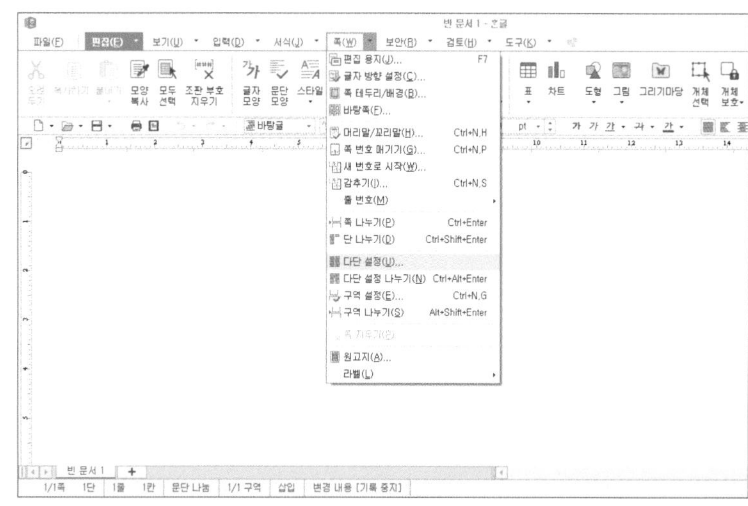

다단 PlusTIP

[편집] 또는 [쪽] 탭에서 다단 설정(▥) 아이콘을 클릭해도 됩니다.

02 [단 설정] 대화 상자에서 자주 쓰이는 모양은 '둘'과 '구분선 넣기'를 각각 선택하고, [설정] 단추를 클릭합니다.

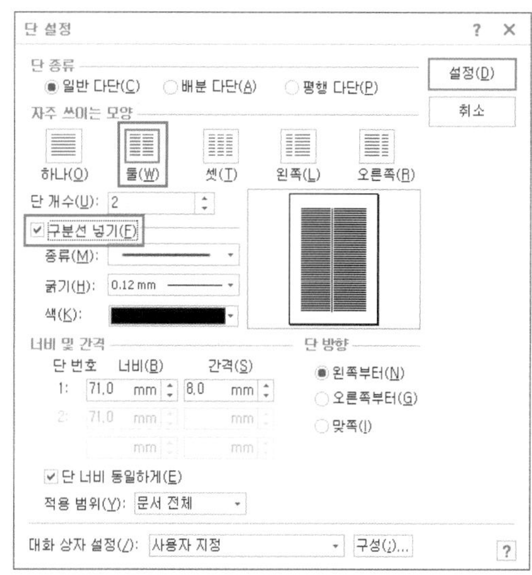

03 본문이 2단으로 나뉘면 제목(임의의 글꼴 서식)과 본문 내용을 입력합니다.

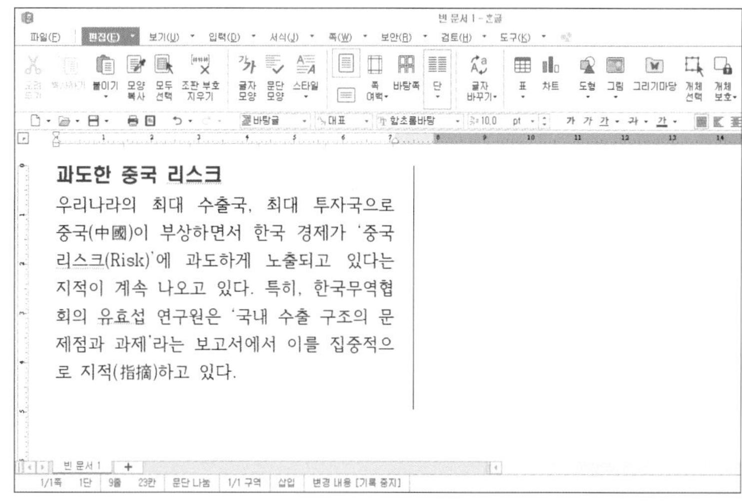

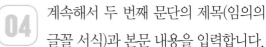

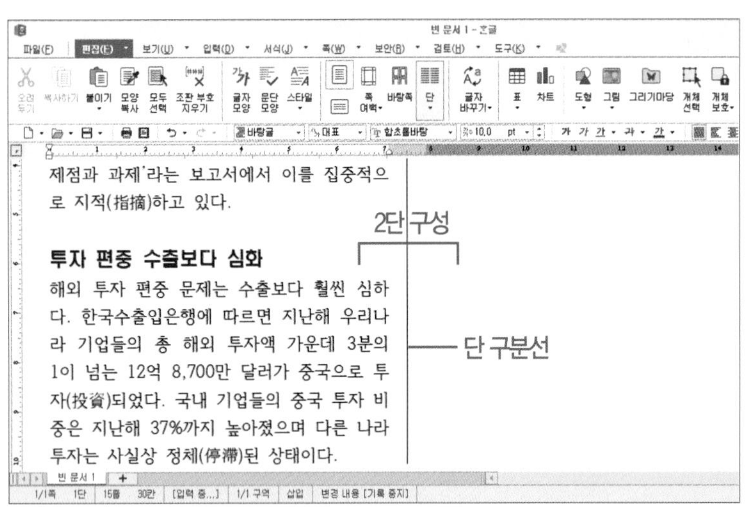

제점과 과제'라는 보고서에서 이를 집중적으로 지적(指摘)하고 있다.
투자 편중 수출보다 심화
해외 투자 편중 문제는 수출보다 훨씬 심하다. 한국수출입은행에 따르면 지난해 우리나라 기업들의 총 해외 투자액 가운데 3분의 1이 넘는 12억 8,700만 달러가 중국으로 투자(投資)되었다. 국내 기업들의 중국 투자 비중은 지난해 37%까지 높아졌으며 다른 나라 투자는 사실상 정체(停滯)된 상태이다.
2단 구성
단 구분선

04 계속해서 두 번째 문단의 제목(임의의 글꼴 서식)과 본문 내용을 입력합니다.

Power Upgrade

[단 설정] 대화 상자

- 단 종류 : 일반 다단, 배분 다단, 평행 다단의 세 가지로 구분됩니다.
  - 일반 다단 : 가장 기본적인 다단으로 한 단씩 차례로 내용을 입력합니다.
  - 배분 다단 : 마지막 쪽의 내용을 자동으로 조절하여 각 단의 높이를 가능한 같도록 맞춥니다.
  - 평행 다단 : 한 쪽 단에는 용어나 제목 등의 표제어를 적고, 다른 쪽 단에는 그에 대한 설명을 적을 때 사용합니다.
- 자주 쓰이는 모양 : 다단의 모양을 지정합니다.
- 단 개수 : 문서를 몇 개의 단으로 구분할 것인지를 지정합니다.
- 구분선 넣기 : 단과 단 사이에 구분선을 삽입하되 종류, 굵기, 색 등을 지정할 수 있습니다.
- 너비 및 간격 : 각 단의 너비와 단 사이의 간격을 사용자가 임의로 지정할 수 있습니다.
- 단 방향 : 다단 편집된 문서에서 단이 시작될 방향을 선택합니다.
- 단 너비 동일하게 : 각 단의 너비를 동일하게 할 경우 해당 항목을 선택합니다.

따라하기 02 단과 다단 나누기

01 문단 내용을 다음 단으로 이동시키기 위하여 해당 내용 앞에 커서를 위치시킨 후 [쪽] 탭의 펼침(▾) 단추를 클릭하고, [단 나누기]를 선택합니다.
(= Ctrl + Shift + Enter)

단 나누기 Plus Tip

단 내용이 끝까지 입력되지 않더라도 다음 단으로 커서를 이동시킬 수 있는 기능으로 [쪽] 탭에서 단 나누기( ) 아이콘을 클릭해도 됩니다.

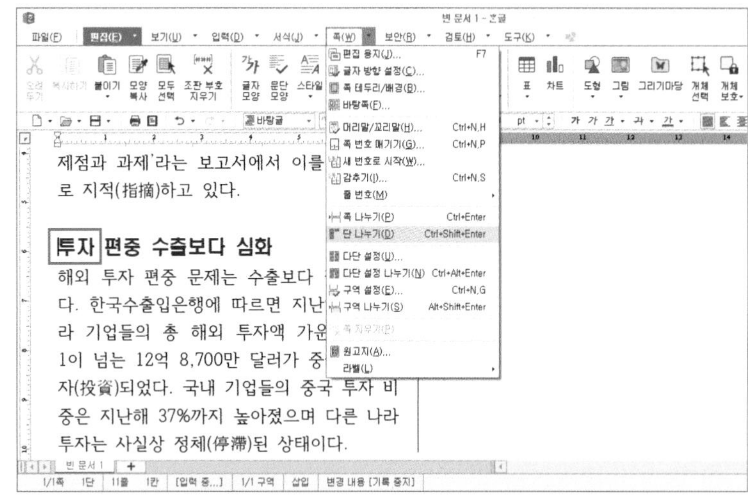

02 문단 내용이 다음 단으로 이동되면 양쪽 2단의 내용을 번갈아가면서 입력할 수 있습니다.

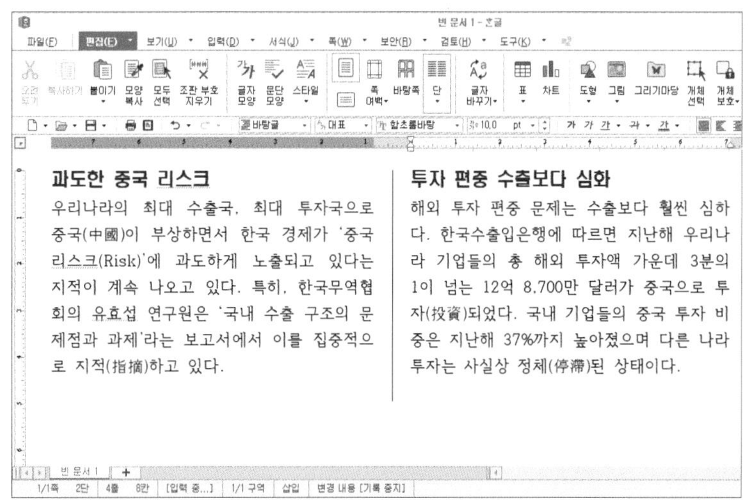

03 현재 상태에서 독립적인 새로운 단을 만들기 위하여 오른쪽 단 하단에 커서를 위치시킨 후 [쪽] 탭의 펼침(▾) 단추를 클릭하고, [다단 설정 나누기]를 선택합니다.
(= Ctrl + Alt + Enter)

다단 설정 나누기 Plus Tip

한 쪽(페이지) 내에서 앞단과 관계없이 독립적인 새로운 단 모양을 만들 때 사용하는 기능으로 [쪽] 탭에서 다단 설정 나누기( ) 아이콘을 클릭해도 됩니다.

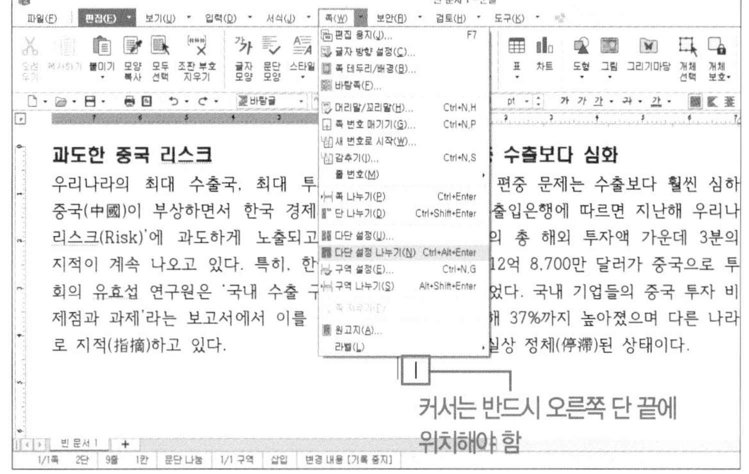

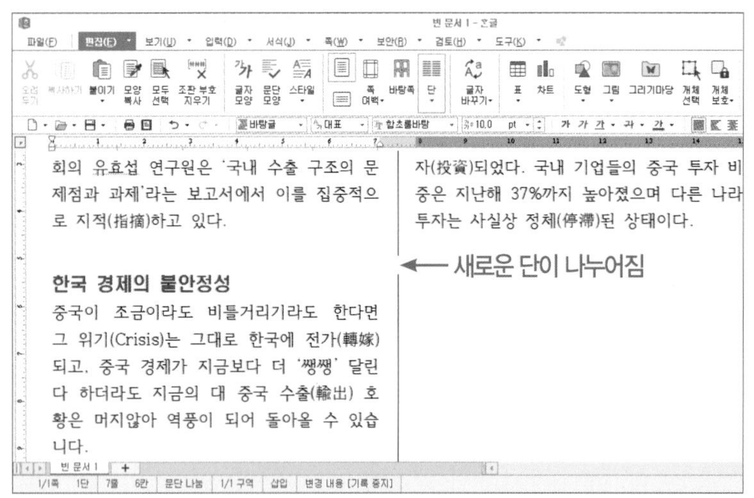

04 독립적인 새로운 단이 만들어지면 제목(임의의 글꼴 서식)과 본문 내용을 입력합니다.

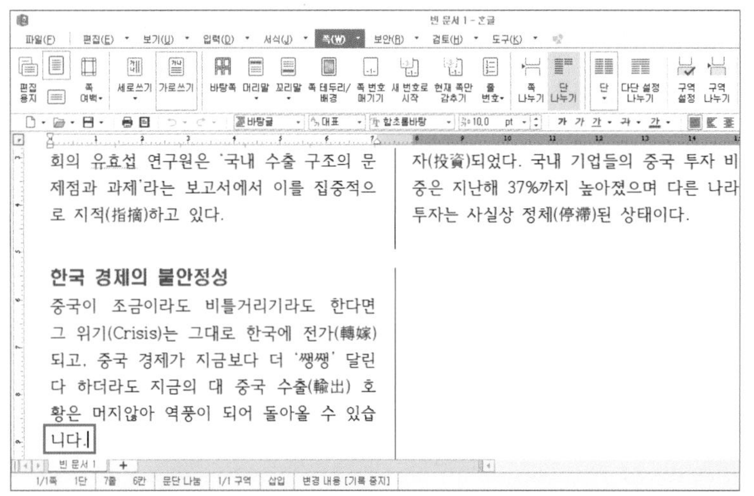

05 다음 단에서 내용을 입력하기 위하여 문장 맨 끝에 커서를 위치시킨 후 [쪽] 탭에서 단 나누기(단 나누기) 아이콘을 클릭합니다.

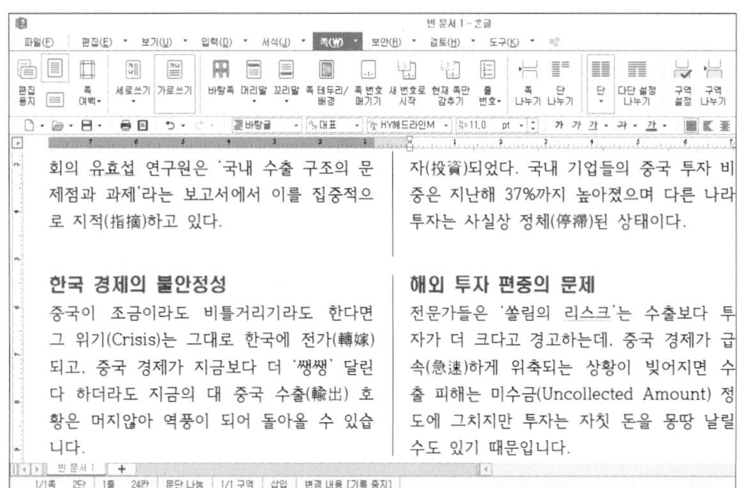

06 커서가 다음 단으로 이동되면 제목(임의의 글꼴 서식)과 본문 내용을 입력합니다.

07 단이 나누어진 상태에서는 커서가 자유롭게 이동되므로 해당 부분을 각각 블록 지정하여 원하는 글꼴 서식을 지정한 후 'C:₩한글 2016-소스₩Section 09'에 '투자.hwp'로 저장합니다.

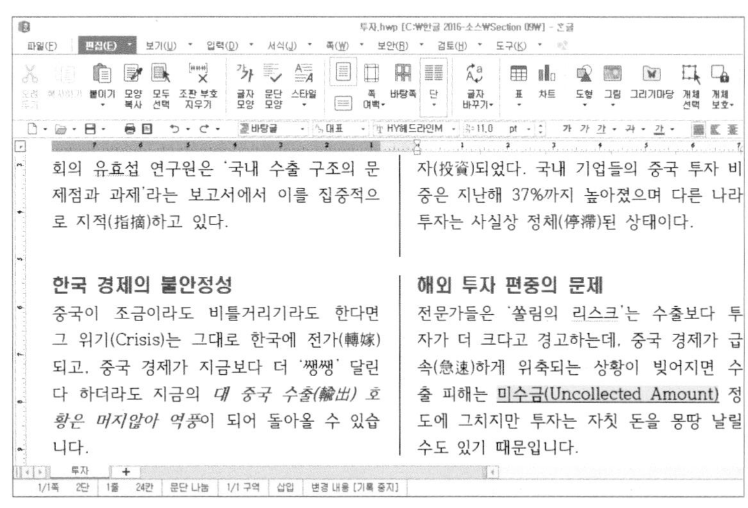

Power Upgrade

쪽 나누기

현재 커서의 위치부터 쪽(페이지)을 새롭게 나누는 기능으로 해당 위치에 커서를 위치시킨 후 [쪽] 탭의 펼침(▾) 단추를 클릭하고, [쪽 나누기]를 선택하거나 [쪽] 탭에서 쪽 나누기( ) 아이콘을 클릭합니다(= Ctrl + Enter).

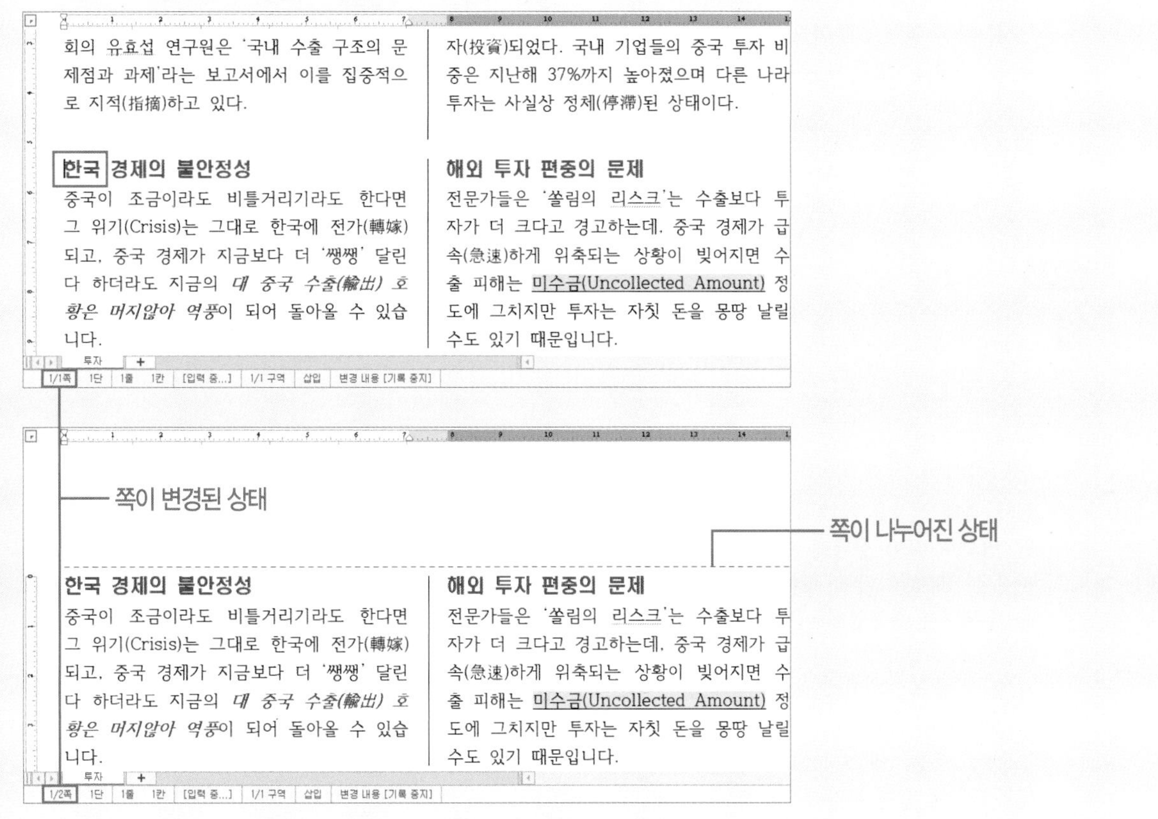

기초문제

1

본문을 2단으로 구성한 후 다음의 내용을 입력하고, '통신기술.hwp'로 저장하세요.

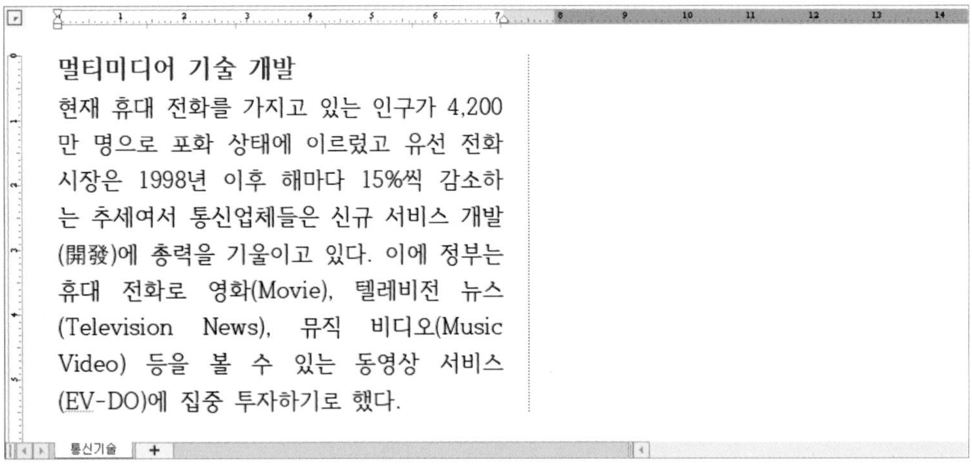

멀티미디어 기술 개발

현재 휴대 전화를 가지고 있는 인구가 4,200만 명으로 포화 상태에 이르렀고 유선 전화 시장은 1998년 이후 해마다 15%씩 감소하는 추세여서 통신업체들은 신규 서비스 개발(開發)에 총력을 기울이고 있다. 이에 정부는 휴대 전화로 영화(Movie), 텔레비전 뉴스(Television News), 뮤직 비디오(Music Video) 등을 볼 수 있는 동영상 서비스(EV-DO)에 집중 투자하기로 했다.

통신기술 +

힌트 • [단 설정] 대화 상자에서 자주 쓰이는 모양은 '둘'과 '구분선 넣기(점선)'을 각각 선택합니다.

2

다단을 오른쪽 단으로 이동한 후 나머지 내용을 입력해 보세요.

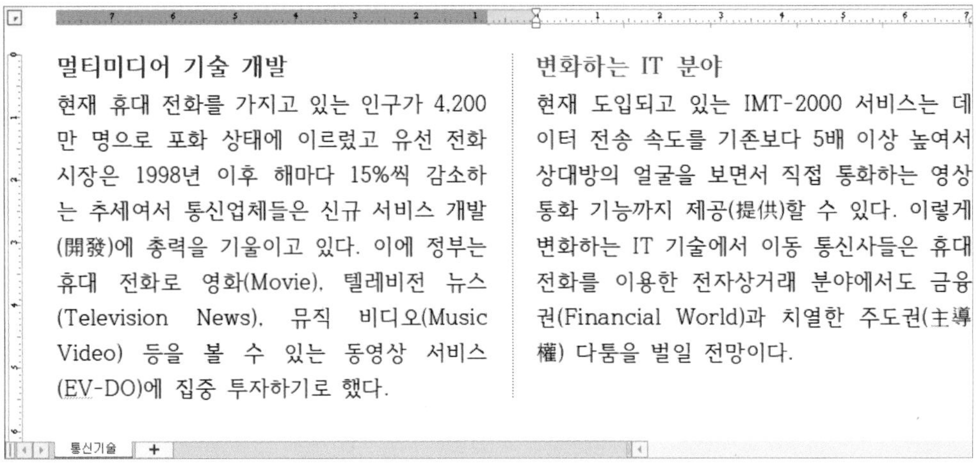

멀티미디어 기술 개발

현재 휴대 전화를 가지고 있는 인구가 4,200만 명으로 포화 상태에 이르렀고 유선 전화 시장은 1998년 이후 해마다 15%씩 감소하는 추세여서 통신업체들은 신규 서비스 개발(開發)에 총력을 기울이고 있다. 이에 정부는 휴대 전화로 영화(Movie), 텔레비전 뉴스(Television News), 뮤직 비디오(Music Video) 등을 볼 수 있는 동영상 서비스(EV-DO)에 집중 투자하기로 했다.

변화하는 IT 분야

현재 도입되고 있는 IMT-2000 서비스는 데이터 전송 속도를 기존보다 5배 이상 높여서 상대방의 얼굴을 보면서 직접 통화하는 영상통화 기능까지 제공(提供)할 수 있다. 이렇게 변화하는 IT 기술에서 이동 통신사들은 휴대전화를 이용한 전자상거래 분야에서도 금융권(Financial World)과 치열한 주도권(主導權) 다툼을 벌일 전망이다.

통신기술 +

힌트 • 왼쪽 단 내용에서 문장 맨 끝에 커서를 위치시킨 후 [쪽] 탭에서 [단 나누기] 아이콘을 클릭합니다.

3

양쪽 단을 자유롭게 이동하면서 해당 부분에 원하는 글꼴 서식을 지정해 보세요.

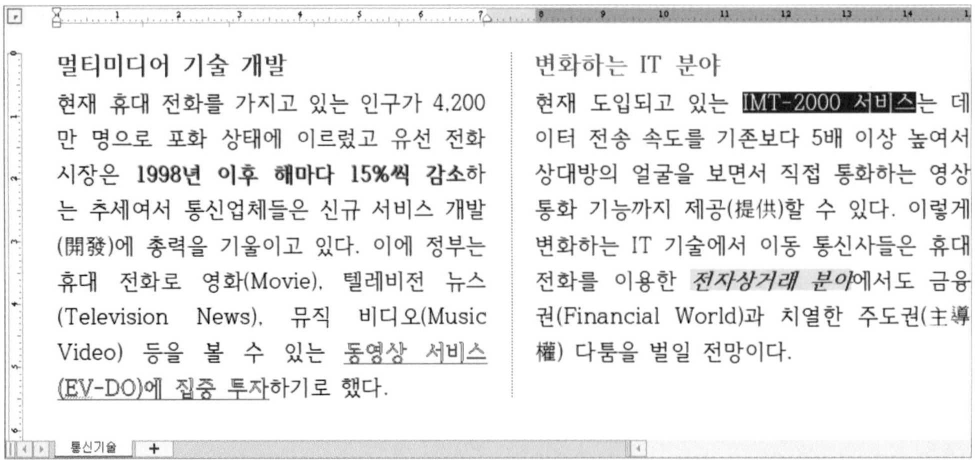

멀티미디어 기술 개발

현재 휴대 전화를 가지고 있는 인구가 4,200만 명으로 포화 상태에 이르렀고 유선 전화 시장은 **1998년 이후 해마다 15%씩 감소**하는 추세여서 통신업체들은 신규 서비스 개발(開發)에 총력을 기울이고 있다. 이에 정부는 휴대 전화로 영화(Movie), 텔레비전 뉴스(Television News), 뮤직 비디오(Music Video) 등을 볼 수 있는 동영상 서비스(EV-DO)에 집중 투자하기로 했다.

변화하는 IT 분야

현재 도입되고 있는 IMT-2000 서비스는 데이터 전송 속도를 기존보다 5배 이상 높여서 상대방의 얼굴을 보면서 직접 통화하는 영상통화 기능까지 제공(提供)할 수 있다. 이렇게 변화하는 IT 기술에서 이동 통신사들은 휴대전화를 이용한 ***전자상거래 분야***에서도 금융권(Financial World)과 치열한 주도권(主導權) 다툼을 벌일 전망이다.

통신기술 +

심화문제

1) 본문을 3단으로 구성한 후 다음의 내용을 입력하고, '사재기.hwp'로 저장하세요.

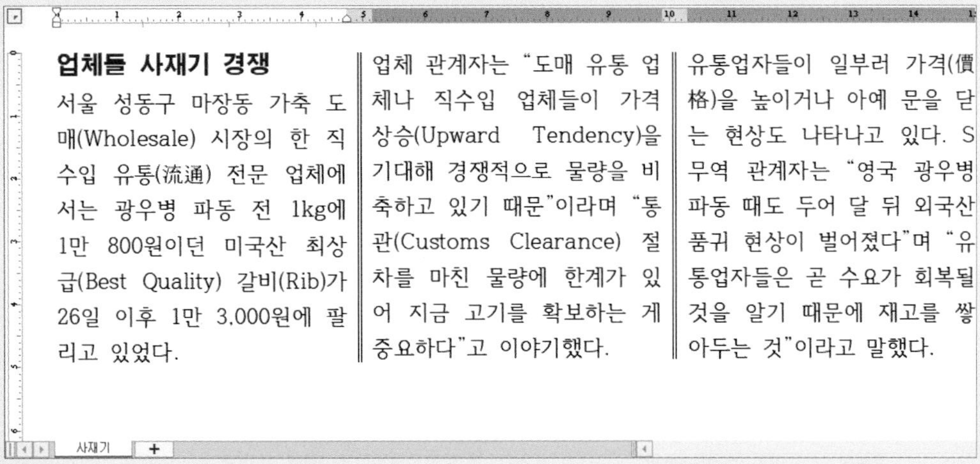

업체들 사재기 경쟁

서울 성동구 마장동 가축 도매(Wholesale) 시장의 한 직수입 유통(流通) 전문 업체에서는 광우병 파동 전 1kg에 1만 800원이던 미국산 최상급(Best Quality) 갈비(Rib)가 26일 이후 1만 3,000원에 팔리고 있었다.

업체 관계자는 "도매 유통 업체나 직수입 업체들이 가격 상승(Upward Tendency)을 기대해 경쟁적으로 물량을 비축하고 있기 때문"이라며 "통관(Customs Clearance) 절차를 마친 물량에 한계가 있어 지금 고기를 확보하는 게 중요하다"고 이야기했다.

유통업자들이 일부러 가격(價格)을 높이거나 아예 문을 닫는 현상도 나타나고 있다. S무역 관계자는 "영국 광우병 파동 때도 두어 달 뒤 외국산 품귀 현상이 벌어졌다"며 "유통업자들은 곧 수요가 회복될 것을 알기 때문에 재고를 쌓아두는 것"이라고 말했다.

사재기

힌트 • [단 설정] 대화 상자에서 자주 쓰이는 모양은 '셋'과 '구분선 넣기(이중 실선)'을 각각 선택합니다.

2) 세 번째 단 아래에 독립적인 새로운 단을 만들고, 나머지 내용을 입력해 보세요.

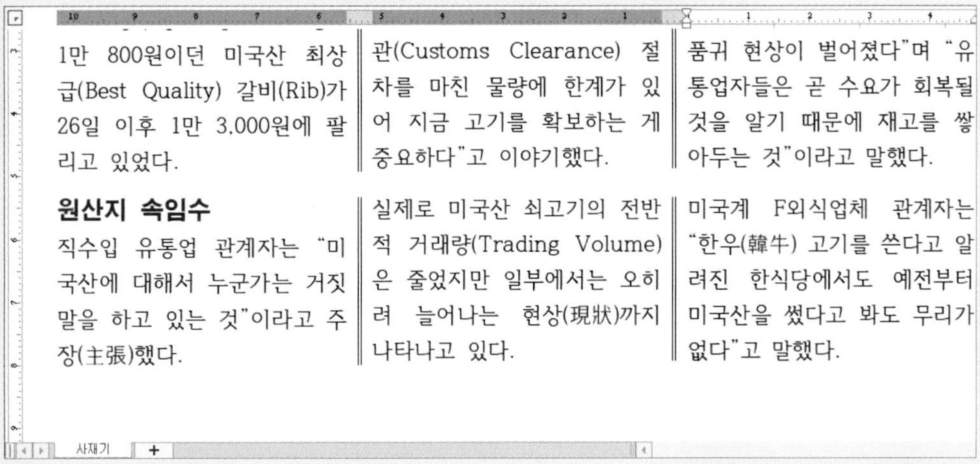

1만 800원이던 미국산 최상급(Best Quality) 갈비(Rib)가 26일 이후 1만 3,000원에 팔리고 있었다.

관(Customs Clearance) 절차를 마친 물량에 한계가 있어 지금 고기를 확보하는 게 중요하다"고 이야기했다.

품귀 현상이 벌어졌다"며 "유통업자들은 곧 수요가 회복될 것을 알기 때문에 재고를 쌓아두는 것"이라고 말했다.

원산지 속임수

직수입 유통업 관계자는 "미국산에 대해서 누군가는 거짓말을 하고 있는 것"이라고 주장(主張)했다.

실제로 미국산 쇠고기의 전반적 거래량(Trading Volume)은 줄었지만 일부에서는 오히려 늘어나는 현상(現狀)까지 나타나고 있다.

미국계 F외식업체 관계자는 "한우(韓牛) 고기를 쓴다고 알려진 한식당에서도 예전부터 미국산을 썼다고 봐도 무리가 없다"고 말했다.

사재기

힌트 • 맨 오른쪽 단 하단에 커서를 위치시킨 후 [쪽] 탭에서 [다단 설정 나누기] 아이콘을 클릭합니다.

3) 새롭게 입력한 단 내용을 다음 쪽(2쪽)으로 이동해 보세요.

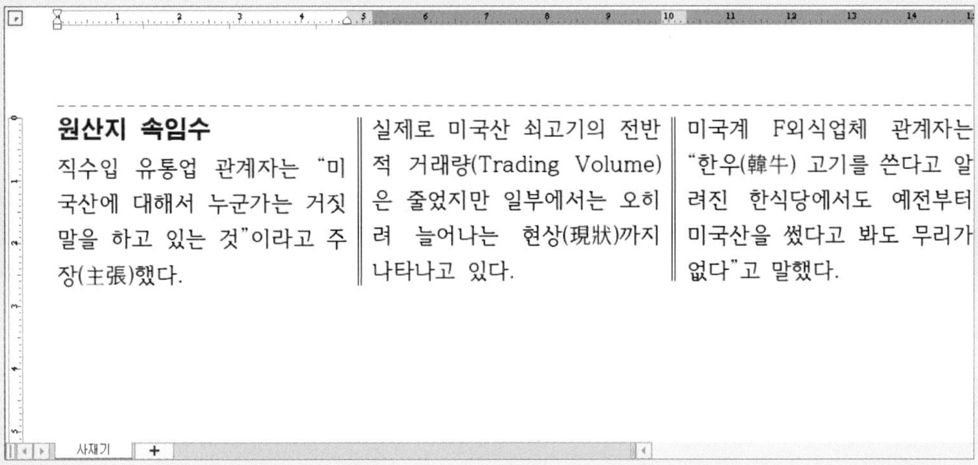

원산지 속임수

직수입 유통업 관계자는 "미국산에 대해서 누군가는 거짓말을 하고 있는 것"이라고 주장(主張)했다.

실제로 미국산 쇠고기의 전반적 거래량(Trading Volume)은 줄었지만 일부에서는 오히려 늘어나는 현상(現狀)까지 나타나고 있다.

미국계 F외식업체 관계자는 "한우(韓牛) 고기를 쓴다고 알려진 한식당에서도 예전부터 미국산을 썼다고 봐도 무리가 없다"고 말했다.

사재기

힌트 • '원산지~' 앞에 커서를 위치시킨 후 [쪽] 탭에서 [쪽 나누기] 아이콘을 클릭합니다.

Section

10 머리말/꼬리말/쪽 번호 삽입하기

머리말/꼬리말은 한 쪽(페이지)의 맨 위/맨 아래에 한 줄 정도로 내용을 입력할 수 있는 기능으로 책 제목, 장 제목, 쪽 번호 등을 삽입할 수 있습니다. 여기에서는 현재 문서에 머리말/꼬리말/쪽 번호를 삽입하는 방법에 대해서 학습해 봅니다.

Preview

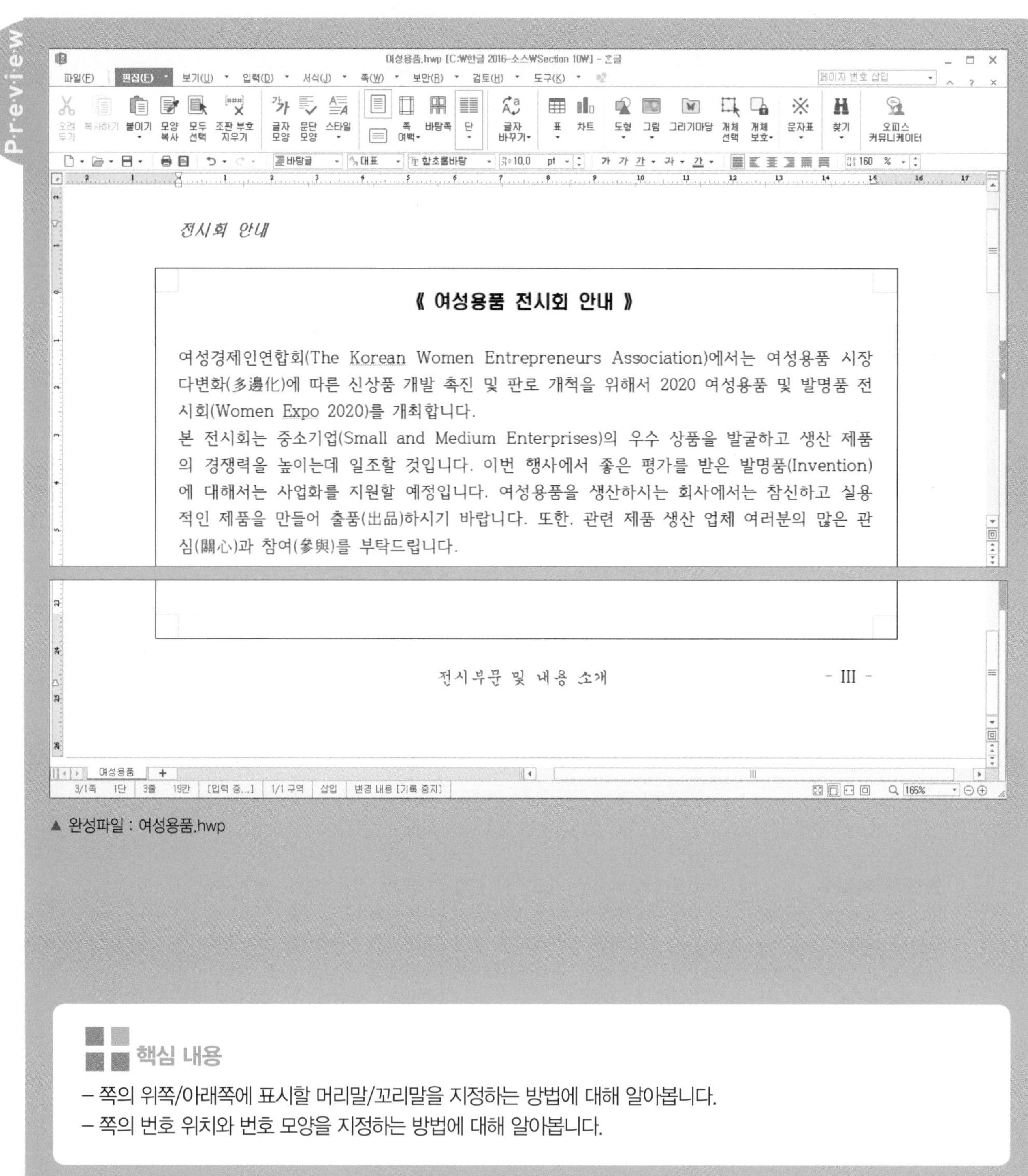

▲ 완성파일 : 여성용품.hwp

핵심 내용

– 쪽의 위쪽/아래쪽에 표시할 머리말/꼬리말을 지정하는 방법에 대해 알아봅니다.
– 쪽의 번호 위치와 번호 모양을 지정하는 방법에 대해 알아봅니다.

따라하기 01 머리말/꼬리말 삽입하기

01 화면에 주어진 문서 내용을 입력한 후 'C:₩한글 2016-소스₩Section 10'에 '여성용품.hwp'로 저장합니다.

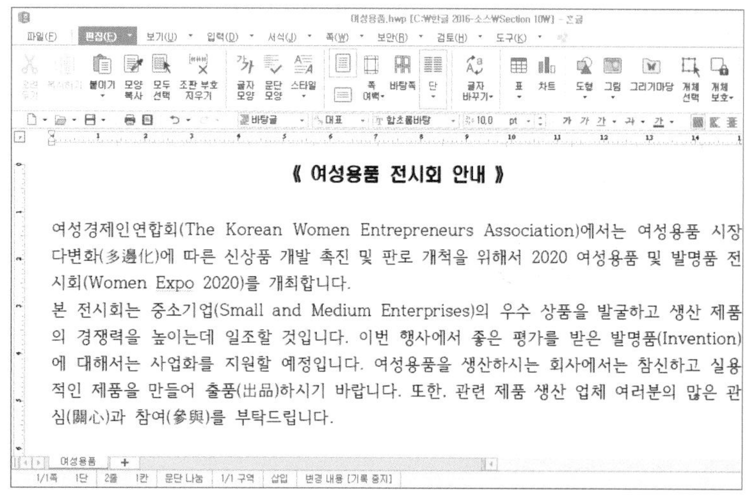

02 현재 문서에 실선의 쪽 테두리를 지정한 후 머리말을 삽입하기 위하여 [쪽] 탭의 펼침( ) 단추를 클릭하고, [머리말/꼬리말]을 선택합니다(= Ctrl + N, H).

머리말 PlusTIP

[쪽] 탭에서 머리말( ) 아이콘을 클릭하고, [머리말/꼬리말]을 선택해도 됩니다.

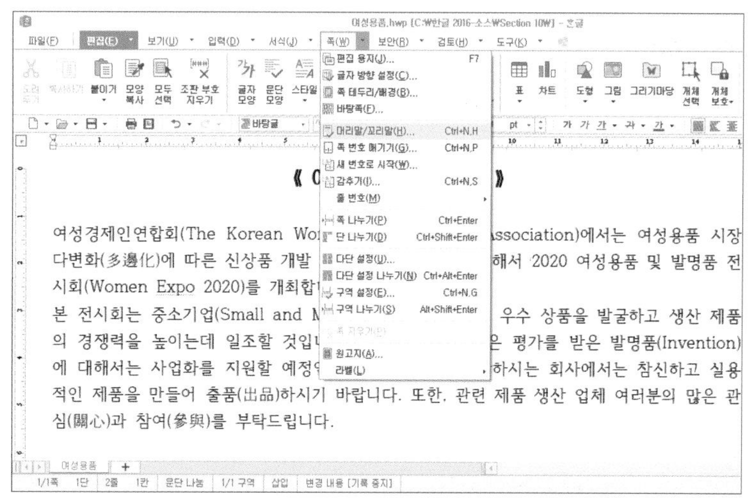

03 [머리말/꼬리말] 대화 상자에서 종류는 '머리말', 위치는 '양 쪽'을 선택하고, [만들기] 단추를 클릭합니다.

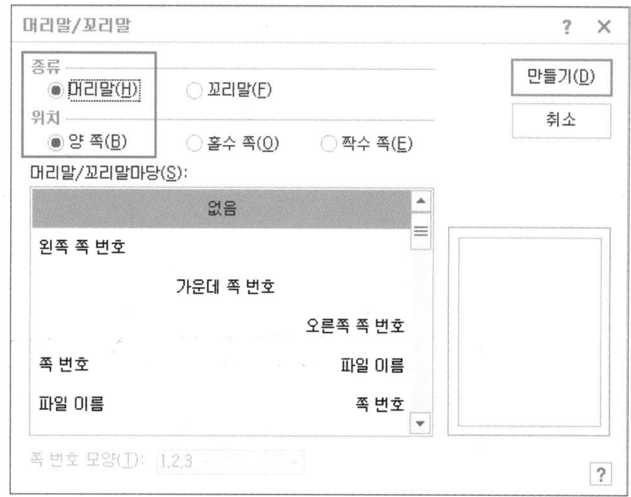

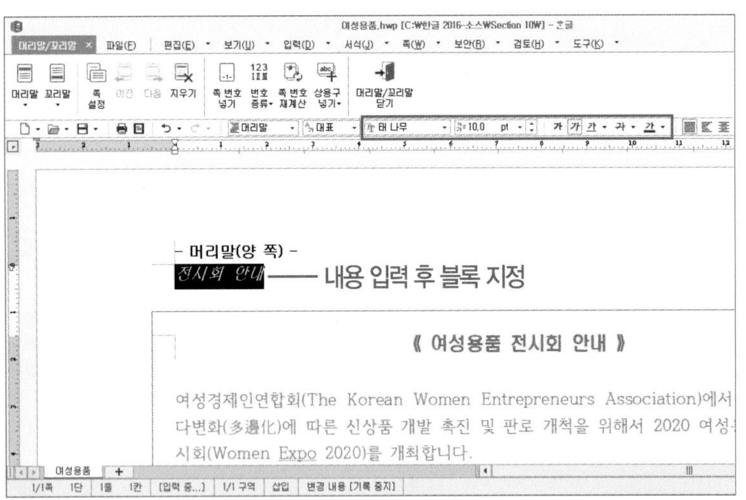

04 머리말 입력 화면이 나타나면 주어진 내용을 입력한 후 서식 도구 상자에서 글꼴은 '태 나무', 글자 크기는 '10pt', 속성은 '기울임', 글자 색은 '파랑'을 각각 지정합니다.

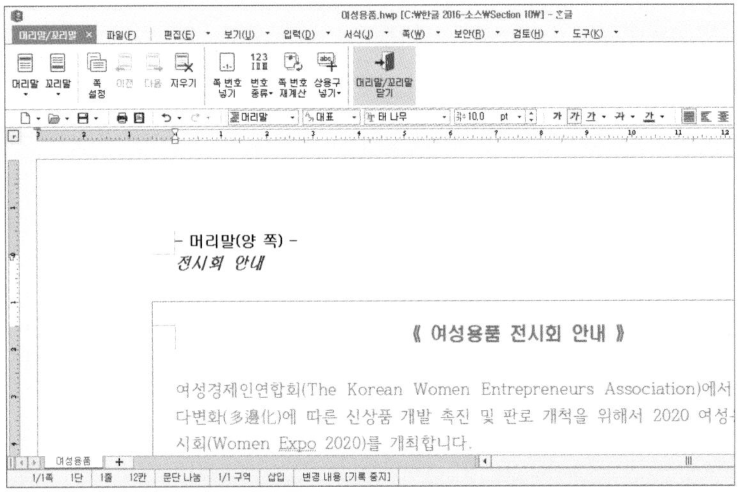

05 머리말을 종료하려면 [머리말/꼬리말] 탭에서 머리말/꼬리말 닫기( ) 아이콘을 클릭합니다(= Shift + ESC).

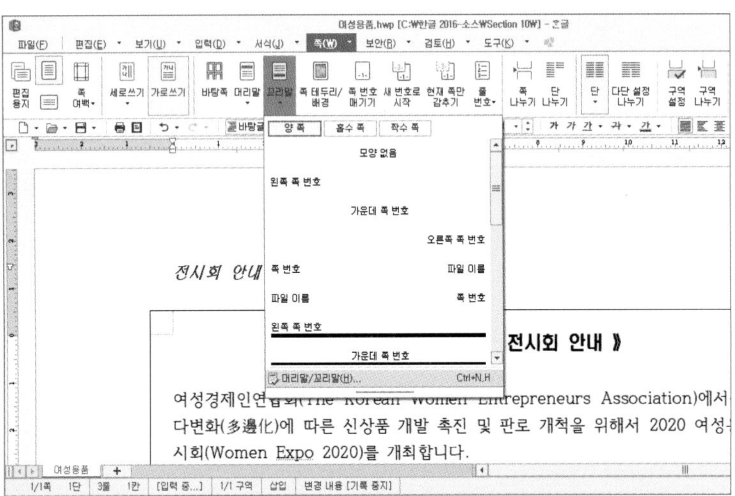

06 이번에는 꼬리말을 삽입하기 위하여 [쪽] 탭에서 꼬리말( ) 아이콘을 클릭하고, [머리말/꼬리말]을 선택합니다.
(= Ctrl + N, H)

07 [머리말/꼬리말] 대화 상자에서 종류는 '꼬리말', 위치는 '양 쪽'을 선택하고, [만들기] 단추를 클릭합니다.

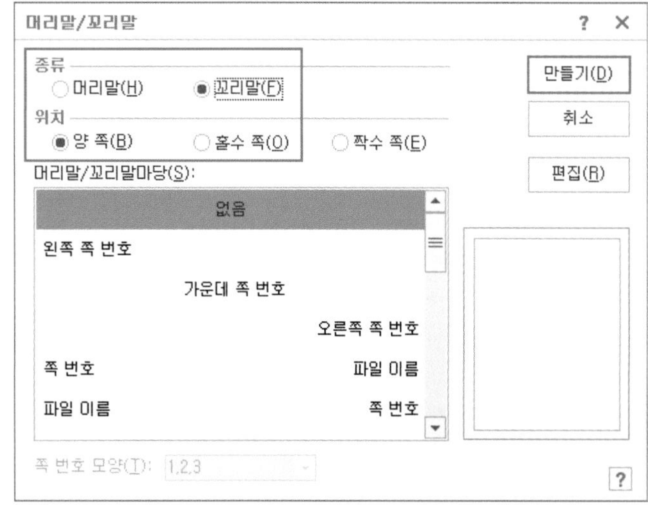

08 꼬리말 입력 화면이 나타나면 주어진 내용을 입력한 후 서식 도구 상자에서 글꼴은 '궁서체', 글자 크기는 '10pt', 글자 색은 '빨강', 정렬 방식은 '가운데 정렬'을 각각 지정하고, [머리말/꼬리말] 탭에서 머리말/꼬리말 닫기(머리말/꼬리말 닫기) 아이콘을 클릭합니다.

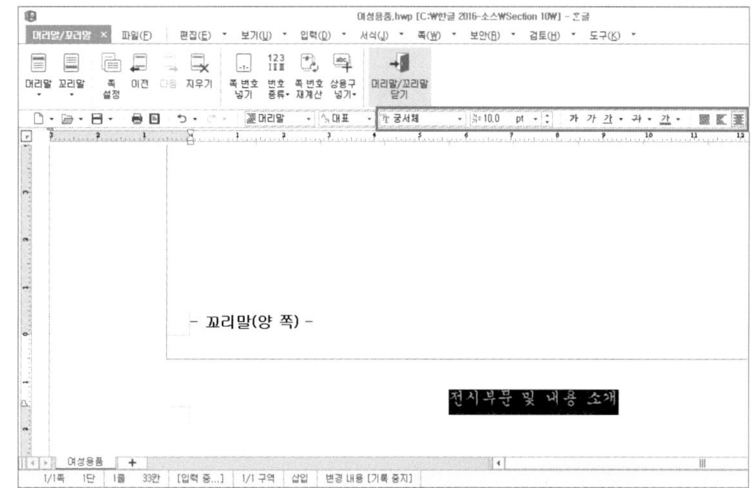

Power Upgrade

머리말/꼬리말의 수정

머리말/꼬리말을 입력한 후 이를 수정(편집)할 경우 본문 화면의 머리말/꼬리말 부분에서 마우스 포인터가 변경되면 해당 부분을 더블 클릭합니다.

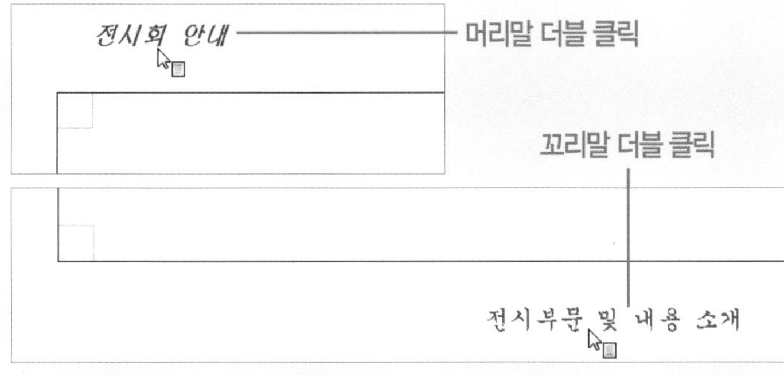

따라하기 02 쪽 번호 매기기

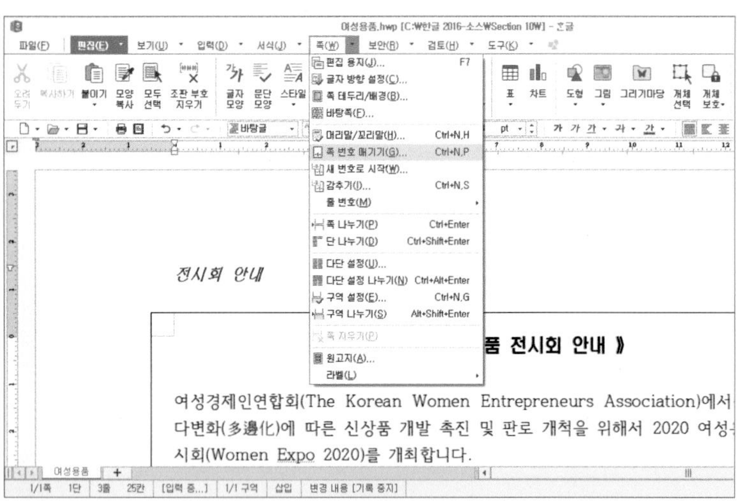

01 쪽 번호를 삽입하기 위하여 [쪽] 탭의 펼침(▾) 단추를 클릭하고, [쪽 번호 매기기]를 선택합니다(= Ctrl + N, P).

쪽 번호 매기기 Plus Tip

[쪽] 탭에서 쪽 번호 매기기( ) 아이콘을 클릭해도 됩니다.

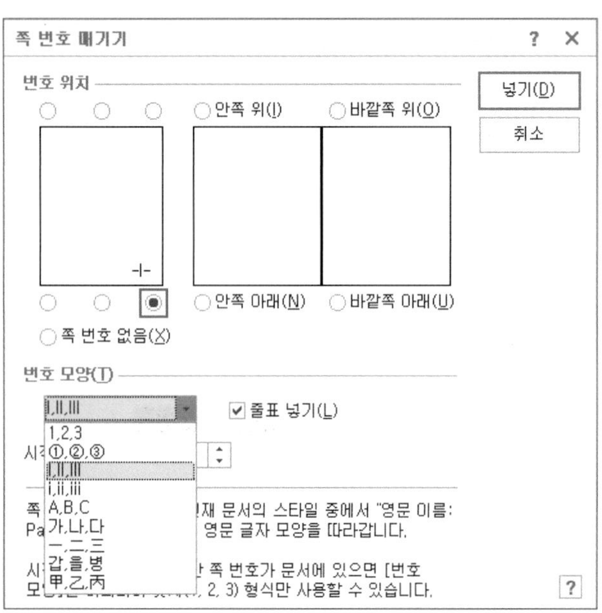

02 [쪽 번호 매기기] 대화 상자에서 번호 위치는 '오른쪽 하단', 번호 모양은 '로마 대문자'를 각각 선택하고, [넣기] 단추를 클릭합니다.

줄표 넣기 Plus Tip

쪽 번호 양쪽에 줄표를 넣는 것으로 줄표 넣기를 해제하면 번호만 나타납니다.

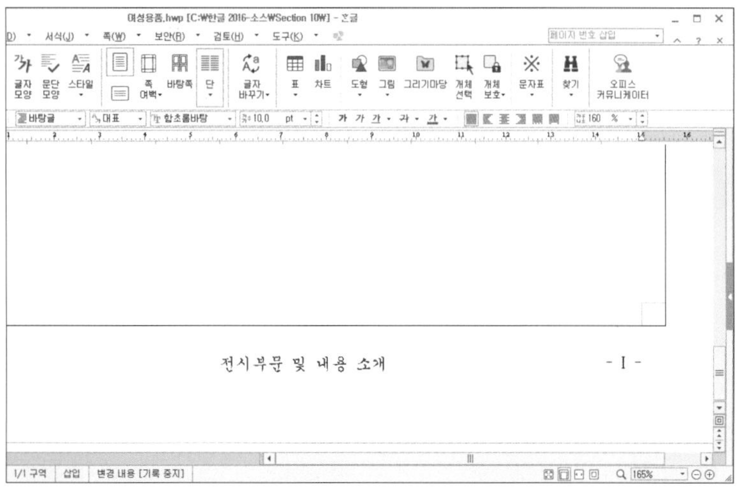

03 그 결과 문서 오른쪽 하단에 지정한 쪽 번호가 삽입된 것을 확인할 수 있습니다.

04 쪽 번호를 원하는 번호로 시작하기 위하여 [쪽] 탭의 펼침(▾) 단추를 클릭하고, [새 번호로 시작]을 선택합니다.

새 번호로 시작 Plus Tip

[쪽] 탭에서 새 번호로 시작( ) 아이콘을 클릭해도 됩니다.

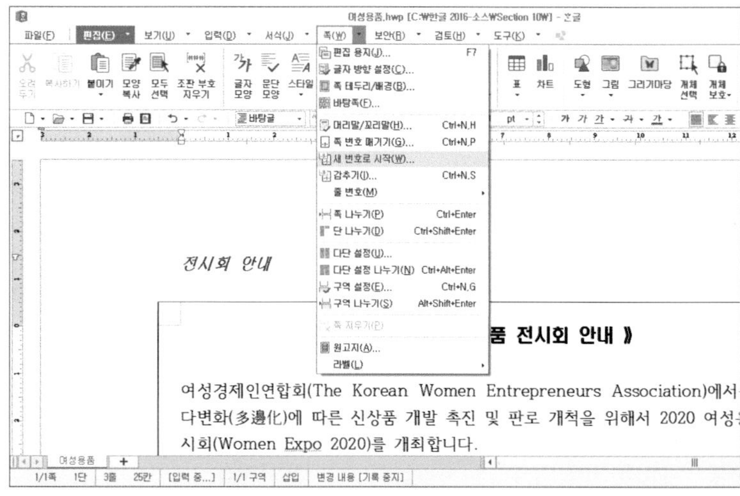

05 [새 번호로 시작] 대화 상자에서 번호 종류는 '쪽 번호', 시작 번호는 '3'을 각각 지정한 후 [넣기] 단추를 클릭합니다.

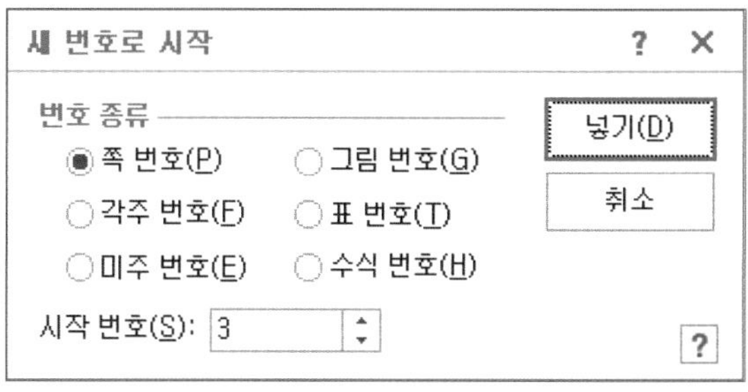

06 그 결과 문서 오른쪽 하단의 시작 쪽 번호가 '3'으로 변경된 것을 확인할 수 있습니다.

머리말/꼬리말/쪽 번호 삭제 Plus Tip

- [보기] 탭의 펼침(▾) 단추를 클릭하고, [표시/숨기기]-[조판 부호]를 선택합니다.
- 화면에 조판 부호가 나타나면 삭제하려는 내용 앞에서 Delete 키를 누르고, [지우기] 대화 상자가 나타나면 [지움] 단추를 클릭합니다.

기초문제

1

다음의 내용을 입력한 후 점선의 쪽 테두리를 지정하고, '댄스.hwp'로 저장하세요.

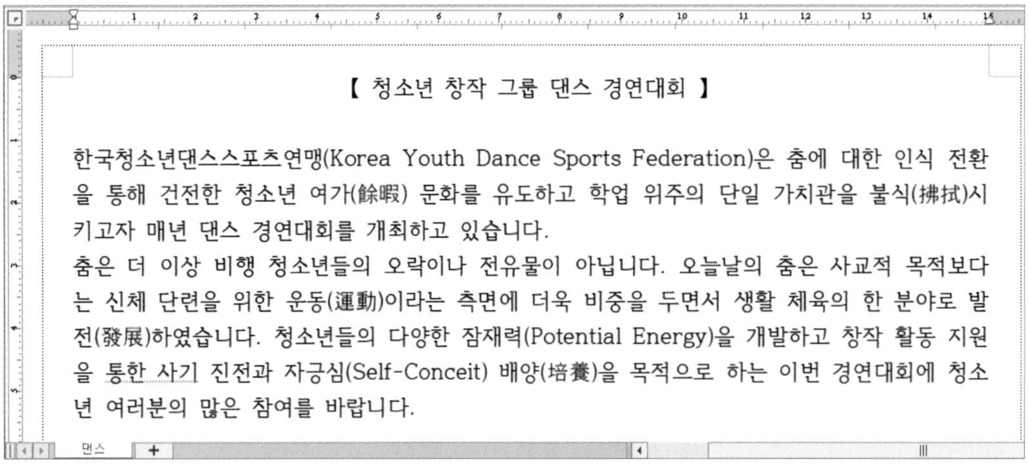

【 청소년 창작 그룹 댄스 경연대회 】

한국청소년댄스스포츠연맹(Korea Youth Dance Sports Federation)은 춤에 대한 인식 전환을 통해 건전한 청소년 여가(餘暇) 문화를 유도하고 학업 위주의 단일 가치관을 불식(拂拭)시키고자 매년 댄스 경연대회를 개최하고 있습니다.
춤은 더 이상 비행 청소년들의 오락이나 전유물이 아닙니다. 오늘날의 춤은 사교적 목적보다는 신체 단련을 위한 운동(運動)이라는 측면에 더욱 비중을 두면서 생활 체육의 한 분야로 발전(發展)하였습니다. 청소년들의 다양한 잠재력(Potential Energy)을 개발하고 창작 활동 지원을 통한 사기 진전과 자긍심(Self-Conceit) 배양(培養)을 목적으로 하는 이번 경연대회에 청소년 여러분의 많은 참여를 바랍니다.

2

문서 상단에 주어진 머리말(맑은 고딕, 10pt, 초록)을 삽입해 보세요.

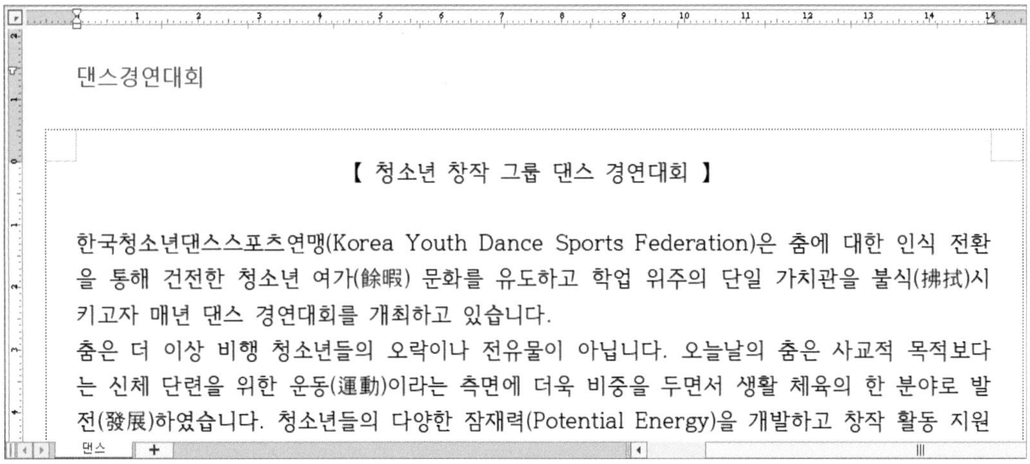

댄스경연대회

【 청소년 창작 그룹 댄스 경연대회 】

한국청소년댄스스포츠연맹(Korea Youth Dance Sports Federation)은 춤에 대한 인식 전환을 통해 건전한 청소년 여가(餘暇) 문화를 유도하고 학업 위주의 단일 가치관을 불식(拂拭)시키고자 매년 댄스 경연대회를 개최하고 있습니다.
춤은 더 이상 비행 청소년들의 오락이나 전유물이 아닙니다. 오늘날의 춤은 사교적 목적보다는 신체 단련을 위한 운동(運動)이라는 측면에 더욱 비중을 두면서 생활 체육의 한 분야로 발전(發展)하였습니다. 청소년들의 다양한 잠재력(Potential Energy)을 개발하고 창작 활동 지원

힌트 • [머리말/꼬리말] 대화 상자에서 종류는 '머리말', 위치는 '양 쪽'을 선택합니다.

3

문서 하단에 주어진 꼬리말(MD솔체, 9pt, 주황, 가운데 정렬)을 삽입해 보세요.

댄스스포츠

힌트 • [머리말/꼬리말] 대화 상자에서 종류는 '꼬리말', 위치는 '양 쪽'을 선택합니다.

심화문제

1) 다음의 내용을 입력한 후 이중 실선의 쪽 테두리와 머리말(휴먼옛체, 10pt, 빨강, 가운데 정렬)을 삽입하고, '공모전.hwp'로 저장하세요.

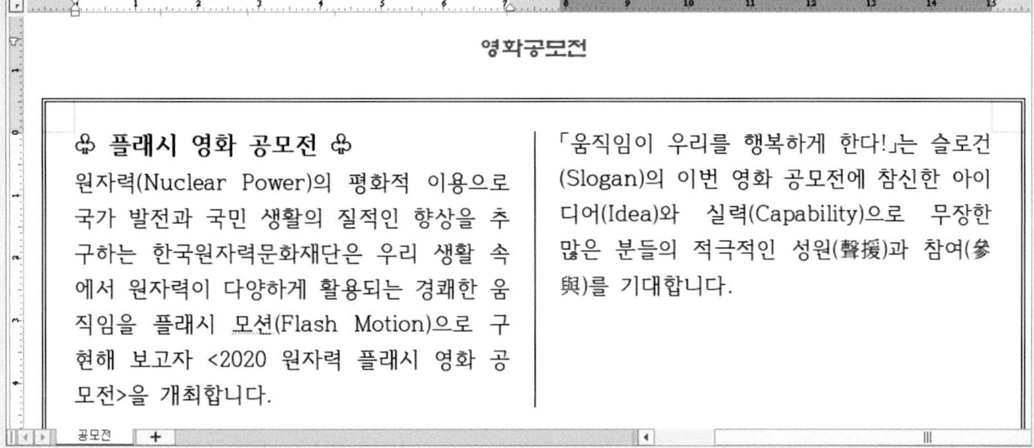
영화공모전

♧ 플래시 영화 공모전 ♧
원자력(Nuclear Power)의 평화적 이용으로 국가 발전과 국민 생활의 질적인 향상을 추구하는 한국원자력문화재단은 우리 생활 속에서 원자력이 다양하게 활용되는 경쾌한 움직임을 플래시 모션(Flash Motion)으로 구현해 보고자 <2020 원자력 플래시 영화 공모전>을 개최합니다.

「움직임이 우리를 행복하게 한다!」는 슬로건(Slogan)의 이번 영화 공모전에 참신한 아이디어(Idea)와 실력(Capability)으로 무장한 많은 분들의 적극적인 성원(聲援)과 참여(參與)를 기대합니다.

2) 문서 하단 중앙에 영문 대문자의 쪽 번호를 삽입해 보세요.

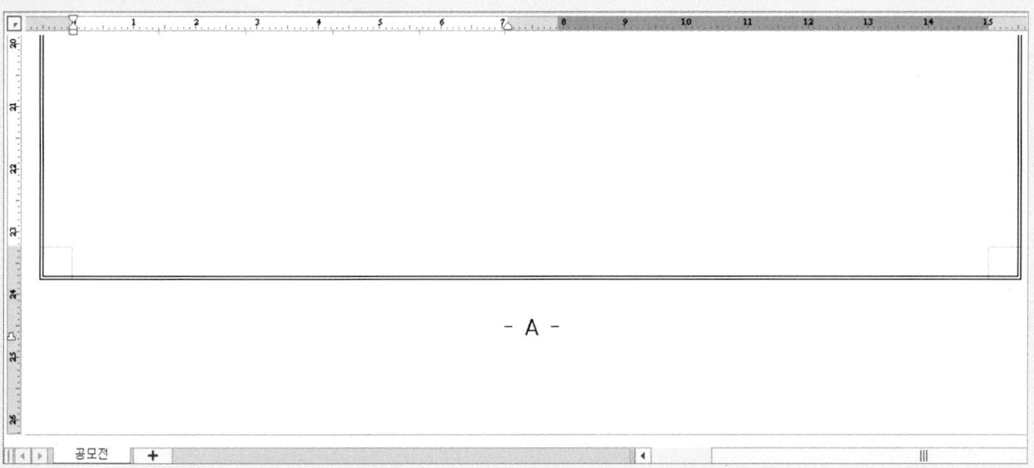

힌트 • [쪽 번호 매기기] 대화 상자에서 번호 위치는 '가운데 하단', 번호 모양은 '영문 대문자'를 선택합니다.

3) 문서 하단 왼쪽에 새로운 쪽 번호를 삽입하되 '5'로 시작해 보세요.

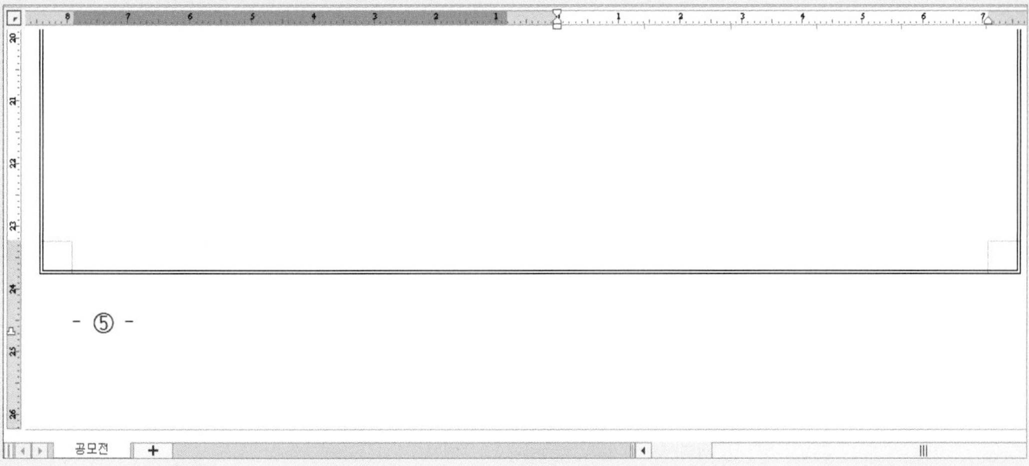

힌트 • [쪽 번호 매기기] 대화 상자에서 새로운 쪽 번호를 삽입한 후 [새 번호로 시작] 대화 상자에서 번호 종류는 '쪽 번호', 시작 번호는 '5'를 지정합니다.

Section

11 각주/메모/덧말/상용구 삽입하기

본문 내용에 대한 보충 자료를 구체적으로 제시하거나 인용한 자료의 출처 등을 밝히는 경우 각주를 사용하고, 특정 단어의 간단한 메모나 보충 자료를 삽입할 때 메모와 덧말을 사용합니다. 여기에서는 각주/메모/덧말/상용구를 삽입하는 방법에 대해서 학습해 봅니다.

Preview

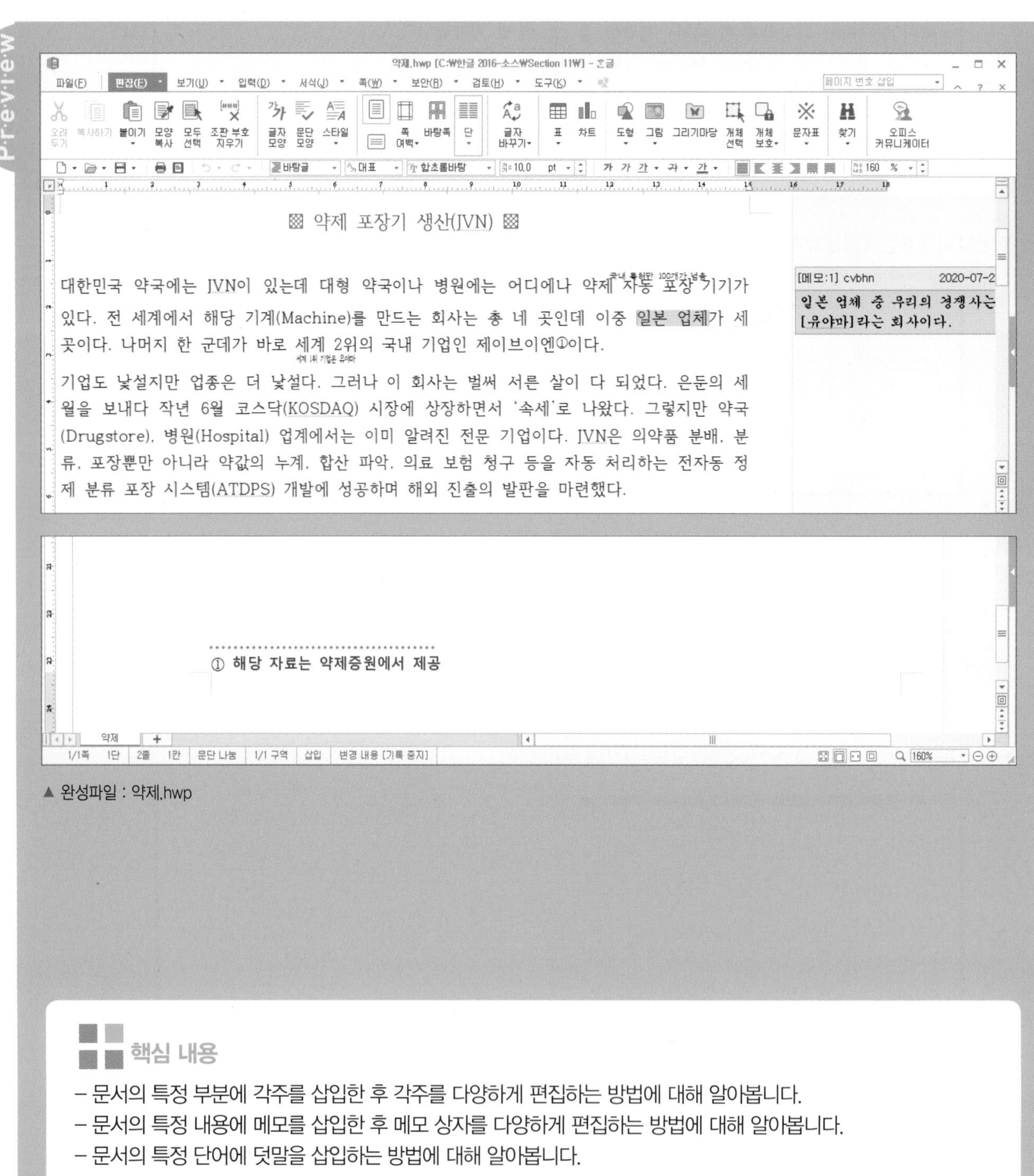

▲ 완성파일 : 약제.hwp

핵심 내용

- 문서의 특정 부분에 각주를 삽입한 후 각주를 다양하게 편집하는 방법에 대해 알아봅니다.
- 문서의 특정 내용에 메모를 삽입한 후 메모 상자를 다양하게 편집하는 방법에 대해 알아봅니다.
- 문서의 특정 단어에 덧말을 삽입하는 방법에 대해 알아봅니다.

따라하기 01 각주 삽입하기

01 화면에 주어진 문서 내용을 입력한 후 'C:₩한글 2016-소스₩Section 11'에 '약제.hwp'로 저장합니다.

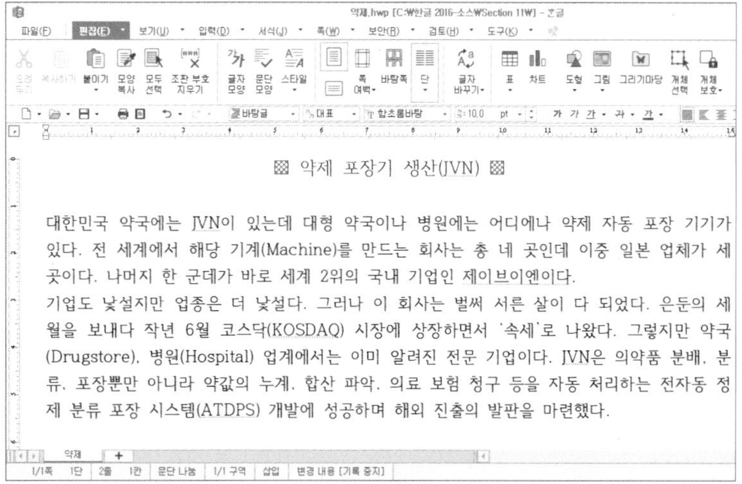

02 각주를 삽입할 글자 뒤에 커서를 위치시킨 후 [입력] 탭의 펼침(▾) 단추를 클릭하고, [주석]-[각주]를 선택합니다(= Ctrl + N, N).

각주 PlusTip

문서 내용에 부가적인 설명이나 참고 내용 등을 삽입하기 위한 기능으로 [입력] 탭에서 각주( ) 아이콘을 클릭해도 됩니다.

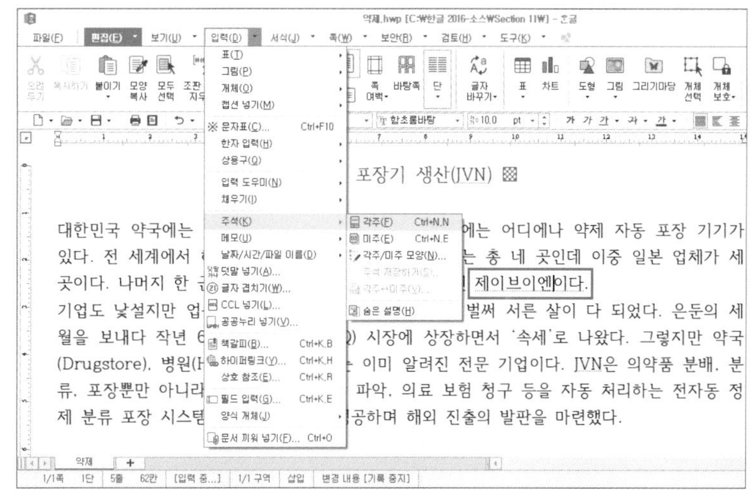

03 본문 하단에 각주 입력란이 나타나면 주어진 내용을 입력합니다.

미주 PlusTip

문서에 나오는 문구에 대한 보충 설명들을 문서 마지막 뒤에 모아서 표기하는 것으로 본문 내용과는 상관이 없습니다.

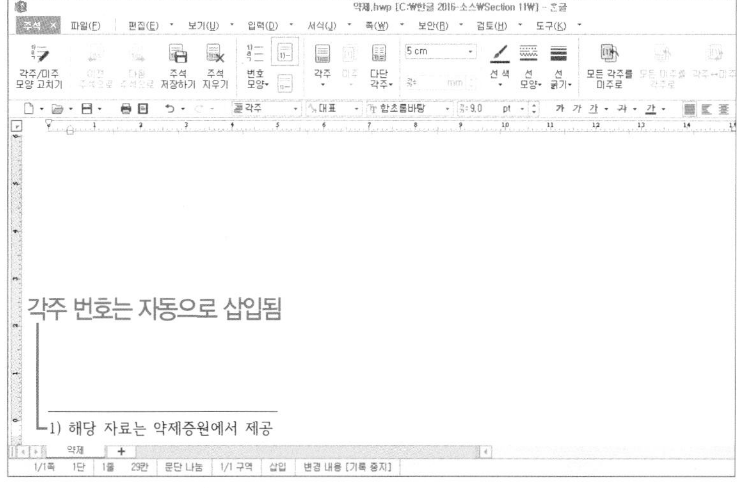

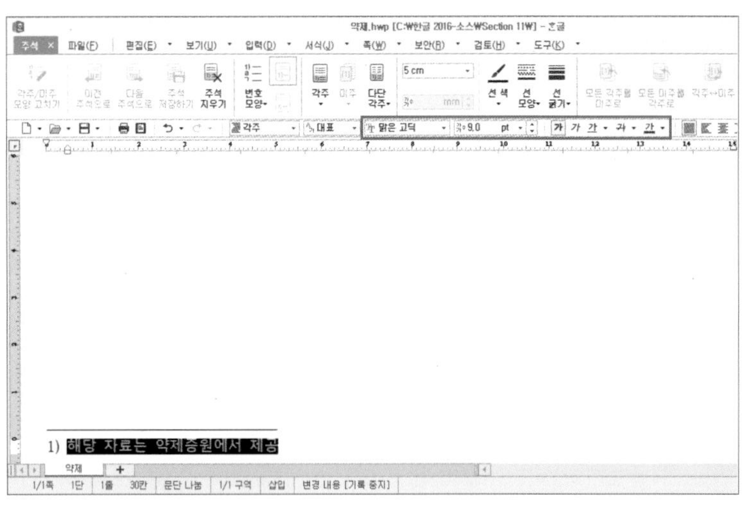

04 각주 내용을 블록 지정한 후 서식 도구 상자에서 글꼴은 '맑은 고딕', 글자 크기는 '9pt', 속성은 '진하게', 글자 색은 '남색'을 각각 지정합니다.

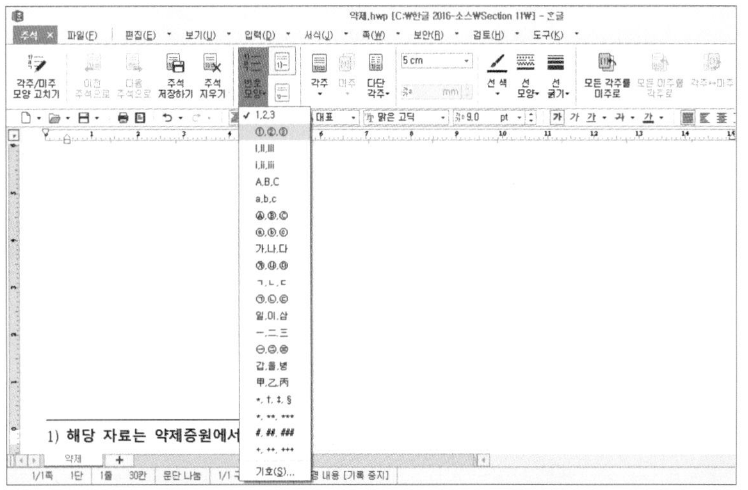

05 각주의 번호 모양을 변경하기 위하여 [주석] 탭에서 번호 모양(번호 모양) 아이콘을 클릭하고, [①,②,③]을 선택합니다.

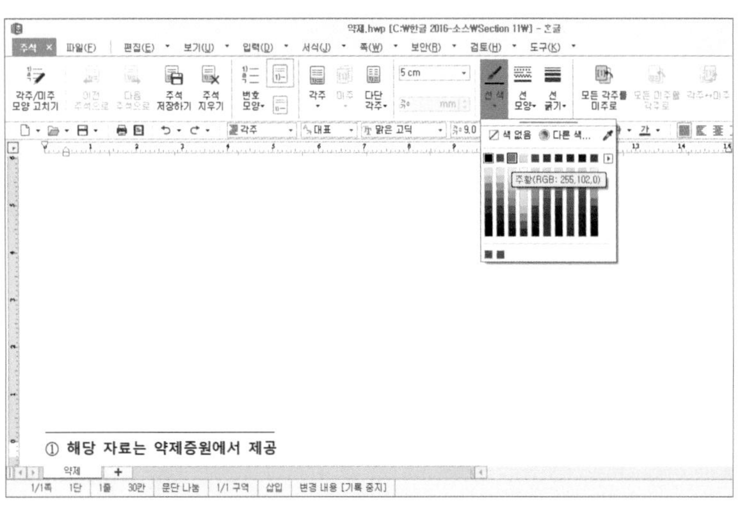

06 각주의 선 색을 변경하기 위하여 [주석] 탭에서 선 색(선 색) 아이콘을 클릭하고, '주황'을 선택합니다.

07 각주의 선 모양을 변경하기 위하여 [주석] 탭에서 선 모양(선 모양) 아이콘을 클릭하고, '원형 점선'을 선택합니다.

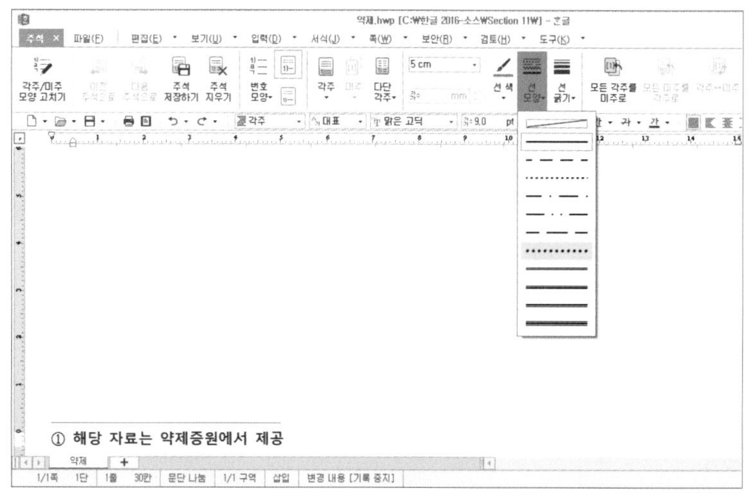

08 각주의 선 굵기를 변경하기 위하여 [주석] 탭에서 선 굵기(선 굵기) 아이콘을 클릭하고, '0.3mm'를 선택합니다.

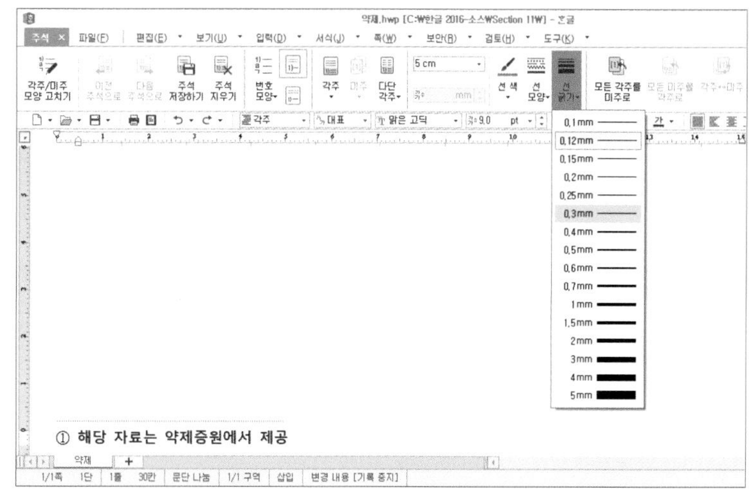

09 각주 화면을 종료하기 위하여 [주석] 탭에서 닫기(닫기) 아이콘을 클릭합니다.

각주 수정 PlusTip

각주(주석)를 수정하려면 본문 하단의 각주 내용 부분을 마우스로 클릭하면 됩니다.

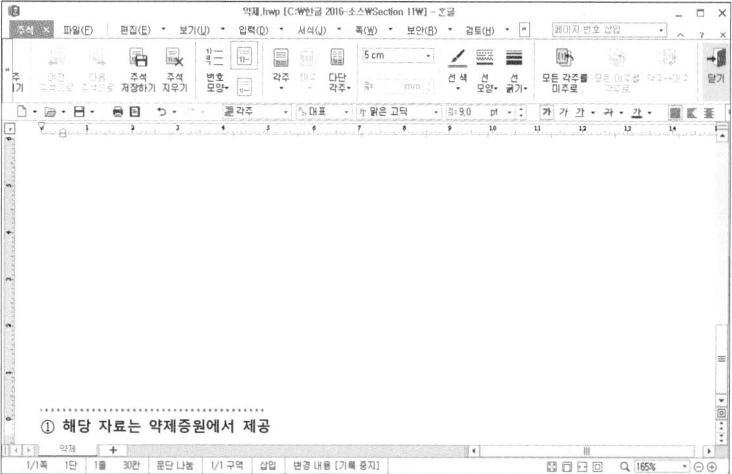

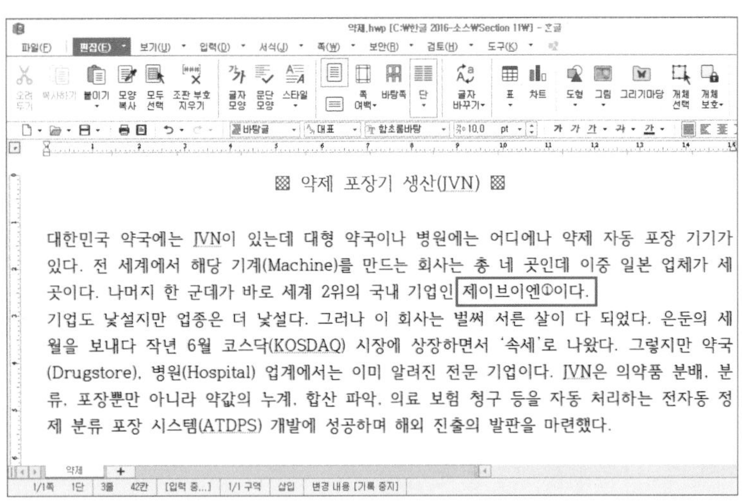

10 그 결과 커서 위치에 각주(주석) 번호가 삽입된 것을 확인할 수 있습니다.

Power Upgrade

[주석] 탭

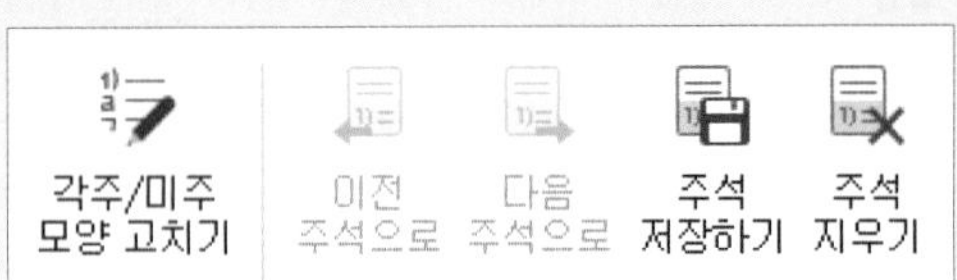

- 각주/미주 모양 고치기 : [주석 모양] 대화 상자를 표시합니다.
- 이전 주석으로 : 이전 주석으로 이동합니다.
- 다음 주석으로 : 다음 주석으로 이동합니다.
- 주석 저장하기 : 본문의 각주나 미주 등을 파일로 저장하여 간편하게 불러올 수 있습니다. 주석을 저장하면 쪽의 아랫부분과 문서의 마지막에 한 항목씩 나뉘어 있는 주석 내용을 한꺼번에 볼 수 있고, 모아서 정리하여 참고 문헌 등으로 편리하게 사용할 수 있습니다.
- 주석 지우기 : 커서 위치의 주석을 삭제합니다.
- 구분선 길이 : 본문과 각주 내용 사이의 구분선 길이를 지정할 수 있습니다.

따라하기 02 메모 삽입하기

01 메모를 삽입할 부분을 블록 지정한 후 [입력] 탭의 펼침(▾) 단추를 클릭하고, [메모]-[메모 넣기]를 선택합니다.

메모 넣기 Plus TIP

[입력] 탭에서 메모( ) 아이콘을 클릭해도 됩니다.

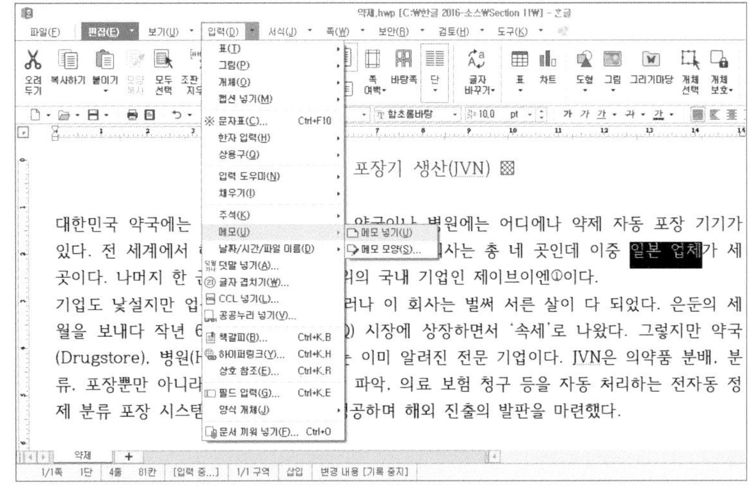

02 화면 아래쪽에 메모 내용 입력란이 나타나면 주어진 내용을 입력하고, 서식 도구 모음에서 글꼴을 '궁서체'로 지정합니다.

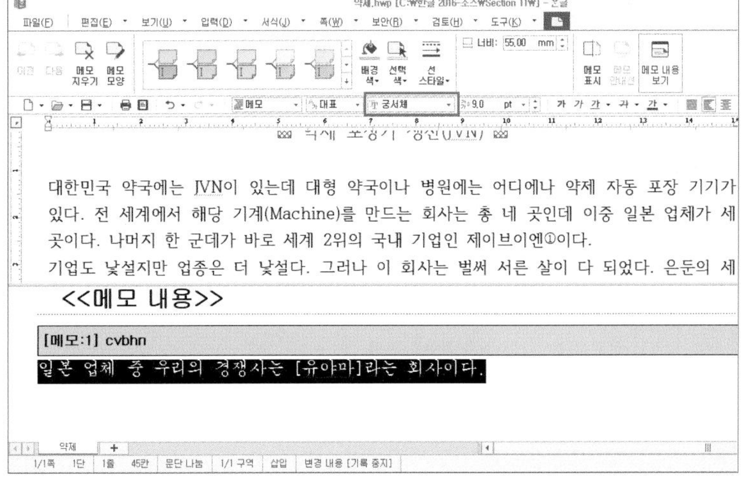

03 메모 내용을 표시하기 위하여 [메모] 탭에서 메모 표시( ) 아이콘을 클릭합니다.

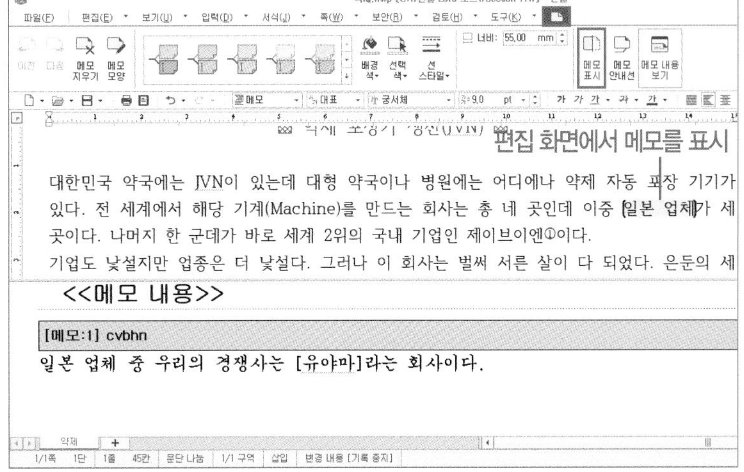

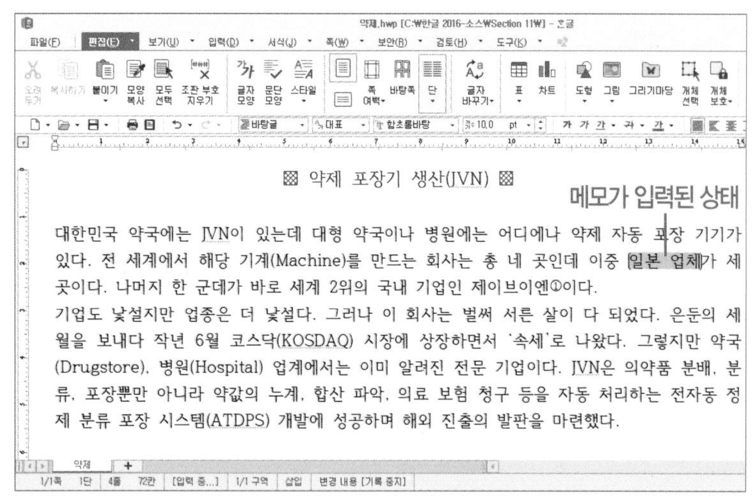

04 메모 내용 입력란을 닫기 위하여 [메모] 탭에서 메모 내용 보기(메모 내용 보기) 아이콘을 클릭합니다.

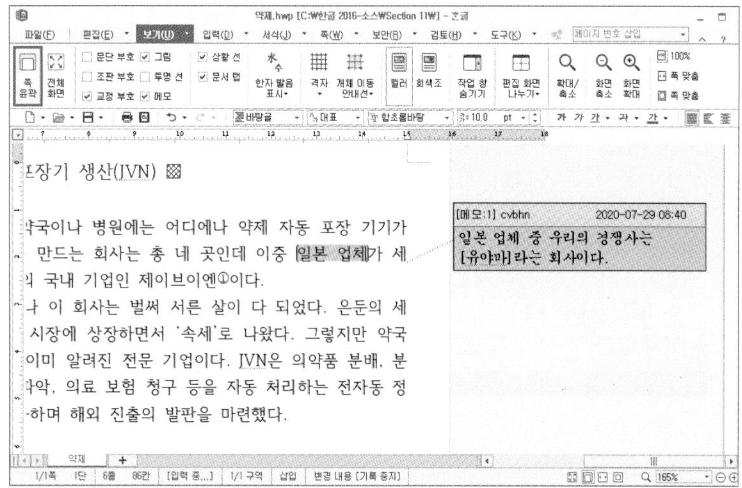

05 현재 화면의 메모 내용을 확인하려면 [보기] 탭에서 쪽 윤곽(쪽 윤곽) 아이콘을 클릭합니다.

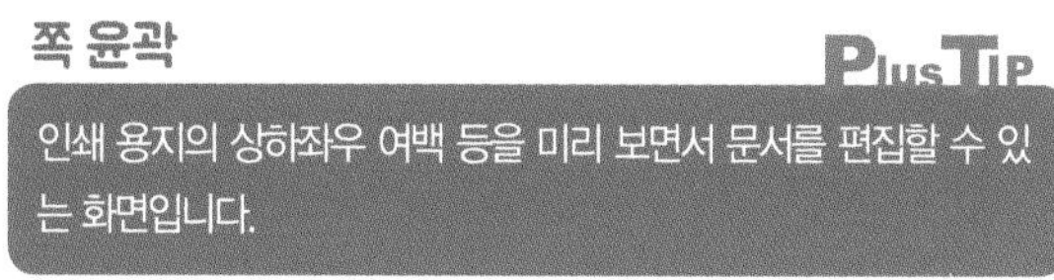

쪽 윤곽 PLUS TIP

인쇄 용지의 상하좌우 여백 등을 미리 보면서 문서를 편집할 수 있는 화면입니다.

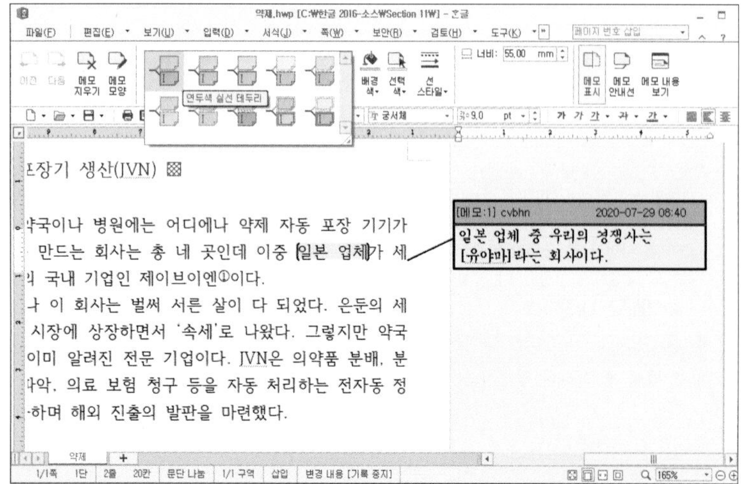

06 메모를 편집하려면 메모 상자를 선택한 후 [메모] 탭에서 자세히(↓) 단추를 클릭하고, '연두색 실선 테두리'를 선택합니다.

07 메모 안내선을 표시하려면 [메모] 탭에서 메모 안내선( ) 아이콘을 클릭합니다.

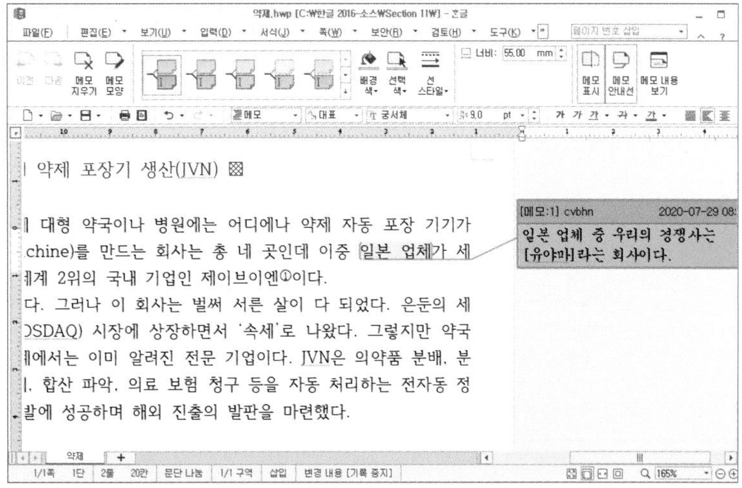

메모 모양

- [메모] 탭에서 메모 모양( ) 아이콘을 클릭하면 메모 상자의 크기(너비), 테두리(색, 종류, 굵기), 메모 색(배경 색, 선택 색) 등을 조정할 수 있습니다.
- **너비** : 메모 내용이 입력될 메모 글상자의 너비를 지정하는 것으로 글상자의 너비는 최대 210mm까지 설정할 수 있습니다.
- **색** : 메모 글상자의 테두리 색과 메모 글상자를 이어주는 안내선의 색을 지정합니다.
- **종류** : 메모 글상자의 테두리와 메모 안내선의 테두리 종류를 선택합니다.
- **굵기** : 각각의 테두리 종류에 대하여 굵기를 지정할 수 있습니다. 이때, 선 굵기는 목록에서 선택만 할 수 있고, 값을 직접 입력할 수는 없습니다.
- **배경 색** : 메모와 메모 글상자의 배경 색을 설정합니다.
- **선택 색** : 메모와 메모 글상자를 선택했을 때 나타나는 선택 색을 설정합니다.
- **적용 범위** : 현재 메모 글상자의 크기, 테두리 색, 테두리 종류, 테두리 굵기, 메모 배경 색, 메모 선택 색에 따라 설정할 수 있는 범위를 지정합니다. 메모 모양은 구역 단위로 다르게 지정하거나 문서 전체에 지정할 수 있습니다.

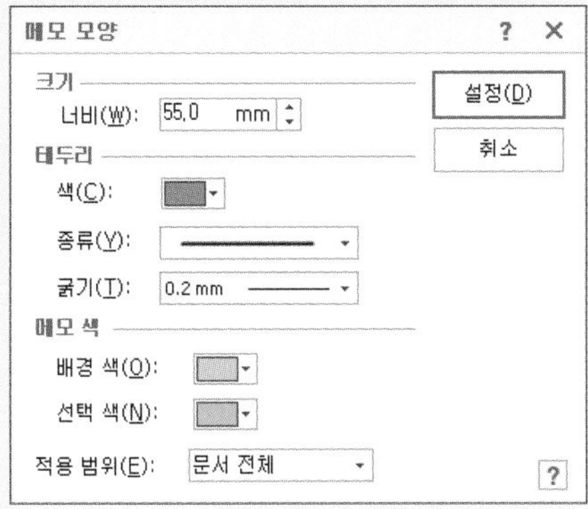

따라하기 03 덧말 삽입하기

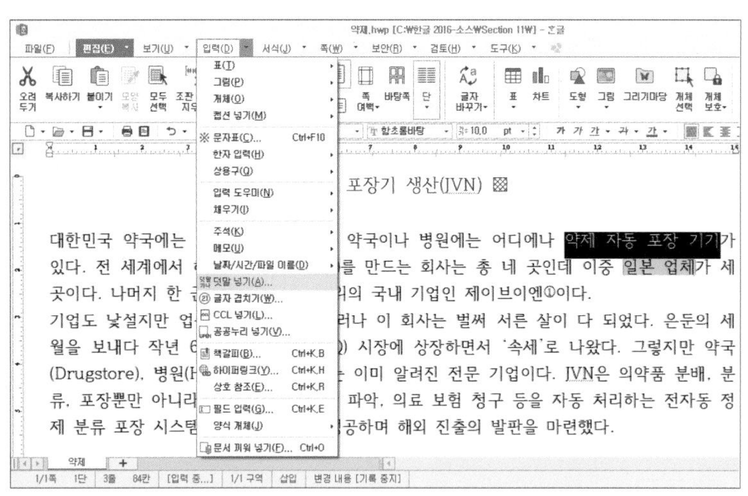

01 덧말을 삽입할 부분을 블록 지정한 후 [입력] 탭의 펼침(▾) 단추를 클릭하고, [덧말 넣기]를 선택합니다.

덧말 PLUS TIP

본문에서 인용한 자료의 출처를 밝히거나 보충 자료를 제시할 때 본말의 위/아래에 넣는 기능으로 [입력] 탭에서 덧말( ) 아이콘을 클릭해도 됩니다.

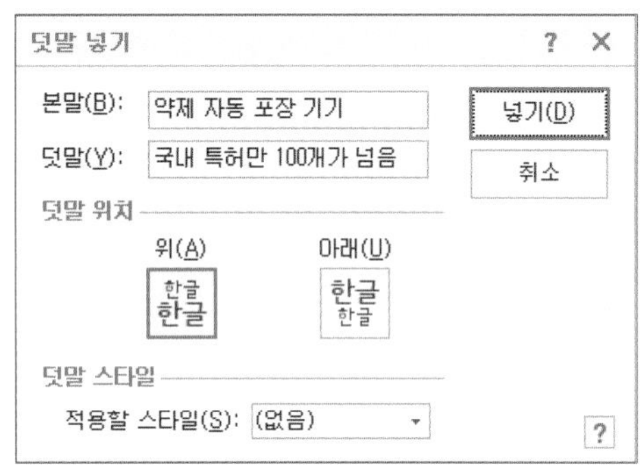

02 [덧말 넣기] 대화 상자에서 '덧말'에 주어진 내용을 입력한 후 덧말 위치를 '위'로 선택하고, [넣기] 단추를 클릭합니다.

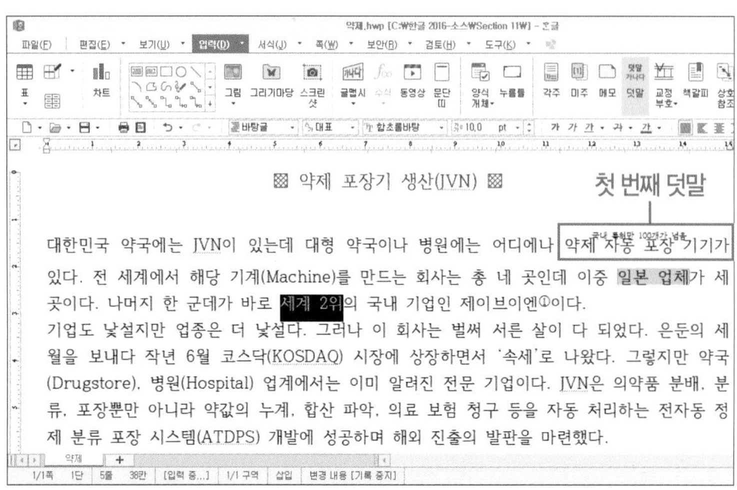

03 두 번째 덧말을 삽입할 부분을 블록 지정한 후 [입력] 탭에서 덧말( ) 아이콘을 클릭합니다.

04 [덧말 넣기] 대화 상자에서 '덧말'에 주어진 내용을 입력한 후 덧말 위치를 '아래'로 선택하고, [넣기] 단추를 클릭합니다.

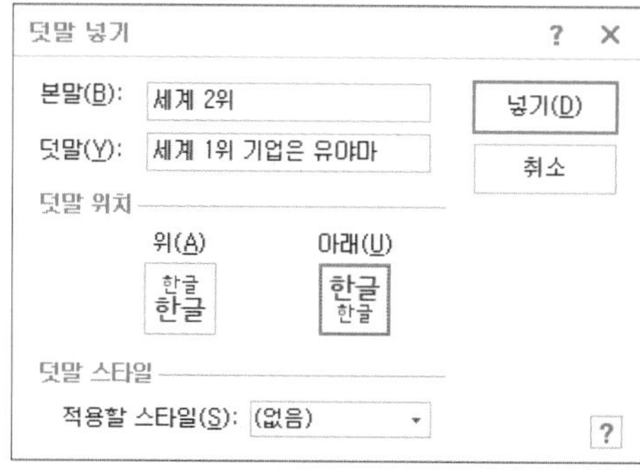

05 그 결과 해당 부분 위쪽과 아래쪽에 덧말이 각각 삽입된 것을 확인할 수 있습니다.

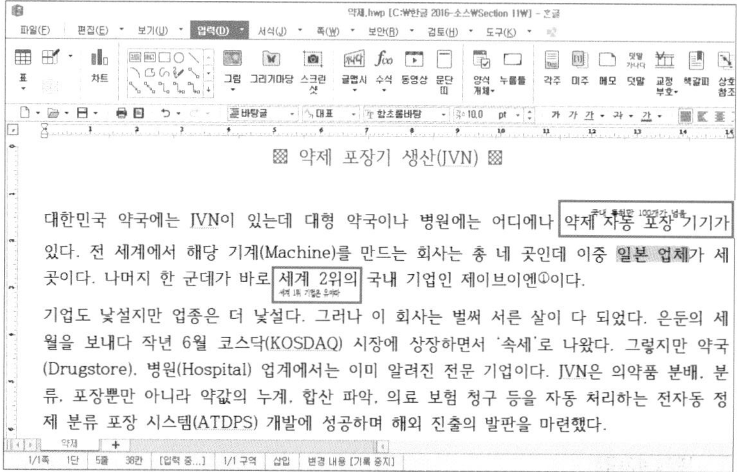

Power Upgrade

덧말 편집

- 삽입한 덧말을 수정하거나 삭제할 경우에는 해당 내용(문자) 앞에서 마우스를 더블 클릭합니다.
- [덧말 편집] 대화 상자가 나타나면 덧말과 덧말 위치를 변경할 수 있으며, [덧말 지움] 단추를 클릭하면 덧말을 삭제할 수도 있습니다.
- 덧말 스타일은 입력한 덧말의 글자 모양을 변경할 경우 적용할 스타일 목록에서 해당 스타일을 선택하면 됩니다.

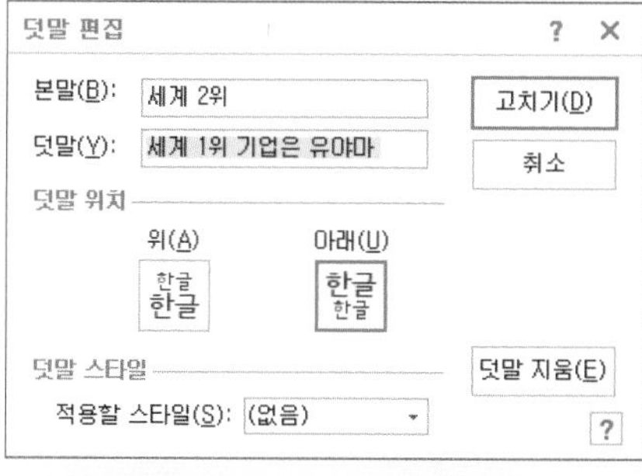

따라하기 04 상용구 등록하기

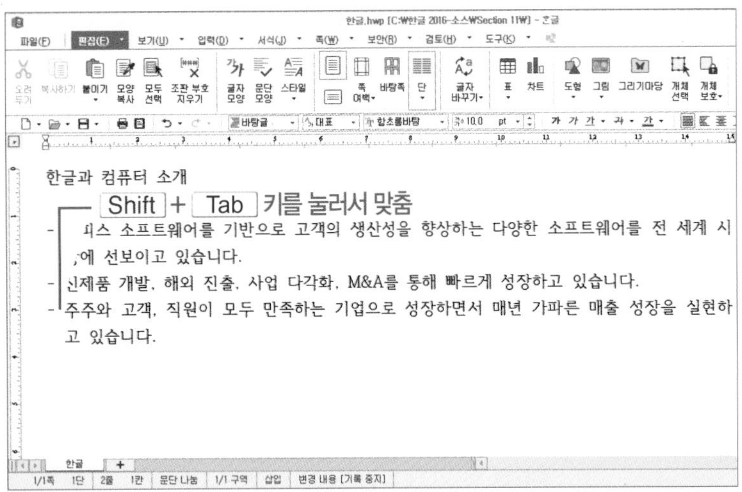

01 상용구란 자주 사용하는 단어나 문장을 등록시켜 놓고 이용하는 방법입니다. 화면에 주어진 문서 내용을 입력한 후 'C:₩한글 2016-소스₩Section 11'에 '한글.hwp'로 저장합니다.

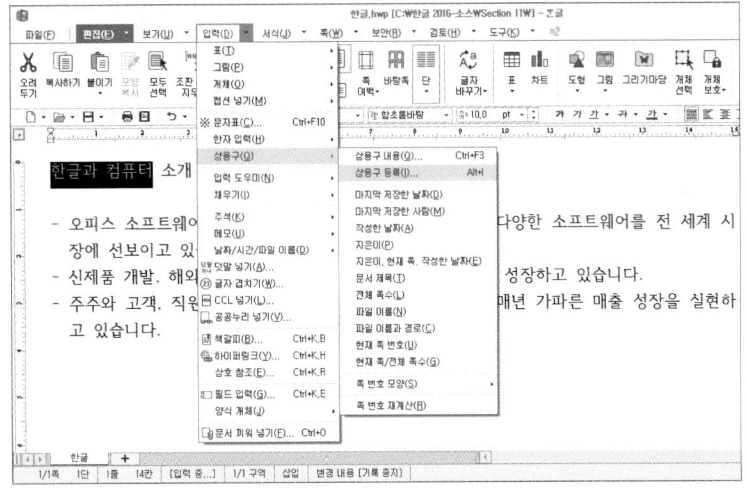

02 상용구로 등록할 부분을 블록 지정한 후 [입력] 탭의 펼침(▾) 단추를 클릭하고, [상용구]-[상용구 등록]을 선택합니다(= Alt + I).

상용구 PLUS TIP

자주 쓰이는 문자열을 따로 등록해 놓았다가 필요할 때 등록한 준말을 입력하면 본말 전체가 입력되는 기능입니다.

상용구 등록

준말(S): 한

본말(B): 한글과 컴퓨터

등록(D)　취소

○ 글자 속성 유지(M)
(본문 상용구에 등록됩니다.)

◉ 글자 속성 유지하지 않음(N)
(문자만 글자 상용구에 등록됩니다.)

03 [상용구 등록] 대화 상자에서 준말에 "한"을 입력하고, '글자 속성 유지하지 않음'을 선택한 후 [등록] 단추를 클릭합니다.

04 상용구를 실행하기 위하여 '오피스~' 앞에서 준말에 해당하는 "한"을 입력한 후 Alt + I 키를 누릅니다.

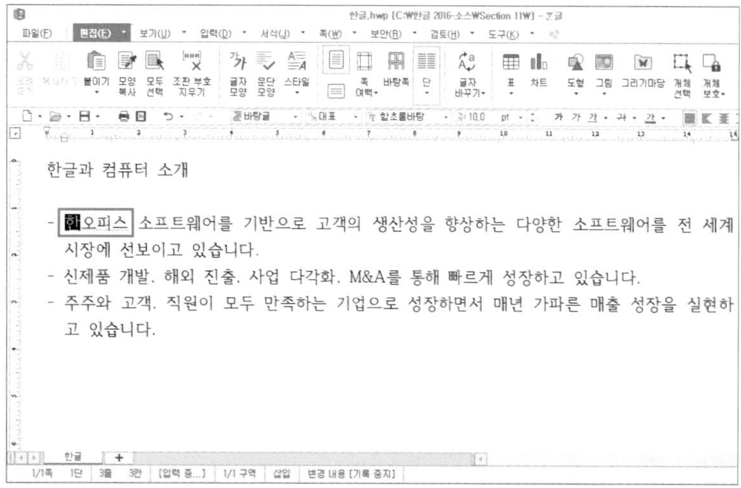

05 상용구의 본말이 입력되면 동일한 방법으로 나머지 항목 앞에도 상용구 내용을 각각 삽입합니다. 이때, 조사('는')를 입력하고, Space Bar 키를 누릅니다.

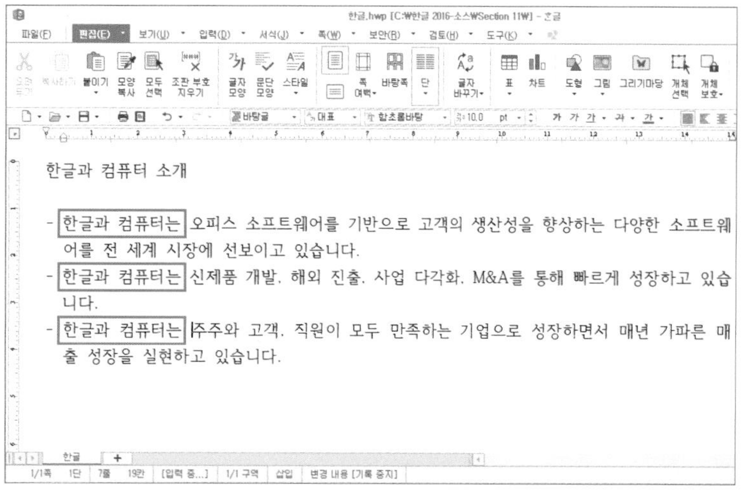

Power Upgrade

[상용구 등록] 대화 상자

- 준말 : 상용구의 이름으로 보통 본말의 첫 글자가 준말로 등록됩니다(준말은 사용자가 원하는 글자로 입력할 수 있음).
- 본말 : 상용구를 등록하기 위해 블록으로 지정한 내용이 자동적으로 입력됩니다.
- 글자 속성 유지 : 현재 글자의 속성을 유지하면서 본문 상용구에 등록합니다(본문 상용구는 글자, 표, 그림 등 한글에서 사용하는 모든 내용들을 서식 그대로 등록할 수 있는 상용구임).
- 글자 속성 유지하지 않음 : 글자의 속성을 유지하지 않고, 글자만 글자 상용구에 등록합니다.

기초문제

1

다음의 내용을 입력한 후 IMF에 각주를 삽입하고, '벤처.hwp'로 저장하세요.

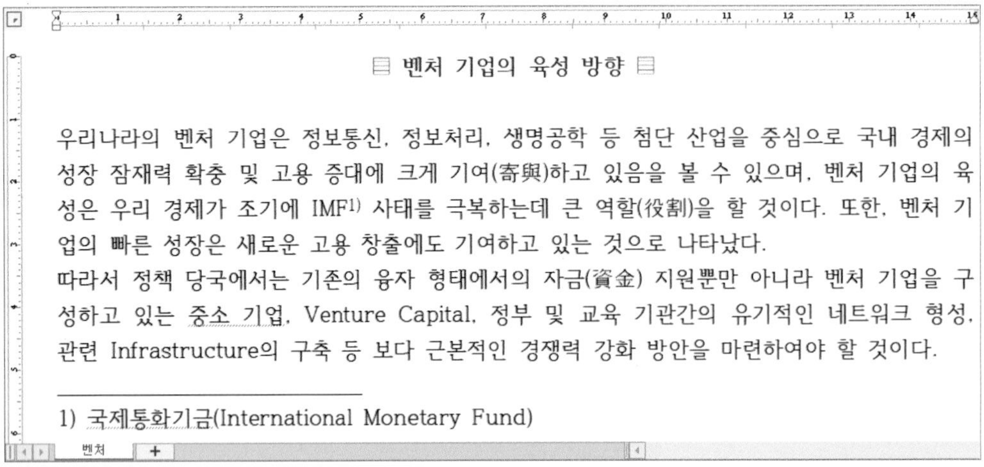

▤ 벤처 기업의 육성 방향 ▤

우리나라의 벤처 기업은 정보통신, 정보처리, 생명공학 등 첨단 산업을 중심으로 국내 경제의 성장 잠재력 확충 및 고용 증대에 크게 기여(寄與)하고 있음을 볼 수 있으며, 벤처 기업의 육성은 우리 경제가 조기에 IMF[1] 사태를 극복하는데 큰 역할(役割)을 할 것이다. 또한, 벤처 기업의 빠른 성장은 새로운 고용 창출에도 기여하고 있는 것으로 나타났다.
따라서 정책 당국에서는 기존의 융자 형태에서의 자금(資金) 지원뿐만 아니라 벤처 기업을 구성하고 있는 중소 기업, Venture Capital, 정부 및 교육 기관간의 유기적인 네트워크 형성, 관련 Infrastructure의 구축 등 보다 근본적인 경쟁력 강화 방안을 마련하여야 할 것이다.

1) 국제통화기금(International Monetary Fund)

2

각주의 번호 모양을 영문 대문자로 변경해 보세요.

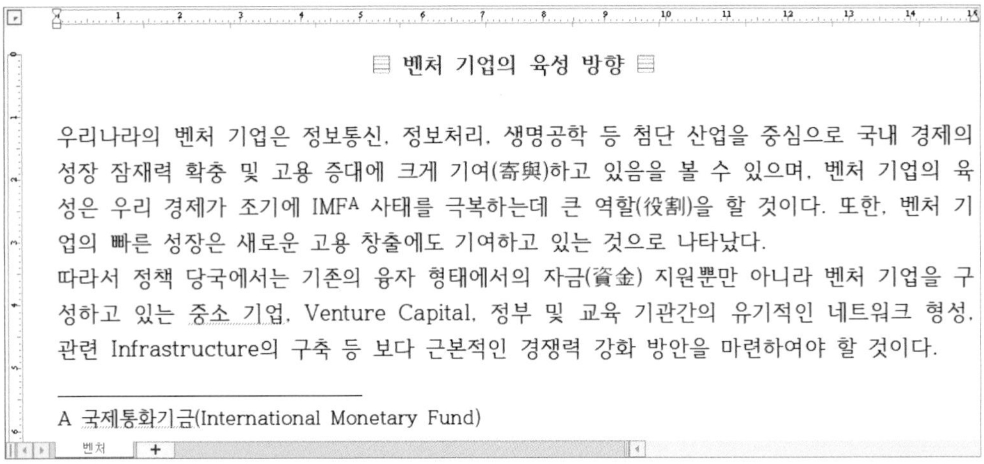

▤ 벤처 기업의 육성 방향 ▤

우리나라의 벤처 기업은 정보통신, 정보처리, 생명공학 등 첨단 산업을 중심으로 국내 경제의 성장 잠재력 확충 및 고용 증대에 크게 기여(寄與)하고 있음을 볼 수 있으며, 벤처 기업의 육성은 우리 경제가 조기에 IMF[A] 사태를 극복하는데 큰 역할(役割)을 할 것이다. 또한, 벤처 기업의 빠른 성장은 새로운 고용 창출에도 기여하고 있는 것으로 나타났다.
따라서 정책 당국에서는 기존의 융자 형태에서의 자금(資金) 지원뿐만 아니라 벤처 기업을 구성하고 있는 중소 기업, Venture Capital, 정부 및 교육 기관간의 유기적인 네트워크 형성, 관련 Infrastructure의 구축 등 보다 근본적인 경쟁력 강화 방안을 마련하여야 할 것이다.

A 국제통화기금(International Monetary Fund)

힌트 • [주석] 탭에서 [번호 모양] 아이콘을 클릭하고, [A,B,C]를 선택합니다.

3

각주의 선 색은 초록, 선 모양은 이중 실선, 선 굵기는 0.5mm로 변경해 보세요.

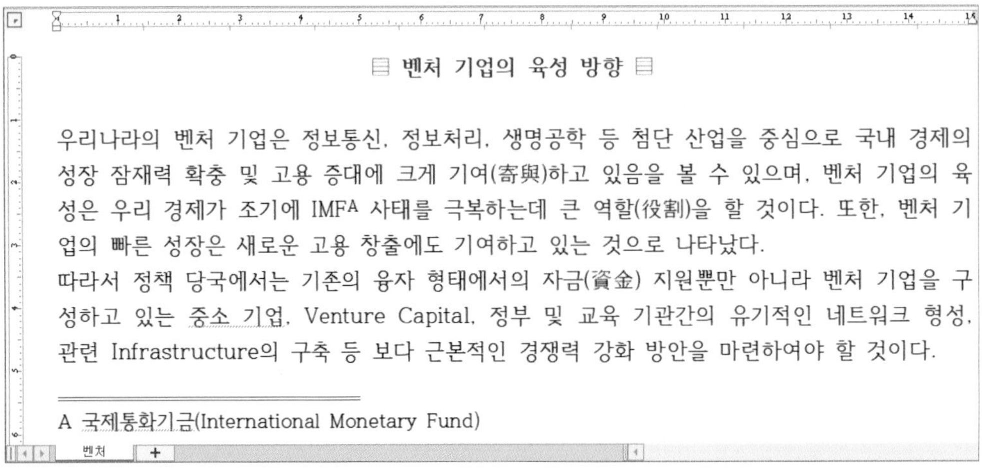

▤ 벤처 기업의 육성 방향 ▤

우리나라의 벤처 기업은 정보통신, 정보처리, 생명공학 등 첨단 산업을 중심으로 국내 경제의 성장 잠재력 확충 및 고용 증대에 크게 기여(寄與)하고 있음을 볼 수 있으며, 벤처 기업의 육성은 우리 경제가 조기에 IMF[A] 사태를 극복하는데 큰 역할(役割)을 할 것이다. 또한, 벤처 기업의 빠른 성장은 새로운 고용 창출에도 기여하고 있는 것으로 나타났다.
따라서 정책 당국에서는 기존의 융자 형태에서의 자금(資金) 지원뿐만 아니라 벤처 기업을 구성하고 있는 중소 기업, Venture Capital, 정부 및 교육 기관간의 유기적인 네트워크 형성, 관련 Infrastructure의 구축 등 보다 근본적인 경쟁력 강화 방안을 마련하여야 할 것이다.

A 국제통화기금(International Monetary Fund)

힌트 • [주석] 탭에서 [선 색], [선 모양], [선 굵기] 아이콘을 클릭하고, 주어진 색, 모양, 굵기를 각각 선택합니다.

심화문제

1) 다음의 내용을 입력한 후 정상급 회사에 덧말(서울전자, 대한전자)을 위쪽에 삽입하고, '경쟁력.hwp'로 저장하세요.

○ 가격 경쟁력 전망 ●

업계 전문가들은 국내의 정상급(서울전자 대한전자) 회사들이 LCD TV 등 평면 TV 시장에 몰려들면서 경쟁(競爭)이 심해지고 가격(Market Price)도 빠르게 하락할 것으로 내다보고 있다. 평면 TV 시장 규모는 1사분기에 390억 달러에서 4사분기에는 720억 달러 이상으로 점점 커질 것으로 디스플레이서치는 예상(豫想)하고 있다.

정보기술(IT) 분야의 시장 조사 회사인 IDC의 밥 오도넬 이사는 평면 TV 시장을 미 서부 개척 시대의 골드러시에 비유(比喩)하고 있다. 이러한 이유는 상품에 대한 이익(Profits)이 많이 남고, 빠른 성장세(Growth Curve)가 기대되기 때문이다.

경쟁력

힌트 • [덧말 넣기] 대화 상자에서 '덧말'에 주어진 내용을 입력한 후 덧말 위치를 '위'로 선택합니다.

2) LCD TV에 주어진 메모 내용을 입력하고, 메모 상자를 표시하세요.

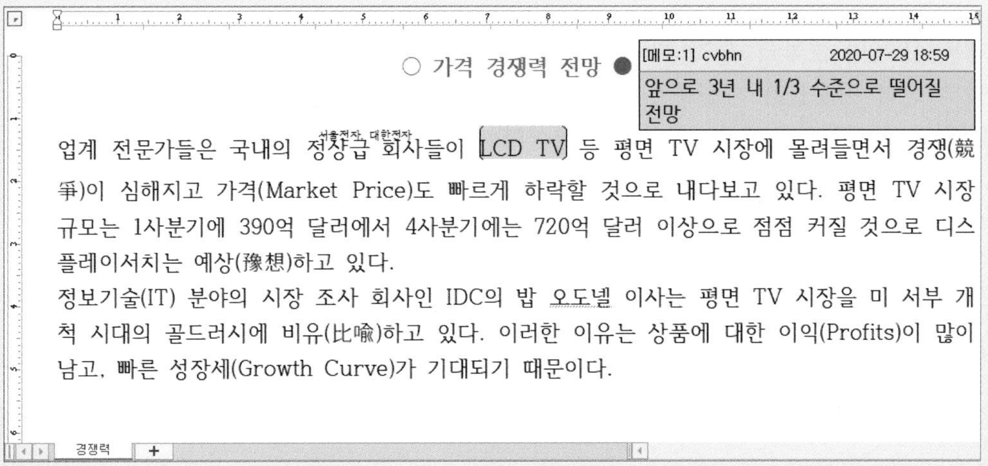

○ 가격 경쟁력 전망 ●

[메모:1] cvbhn 2020-07-29 18:59
앞으로 3년 내 1/3 수준으로 떨어질 전망

업계 전문가들은 국내의 정상급(서울전자 대한전자) 회사들이 LCD TV 등 평면 TV 시장에 몰려들면서 경쟁(競爭)이 심해지고 가격(Market Price)도 빠르게 하락할 것으로 내다보고 있다. 평면 TV 시장 규모는 1사분기에 390억 달러에서 4사분기에는 720억 달러 이상으로 점점 커질 것으로 디스플레이서치는 예상(豫想)하고 있다.

정보기술(IT) 분야의 시장 조사 회사인 IDC의 밥 오도넬 이사는 평면 TV 시장을 미 서부 개척 시대의 골드러시에 비유(比喩)하고 있다. 이러한 이유는 상품에 대한 이익(Profits)이 많이 남고, 빠른 성장세(Growth Curve)가 기대되기 때문이다.

경쟁력

힌트 • 메모 내용 입력란에 주어진 내용을 입력하고, [메모] 탭에서 [메모 표시] 아이콘을 클릭합니다.

3) 메모 상자의 스타일을 '하늘색 굵은 점선 테두리'로 변경해 보세요.

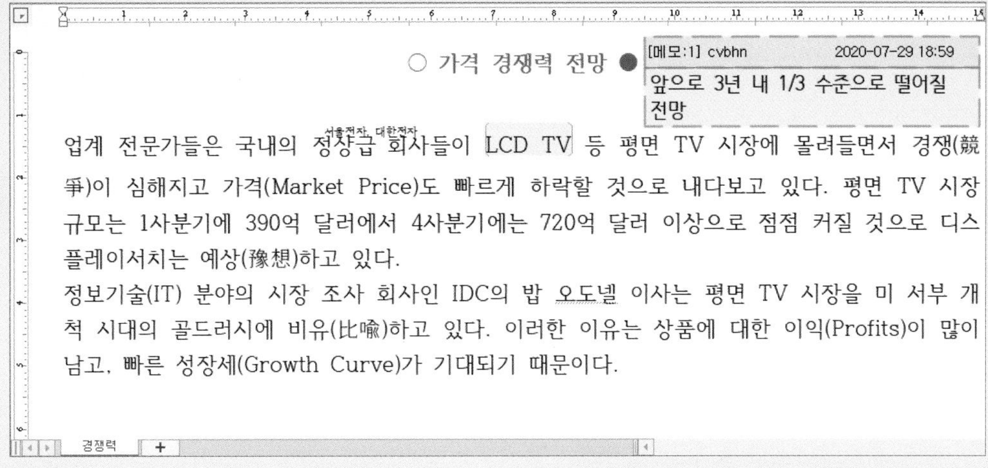

○ 가격 경쟁력 전망 ●

[메모:1] cvbhn 2020-07-29 18:59
앞으로 3년 내 1/3 수준으로 떨어질 전망

업계 전문가들은 국내의 정상급(서울전자 대한전자) 회사들이 LCD TV 등 평면 TV 시장에 몰려들면서 경쟁(競爭)이 심해지고 가격(Market Price)도 빠르게 하락할 것으로 내다보고 있다. 평면 TV 시장 규모는 1사분기에 390억 달러에서 4사분기에는 720억 달러 이상으로 점점 커질 것으로 디스플레이서치는 예상(豫想)하고 있다.

정보기술(IT) 분야의 시장 조사 회사인 IDC의 밥 오도넬 이사는 평면 TV 시장을 미 서부 개척 시대의 골드러시에 비유(比喩)하고 있다. 이러한 이유는 상품에 대한 이익(Profits)이 많이 남고, 빠른 성장세(Growth Curve)가 기대되기 때문이다.

경쟁력

힌트 • 메모 상자를 선택한 후 [메모] 탭에서 [자세히] 단추를 클릭하고, '하늘색 굵은 점선 테두리'를 선택합니다.

Section

12 책갈피와 하이퍼링크 지정하기

책갈피는 현재 커서 위치에 상관없이 표시해 둔 곳으로 커서를 곧바로 이동시키는 기능이고, 하이퍼링크는 문서의 특정 위치를 연결하여 쉽게 참조할 수 있는 기능입니다. 여기에서는 책갈피를 지정한 후 하이퍼링크로 설정한 책갈피 내용을 연결하는 방법에 대해서 학습해 봅니다.

Preview

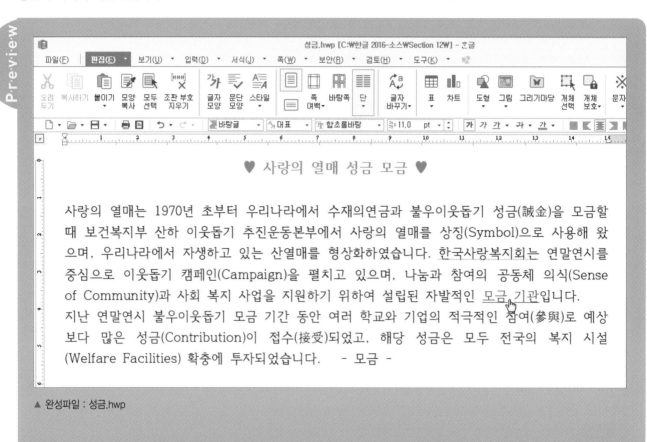

성금.hwp [C:₩한글 2016-소스₩Section 12₩] - 한글

♥ 사랑의 열매 성금 모금 ♥

사랑의 열매는 1970년 초부터 우리나라에서 수재의연금과 불우이웃돕기 성금(誠金)을 모금할 때 보건복지부 산하 이웃돕기 추진운동본부에서 사랑의 열매를 상징(Symbol)으로 사용해 왔으며, 우리나라에서 자생하고 있는 산열매를 형상화하였습니다. 한국사랑복지회는 연말연시를 중심으로 이웃돕기 캠페인(Campaign)을 펼치고 있으며, 나눔과 참여의 공동체 의식(Sense of Community)과 사회 복지 사업을 지원하기 위하여 설립된 자발적인 모금 기관입니다.
지난 연말연시 불우이웃돕기 모금 기간 동안 여러 학교와 기업의 적극적인 참여(參與)로 예상보다 많은 성금(Contribution)이 접수(接受)되었고, 해당 성금은 모두 전국의 복지 시설(Welfare Facilities) 확충에 투자되었습니다. - 모금 -

▲ 완성파일 : 성금.hwp

- 문서에 책갈피를 지정한 후 책갈피 위치를 확인하는 방법에 대해 알아봅니다.
- 문서의 특정 위치에 하이퍼링크를 설정한 후 지정한 책갈피로 이동하는 방법에 대해 알아봅니다.
- 상호 참조를 이용하여 책갈피의 참조 대상을 만드는 방법에 대해 알아봅니다.

따라하기 01 책갈피 지정하기

01 화면에 주어진 문서 내용을 입력한 후 'C:₩한글 2016-소스₩Section 12'에 '성금.hwp'로 저장합니다.

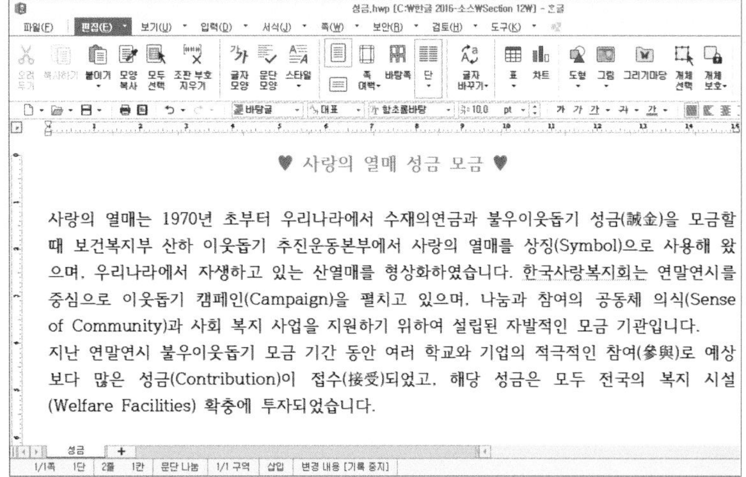

02 책갈피를 지정하기 위하여 '사랑의' 앞에 커서를 위치시킨 후 [입력] 탭의 펼침(▾) 단추를 클릭하고, [책갈피]를 선택합니다(= Ctrl + K, B).

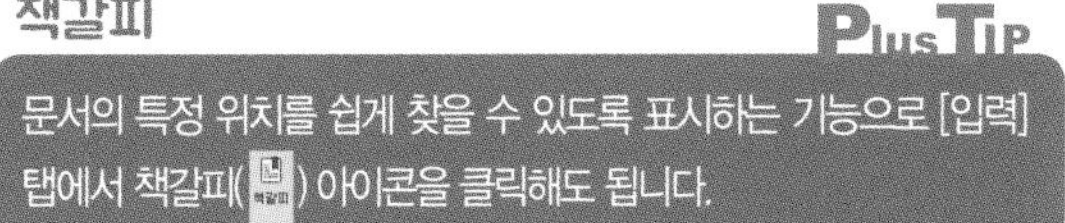

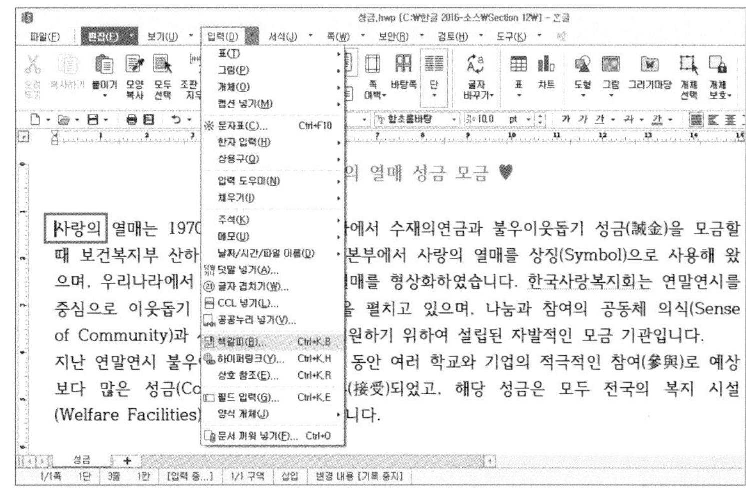

03 [책갈피] 대화 상자에서 책갈피 이름에 "모금"을 입력하고, [넣기] 단추를 클릭합니다.

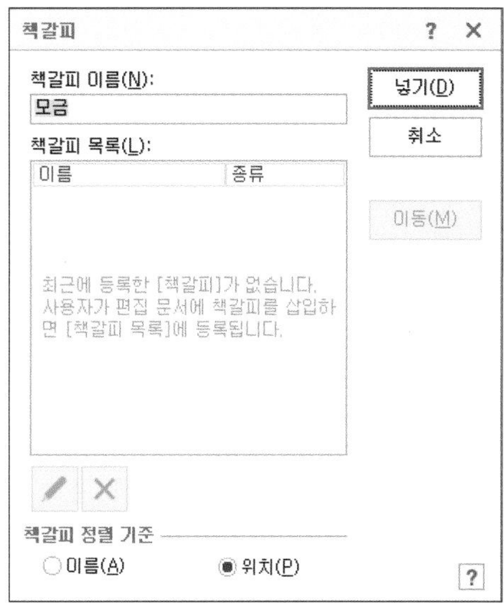

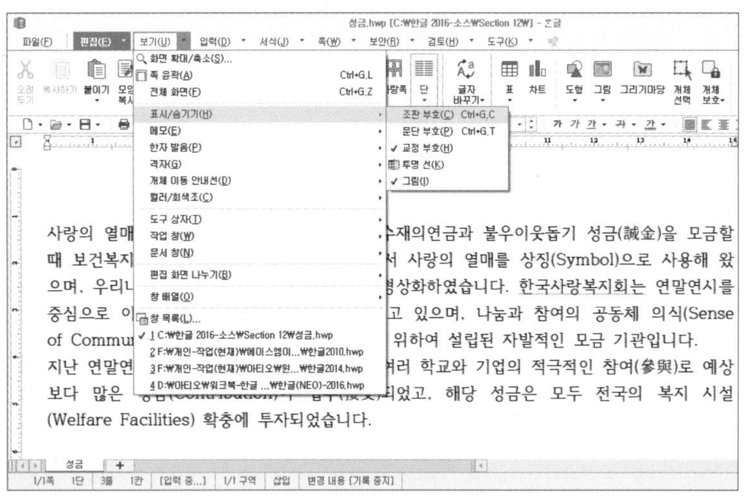

04 책갈피를 확인하기 위하여 [보기] 탭의 펼침(▾) 단추를 클릭하고, [표시/숨기기] – [조판 부호]를 선택합니다(= Ctrl + G, C).

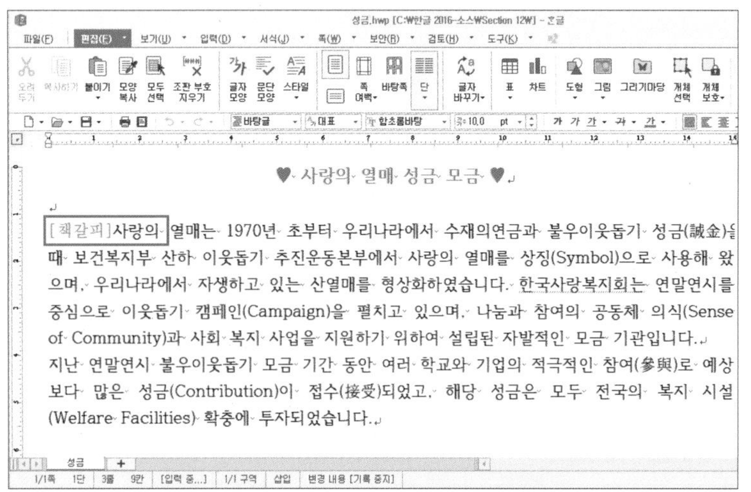

05 그 결과 책갈피가 지정된 위치를 확인할 수 있습니다(책갈피를 지정하면 화면상에 아무런 변화가 없으므로 조판 부호에서 확인).

Power Upgrade

[책갈피] 대화 상자

- 책갈피 이름 바꾸기 : 책갈피 목록에서 선택한 책갈피의 이름을 변경합니다.
- 삭제 : 책갈피 목록에서 선택한 책갈피를 삭제합니다.
- 책갈피 정렬 기준 : '이름'은 책갈피 목록을 이름순으로 정렬하고, '위치'는 책갈피 목록을 책갈피가 삽입된 위치순으로 정렬합니다.

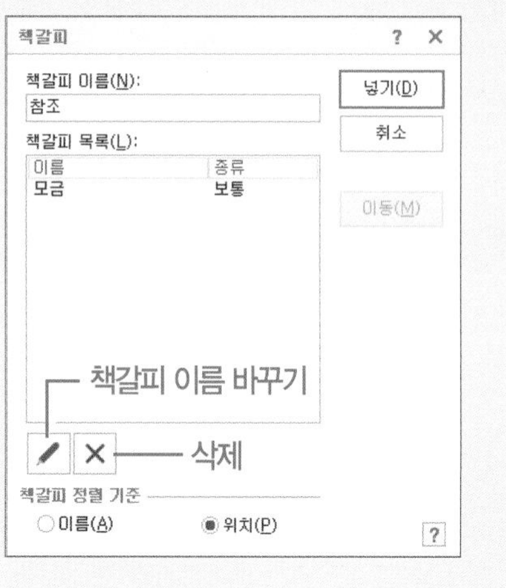

따라하기 02 하이퍼링크 설정하기

01 하이퍼링크를 설정할 '모금 기관'을 블록 지정한 후 [입력] 탭의 펼침(▾) 단추를 클릭하고, [하이퍼링크]를 선택합니다(= Ctrl + K, H).

하이퍼링크 PlusTip

문서의 특정 위치에 현재 문서, 다른 문서, 웹 페이지 등을 연결하는 기능으로 [입력] 탭에서 하이퍼링크( ) 아이콘을 클릭해도 됩니다.

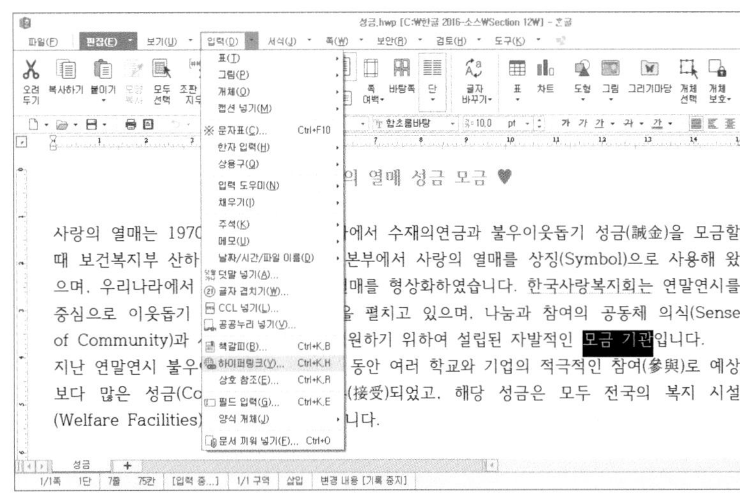

02 [하이퍼링크] 대화 상자에서 책갈피로 지정한 '모금'을 선택하고, [넣기] 단추를 클릭합니다.

03 하이퍼링크가 설정되면 해당 부분에 파란색의 밑줄이 그어지며, 여기에 마우스를 갖다 놓으면 마우스 포인터가 손 모양으로 변경됩니다.

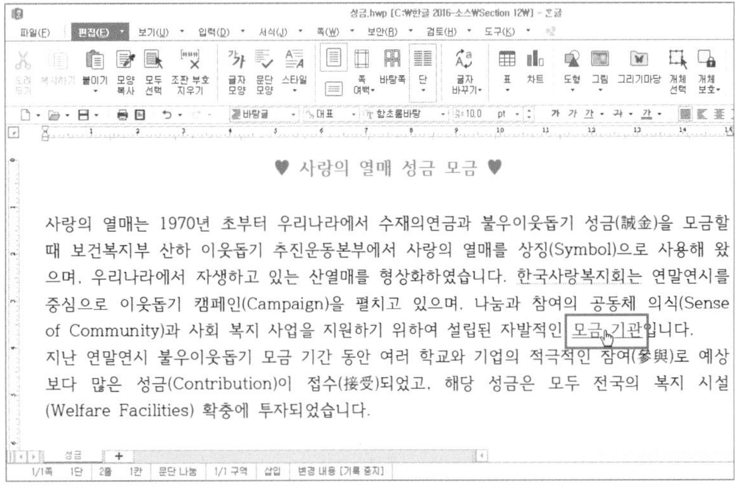

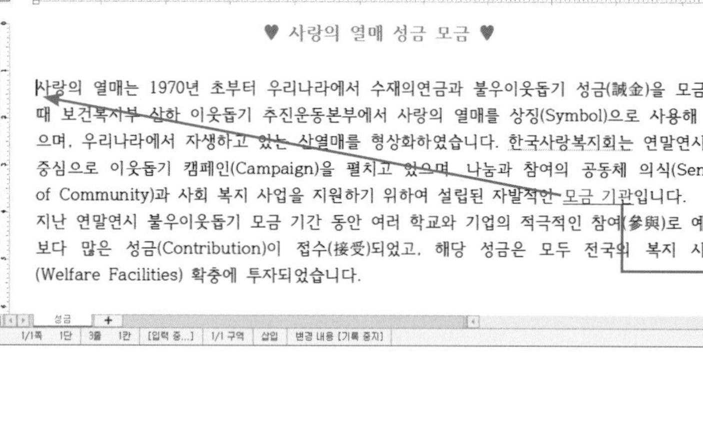

04 하이퍼링크가 설정된 '모금 기관'을 클릭하면 책갈피가 지정된 '사랑의' 앞으로 커서가 이동되는 것을 확인할 수 있습니다.

Power Upgrade

하이퍼링크의 웹 페이지

- 문서 내용 중 웹 페이지나 전자 우편 주소 등을 입력하면 자동으로 하이퍼링크가 설정되는데, 이때 해당 페이지 주소를 클릭하면 문서와는 별도로 관련 웹 사이트 창이 실행됩니다.
- 웹 페이지 주소를 일반 문서 내용과 동일한 텍스트로 지정하려면 해당 페이지 주소에서 마우스 오른쪽 버튼을 클릭하고, [하이퍼링크 지우기]를 선택하면 됩니다.

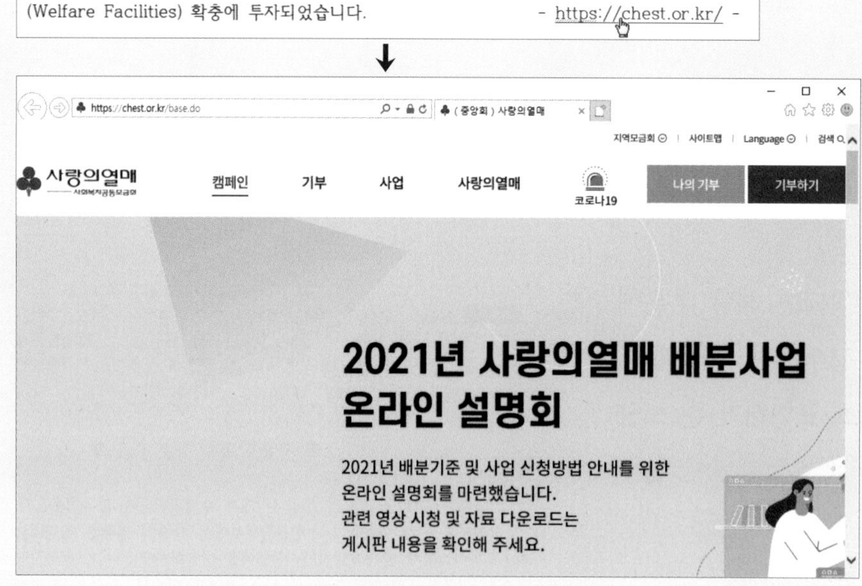

따라하기 03 상호 참조 지정하기

01 문서 하단의 적당한 위치에 하이픈(– –)을 입력한 후 [입력] 탭의 펼침(▾) 단추를 클릭하고, [상호 참조]를 선택합니다(= Ctrl + K, R).

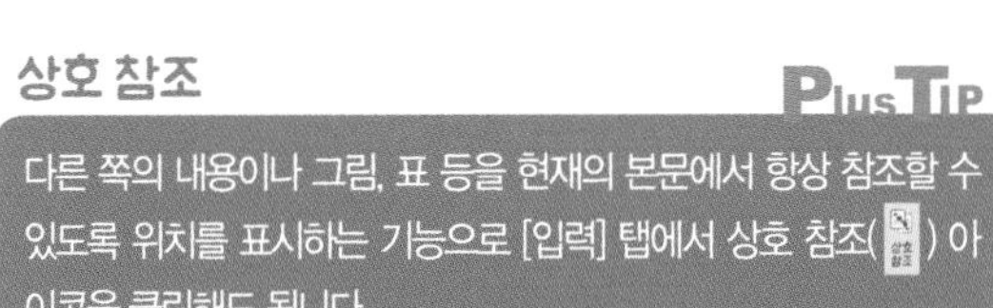
상호 참조 PlusTip

다른 쪽의 내용이나 그림, 표 등을 현재의 본문에서 항상 참조할 수 있도록 위치를 표시하는 기능으로 [입력] 탭에서 상호 참조( ) 아이콘을 클릭해도 됩니다.

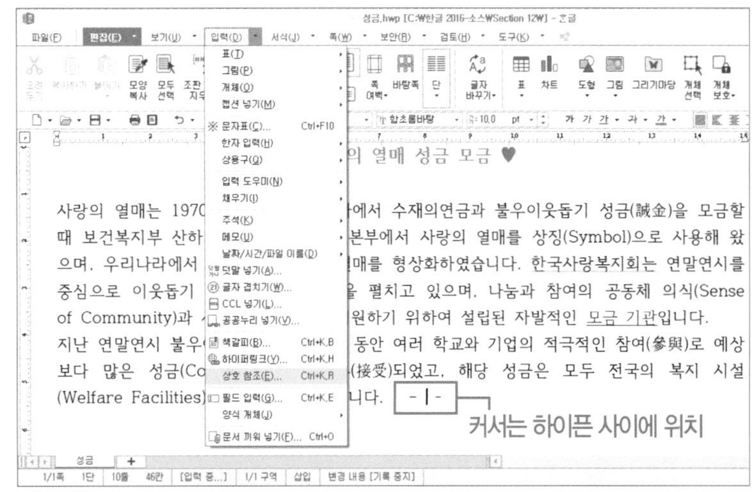

02 [상호 참조] 대화 상자에서 파일은 '현재 문서', 참조 대상 종류는 '책갈피', 참조 내용은 '책갈피 이름', 참조 대상 선택은 '모금'을 각각 선택하고, [넣기] 단추를 클릭합니다.

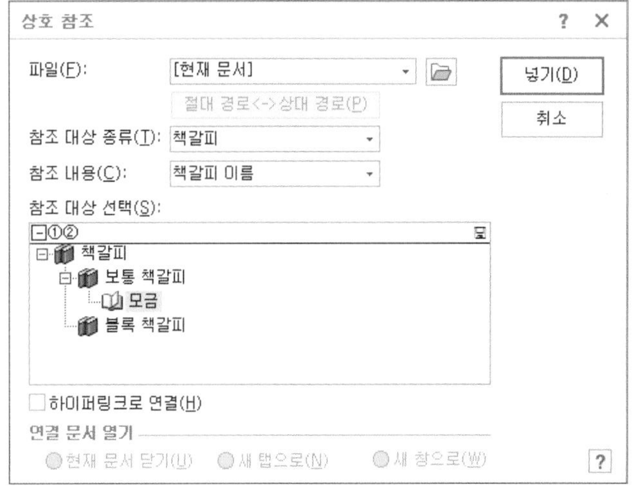

03 그 결과 하이픈 사이에 선택한 책갈피 이름이 나타납니다(책갈피 이름이 변경되면 변경된 이름으로 자동 업데이트가 됨).

상호 참조 내용 PlusTip

현재 문서를 인쇄할 때, 미리 보기할 때, 하이퍼링크가 연결되어 이동할 때, 현재 문서를 불러올 때 자동으로 업데이트가 됩니다.

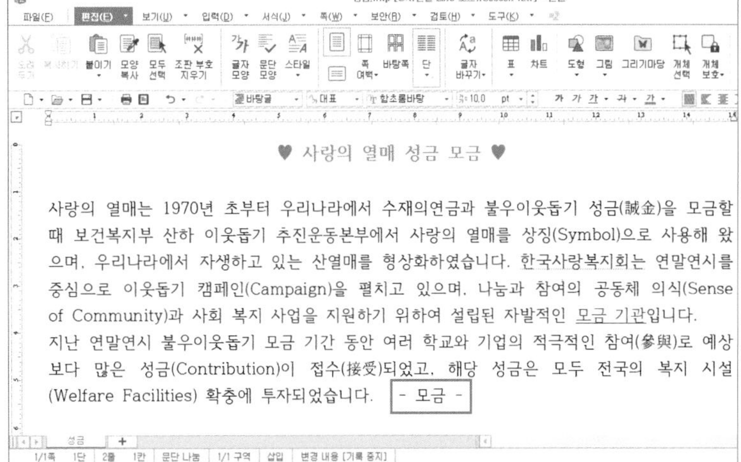

기초문제

1

다음의 내용을 입력한 후 '한국의' 앞에 '음식'이라는 책갈피를 지정하고, '박람회.hwp'로 저장하세요.

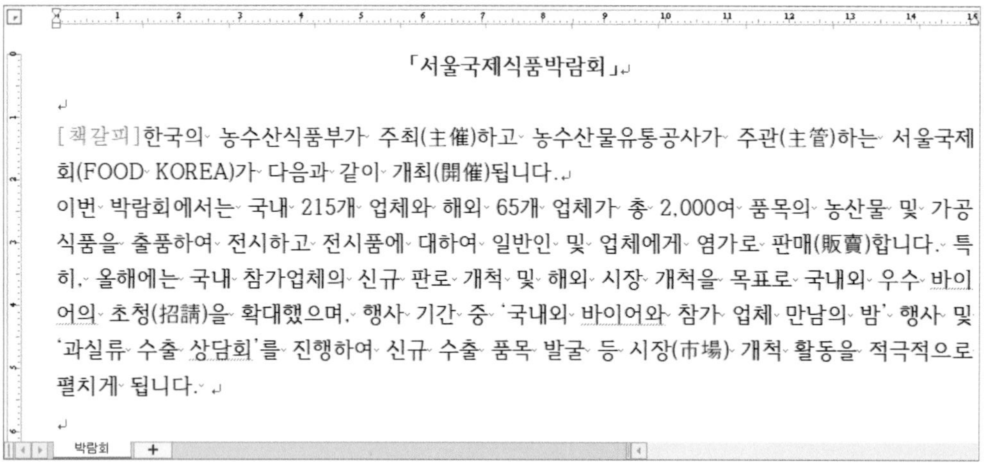

「서울국제식품박람회」

[책갈피]한국의 농수산식품부가 주최(主催)하고 농수산물유통공사가 주관(主管)하는 서울국제식품박람회(FOOD KOREA)가 다음과 같이 개최(開催)됩니다..

이번 박람회에서는 국내 215개 업체와 해외 65개 업체가 총 2,000여 품목의 농산물 및 가공식품을 출품하여 전시하고 전시품에 대하여 일반인 및 업체에게 염가로 판매(販賣)합니다. 특히, 올해에는 국내 참가업체의 신규 판로 개척 및 해외 시장 개척을 목표로 국내외 우수 바이어의 초청(招請)을 확대했으며, 행사 기간 중 '국내외 바이어와 참가 업체 만남의 밤' 행사 및 '과실류 수출 상담회'를 진행하여 신규 수출 품목 발굴 등 시장(市場) 개척 활동을 적극적으로 펼치게 됩니다.

박람회

힌트 • '한국의' 앞에 커서를 위치시킨 후 [책갈피] 대화 상자에서 책갈피 이름에 "음식"을 입력합니다.

2

본문 내용 중 '신규 수출 품목'에 하이퍼링크를 설정해 보세요.

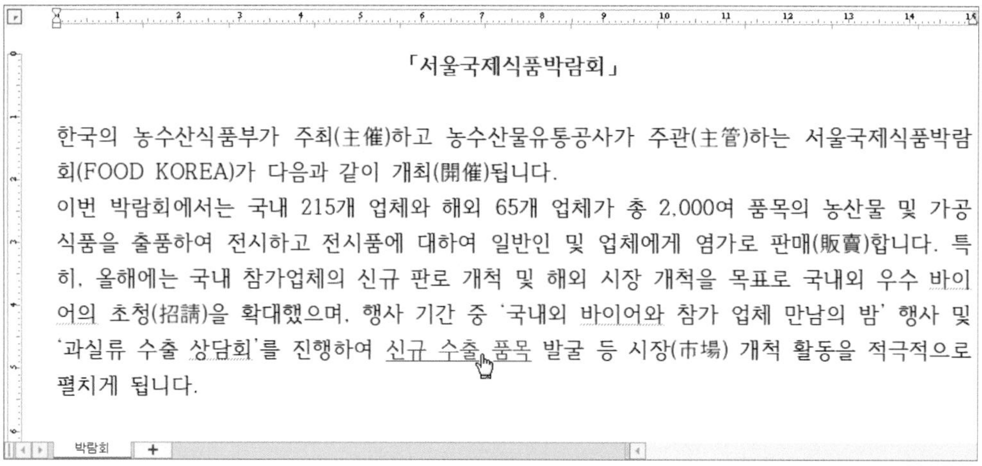

「서울국제식품박람회」

한국의 농수산식품부가 주최(主催)하고 농수산물유통공사가 주관(主管)하는 서울국제식품박람회(FOOD KOREA)가 다음과 같이 개최(開催)됩니다.

이번 박람회에서는 국내 215개 업체와 해외 65개 업체가 총 2,000여 품목의 농산물 및 가공식품을 출품하여 전시하고 전시품에 대하여 일반인 및 업체에게 염가로 판매(販賣)합니다. 특히, 올해에는 국내 참가업체의 신규 판로 개척 및 해외 시장 개척을 목표로 국내외 우수 바이어의 초청(招請)을 확대했으며, 행사 기간 중 '국내외 바이어와 참가 업체 만남의 밤' 행사 및 '과실류 수출 상담회'를 진행하여 신규 수출 품목 발굴 등 시장(市場) 개척 활동을 적극적으로 펼치게 됩니다.

박람회

힌트 • 해당 내용을 블록 지정한 후 [하이퍼링크] 대화 상자에서 책갈피로 지정한 '음식'을 선택합니다.

3

하이퍼링크의 설정 내용을 클릭하여 책갈피의 지정 위치를 확인해 보세요.

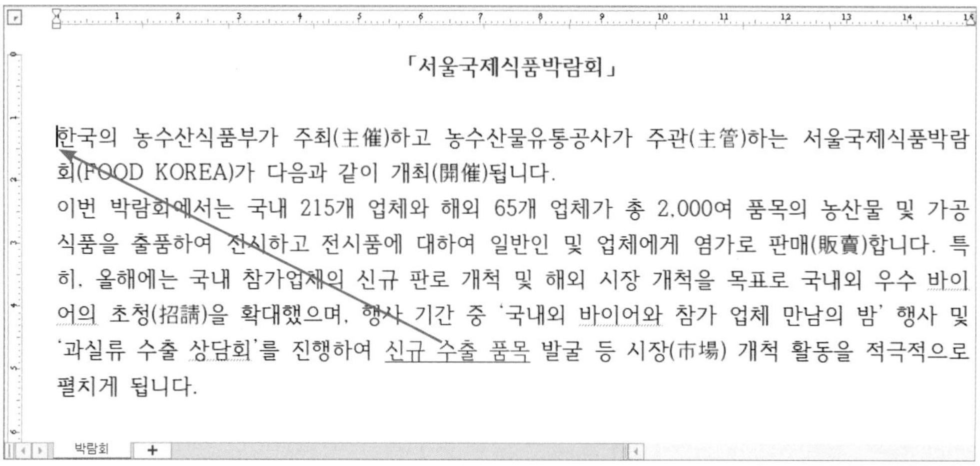

「서울국제식품박람회」

한국의 농수산식품부가 주최(主催)하고 농수산물유통공사가 주관(主管)하는 서울국제식품박람회(FOOD KOREA)가 다음과 같이 개최(開催)됩니다.

이번 박람회에서는 국내 215개 업체와 해외 65개 업체가 총 2,000여 품목의 농산물 및 가공식품을 출품하여 전시하고 전시품에 대하여 일반인 및 업체에게 염가로 판매(販賣)합니다. 특히, 올해에는 국내 참가업체의 신규 판로 개척 및 해외 시장 개척을 목표로 국내외 우수 바이어의 초청(招請)을 확대했으며, 행사 기간 중 '국내외 바이어와 참가 업체 만남의 밤' 행사 및 '과실류 수출 상담회'를 진행하여 신규 수출 품목 발굴 등 시장(市場) 개척 활동을 적극적으로 펼치게 됩니다.

박람회

심화문제

1) 다음의 내용을 입력한 후 책갈피(21세기)와 하이퍼링크(가능성)를 지정하고, '심포지엄.hwp'로 저장하세요(단, 책갈피 이름은 '과학으로 할 것).

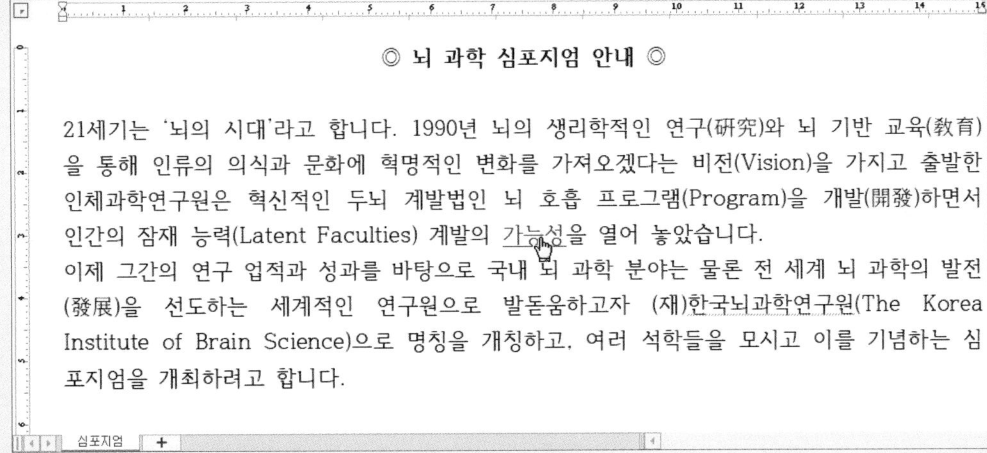

◎ 뇌 과학 심포지엄 안내 ◎

21세기는 '뇌의 시대'라고 합니다. 1990년 뇌의 생리학적인 연구(硏究)와 뇌 기반 교육(敎育)을 통해 인류의 의식과 문화에 혁명적인 변화를 가져오겠다는 비전(Vision)을 가지고 출발한 인체과학연구원은 혁신적인 두뇌 계발법인 뇌 호흡 프로그램(Program)을 개발(開發)하면서 인간의 잠재 능력(Latent Faculties) 계발의 가능성을 열어 놓았습니다.
이제 그간의 연구 업적과 성과를 바탕으로 국내 뇌 과학 분야는 물론 전 세계 뇌 과학의 발전(發展)을 선도하는 세계적인 연구원으로 발돋움하고자 (재)한국뇌과학연구원(The Korea Institute of Brain Science)으로 명칭을 개칭하고, 여러 석학들을 모시고 이를 기념하는 심포지엄을 개최하려고 합니다.

2) 문서 내용 끝에 주어진 내용을 입력하고, 이메일 주소의 하이퍼링크를 해제해 보세요.

◎ 뇌 과학 심포지엄 안내 ◎

21세기는 '뇌의 시대'라고 합니다. 1990년 뇌의 생리학적인 연구(硏究)와 뇌 기반 교육(敎育)을 통해 인류의 의식과 문화에 혁명적인 변화를 가져오겠다는 비전(Vision)을 가지고 출발한 인체과학연구원은 혁신적인 두뇌 계발법인 뇌 호흡 프로그램(Program)을 개발(開發)하면서 인간의 잠재 능력(Latent Faculties) 계발의 가능성을 열어 놓았습니다.
이제 그간의 연구 업적과 성과를 바탕으로 국내 뇌 과학 분야는 물론 전 세계 뇌 과학의 발전(發展)을 선도하는 세계적인 연구원으로 발돋움하고자 (재)한국뇌과학연구원(The Korea Institute of Brain Science)으로 명칭을 개칭하고, 여러 석학들을 모시고 이를 기념하는 심포지엄을 개최하려고 합니다. - 한송희 기자(hanlove@naver.com) -

힌트 • 해당 메일 주소에서 마우스 오른쪽 버튼을 클릭하고, [하이퍼링크 지우기]를 선택합니다.

3) 문서의 제목 옆에 "[ ]"을 입력한 후 '과학'의 상호 참조를 지정해 보세요.

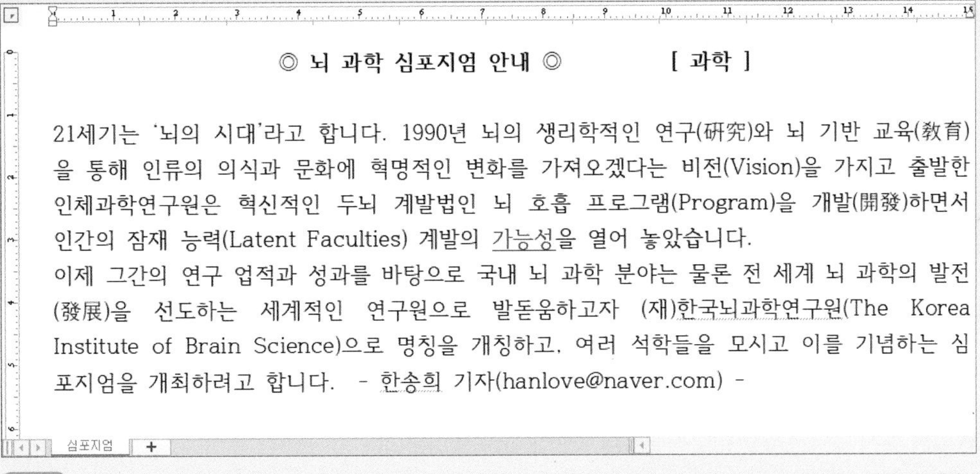

◎ 뇌 과학 심포지엄 안내 ◎ [과학]

21세기는 '뇌의 시대'라고 합니다. 1990년 뇌의 생리학적인 연구(硏究)와 뇌 기반 교육(敎育)을 통해 인류의 의식과 문화에 혁명적인 변화를 가져오겠다는 비전(Vision)을 가지고 출발한 인체과학연구원은 혁신적인 두뇌 계발법인 뇌 호흡 프로그램(Program)을 개발(開發)하면서 인간의 잠재 능력(Latent Faculties) 계발의 가능성을 열어 놓았습니다.
이제 그간의 연구 업적과 성과를 바탕으로 국내 뇌 과학 분야는 물론 전 세계 뇌 과학의 발전(發展)을 선도하는 세계적인 연구원으로 발돋움하고자 (재)한국뇌과학연구원(The Korea Institute of Brain Science)으로 명칭을 개칭하고, 여러 석학들을 모시고 이를 기념하는 심포지엄을 개최하려고 합니다. - 한송희 기자(hanlove@naver.com) -

힌트 • [상호 참조] 대화 상자에서 파일은 '현재 문서', 참조 대상 종류는 '책갈피', 참조 내용은 '책갈피 이름', 참조 대상 선택은 '과학'을 각각 선택합니다.

Section

13 찾기/바꾸기/맞춤법 검사하기

문서 내용을 입력하다보면 특정 단어를 찾아 바꾸거나 맞춤법이 틀린 내용을 검색하여 수정할 필요가 있습니다. 여기에서는 찾기, 찾아 바꾸기, 맞춤법 검사, 빠른 교정을 통해 올바른 문서 내용으로 수정하는 방법에 대해서 학습해 봅니다.

Preview

설명회.hwp [C:₩한글 2016-소스₩Section 13₩] - 한글

◈ 기업 투자 설명회 ◈

21세기는 계속적으로 변화해 가는 인터넷 경제 속에서 Best Partnership, Web Branding Technology, E-Commerce Solution, Intranet 기술 및 경영에 대한 전략들이 급변하고 있는 상태입니다. 이러한 시점에서 "건전한 우량 기업은 과연 어떤 기업인가?"하는 의구심을 진지하게 생각해 볼 때 입니다. 이번 국제 투자 세미나(International Investment Conference)는 New Technology와 유망한 비전(Vision)을 가지고 있는 경쟁력 있는 기업체를 선별함은 물론, 잠재적인 투자자들에게 선택의 폭과 깊이를 넓게 제공해 줌으로써 건전한 투자가 성공적으로 이루어질 수 있도록 기회(機會)를 마련할 것입니다. 건전한 기업정신을 가진 훌륭한 기업들에게 발전(發展)의 기회를 약속하고, 한국 산업의 새로운 발전 방향(方向)을 제시할 이번 기업 투자 설명회에 여러분을 초대합니다. - 참가 신청서는 이메일로 전송 -

▲ 완성파일 : 설명회.hwp

핵심 내용

- 문서 전체에서 특정 단어의 찾기 및 바꾸기를 실행하는 방법에 대해 알아봅니다.
- 문서 전체에서 맞춤법 검사를 통해 틀린 내용을 수정하는 방법에 대해 알아봅니다.
- 문서 전체에서 빠른 교정 내용을 등록하고 실행하는 방법에 대해 알아봅니다.

따라하기 01 찾기 및 찾아 바꾸기

01 화면에 주어진 문서 내용을 입력한 후 'C:₩한글 2016-소스₩Section 13'에 '설명회.hwp'로 저장합니다.

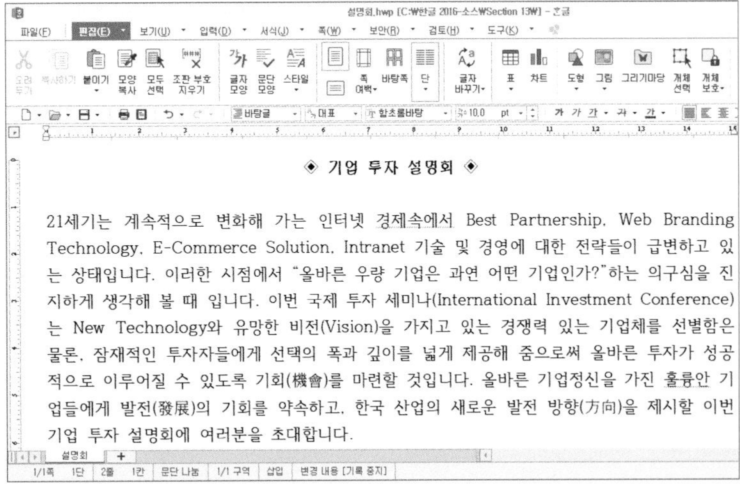

02 문서 내용 중 특정 단어를 찾기 위하여 [편집] 탭의 펼침(▾) 단추를 클릭하고, [찾기] – [찾기]를 선택합니다.
(= Ctrl + Q, F)

찾기 PlusTip

[편집] 탭에서 찾기(H) 아이콘을 클릭해도 됩니다.

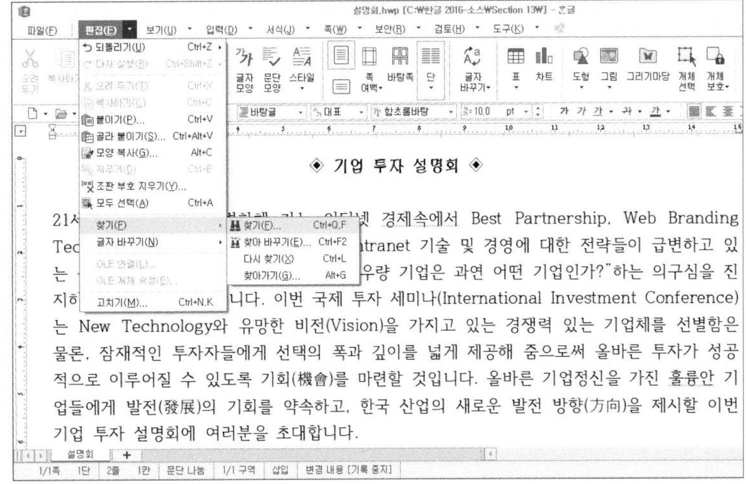

03 [찾기] 대화 상자에서 찾을 내용에 "투자"를 입력하고, 찾을 방향은 '문서 전체'를 선택한 후 [모두 찾기] 단추를 클릭합니다.

[다음 찾기] 단추 PlusTip

문서 내용 중 찾을 내용과 일치하는 단어를 순서대로 하나씩 찾아줍니다.

찾기

찾을 내용(E): 투자

선택 사항
- 대소문자 구별(U) / 온전한 낱말(W) / 여러 단어 찾기(M)
- 띄어쓰기 무시(J) / 아무개 문자(T) / 한글로 한자 찾기(H)
- 자소 단위 찾기(A) / 조건식 사용(X)

찾을 방향: 아래쪽(O) / 위쪽(K) / ● 문서 전체(L)

다음 찾기(F) | 모두 찾기(D) | 바꾸기(R)... | 닫기

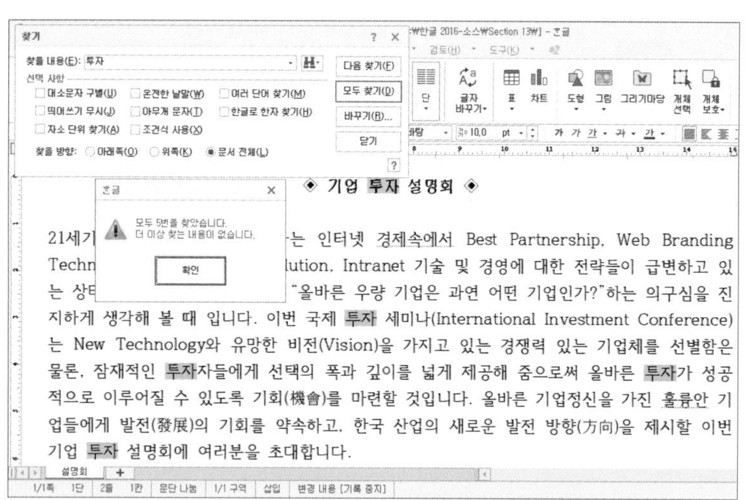

04 문서에서 찾을 내용을 모두 찾아서 표시한 후 몇 번 찾았다는 대화 상자가 나타나면 [확인] 단추를 클릭합니다.

찾을 방향 PlusTip

- 아래쪽/위쪽 : 현재 커서가 위치한 곳을 중심으로 아래쪽/위쪽으로 찾습니다.
- 문서 전체 : 현재 커서 위치에 상관없이 문서 전체에서 찾습니다.

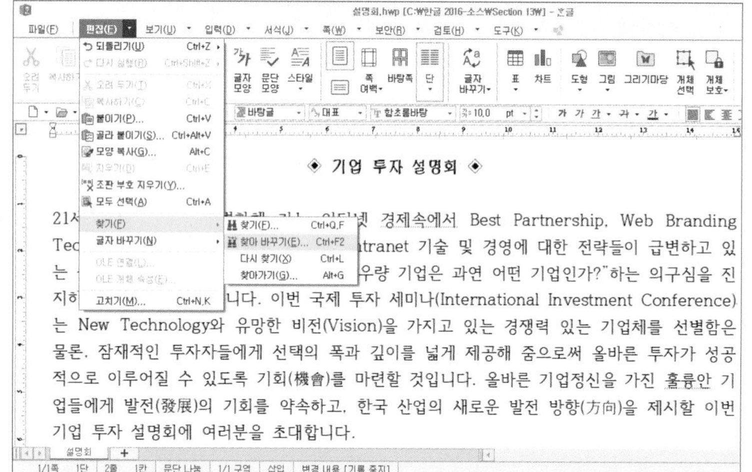

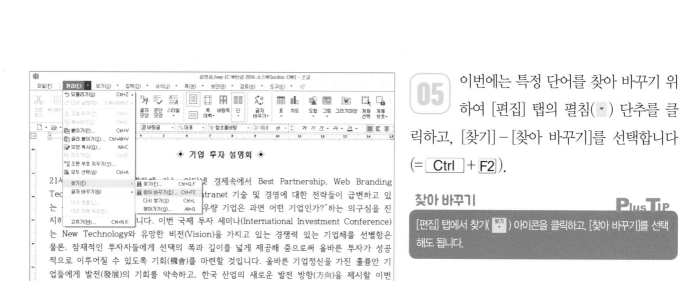

05 이번에는 특정 단어를 찾아 바꾸기 위하여 [편집] 탭의 펼침(▾) 단추를 클릭하고, [찾기] – [찾아 바꾸기]를 선택합니다(= Ctrl + F2).

찾아 바꾸기 PlusTip

[편집] 탭에서 찾기(찾기) 아이콘을 클릭하고, [찾아 바꾸기]를 선택해도 됩니다.

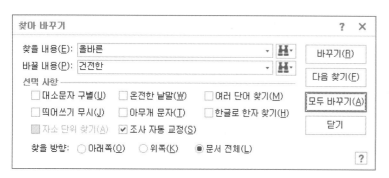

찾아 바꾸기 ? ×

찾을 내용(E): 올바른 | 바꾸기(R)
바꿀 내용(P): 건전한 | 다음 찾기(F)
선택 사항 | 모두 바꾸기(A)
☐ 대소문자 구별(U) ☐ 온전한 낱말(W) ☐ 여러 단어 찾기(M) | 닫기
☐ 띄어쓰기 무시(J) ☐ 아무개 문자(T) ☐ 한글로 한자 찾기(H)
☐ 자소 단위 찾기(A) ☑ 조사 자동 교정(S)
찾을 방향: ○ 아래쪽(O) ○ 위쪽(K) ◉ 문서 전체(L)

06 [찾아 바꾸기] 대화 상자에서 찾을 내용에 "올바른", 바꿀 내용에 "건전한"을 입력하고, 찾을 방향은 '문서 전체'를 선택한 후 [모두 바꾸기] 단추를 클릭합니다.

07 해당 단어를 모두 바꾸면 바꾸기 횟수를 표시하는 대화 상자가 나타나며, 이때 [확인] 단추를 클릭합니다.

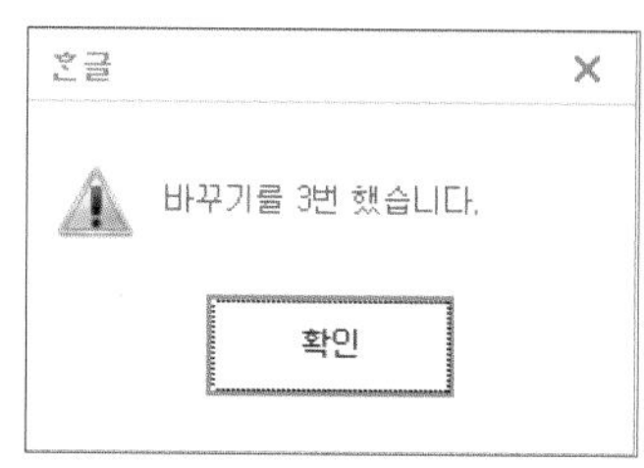

08 그 결과 '올바른' 내용이 '건전한' 내용으로 바뀐 것을 확인할 수 있습니다.

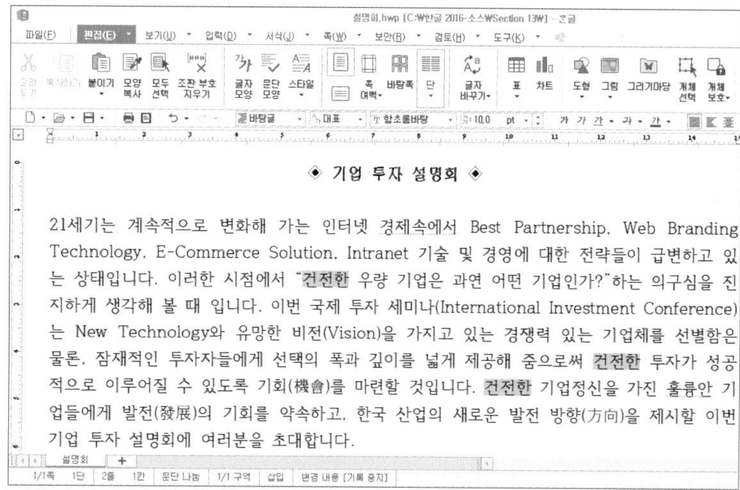

Power Upgrade

[찾아 바꾸기] 대화 상자의 선택 사항

- 대소문자 구별 : 영문자를 찾을 때 대소문자까지 완전히 일치하는 것만 찾습니다.
- 온전한 낱말 : 찾을 내용 앞이나 뒤에 조사와 같은 다른 문자('.', ',' 등과 같은 문장 부호 포함)가 붙어 있지 않고, 완전히 독립된 낱말만 찾습니다.
- 여러 단어 찾기 : 쉼표(,)나 세미콜론(;)을 구분자로 하여 여러 가지 낱말을 한꺼번에 찾습니다.
- 띄어쓰기 무시 : '찾을 내용'에 입력된 모든 문자를 붙여 쓴 것도 함께 찾습니다.
- 아무개 문자 : 찾고자 하는 문자열의 일부분이 정확하지 않을 때는 '?' 또는 '*'을 써서 찾습니다.
- 한글로 한자 찾기 : 해당 항목을 선택하고 [찾기]를 수행하면 '찾을 내용' 입력란에 입력한 단어를 한글뿐만 아니라 한자까지 함께 찾습니다.
- 자소 단위 찾기 : 해당 항목을 선택하고 [찾기]를 수행하면 '찾을 내용' 입력란에 입력한 자소 단위까지 찾습니다.
- 조사 자동 교정 : 한글 바꾸기에서 찾은 낱말에 조사가 붙어 있으면 바뀌는 말에 따라 알맞은 조사로 자동 바꾸어 줍니다.

따라하기 02 맞춤법 검사하기

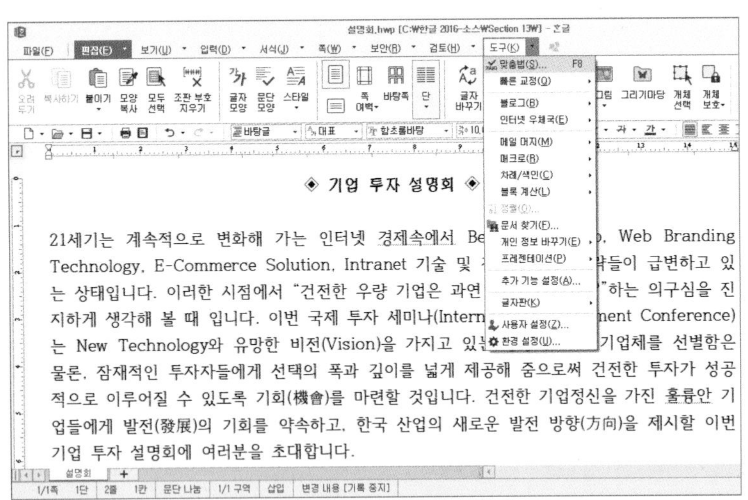

01 본문 내용에서 맞춤법을 검사하기 위하여 [도구] 탭의 펼침(▾) 단추를 클릭하고, [맞춤법]을 선택합니다(= F8).

맞춤법 검사 PLUS TIP

[도구] 탭에서 맞춤법 검사( ) 아이콘을 클릭해도 됩니다.

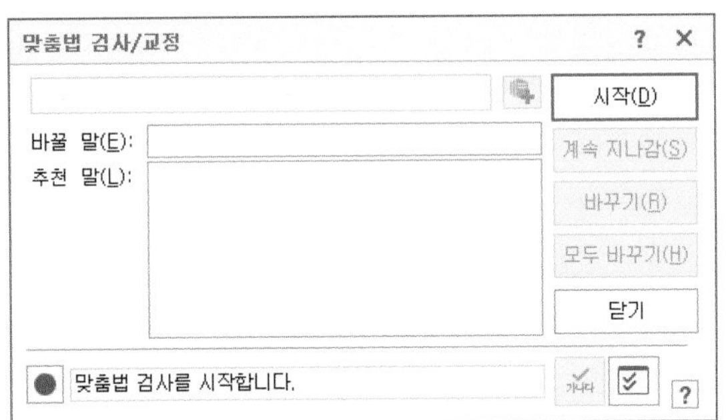

02 [맞춤법 검사/교정] 대화 상자에서 [시작] 단추를 클릭합니다.

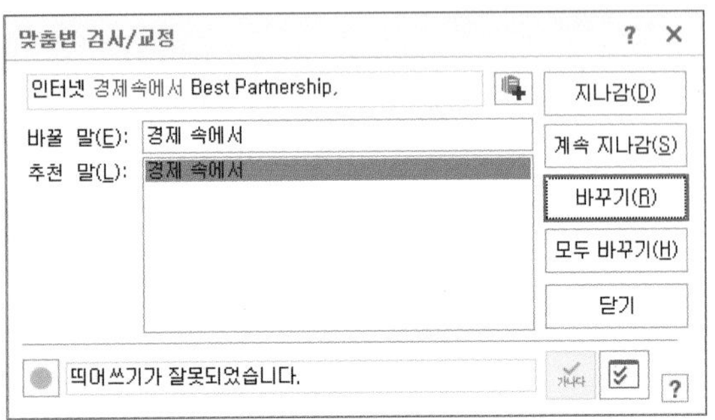

03 대화 상자에서 띄어쓰기가 잘못된 내용을 검사하면 '바꿀 말'과 '추천 말'을 확인하고, [바꾸기] 단추를 클릭합니다.

04 계속해서 철자가 잘못된 내용을 검사하면 '바꿀 말'과 '추천 말'을 확인하고, [바꾸기] 단추를 클릭합니다.

[모두 바꾸기] 단추 Plus Tip

본문에서 오류로 지적된 단어를 현재 단어 위치 다음에 같은 단어로 쓰인 것까지 모두 바꿉니다.

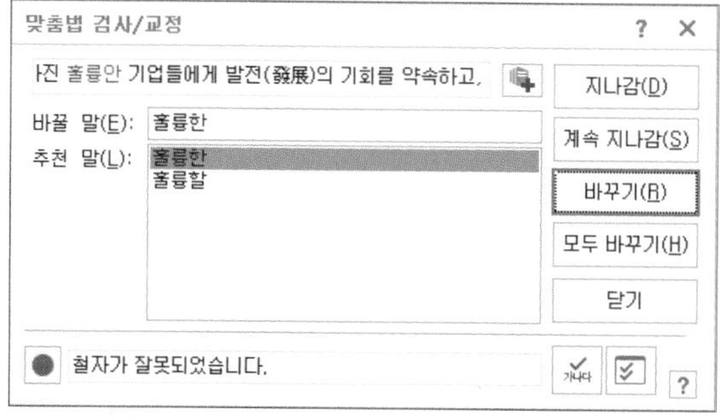

05 맞춤법 검사가 끝나면 [맞춤법 검사기] 대화 상자에서 [취소] 단추를 클릭합니다.

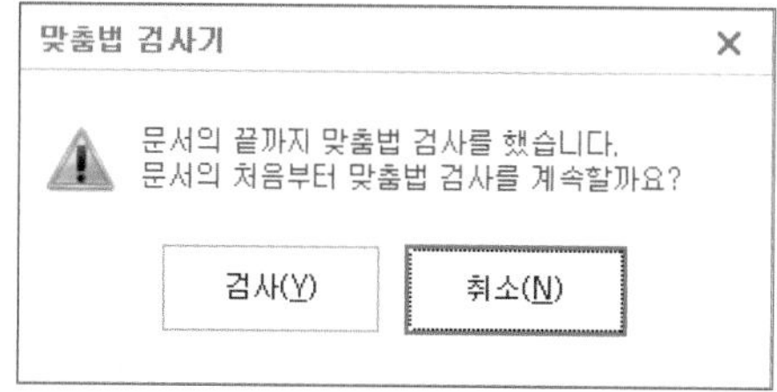

Power Upgrade

맞춤법 표시등

[맞춤법 검사/교정] 대화 상자의 하단에 있는 맞춤법 표시등은 색깔 변화로 현재 낱말의 맞춤법 오류 정도를 확인할 수 있습니다.

- ● : 오류로 지적된 단어가 없을 때 나타납니다.
- ● : 문장 부호 오류, 높임말 오류, 혼동되는 말 사용, 이전 말 참조 등과 같은 1단계 오류 상태를 나타냅니다.
- ● : 사전에 없는 말 사용, 중복 어절 사용, 부호 뒤 빈칸 입력 등의 2단계 오류 상태를 나타냅니다.
- ● : 철자 오류, 오용어 사용, –이/–히 오류 등의 3단계 오류 상태를 나타냅니다.

따라하기 03 빠른 교정 실행하기

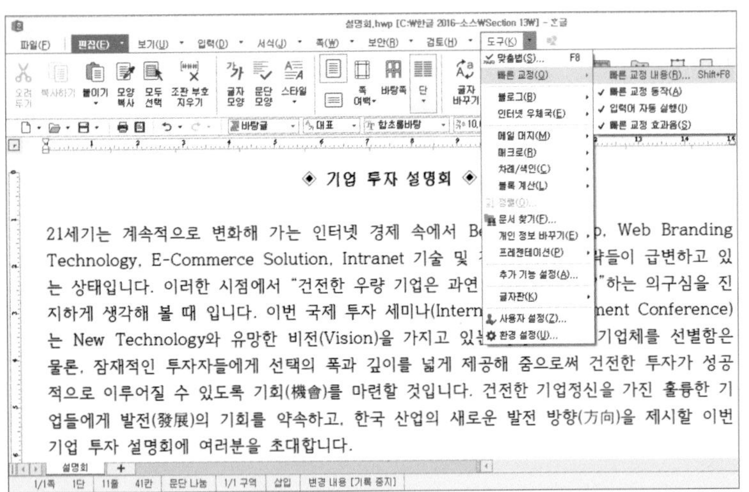

01 문서에서 빠른 교정 내용을 추가하기 위하여 [도구] 탭의 펼침(▾) 단추를 클릭하고, [빠른 교정]－[빠른 교정 내용]을 선택합니다.

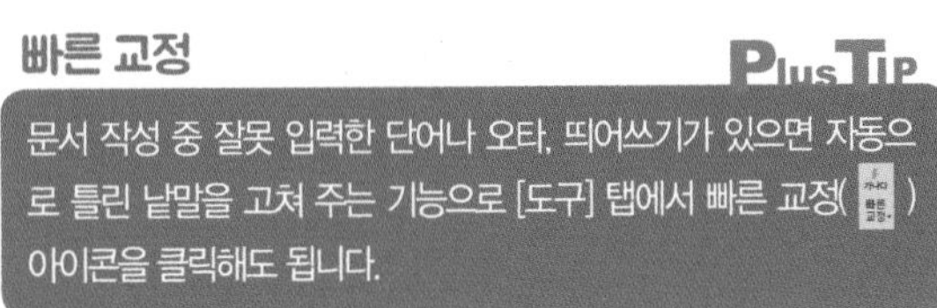

빠른 교정
Plus Tip
문서 작성 중 잘못 입력한 단어나 오타, 띄어쓰기가 있으면 자동으로 틀린 낱말을 고쳐 주는 기능으로 [도구] 탭에서 빠른 교정( ) 아이콘을 클릭해도 됩니다.

빠른 교정 내용

빠른 교정 사용자 사전 | 입력 자동 명령 사용자 사전 | 입력 자동 서식

닫기(D)

빠른 교정 사용자 등록 낱말(L):

틀린 말	맞는 말
- 를	-를
- 부터	-부터
- 에서	-에서
- 을	-을
- 입니다	-입니다
- 지지	-지지
- 처럼	-처럼
-, 을	-, 을
-aiton	-ation
-atoin	-ation
-bilty	-bility
-cieling	-ceiling
-cieve	-ceive
-eif	-ief
-esory	-essory
-oiton	-otion
-ptoin	-ption

02 [빠른 교정 내용] 대화 상자의 [빠른 교정 사용자 사전] 탭에서 빠른 교정 추가하기(+) 아이콘을 클릭합니다.

빠른 교정 추가하기

틀린 말(E): 이매일

맞는 말(C): 이메일

추가(D)

취소

03 [빠른 교정 추가하기] 대화 상자에서 틀린 말에는 "이매일", 맞는 말에는 "이메일"을 입력하고, [추가] 단추를 클릭합니다.

04 다시 [빠른 교정 내용] 대화 상자의 [빠른 교정 사용자 사전] 탭에서 등록된 낱말을 확인하고, [닫기] 단추를 클릭합니다.

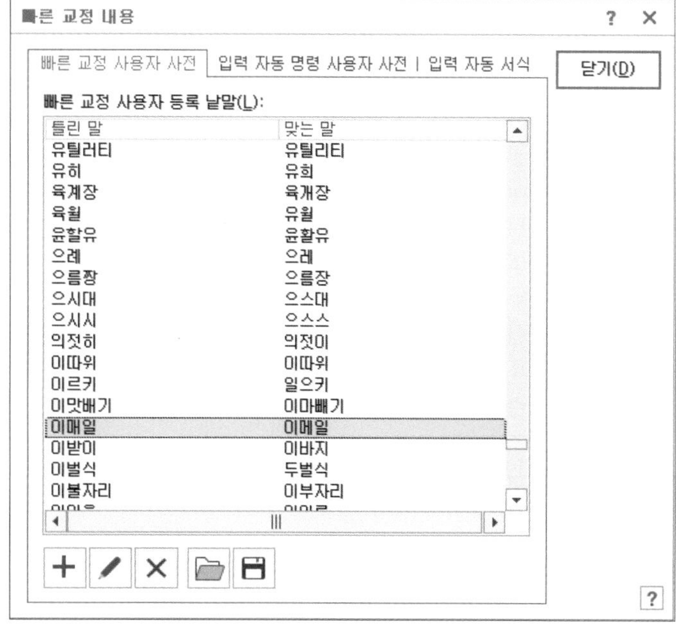

05 문서 맨 끝에서 주어진 내용을 입력할 경우 "이매일"을 입력하면 효과음과 함께 자동으로 '이메일'로 바뀌는 것을 확인할 수 있습니다.

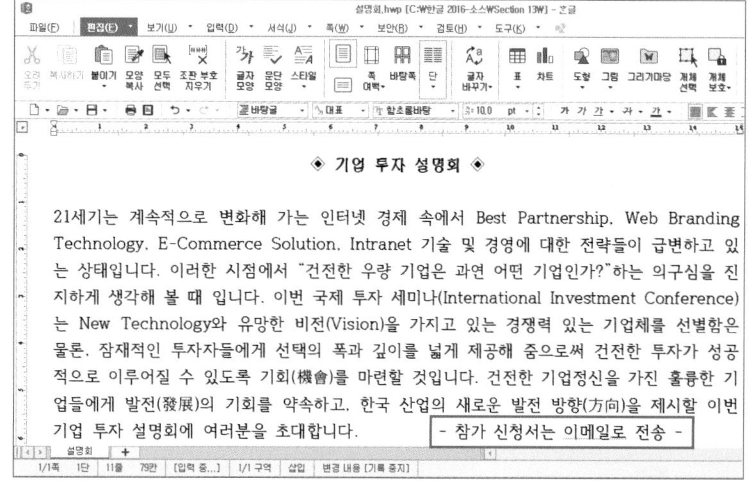
◈ 기업 투자 설명회 ◈

21세기는 계속적으로 변화해 가는 인터넷 경제 속에서 Best Partnership, Web Branding Technology, E-Commerce Solution, Intranet 기술 및 경영에 대한 전략들이 급변하고 있는 상태입니다. 이러한 시점에서 "건전한 우량 기업은 과연 어떤 기업인가?"하는 의구심을 진지하게 생각해 볼 때 입니다. 이번 국제 투자 세미나(International Investment Conference)는 New Technology와 유망한 비전(Vision)을 가지고 있는 경쟁력 있는 기업체를 선별함은 물론, 잠재적인 투자자들에게 선택의 폭과 깊이를 넓게 제공해 줌으로써 건전한 투자가 성공적으로 이루어질 수 있도록 기회(機會)를 마련할 것입니다. 건전한 기업정신을 가진 훌륭한 기업들에게 발전(發展)의 기회를 약속하고, 한국 산업의 새로운 발전 방향(方向)을 제시할 이번 기업 투자 설명회에 여러분을 초대합니다.

- 참가 신청서는 이메일로 전송 -

Power Upgrade

[빠른 교정] 메뉴

문서 작성 중에 빠른 교정 내용을 적용하려면 세 가지 메뉴는 항상 선택(체크) 상태에서 작업합니다.

- [빠른 교정 동작] : 문서를 편집하는 중에 빠른 교정을 사용할지를 결정합니다.
- [입력어 자동 실행] : 문서를 편집하는 중에 입력 자동 명령을 사용할지를 결정합니다.
- [빠른 교정 효과음] : 문서에서 빠른 교정을 수행하면서 효과음을 낼 것인지 안 낼 것인지를 결정합니다.

빠른 교정 내용(R)... Shift+F8
✓ 빠른 교정 동작(A)
✓ 입력어 자동 실행(I)
✓ 빠른 교정 효과음(S)

기초문제

1

다음의 내용을 입력한 후 '동호인' 단어가 몇 개인지를 찾아보고, '테니스.hwp'로 저장하세요.

『동호인 테니스 대회 안내』

안녕하십니까? 국민 건강 증진(Promotion of Health)과 체육 진흥을 위해 노력하는 사단법인(Corporation Aggregate) 한국동호인테니스연맹(VITRO KATA)입니다. 본 협회에서는 동호인 테니스 대회를 개최할 예정입니다. 아마추어 랭킹을 인정하는 테니스 대회로서 대한테니스연맹(Korea Tennis Federation)에 선수로 등록된 사람은 참가할 수 없으며 개인전(Individual Event)과 단체전(Team Competition)으로 나누어 이틀 동안 대회가 계속됩니다.
공기가 좋고 코트(Court) 관리가 잘 되어 있어 어느 대회(大會)보다 좋은 콘디션(Condition)으로 경기를 치를 수 있을 것입니다. 아름다운 대전시에서 열리는 이번 테니스 대회에 동호인 여러분의 많은 참여를 바랍니다.

테니스 +

2

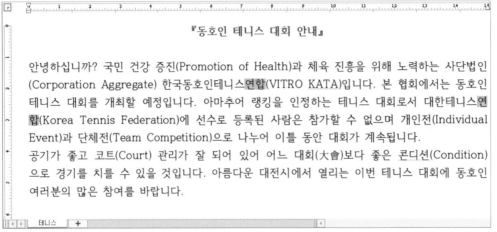

본문 내용 중 '연맹'이란 단어를 '연합'으로 찾아 바꾸기 해 보세요.

『동호인 테니스 대회 안내』

안녕하십니까? 국민 건강 증진(Promotion of Health)과 체육 진흥을 위해 노력하는 사단법인(Corporation Aggregate) 한국동호인테니스연합(VITRO KATA)입니다. 본 협회에서는 동호인 테니스 대회를 개최할 예정입니다. 아마추어 랭킹을 인정하는 테니스 대회로서 대한테니스연합(Korea Tennis Federation)에 선수로 등록된 사람은 참가할 수 없으며 개인전(Individual Event)과 단체전(Team Competition)으로 나누어 이틀 동안 대회가 계속됩니다.
공기가 좋고 코트(Court) 관리가 잘 되어 있어 어느 대회(大會)보다 좋은 콘디션(Condition)으로 경기를 치를 수 있을 것입니다. 아름다운 대전시에서 열리는 이번 테니스 대회에 동호인 여러분의 많은 참여를 바랍니다.

테니스 +

힌트 • [찾아 바꾸기] 대화 상자에서 찾을 내용에 "연맹", 바꿀 내용에 "연합"을 입력하고, 찾을 방향은 '문서 전체'를 선택한 후 [모두 바꾸기] 단추를 클릭합니다.

3

본문 내용 중 맞춤법이 잘못된 부분이 있는지 검사해 보세요.

『동호인 테니스 대회 안내』

안녕하십니까? 국민 건강 증진(Promotion of Health)과 체육 진흥을 위해 노력하는 사단법인(Corporation Aggregate) 한국동호인테니스연합(VITRO KATA)입니다. 본 협회에서는 동호인 테니스 대회를 개최할 예정입니다. 아마추어 랭킹을 인정하는 테니스 대회로서 대한테니스연합(Korea Tennis Federation)에 선수로 등록된 사람은 참가할 수 없으며 개인전(Individual Event)과 단체전(Team Competition)으로 나누어 이틀 동안 대회가 계속됩니다.
공기가 좋고 코트(Court) 관리가 잘 되어 있어 어느 대회(大會)보다 좋은 컨디션(Condition)으로 경기를 치를 수 있을 것입니다. 아름다운 대전시에서 열리는 이번 테니스 대회에 동호인 여러분의 많은 참여를 바랍니다.

테니스 +

힌트 • [맞춤법 검사/교정] 대화 상자에서 '바꿀 말'과 '추천 말'을 확인하고, [바꾸기] 단추를 클릭합니다.

1) 다음의 내용을 입력하면서 빠른 교정 내용에 '생태개'를 '생태계'로 추가해 보세요.

《환경 문제 정책 토론회》

\- 후원 : 생태계보존학회 -

최근 환경 문제(Environmental Problem)에 대한 사회적 관심이 높아지고 있습니다. 특히, 토양오염(Soil Pollution), 수질오염(Water Pollution), 대기오염(Air Pollution)과 같은 문제에 대해 많은 사람들이 관심을 갖게 된 이유는 환경 문제가 현대 사회에서 그만큼 심각한 수준에 이르렀기 때문입니다. 우리 주변의 환경 문제는 환경 오염 물질이 대량화되고 유독화되어 피해 지역이 갈수록 넓어지고 있는 특징을 보이구 있습니다.
이러한 환경 문제는 각종 소비(Consumption) 생활과 밀접한 관계가 있으며 자원 회손과 환경 오염을 일으키는 주요 원인 중의 하나입니다. 소비(消費)의 억제 없이 환경 문제를 근본적으로 해결하기란 매우 어렵습니다. 저희 청정자연캠페인에서는 이러한 이유에서 정책 토론회를 주최하고자 하오니 많은 관심과 참석을 바랍니다.

빈 문서 1

힌트 • [빠른 교정 추가하기] 대화 상자에서 틀린 말에는 "생태개", 맞는 말에는 "생태계"를 입력하고, [추가] 단추를 클릭합니다.

2) 본문 내용 중 '주최'는 '개최'로 '토론회'는 '간담회'로 각각 찾아 바꾸기 해 보세요.

《환경 문제 정책 간담회》

\- 후원 : 생태계보존학회 -

최근 환경 문제(Environmental Problem)에 대한 사회적 관심이 높아지고 있습니다. 특히, 토양오염(Soil Pollution), 수질오염(Water Pollution), 대기오염(Air Pollution)과 같은 문제에 대해 많은 사람들이 관심을 갖게 된 이유는 환경 문제가 현대 사회에서 그만큼 심각한 수준에 이르렀기 때문입니다. 우리 주변의 환경 문제는 환경 오염 물질이 대량화되고 유독화되어 피해 지역이 갈수록 넓어지고 있는 특징을 보이구 있습니다.
이러한 환경 문제는 각종 소비(Consumption) 생활과 밀접한 관계가 있으며 자원 회손과 환경 오염을 일으키는 주요 원인 중의 하나입니다. 소비(消費)의 억제 없이 환경 문제를 근본적으로 해결하기란 매우 어렵습니다. 저희 청정자연캠페인에서는 이러한 이유에서 정책 간담회를 개최하고자 하오니 많은 관심과 참석을 바랍니다.

빈 문서 1

3) 본문 내용 중 띄어쓰기와 잘못된 철자를 모두 수정한 후 '환경.hwp'로 저장하세요.

《환경 문제 정책 간담회》

\- 후원 : 생태계보존학회 -

최근 환경 문제(Environmental Problem)에 대한 사회적 관심이 높아지고 있습니다. 특히, 토양오염(Soil Pollution), 수질오염(Water Pollution), 대기오염(Air Pollution)과 같은 문제에 대해 많은 사람들이 관심을 갖게 된 이유는 환경 문제가 현대 사회에서 그만큼 심각한 수준에 이르렀기 때문입니다. 우리 주변의 환경 문제는 환경오염 물질이 대량화되고 유독화되어 피해 지역이 갈수록 넓어지고 있는 특징을 보이고 있습니다.
이러한 환경 문제는 각종 소비(Consumption) 생활과 밀접한 관계가 있으며 자원 훼손과 환경오염을 일으키는 주요 원인 중의 하나입니다. 소비(消費)의 억제 없이 환경 문제를 근본적으로 해결하기란 매우 어렵습니다. 저희 청정자연캠페인에서는 이러한 이유에서 정책 간담회를 개최하고자 하오니 많은 관심과 참석을 바랍니다.

환경

Section

14 글상자와 글맵시 삽입하기

문서 상단에 글상자를 삽입하여 제목을 입력한 후 글상자의 여러 가지 개체 속성을 지정해 봅니다. 또한, 문서 하단에는 글맵시를 삽입하여 글자 모양을 지정하고, 크기와 위치 등을 적당히 조절하는 방법에 대해서 학습해 봅니다.

Preview

채용.hwp [C:₩한글 2016-소스₩Section 14₩] - 한글

중소기업 무역 인력 채용 박람회

경기도노동청이 중소 무역업체의 새로운 인재(人才) 확보를 지원하기 위해 무역협회와 공동으로 '중소기업 무역 인력 온라인 채용 박람회'를 개최합니다. 특히, 하반기에는 참가 대상자 위주로 취업 기술 향상을 위한 다양한 무료 오프라인(Off-Line) 취업 강좌가 진행됩니다.
주요 내용으로는 '맞춤형 이력서 컨설팅', '면접 특강 및 모의 면접의 기회 제공' 등이 있습니다. 이번 온라인 채용 박람회는 노동부, 무역협회, 산업인력공단 홈페이지를 통해서도 참여할 수 있습니다. 경제가 어려울수록 여러분의 뜨거운 관심과 호응을 바탕으로 무역업체의 보다 나은 미래(Future)를 선도할 주역이 되시기 바랍니다.

경기도고용노동청

▲ 완성파일 : 채용.hwp

핵심 내용

– 문서 상단에 글상자를 삽입한 후 글상자의 크기, 위치, 선, 채우기 색 등을 지정하는 방법에 대해 알아봅니다.
– 문서 하단에 글맵시를 삽입한 후 글맵시의 글자 모양, 크기, 배치 등을 지정하는 방법에 대해 알아봅니다.

따라하기 01 글상자 삽입과 편집하기

01 화면에 주어진 문서 내용을 입력한 후 'C:₩한글 2016-소스₩Section 14'에 '채용.hwp'로 저장합니다.

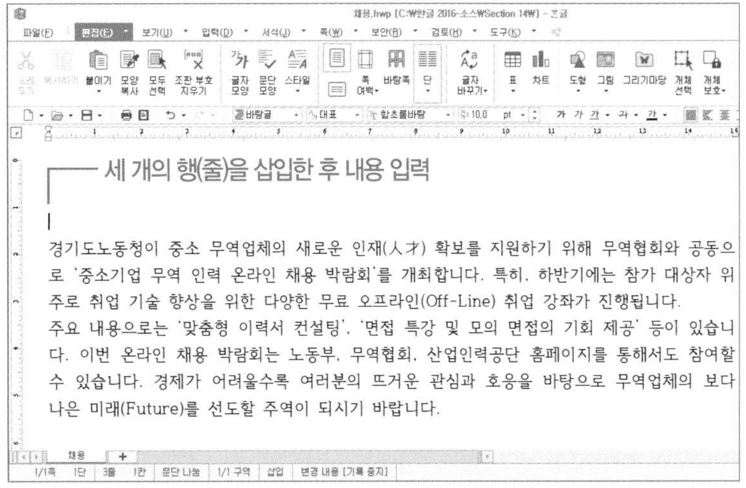
세 개의 행(줄)을 삽입한 후 내용 입력
경기도노동청이 중소 무역업체의 새로운 인재(人才) 확보를 지원하기 위해 무역협회와 공동으로 '중소기업 무역 인력 온라인 채용 박람회'를 개최합니다. 특히, 하반기에는 참가 대상자 위주로 취업 기술 향상을 위한 다양한 무료 오프라인(Off-Line) 취업 강좌가 진행됩니다.
주요 내용으로는 '맞춤형 이력서 컨설팅', '면접 특강 및 모의 면접의 기회 제공' 등이 있습니다. 이번 온라인 채용 박람회는 노동부, 무역협회, 산업인력공단 홈페이지를 통해서도 참여할 수 있습니다. 경제가 어려울수록 여러분의 뜨거운 관심과 호응을 바탕으로 무역업체의 보다 나은 미래(Future)를 선도할 주역이 되시기 바랍니다.

02 글상자를 삽입하기 위하여 [입력] 탭의 펼침(▾) 단추를 클릭하고, [개체]-[글상자]를 선택합니다(= Ctrl + N, B).

글상자

[입력] 탭에서 자세히(▾) 단추를 클릭하고, 가로 글상자( ) 아이콘을 클릭해도 됩니다.

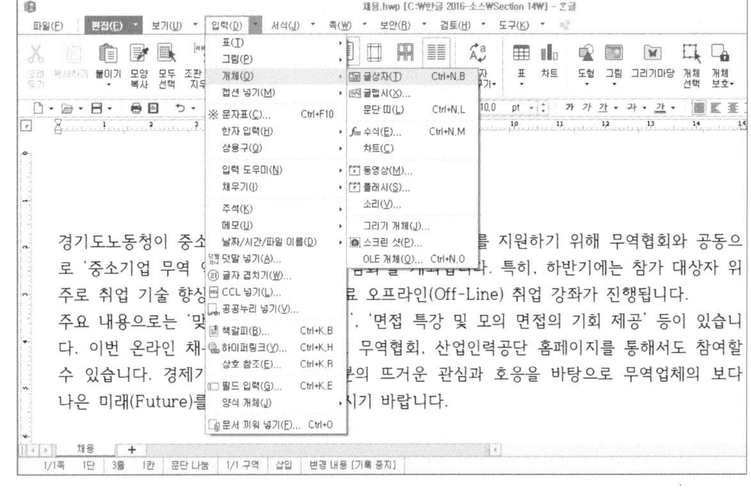

03 마우스 포인터가 '+' 모양으로 변경되면 화면 상단 중앙에 적당한 크기로 드래그하여 삽입합니다.

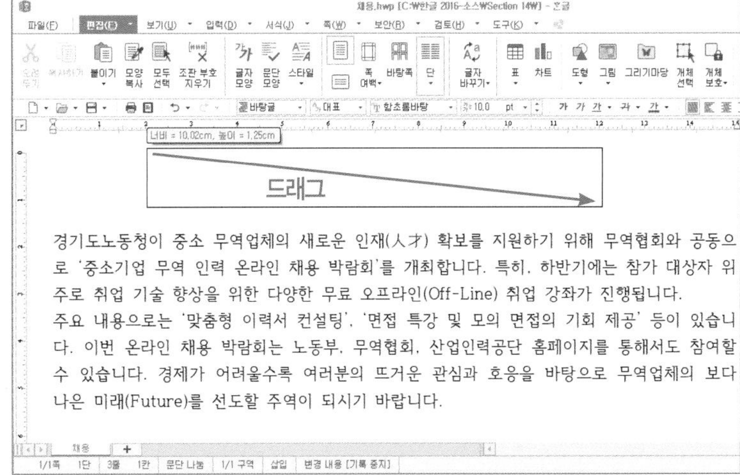
드래그

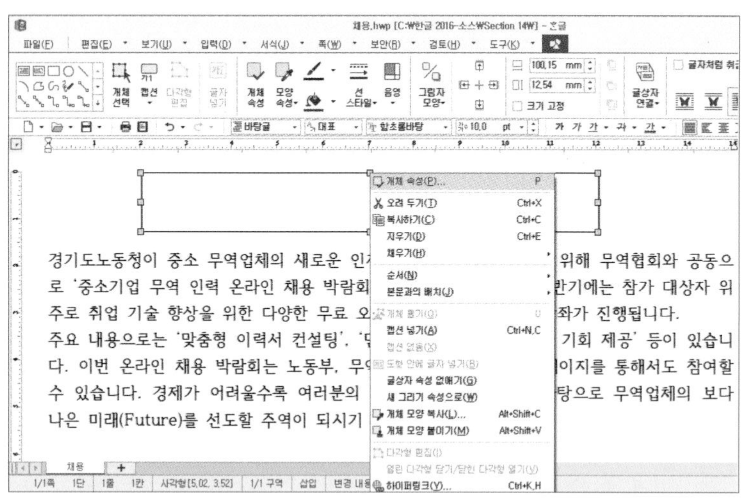

04 삽입된 글상자를 선택한 후 마우스 오른쪽 버튼을 클릭하고, [개체 속성]을 선택합니다.

글상자 속성 Plus Tip

글상자가 선택된 상태에서 P 키를 누르거나 해당 글상자를 더블 클릭해도 됩니다.

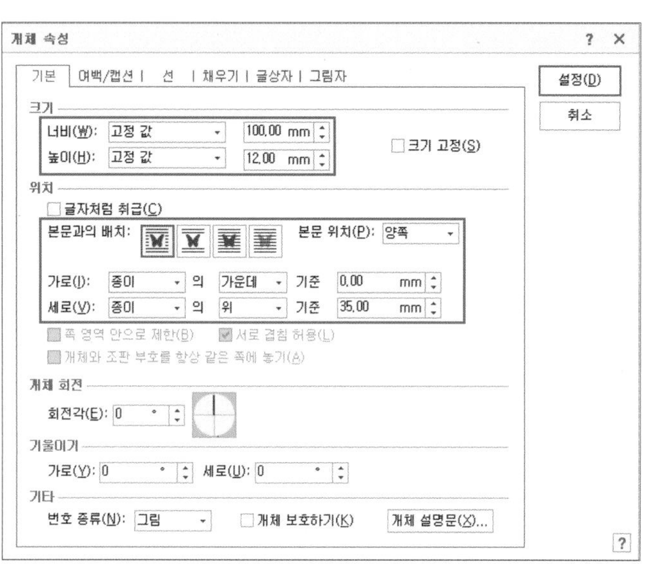

05 [개체 속성] 대화 상자의 [기본] 탭에서 크기(너비, 높이)와 위치(본문과의 배치, 가로, 세로)를 다음과 같이 각각 지정합니다.

06 계속해서 [선] 탭에서 선의 색은 '주황', 종류는 '이중 실선', 굵기는 '1mm'를 각각 지정합니다.

07 마지막으로 [채우기] 탭에서 면 색을 '노랑'으로 지정하고, [설정] 단추를 클릭합니다.

개체 속성
기본 | 여백/캡션 | 선 | 채우기 | 글상자 | 그림자
설정(D)
취소
채우기
색 채우기 없음(V)
색(O)
면 색(C):
무늬 색(K):
무늬 모양(L):
그러데이
색 없음
다른 색...
그림(B)
투명도 설정
투명도(I): 0 %

08 편집된 글상자가 나타나면 글상자 안에 커서를 위치시킨 후 주어진 내용을 입력합니다.

글상자에 텍스트 입력 Plus Tip

글상자가 선택된 상태에서는 커서를 이동할 수 없으므로 임의의 위치를 클릭하여 선택을 해제한 후 글상자 안에서 마우스를 클릭합니다.

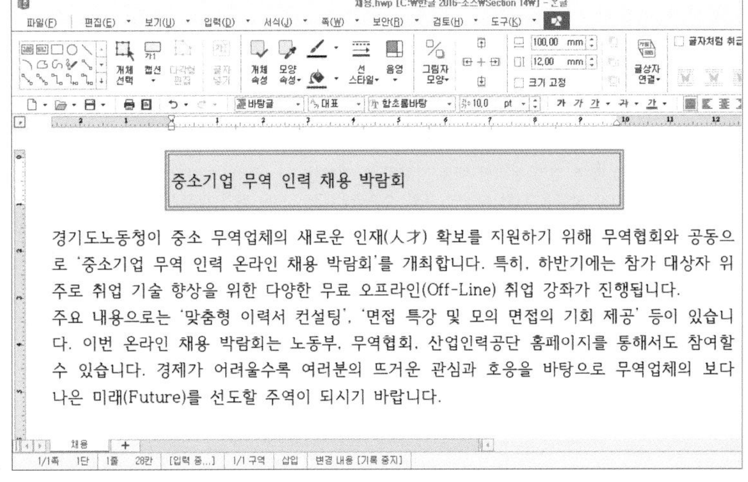
중소기업 무역 인력 채용 박람회
경기도노동청이 중소 무역업체의 새로운 인재(人才) 확보를 지원하기 위해 무역협회와 공동으로 '중소기업 무역 인력 온라인 채용 박람회'를 개최합니다. 특히, 하반기에는 참가 대상자 위주로 취업 기술 향상을 위한 다양한 무료 오프라인(Off-Line) 취업 강좌가 진행됩니다.
주요 내용으로는 '맞춤형 이력서 컨설팅', '면접 특강 및 모의 면접의 기회 제공' 등이 있습니다. 이번 온라인 채용 박람회는 노동부, 무역협회, 산업인력공단 홈페이지를 통해서도 참여할 수 있습니다. 경제가 어려울수록 여러분의 뜨거운 관심과 호응을 바탕으로 무역업체의 보다 나은 미래(Future)를 선도할 주역이 되시기 바랍니다.

09 입력한 내용을 블록 지정한 후 서식 도구 상자에서 글꼴은 '휴먼엑스포', 글자 크기는 '15pt', 글자 색은 '파랑', 정렬 방식은 '가운데 정렬'을 각각 지정합니다.

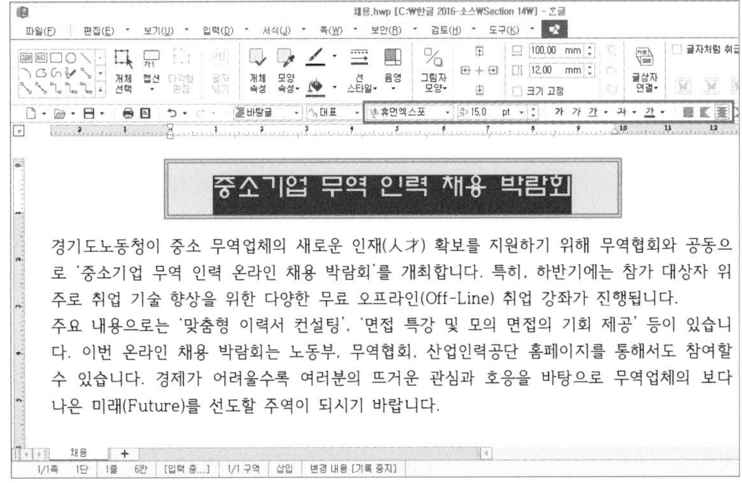
중소기업 무역 인력 채용 박람회
경기도노동청이 중소 무역업체의 새로운 인재(人才) 확보를 지원하기 위해 무역협회와 공동으로 '중소기업 무역 인력 온라인 채용 박람회'를 개최합니다. 특히, 하반기에는 참가 대상자 위주로 취업 기술 향상을 위한 다양한 무료 오프라인(Off-Line) 취업 강좌가 진행됩니다.
주요 내용으로는 '맞춤형 이력서 컨설팅', '면접 특강 및 모의 면접의 기회 제공' 등이 있습니다. 이번 온라인 채용 박람회는 노동부, 무역협회, 산업인력공단 홈페이지를 통해서도 참여할 수 있습니다. 경제가 어려울수록 여러분의 뜨거운 관심과 호응을 바탕으로 무역업체의 보다 나은 미래(Future)를 선도할 주역이 되시기 바랍니다.

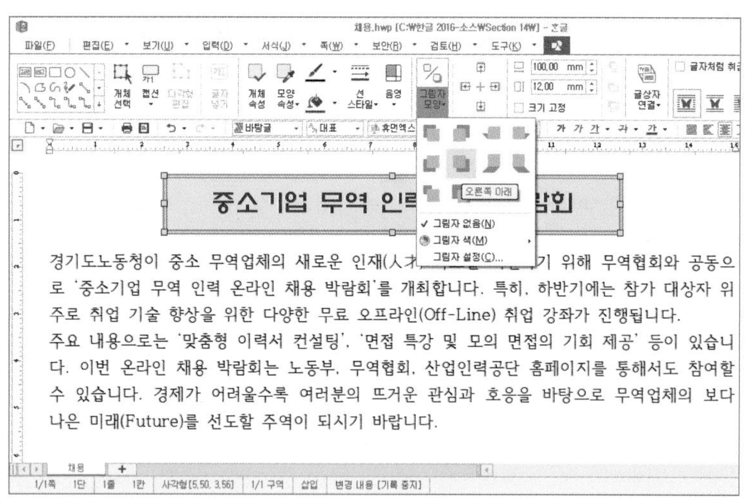

10 다시 글상자를 선택한 후 [도형] 탭에서 그림자 모양(그림자 모양) 아이콘을 클릭하고, '오른쪽 아래'를 선택합니다.

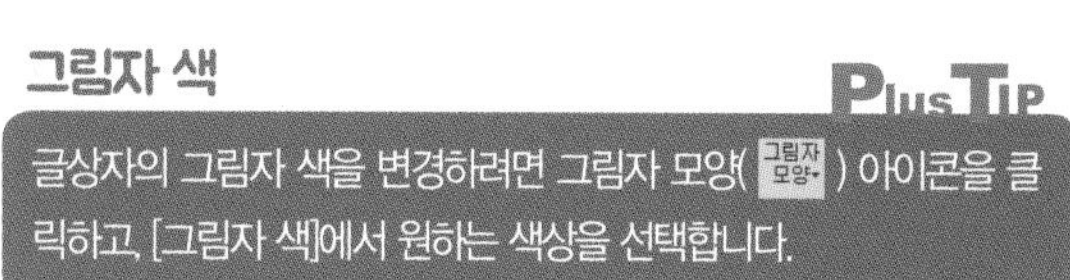

그림자 색
Plus Tip
글상자의 그림자 색을 변경하려면 그림자 모양(그림자 모양) 아이콘을 클릭하고, [그림자 색]에서 원하는 색상을 선택합니다.

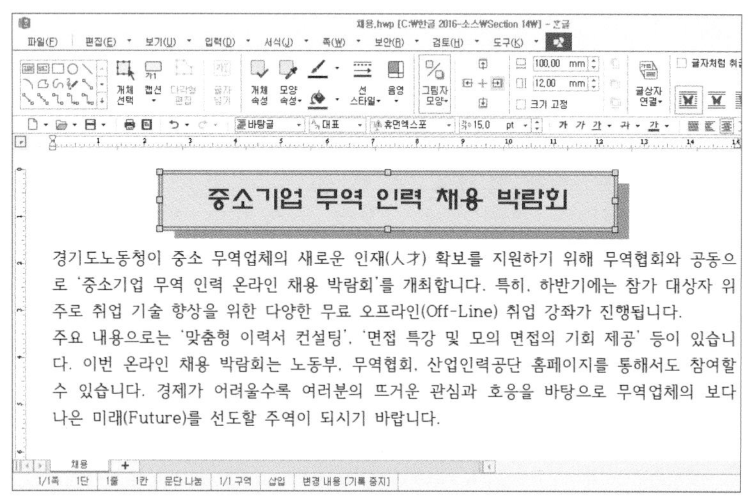

11 마지막으로 [도형] 탭에서 그림자 오른쪽으로 이동( ) 아이콘을 클릭합니다.

Power Upgrade

[개체 속성] 대화 상자의 [기본] 탭에서 본문과의 배치

- 어울림( ) : 개체와 본문이 같은 줄을 나누어 쓰되, 서로 자리를 침범하지 않고 본문이 개체에 어울리도록 배치합니다.
- 자리 차지( ) : 개체가 개체의 높이만큼 줄을 차지하고 있기 때문에 개체가 차지하고 있는 영역에는 본문이 올 수 없습니다.
- 글 앞으로( ) : 개체가 없는 것처럼 본문이 채워지고, 개체는 본문이 덮이도록 본문 위에 배치합니다.
- 글 뒤로( ) : 개체가 없는 것처럼 본문이 채워지고, 개체는 본문의 배경처럼 사용됩니다.

위치
- 글자처럼 취급(C)
- 본문과의 배치: 본문 위치(P): 양쪽
- 가로(I): 종이 의 가운데 기준 0.00 mm
- 세로(V): 종이 의 위 기준 35.59 mm

따라하기 02 글맵시 삽입과 편집하기

01 문서 하단에 글맵시를 삽입하기 위하여 문장 끝에서 Enter 키를 눌러 커서를 위치합니다.

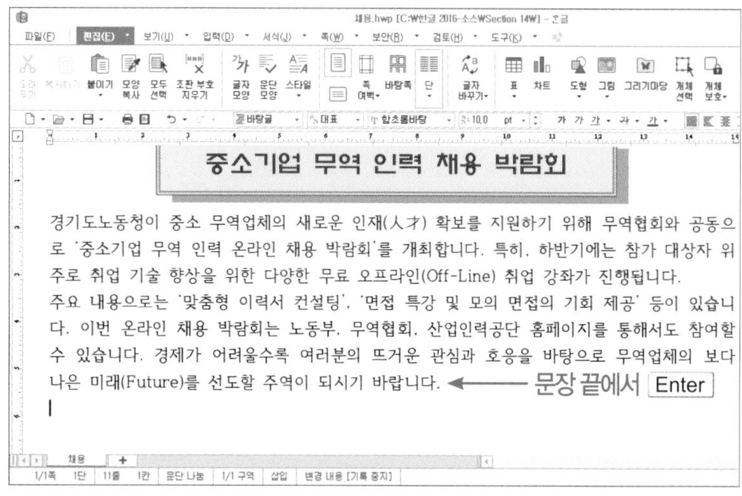

02 [입력] 탭에서 펼침(▾) 단추를 클릭하고, [개체]-[글맵시]를 선택합니다.

글맵시
PlusTip
[입력] 탭에서 글맵시( ) 아이콘을 클릭해도 됩니다.

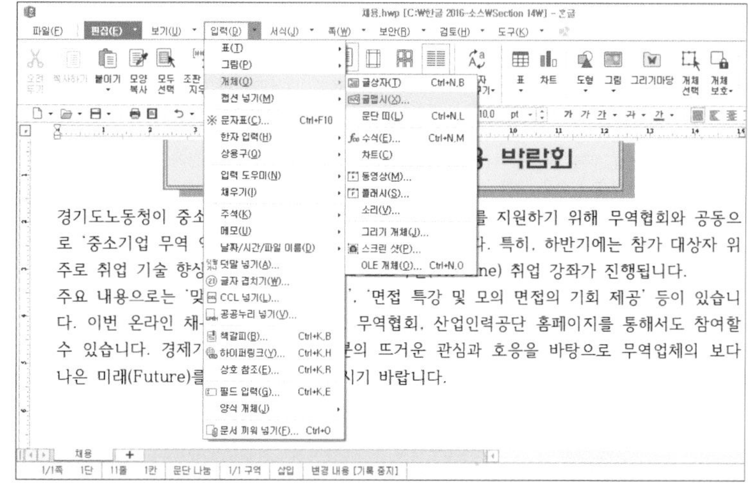

03 [글맵시 만들기] 대화 상자에서 내용 입력란에 "경기도고용노동청"을 입력한 후 글꼴은 '궁서체', 글자 간격은 '110'을 각각 지정합니다.

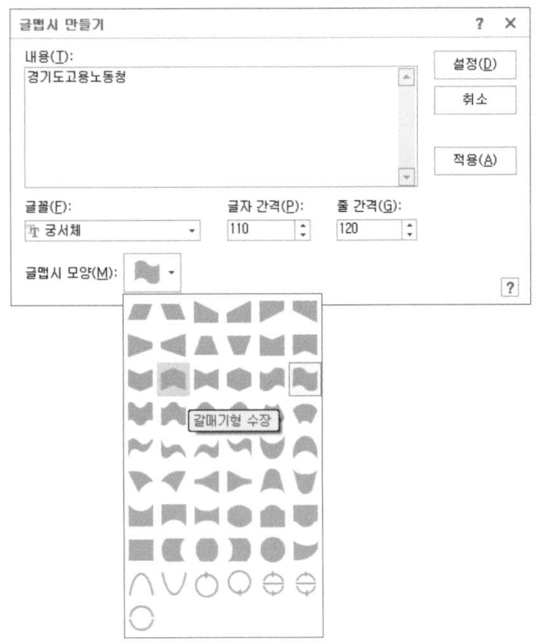

04 계속해서 글맵시 모양( ) 아이콘을 클릭한 후 '갈매기형 수장'을 선택하고, [설정] 단추를 클릭합니다.

글맵시 모양 Plus Tip

글맵시를 삽입한 후 [글맵시] 탭에서 글맵시 모양( ) 아이콘을 클릭하면 수시로 모양을 변경할 수 있습니다.

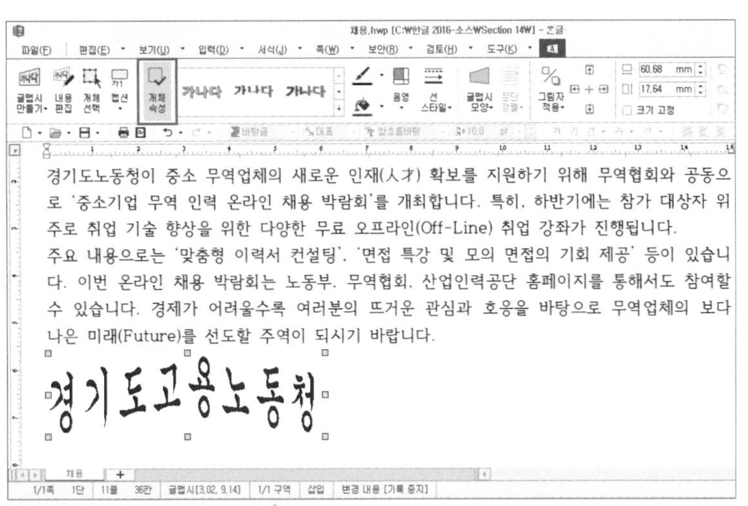

05 문서 하단의 커서 위치에 글맵시가 나타나면 [글맵시] 탭에서 개체 속성( ) 아이콘을 클릭합니다.

06 [개체 속성] 대화 상자의 [기본] 탭에서 크기(너비, 높이)와 위치(글자처럼 취급)를 다음과 같이 지정하고, [설정] 단추를 클릭합니다.

글자처럼 취급 Plus Tip

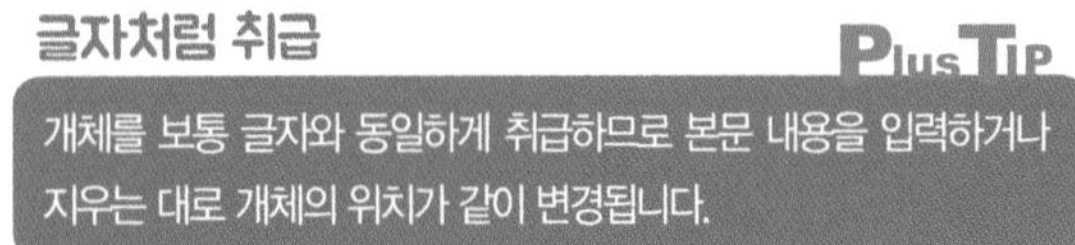

개체를 보통 글자와 동일하게 취급하므로 본문 내용을 입력하거나 지우는 대로 개체의 위치가 같이 변경됩니다.

07 글맵시 끝에 커서를 위치시킨 후 서식 도구 상자에서 가운데 정렬( ) 아이콘을 클릭합니다.

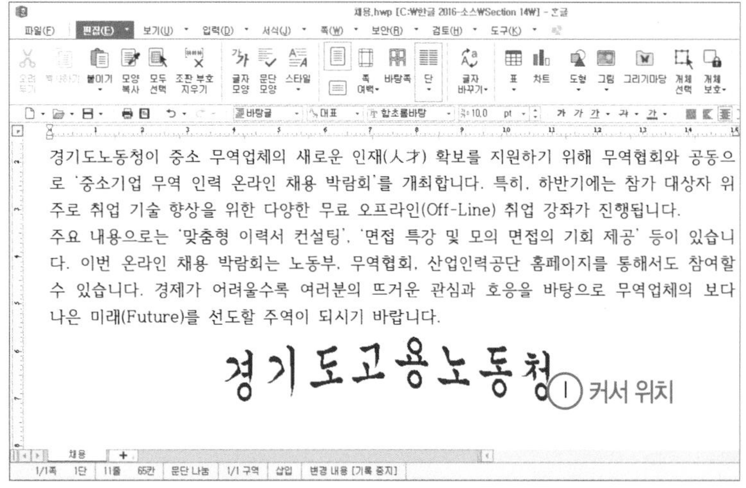

08 다시 글맵시를 선택한 후 [글맵시] 탭에서 채우기( ) 아이콘을 클릭하고, '보라'를 선택합니다.

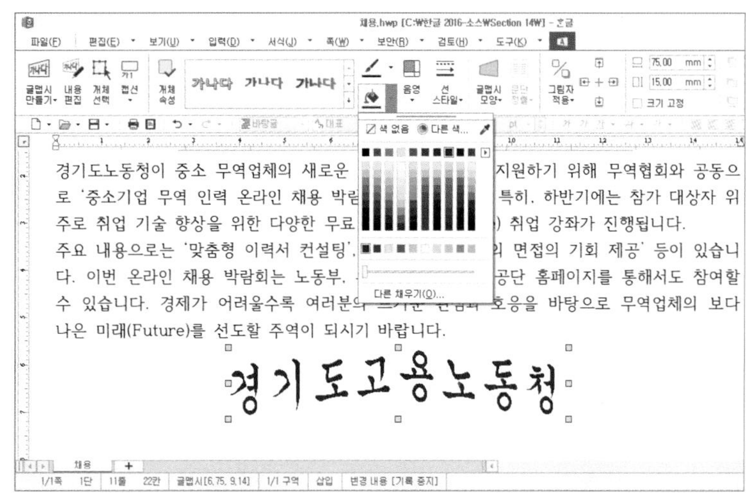

Power Upgrade

글맵시 스타일과 음영

- 글맵시를 선택한 후 [글맵시] 탭에서 자세히( ) 단추를 클릭하면 원하는 스타일을 빠르게 선택할 수 있습니다.
- 글맵시를 선택한 후 [글맵시] 탭에서 음영( ) 아이콘을 클릭하면 선택한 개체의 밝기 비율을 증가 또는 감소시킬 수 있습니다.

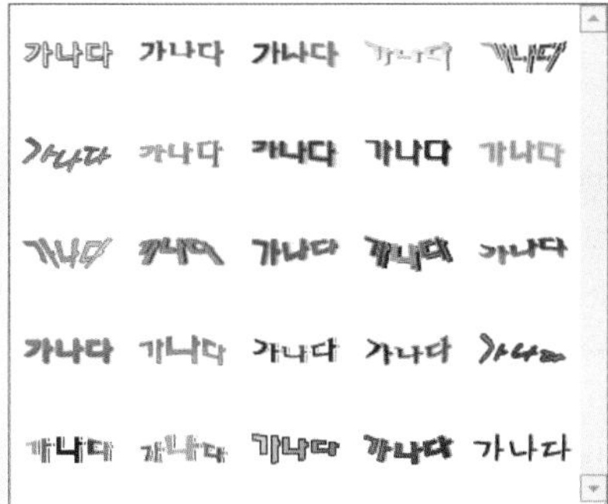

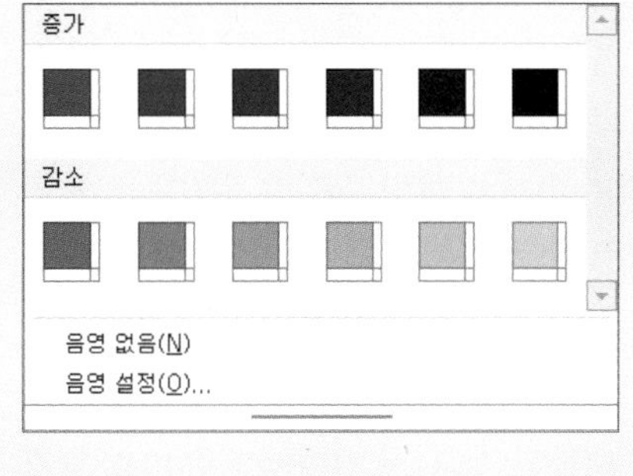

기초문제

1

다음의 내용을 입력한 후 문서 상단에 적당한 크기의 글상자를 삽입하고, '노인.hwp'로 저장하세요.

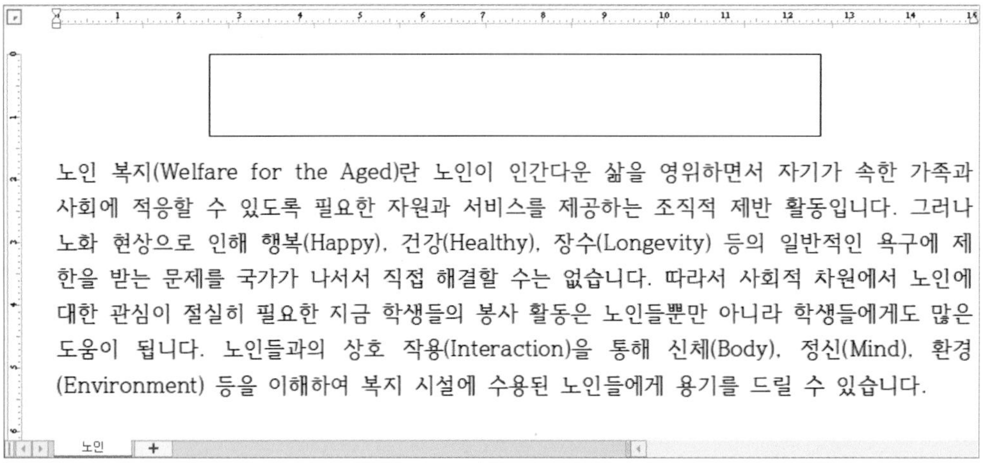

노인 복지(Welfare for the Aged)란 노인이 인간다운 삶을 영위하면서 자기가 속한 가족과 사회에 적응할 수 있도록 필요한 자원과 서비스를 제공하는 조직적 제반 활동입니다. 그러나 노화 현상으로 인해 행복(Happy), 건강(Healthy), 장수(Longevity) 등의 일반적인 욕구에 제한을 받는 문제를 국가가 나서서 직접 해결할 수는 없습니다. 따라서 사회적 차원에서 노인에 대한 관심이 절실히 필요한 지금 학생들의 봉사 활동은 노인들뿐만 아니라 학생들에게도 많은 도움이 됩니다. 노인들과의 상호 작용(Interaction)을 통해 신체(Body), 정신(Mind), 환경(Environment) 등을 이해하여 복지 시설에 수용된 노인들에게 용기를 드릴 수 있습니다.

노인

힌트 • [개체 속성] 대화 상자의 [기본] 탭에서 너비는 '100', 높이는 '13', 본문과의 배치는 '어울림'으로 각각 지정합니다.

2

글상자의 선(색-남색, 종류-점선, 굵기-0.5mm)과 채우기(면 색-노랑)를 지정해 보세요.

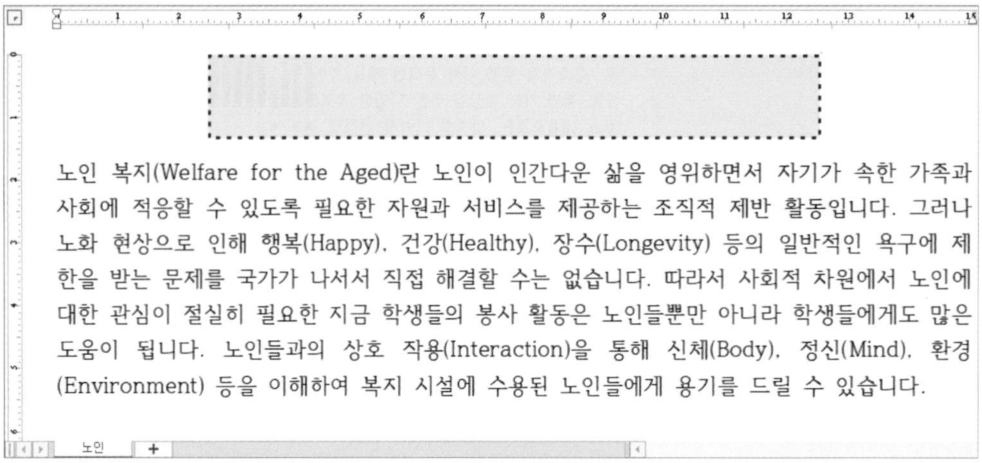

노인 복지(Welfare for the Aged)란 노인이 인간다운 삶을 영위하면서 자기가 속한 가족과 사회에 적응할 수 있도록 필요한 자원과 서비스를 제공하는 조직적 제반 활동입니다. 그러나 노화 현상으로 인해 행복(Happy), 건강(Healthy), 장수(Longevity) 등의 일반적인 욕구에 제한을 받는 문제를 국가가 나서서 직접 해결할 수는 없습니다. 따라서 사회적 차원에서 노인에 대한 관심이 절실히 필요한 지금 학생들의 봉사 활동은 노인들뿐만 아니라 학생들에게도 많은 도움이 됩니다. 노인들과의 상호 작용(Interaction)을 통해 신체(Body), 정신(Mind), 환경(Environment) 등을 이해하여 복지 시설에 수용된 노인들에게 용기를 드릴 수 있습니다.

노인

힌트 • [개체 속성] 대화 상자의 [선] 탭과 [채우기] 탭에서 각각 지정합니다.

3

글상자에 제목을 입력한 후 주어진 글꼴 서식(태 나무, 15pt, 보라)을 지정해 보세요.

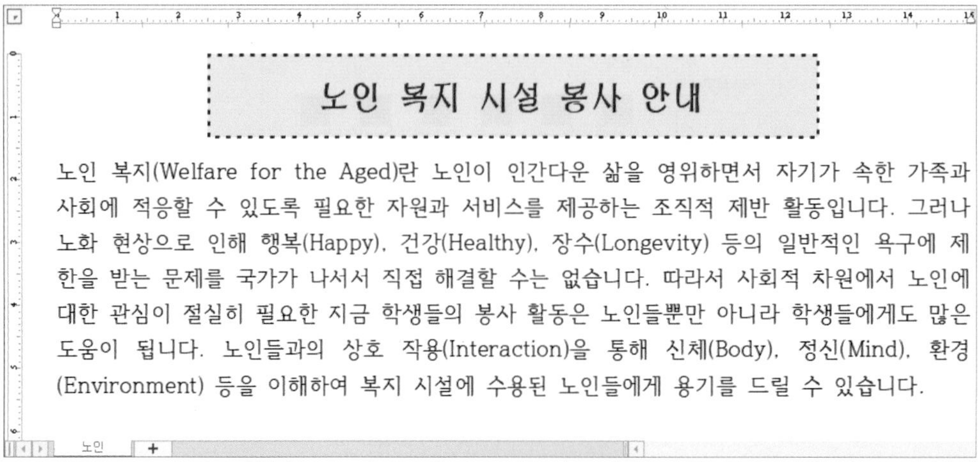

노인 복지 시설 봉사 안내

노인 복지(Welfare for the Aged)란 노인이 인간다운 삶을 영위하면서 자기가 속한 가족과 사회에 적응할 수 있도록 필요한 자원과 서비스를 제공하는 조직적 제반 활동입니다. 그러나 노화 현상으로 인해 행복(Happy), 건강(Healthy), 장수(Longevity) 등의 일반적인 욕구에 제한을 받는 문제를 국가가 나서서 직접 해결할 수는 없습니다. 따라서 사회적 차원에서 노인에 대한 관심이 절실히 필요한 지금 학생들의 봉사 활동은 노인들뿐만 아니라 학생들에게도 많은 도움이 됩니다. 노인들과의 상호 작용(Interaction)을 통해 신체(Body), 정신(Mind), 환경(Environment) 등을 이해하여 복지 시설에 수용된 노인들에게 용기를 드릴 수 있습니다.

노인

심화문제

1) 다음의 내용을 입력한 후 글상자와 제목을 삽입하고, '삼성동.hwp'로 저장하세요.

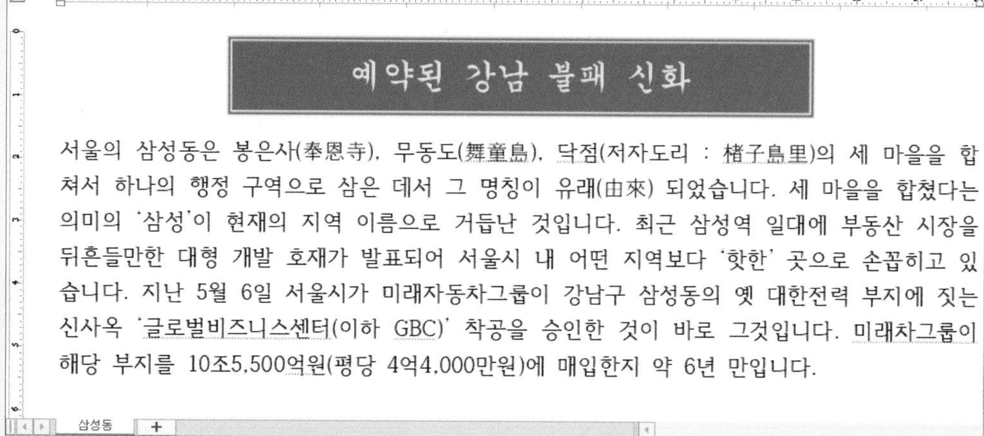

예약된 강남 불패 신화

서울의 삼성동은 봉은사(奉恩寺), 무동도(舞童島), 닥점(저자도리 : 楮子島里)의 세 마을을 합쳐서 하나의 행정 구역으로 삼은 데서 그 명칭이 유래(由來) 되었습니다. 세 마을을 합쳤다는 의미의 '삼성'이 현재의 지역 이름으로 거듭난 것입니다. 최근 삼성역 일대에 부동산 시장을 뒤흔들만한 대형 개발 호재가 발표되어 서울시 내 어떤 지역보다 '핫한' 곳으로 손꼽히고 있습니다. 지난 5월 6일 서울시가 미래자동차그룹이 강남구 삼성동의 옛 대한전력 부지에 짓는 신사옥 '글로벌비즈니스센터(이하 GBC)' 착공을 승인한 것이 바로 그것입니다. 미래차그룹이 해당 부지를 10조5,500억원(평당 4억4,000만원)에 매입한지 약 6년 만입니다.

삼성동

힌트 • [개체 속성] 대화 상자의 [기본] 탭에서 너비는 '90', 높이는 '12', 본문과의 배치는 '어울림'으로 각각 지정합니다.

2) 문서 하단에 글맵시(너비-70, 높이-15)를 삽입하고, 개체를 글자처럼 취급해 보세요.

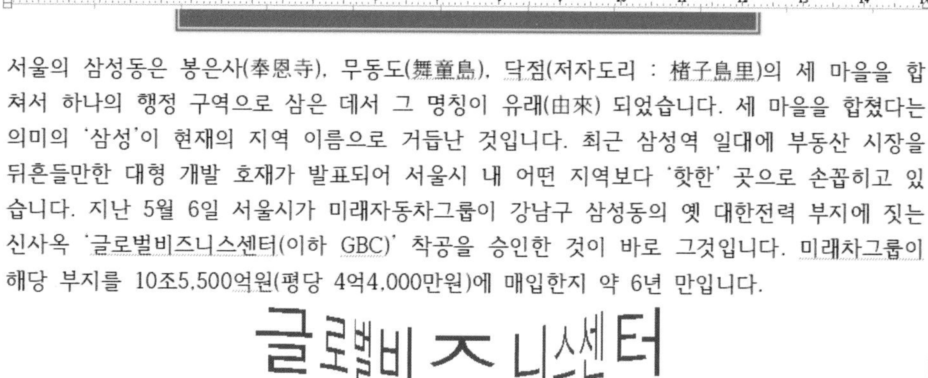

서울의 삼성동은 봉은사(奉恩寺), 무동도(舞童島), 닥점(저자도리 : 楮子島里)의 세 마을을 합쳐서 하나의 행정 구역으로 삼은 데서 그 명칭이 유래(由來) 되었습니다. 세 마을을 합쳤다는 의미의 '삼성'이 현재의 지역 이름으로 거듭난 것입니다. 최근 삼성역 일대에 부동산 시장을 뒤흔들만한 대형 개발 호재가 발표되어 서울시 내 어떤 지역보다 '핫한' 곳으로 손꼽히고 있습니다. 지난 5월 6일 서울시가 미래자동차그룹이 강남구 삼성동의 옛 대한전력 부지에 짓는 신사옥 '글로벌비즈니스센터(이하 GBC)' 착공을 승인한 것이 바로 그것입니다. 미래차그룹이 해당 부지를 10조5,500억원(평당 4억4,000만원)에 매입한지 약 6년 만입니다.

글로벌비즈니스센터

삼성동

힌트 • [글맵시 만들기] 대화 상자에서 글꼴은 '맑은 고딕', 글자 간격은 '105', 글맵시 모양은 '물결 3'을 각각 지정합니다.

3) 글맵시의 채우기 색을 '주황'으로 변경하고, 음영을 '-20%'로 지정해 보세요.

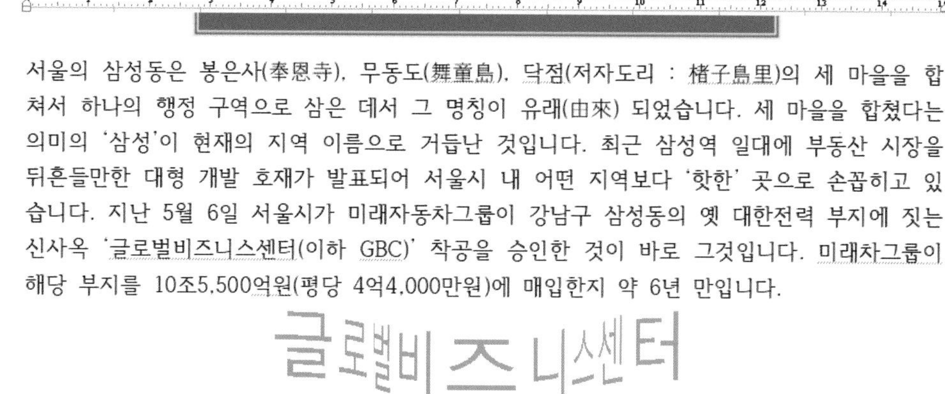

서울의 삼성동은 봉은사(奉恩寺), 무동도(舞童島), 닥점(저자도리 : 楮子島里)의 세 마을을 합쳐서 하나의 행정 구역으로 삼은 데서 그 명칭이 유래(由來) 되었습니다. 세 마을을 합쳤다는 의미의 '삼성'이 현재의 지역 이름으로 거듭난 것입니다. 최근 삼성역 일대에 부동산 시장을 뒤흔들만한 대형 개발 호재가 발표되어 서울시 내 어떤 지역보다 '핫한' 곳으로 손꼽히고 있습니다. 지난 5월 6일 서울시가 미래자동차그룹이 강남구 삼성동의 옛 대한전력 부지에 짓는 신사옥 '글로벌비즈니스센터(이하 GBC)' 착공을 승인한 것이 바로 그것입니다. 미래차그룹이 해당 부지를 10조5,500억원(평당 4억4,000만원)에 매입한지 약 6년 만입니다.

글로벌비즈니스센터

삼성동

힌트 • [글맵시] 탭의 [채우기] 아이콘과 [음영] 아이콘에서 각각 지정합니다.

Section

15 수식과 수식 기호 입력하기

수식 편집기를 이용하면 간단한 산술식은 물론 복잡한 수식까지 손쉽게 입력할 수 있습니다. 여기에서는 수식 도구 상자와 수식 기호 도구 상자를 이용하여 원하는 수식과 수식 기호를 입력하는 방법에 대해서 학습해 봅니다.

Preview

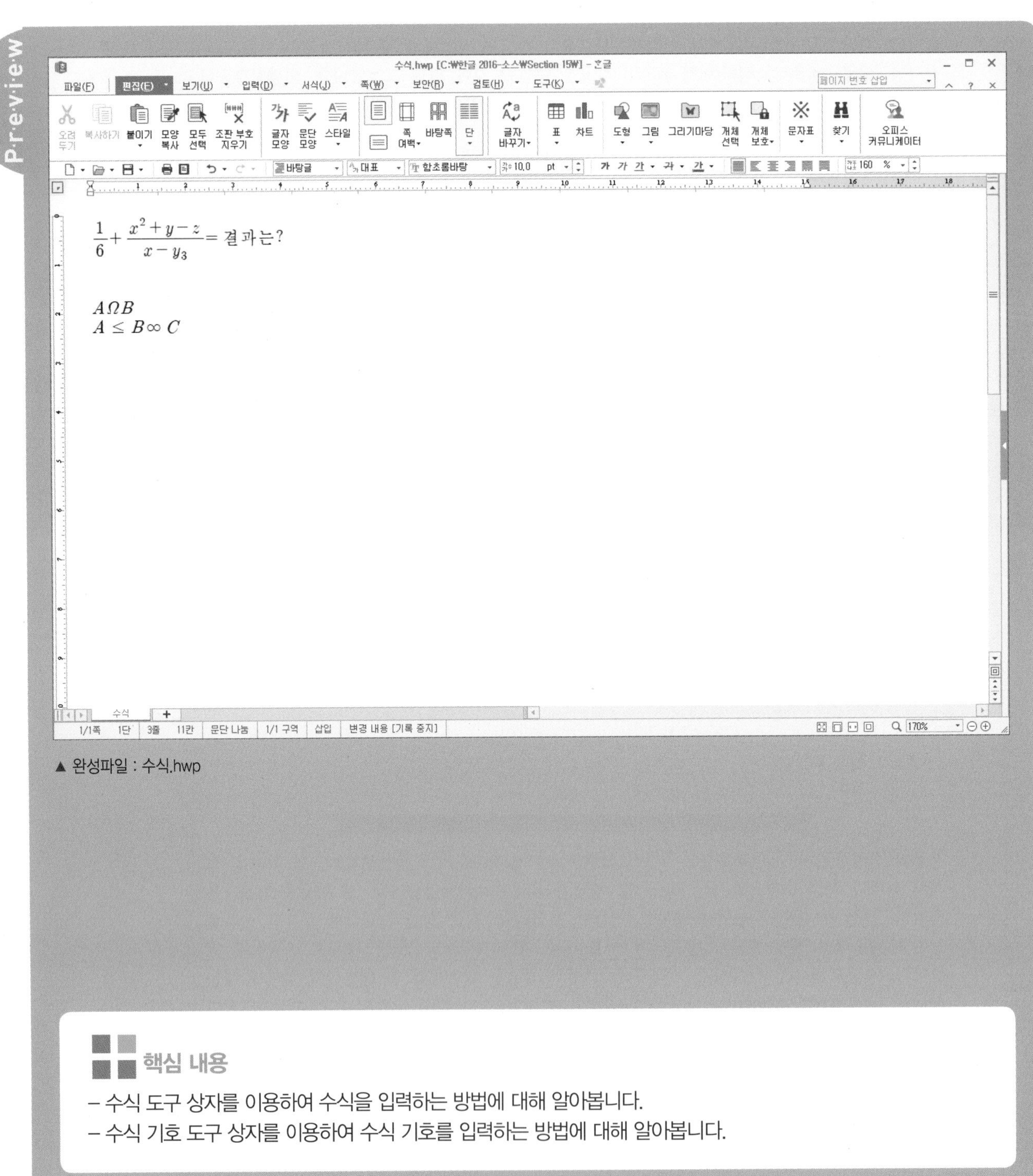

▲ 완성파일 : 수식.hwp

핵심 내용

- 수식 도구 상자를 이용하여 수식을 입력하는 방법에 대해 알아봅니다.
- 수식 기호 도구 상자를 이용하여 수식 기호를 입력하는 방법에 대해 알아봅니다.

따라하기 01 기본 수식 입력하기

01 빈 화면에서 [입력] 탭의 펼침(▾) 단추를 클릭하고, [개체]-[수식]을 선택합니다(= Ctrl + N, M).

수식 PlusTIP

[입력] 탭에서 수식(f∞) 아이콘을 클릭해도 됩니다.

02 수식 편집기 창이 나타나면 수식 도구 상자에서 분수(믐) 아이콘을 클릭합니다.

03 분자에 "1"을 입력하고, 분모로 커서를 이동시키기 위하여 다음 항목(↦) 아이콘을 클릭하거나 Tab 키를 누릅니다.

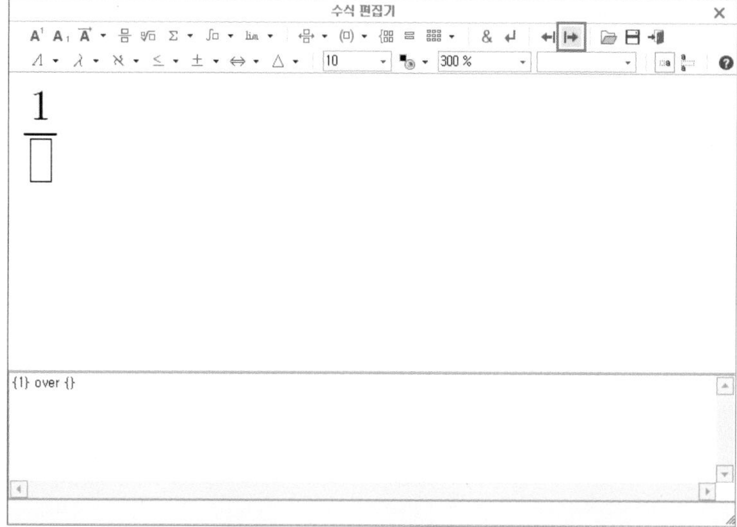

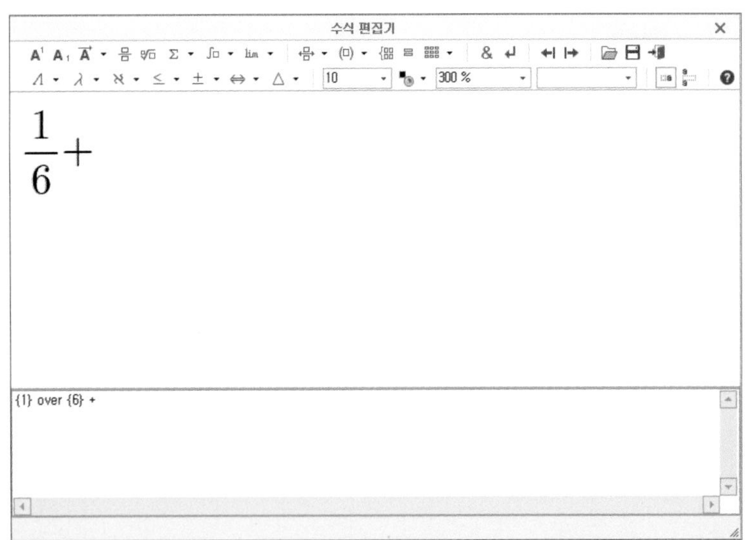

04 분모로 커서가 이동되면 “6”을 입력한 후 다음 항목(↦) 아이콘을 클릭하고, “+”를 입력합니다.

05 수식 도구 상자에서 다시 분수(믐) 아이콘을 클릭합니다.

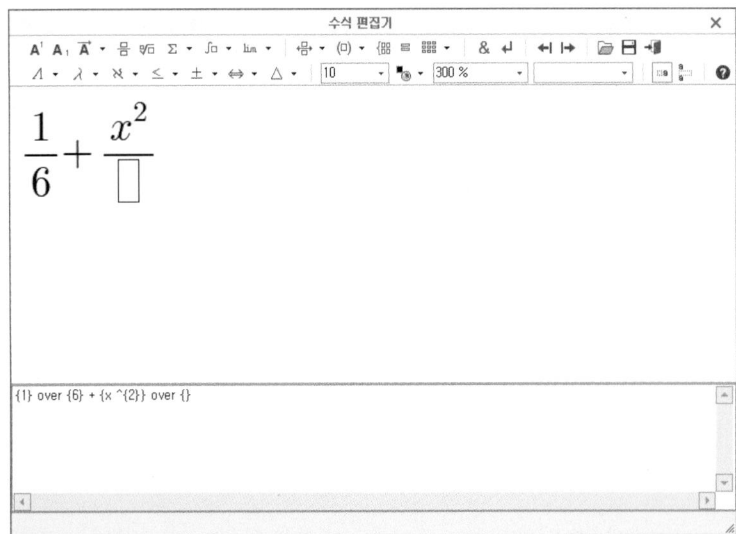

06 “x”를 입력한 후 위첨자(A¹) 아이콘을 클릭하여 “2”를 입력하고, 다음 항목(↦) 아이콘을 클릭합니다.

07 "+y−z"를 입력한 후 분모로 커서를 이동시키기 위하여 → 키 또는 Tab 키를 누릅니다.

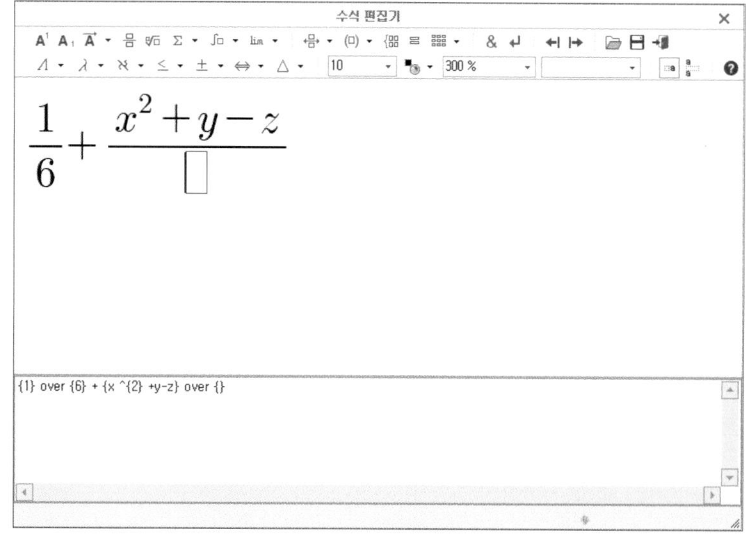

08 분모로 커서가 이동되면 "x−y"를 입력하고, 수식 도구 상자에서 아래첨자(A₁) 아이콘을 클릭합니다.

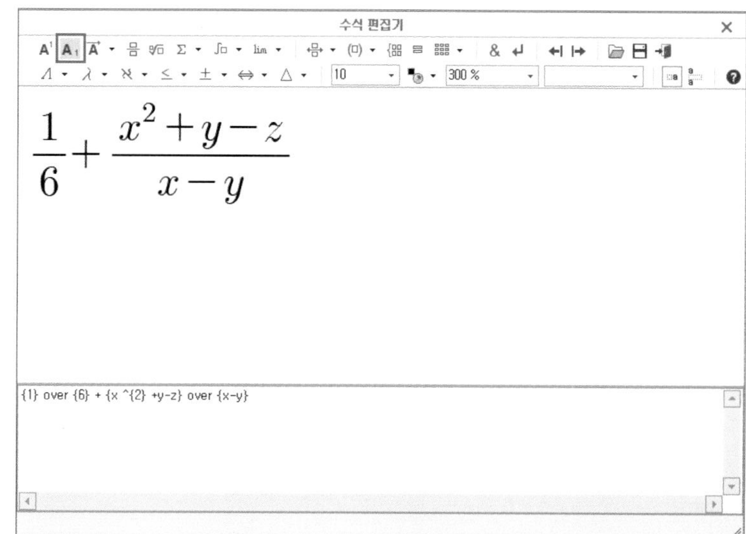

09 아래첨자로 "3"을 입력한 후 Tab 키를 2번 누르고, "="를 입력합니다.

수식 편집기

10

300 %

$\frac{1}{6}+\frac{x^2+y-z}{x-y_3}=$

{1} over {6} + {x ^{2} +y-z} over {x-y _{3}} =

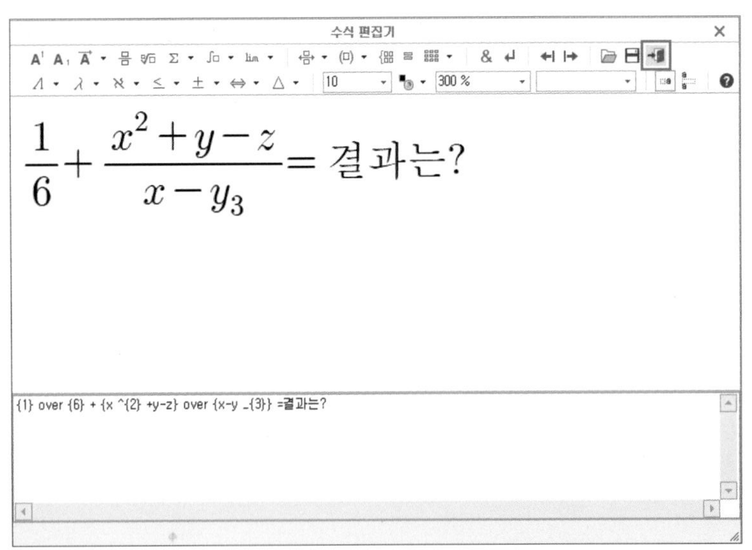

10 나머지 내용을 입력한 후 화면을 빠져나오기 위하여 넣기( ) 아이콘을 클릭합니다.

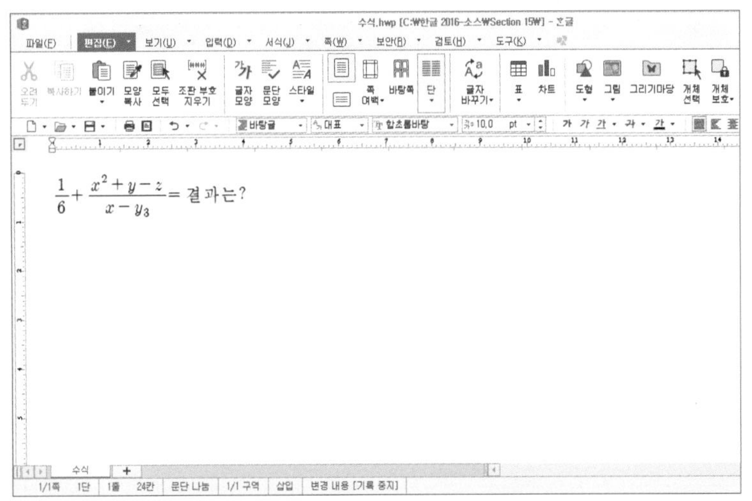

11 한글 화면에 작성한 분수식이 삽입되면 'C:₩한글 2016-소스₩Section 15'에 '수식.hwp'로 저장합니다.

Power Upgrade

수식 도구 상자

❶ 위첨자, ❷ 아래첨자, ❸ 장식 기호, ❹ 분수, ❺ 근호, ❻ 합, ❼ 적분, ❽ 극한, ❾ 상호 관계, ❿ 괄호, ⓫ 경우, ⓬ 세로 쌓기, ⓭ 행렬, ⓮ 줄 맞춤, ⓯ 줄 바꿈, ⓰ 이전 항목, ⓱ 다음 항목, ⓲ MathML 파일 불러오기, ⓳ MathML 파일로 저장하기, ⓴ 넣기

따라하기 02 간단한 수식 기호 입력하기

01 수식 기호를 입력하기 위하여 [입력] 탭의 펼침(▾) 단추를 클릭하고, [개체]-[수식]을 선택합니다(= Ctrl + N, M).

02 수식 편집기 창에서 "A"를 먼저 입력합니다.

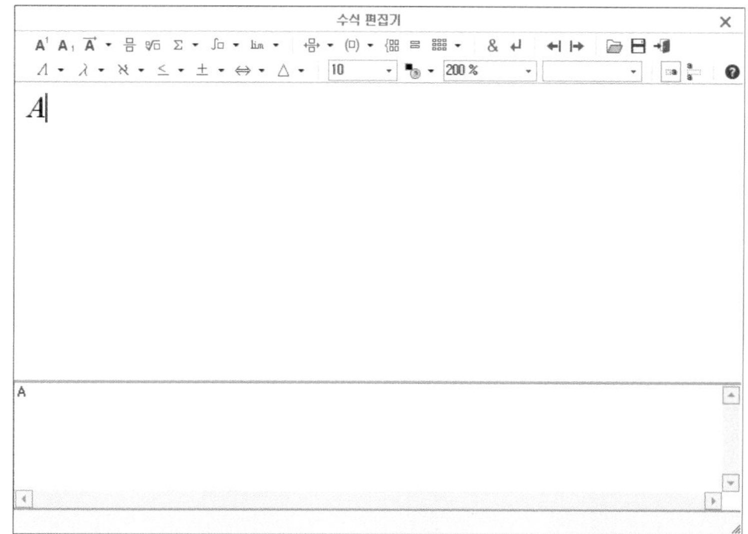

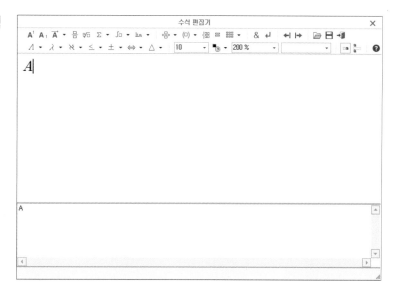

03 수식 기호 도구 상자에서 그리스 대문자(Λ ▾) 아이콘을 클릭하고, 오메가(Ω) 기호를 선택합니다.

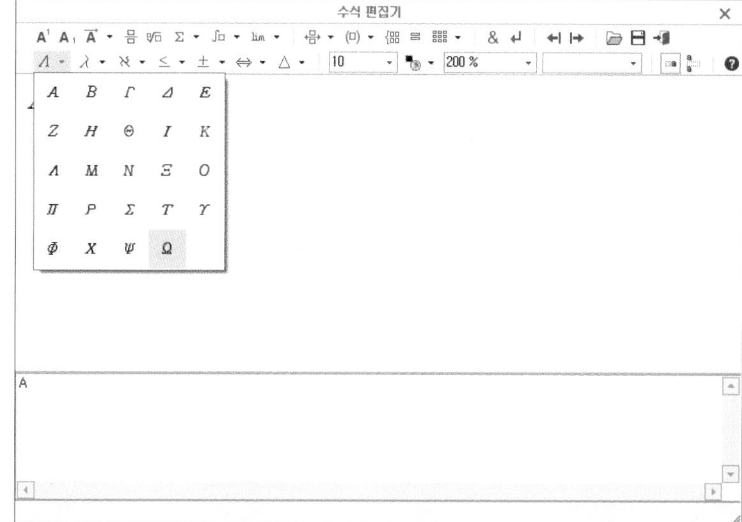

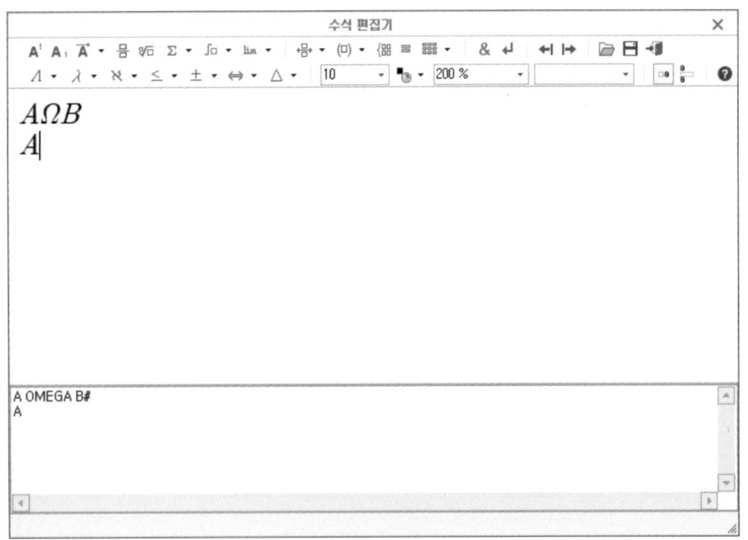

04 "B"를 입력하고, Enter 키를 누른 후 다시 "A"를 입력합니다.

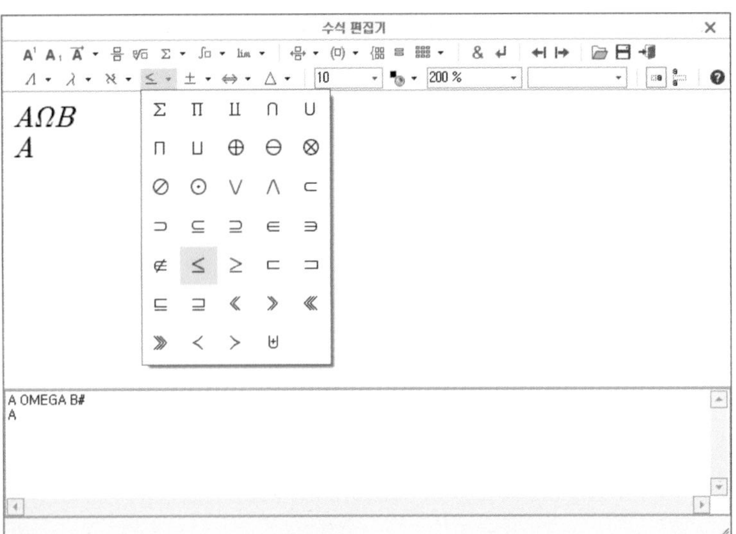

05 수식 기호 도구 상자에서 합, 집합 기호(≤) 아이콘을 클릭하고, 주어진 기호를 선택합니다.

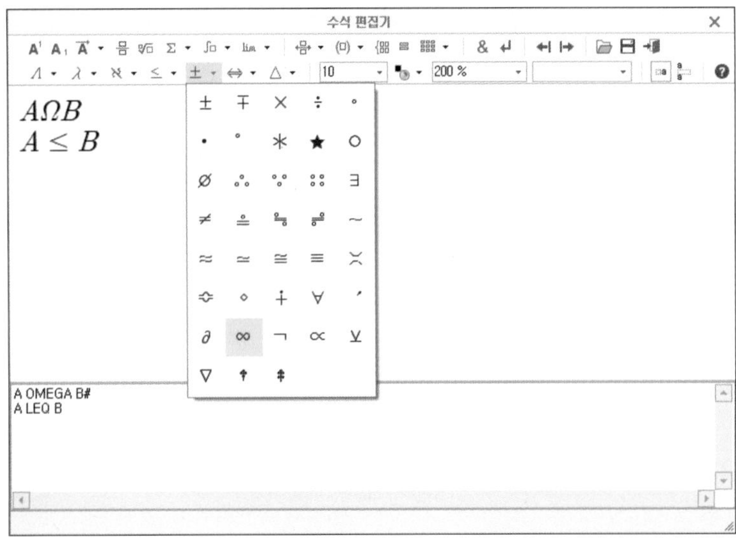

06 "B"를 입력한 후 연산, 논리 기호(±) 아이콘을 클릭하고, 주어진 기호를 선택합니다.

07 나머지 내용을 입력한 후 넣기( ) 아이콘을 클릭합니다.

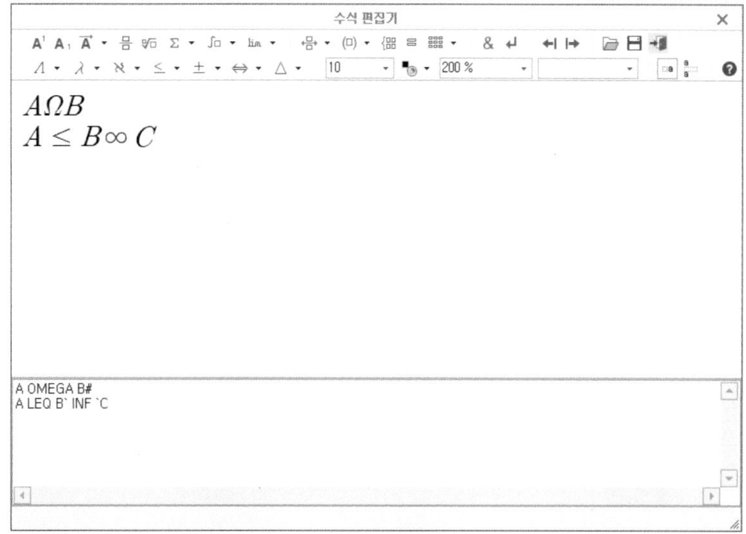

08 그 결과 한글 화면에 간단한 수식 기호가 삽입되는 것을 확인할 수 있습니다.

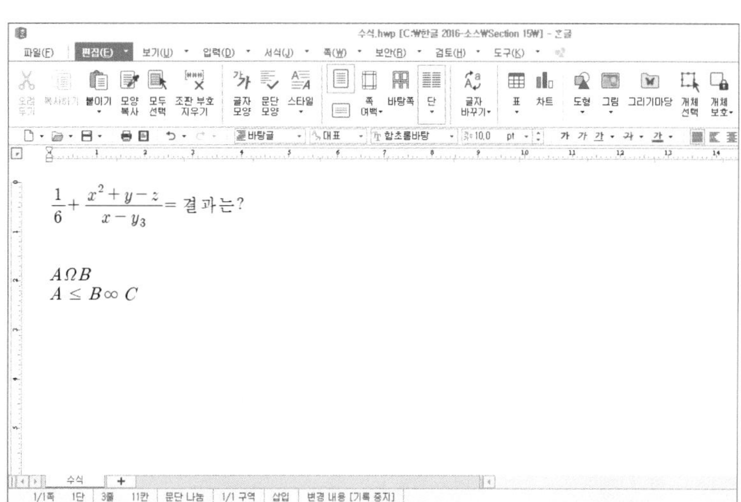

Power Upgrade

수식 기호 도구 상자

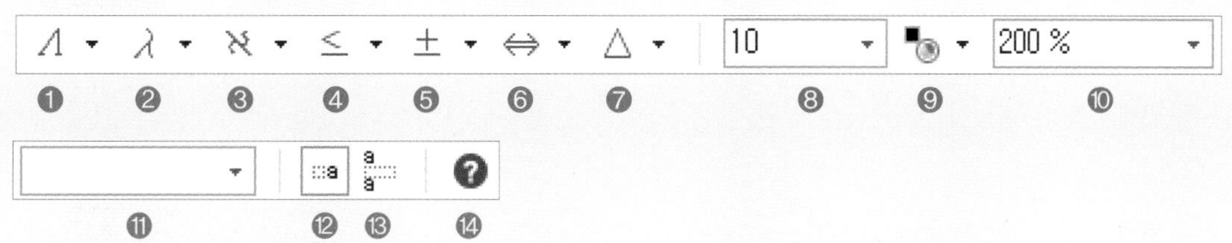

❶ 그리스 대문자, ❷ 그리스 소문자, ❸ 그리스 기호, ❹ 합, 집합 기호, ❺ 연산, 논리 기호, ❻ 화살표, ❼ 기타 기호, ❽ 글자 크기, ❾ 글자 색, ❿ 화면 확대, ⓫ 명령어 입력, ⓬ 글자 단위 영역, ⓭ 줄 단위 영역, ⓮ 도움말

기초문제

1

수식 도구 상자를 이용하여 첫 번째 수식을 입력해 보세요.

첫 번째 : $\frac{2}{3}+\frac{A^{2}-B_{3}+C}{B+C^{2}}-\frac{1}{2}=$

빈 문서 1

힌트 • 수식 도구 상자에서 분수, 위첨자, 아래첨자를 이용합니다.

2

수식 도구 상자를 이용하여 두 번째 수식을 입력해 보세요.

첫 번째 : $\frac{2}{3}+\frac{A^{2}-B_{3}+C}{B+C^{2}}-\frac{1}{2}=$

두 번째 : $3+\sqrt[2]{9}-\frac{3}{5}+\frac{X^{2}+Y^{3}}{Z}=$

빈 문서 1

힌트 • 수식 도구 상자에서 근호, 분수, 위첨자를 이용합니다.

3

수식 도구 상자를 이용하여 세 번째 수식을 입력하고, '수식-1.hwp'로 저장하세요.

첫 번째 : $\frac{2}{3}+\frac{A^{2}-B_{3}+C}{B+C^{2}}-\frac{1}{2}=$

두 번째 : $3+\sqrt[2]{9}-\frac{3}{5}+\frac{X^{2}+Y^{3}}{Z}=$

세 번째 : $\frac{X}{Y}+\sum_{n=1}^{k}-g(k-1)+\frac{X^{2}+Y}{Z}=$

수식-1

힌트 • 수식 도구 상자에서 분수, 합, 괄호, 위첨자를 이용합니다.

심화문제

1) 수식 기호 도구 상자를 이용하여 주어진 수식 기호를 입력해 보세요.

1. $(A \cap B) \neq (B \cup C)$

2. $X \Phi Y \oplus X \leq Y$

빈 문서 1

힌트 • 수식 기호 도구 상자에서 합, 집합 기호, 연산, 논리 기호, 그리스 대문자를 이용합니다.

2) 수식 도구 상자와 수식 기호 도구 상자를 이용하여 주어진 수식을 입력해 보세요.

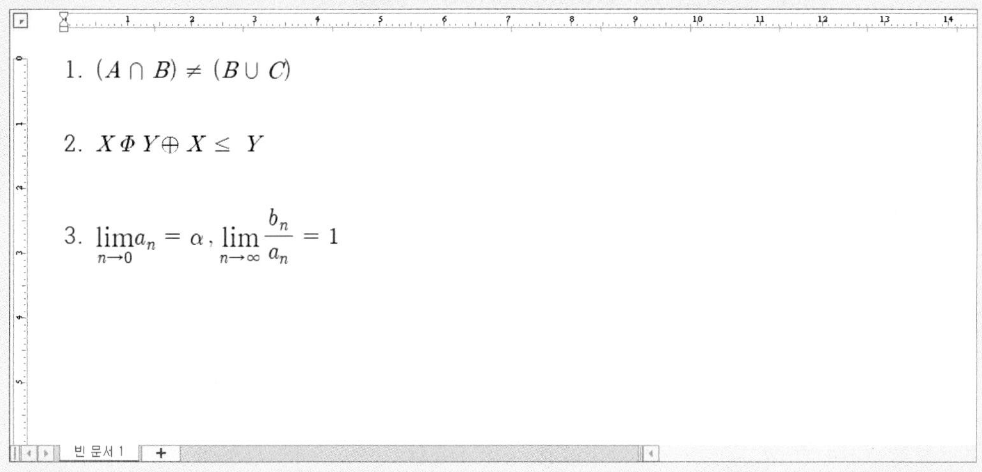

1. $(A \cap B) \neq (B \cup C)$
2. $X \Phi Y \oplus X \leq Y$
3. $\lim_{n \to 0} a_n = \alpha, \lim_{n \to \infty} \frac{b_n}{a_n} = 1$
빈 문서 1

힌트 • 수식 도구 상자에서 극한, 아래첨자, 분수를 이용합니다.
• 수식 기호 도구 상자에서 그리스 소문자를 이용합니다.

3) 수식 도구 상자와 수식 기호 도구 상자를 이용하여 주어진 수식을 입력하고, '수식-2.hwp'로 저장하세요.

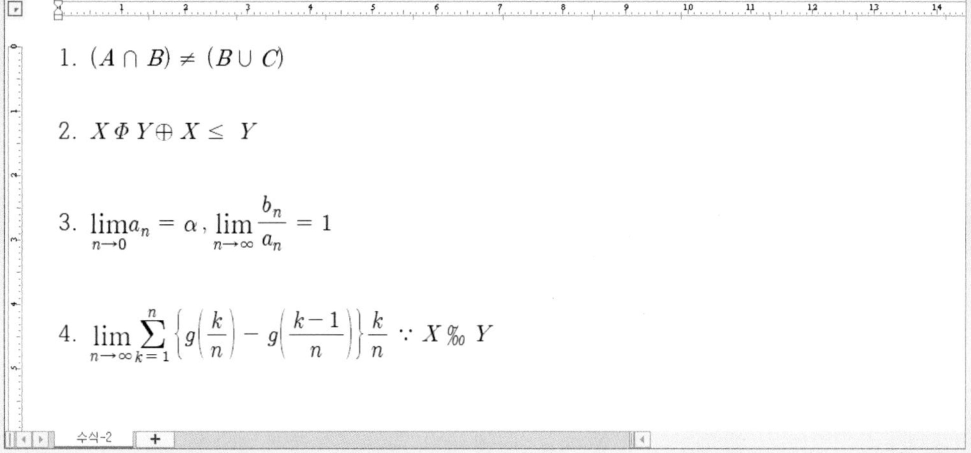

1. $(A \cap B) \neq (B \cup C)$
2. $X \Phi Y \oplus X \leq Y$
3. $\lim_{n \to 0} a_n = \alpha, \lim_{n \to \infty} \frac{b_n}{a_n} = 1$
4. $\lim_{n \to \infty} \sum_{k=1}^{n} \left\{ g\left(\frac{k}{n}\right) - g\left(\frac{k-1}{n}\right) \right\} \frac{k}{n} \because X ‰ Y$
수식-2

힌트 • 수식 도구 상자에서 극한, 합, 괄호, 분수를 이용합니다.
• 수식 기호 도구 상자에서 연산, 논리 기호, 기타 기호를 이용합니다.

Section

16 표 작성과 편집하기

표는 내용 분류가 필요한 데이터를 일목요연하게 정리할 때 사용하는 기능으로 여기에서는 기본적인 표를 작성한 후 다양한 방법으로 표를 편집하고, 응용하는 방법에 대해서 학습해 봅니다.

Preview

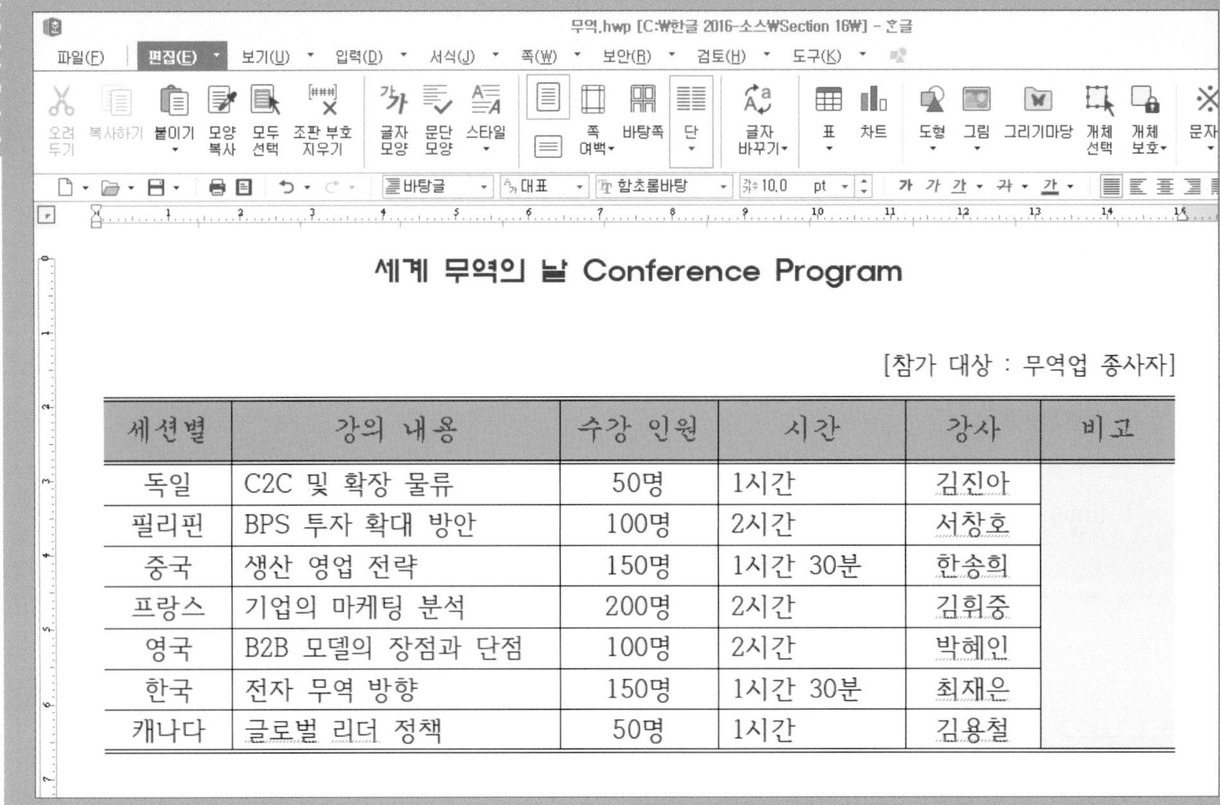

세계 무역의 날 Conference Program

[참가 대상 : 무역업 종사자]

세션별	강의 내용	수강 인원	시간	강사	비고
독일	C2C 및 확장 물류	50명	1시간	김진아	
필리핀	BPS 투자 확대 방안	100명	2시간	서창호	
중국	생산 영업 전략	150명	1시간 30분	한송희	
프랑스	기업의 마케팅 분석	200명	2시간	김휘중	
영국	B2B 모델의 장점과 단점	100명	2시간	박혜인	
한국	전자 무역 방향	150명	1시간 30분	최재은	
캐나다	글로벌 리더 정책	50명	1시간	김용철	

▲ 완성파일 : 무역.hwp

핵심 내용

- 표의 줄(행) 수와 칸(열) 수를 지정하여 기본적인 표를 만드는 방법에 대해 알아봅니다.
- 표에서 줄/칸 추가, 셀 합치기/나누기, 셀 줄/칸 나누기, 셀 너비/높이 같게, 정렬 방식 등에 대해 알아봅니다.
- 표에서 테두리, 셀 테두리 모양/굵기, 셀 테두리 색, 셀 배경 색, 셀 음영, 캡션 달기 등에 대해 알아봅니다.

따라하기 01 기본 표 작성하기

01 임의의 글꼴 서식으로 주어진 제목을 입력하고, 'C:₩한글 2016-소스₩Section 16'에 '무역.hwp'로 저장합니다.

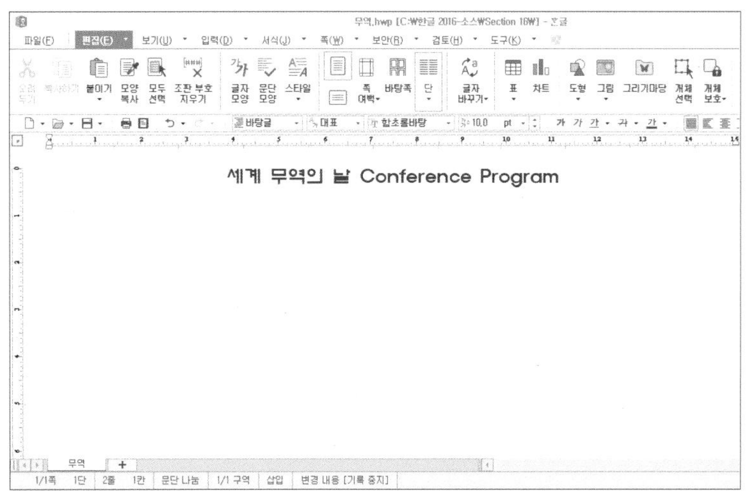

02 제목 아래쪽에 표를 작성하기 위하여 [입력] 탭의 펼침(▾) 단추를 클릭하고, [표]-[표 만들기]를 선택합니다(= Ctrl + N, T).

표 작성 PLUS TIP

[편집] / [입력] 탭에서 표(▦) 아이콘을 클릭해도 됩니다.

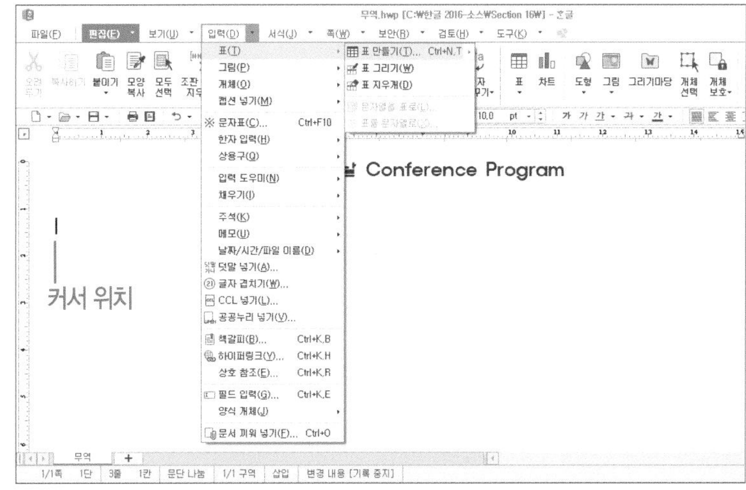

03 [표 만들기] 대화 상자에서 줄 수는 "7", 칸 수는 "5"를 입력한 후 '글자처럼 취급'을 선택하고, [만들기] 단추를 클릭합니다.

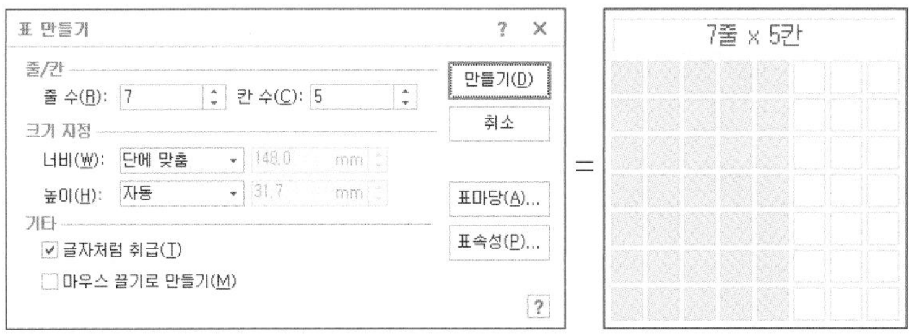

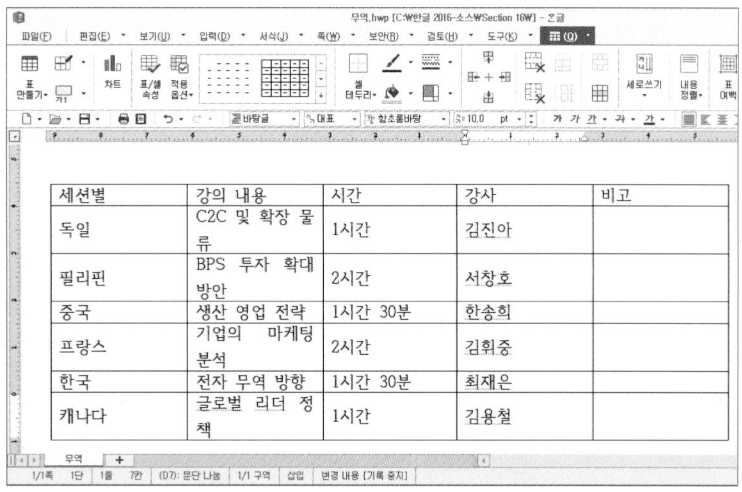

04 화면에 표가 나타나면 다음과 같이 표 내용을 각각 입력합니다.

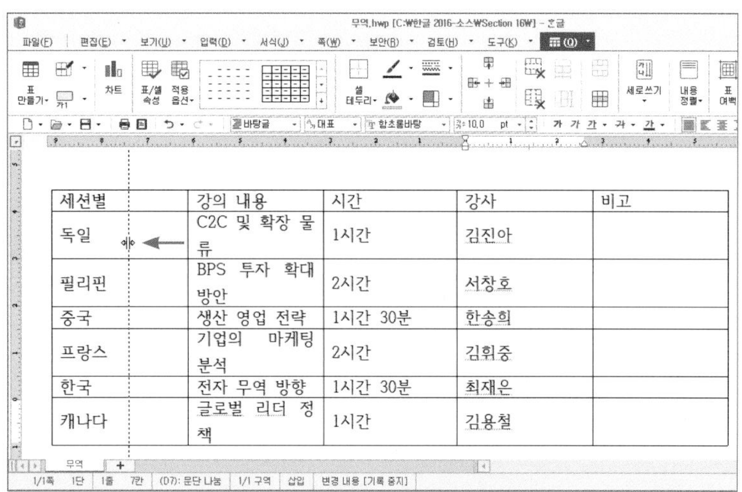

05 표에서 '세션별'의 열 너비를 조절하기 위해 칸 사이의 경계선을 왼쪽으로 드래그하여 열 너비를 적당히 조절합니다.

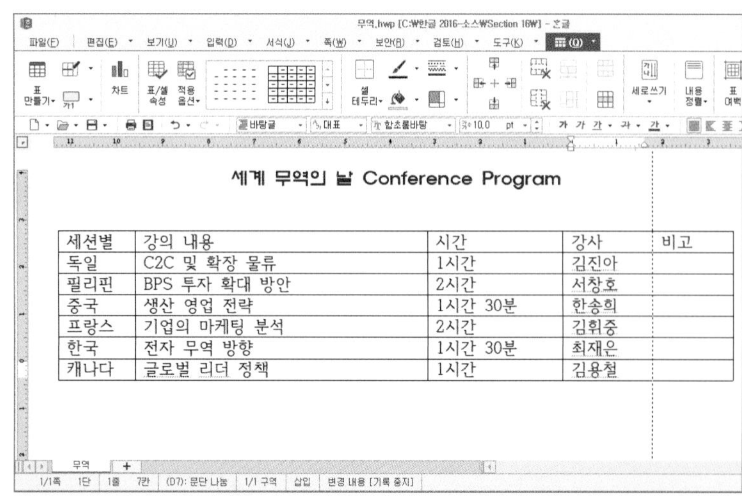

06 동일한 방법으로 각각의 열 너비를 조절하기 위해 칸 사이의 경계선을 마우스로 드래그하여 각 칸의 셀 너비를 적당히 조절합니다.

열 너비
Plus Tip
열 너비를 조절할 때 각 셀에서 Alt + → 키나 Alt + ← 키를 이용해도 됩니다.

07 각 열의 너비 조절이 완료되면 첫 번째 열을 마우스로 드래그하여 블록 지정한 후 Ctrl + ↓ 키를 한 번만 눌러 행 높이를 동일하게 조절합니다.

블록 지정 방법 PlusTip

행(줄) 전체 선택은 F5 + F8 키를 누르고, 열(칸) 전체 선택은 F5 + F7 키를 누릅니다.

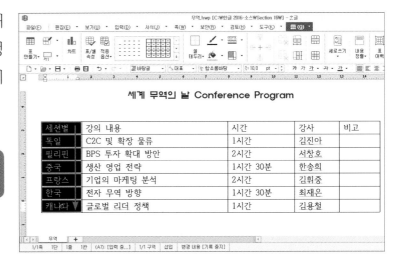

세계 무역의 날 Conference Program

세션별	강의 내용	시간	강사	비고
독일	C2C 및 확장 물류	1시간	김진아	
필리핀	BPS 투자 확대 방안	2시간	서창호	
중국	생산 영업 전략	1시간 30분	한송희	
프랑스	기업의 마케팅 분석	2시간	김휘중	
한국	전자 무역 방향	1시간 30분	최재은	
캐나다	글로벌 리더 정책	1시간	김용철	

08 마지막으로 제목 행만의 높이를 조절하기 위하여 첫 번째 셀에서 Ctrl + ↓ 키를 세 번 누릅니다.

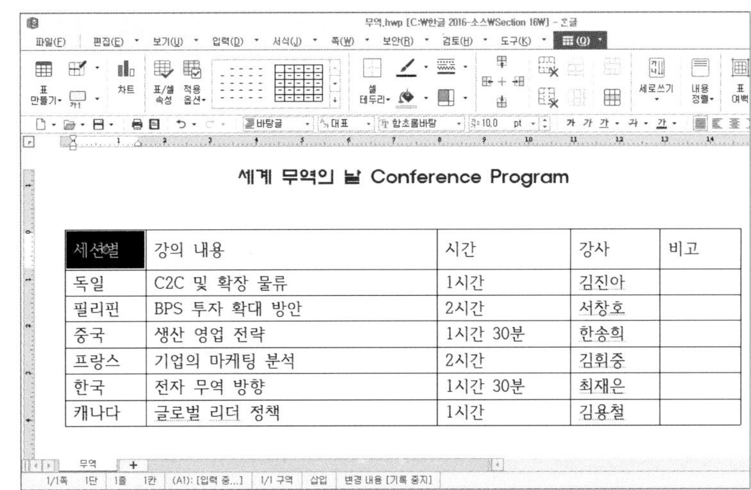

Power Upgrade

표의 셀 크기 조절하기

- 특정 셀을 블록 지정한 후 Shift 키를 누른 상태에서 ← 키를 누르면 해당 셀의 너비만을 조절할 수 있습니다.

- 특정 셀을 블록 지정한 후 Alt 키를 누른 상태에서 ← 키를 누르면 해당 열의 너비만을 조절할 수 있습니다.

따라하기 02 표 편집하기

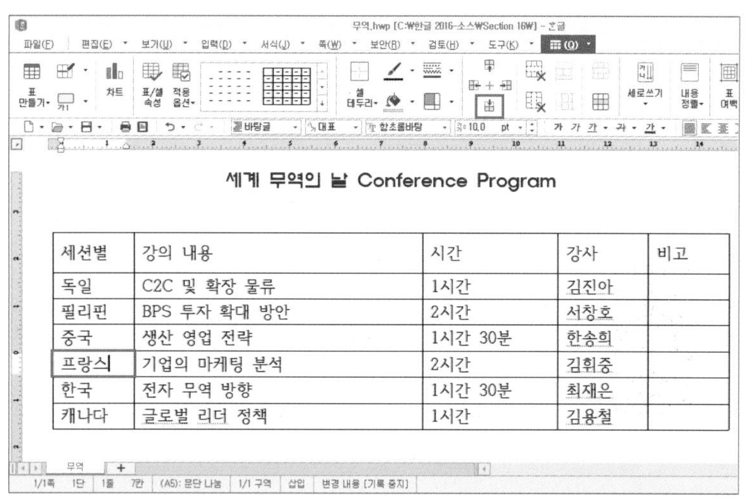

01 새로운 행을 삽입하기 위하여 5행에 커서를 위치시킨 후 [표] 탭에서 아래에 줄 추가하기( ) 아이콘을 클릭합니다.

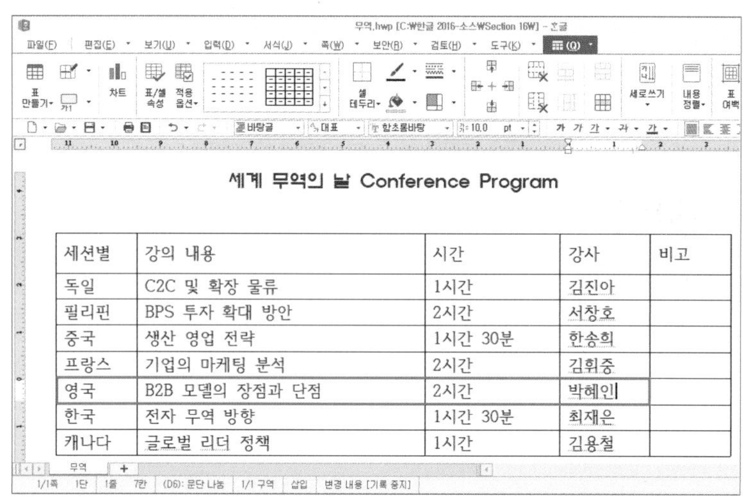

02 5행 아래에 새로운 행이 삽입되면 주어진 내용을 입력합니다.

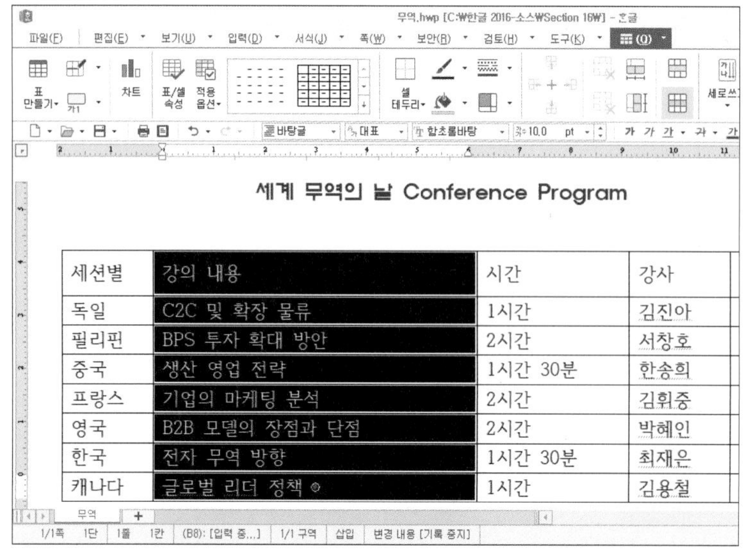

03 특정 셀을 나누기 위하여 '강의 내용' 열을 블록 지정하고, [표] 탭에서 셀 나누기( ) 아이콘을 클릭합니다.

04 [셀 나누기] 대화 상자에서 '칸 수'를 선택하고, "2"를 입력한 후 [나누기] 단추를 클릭합니다.

셀을 합친 후 나누기 Plus Tip

셀 블록으로 설정된 셀들을 하나로 합친 후 정해진 숫자만큼 줄/칸을 나눕니다.

셀 나누기 ? ×

줄/칸 나누기
☐ 줄 수(R): 2
☑ 칸 수(C): 2
나누기(D)
취소
선택 사항
☐ 줄 높이를 같게 나누기(H)
☐ 셀을 합친 후 나누기(M)

05 셀이 나누어지면 주어진 내용을 입력한 후 표의 칸 사이 경계선을 드래그하여 해당 칸의 셀 너비를 적당히 조절합니다.

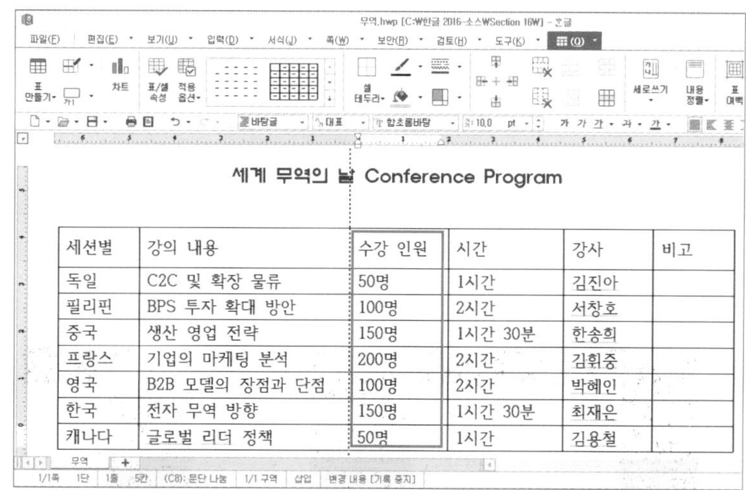
세계 무역의 날 Conference Program

세션별	강의 내용	수강 인원	시간	강사	비고
독일	C2C 및 확장 물류	50명	1시간	김진아	
필리핀	BPS 투자 확대 방안	100명	2시간	서창호	
중국	생산 영업 전략	150명	1시간 30분	한송희	
프랑스	기업의 마케팅 분석	200명	2시간	김휘중	
영국	B2B 모델의 장점과 단점	100명	2시간	박혜인	
한국	전자 무역 방향	150명	1시간 30분	최재은	
캐나다	글로벌 리더 정책	50명	1시간	김용철	

06 '강사' 열과 '비고' 열을 블록 지정한 후 [표] 탭에서 셀 너비를 같게(▤) 아이콘을 클릭합니다.

셀 높이를 같게 Plus Tip

[표] 탭에서 셀 높이를 같게(▤) 아이콘을 클릭하면 현재 블록으로 설정된 셀의 높이를 모두 같게 지정합니다.

세계 무역의 날 Conference Program

세션별	강의 내용	수강 인원	시간	강사	비고
독일	C2C 및 확장 물류	50명	1시간	김진아	
필리핀	BPS 투자 확대 방안	100명	2시간	서창호	
중국	생산 영업 전략	150명	1시간 30분	한송희	
프랑스	기업의 마케팅 분석	200명	2시간	김휘중	
영국	B2B 모델의 장점과 단점	100명	2시간	박혜인	
한국	전자 무역 방향	150명	1시간 30분	최재은	
캐나다	글로벌 리더 정책	50명	1시간	김용철	

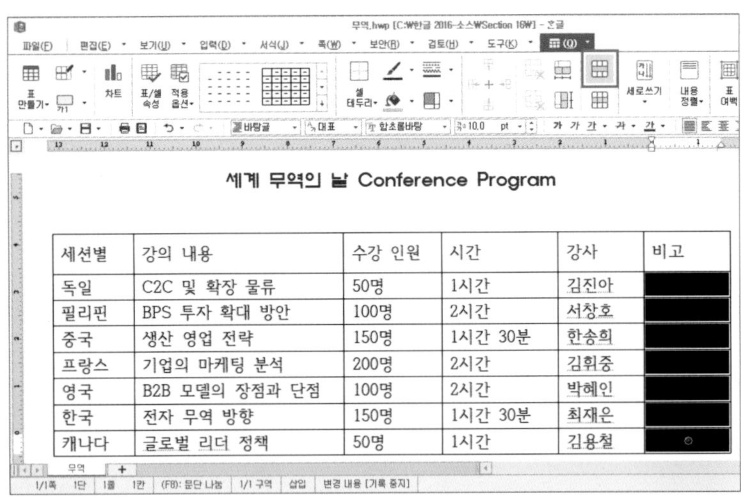

07 '비고' 열에서 해당 부분을 블록 지정한 후 [표] 탭에서 셀 합치기(▦) 아이콘을 클릭합니다.

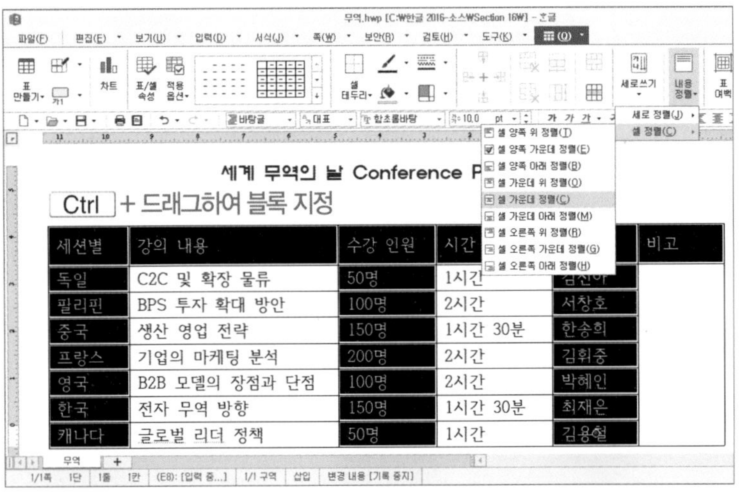

08 표에서 주어진 행/열 부분을 Ctrl 키를 이용하여 동시에 블록 지정한 후 [표] 탭에서 내용 정렬(내용 정렬) 아이콘을 클릭하고, [셀 정렬] – [셀 가운데 정렬]을 선택합니다.

Power Upgrade

표 편집 아이콘

❶ 위에 줄 추가하기 : 현재 선택된 셀의 위쪽에 줄을 추가합니다.
❷ 아래에 줄 추가하기 : 현재 선택된 셀의 아래쪽에 줄을 추가합니다.
❸ 왼쪽에 칸 추가하기 : 현재 선택된 셀의 왼쪽에 칸을 추가합니다.
❹ 오른쪽에 칸 추가하기 : 현재 선택된 셀의 오른쪽에 칸을 추가합니다.
❺ 줄 지우기 : 현재 선택된 셀이 포함된 줄을 모두 지웁니다.
❻ 칸 지우기 : 현재 선택된 셀이 포함된 칸을 모두 지웁니다.

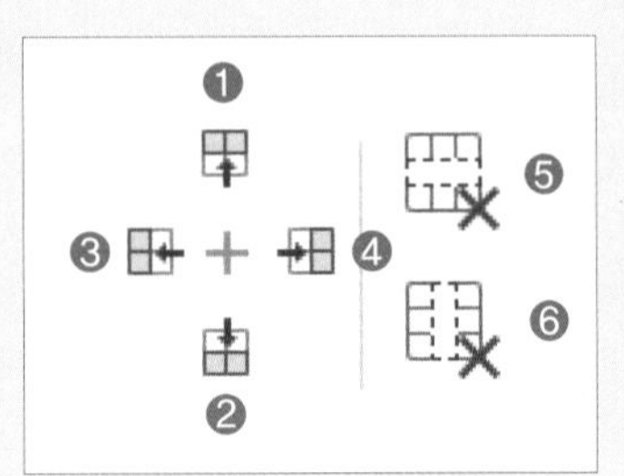

따라하기 03 표 편집 응용하기

01 표 전체를 블록 지정한 후 [표] 탭에서 셀 테두리 모양/굵기( ) 아이콘을 클릭하고, [셀 테두리 모양] – [선 없음]을 선택합니다.

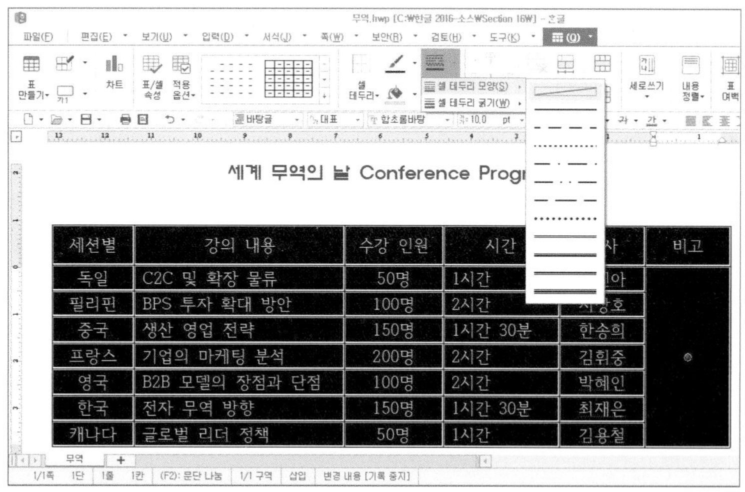

02 계속해서 [표] 탭에서 셀 테두리( ) 아이콘을 클릭하고, '왼쪽'을 선택합니다.

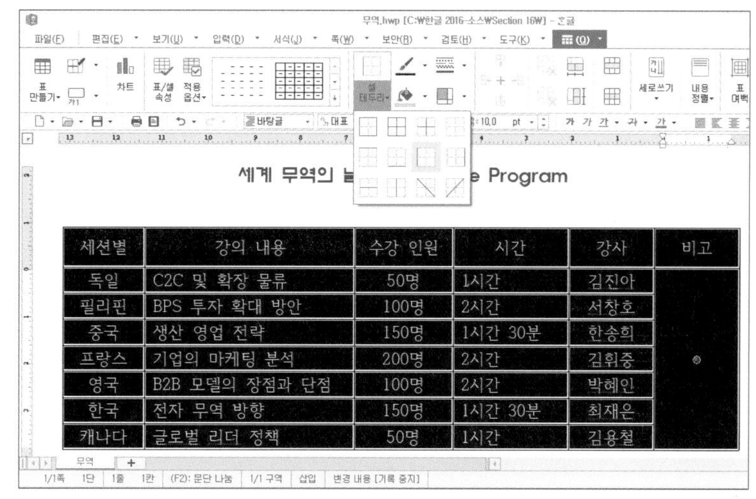

03 다시 한 번 [표] 탭에서 셀 테두리( ) 아이콘을 클릭하고, '오른쪽'을 선택합니다.

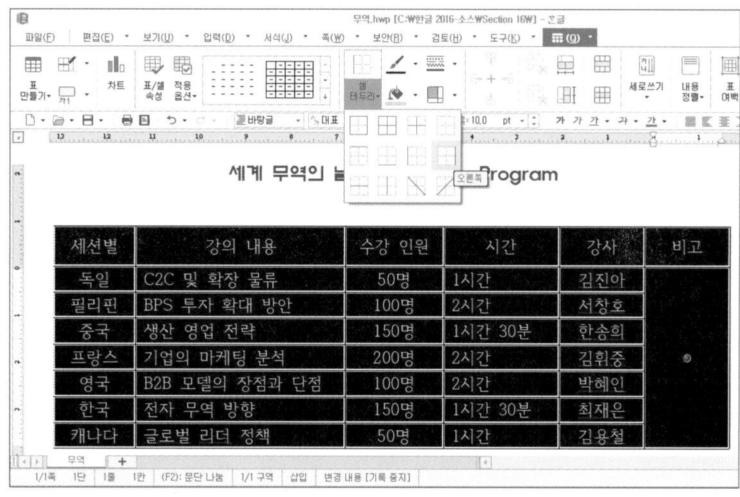

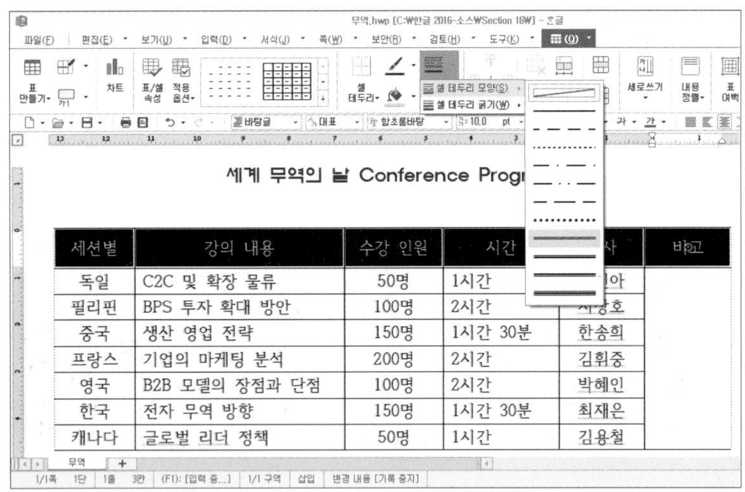

04 첫 번째 제목 행만을 블록 지정한 후 [표] 탭에서 셀 테두리 모양/굵기( ) 아이콘을 클릭하고, [셀 테두리 모양]–[이중 실선]을 선택합니다.

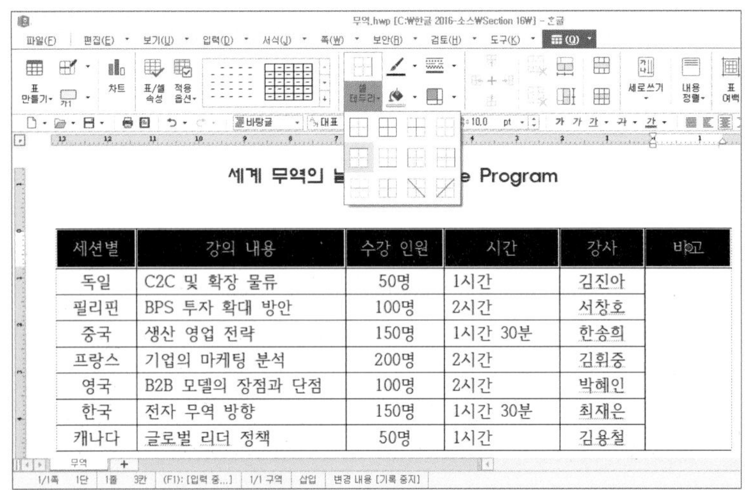

05 제목 행 위쪽에 이중 실선을 적용하기 위하여 셀 테두리( ) 아이콘을 클릭하고, '위'를 선택합니다.

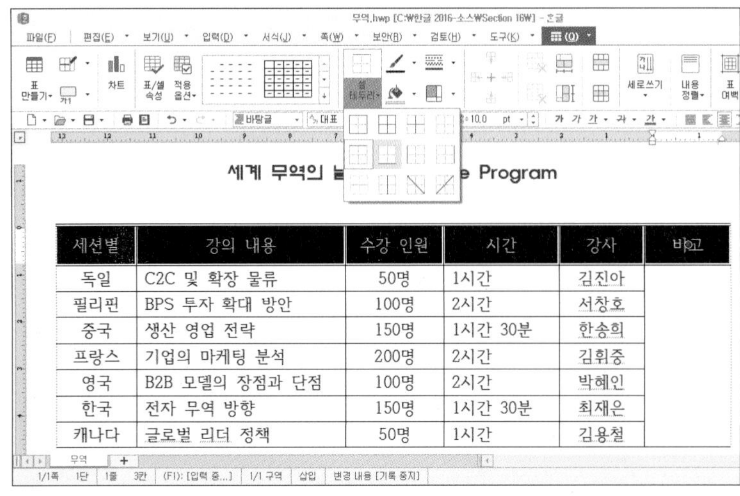

06 제목 행 아래쪽에 이중 실선을 적용하기 위하여 셀 테두리( ) 아이콘을 클릭하고, '아래'를 선택합니다.

07 표의 맨 아래쪽에도 이중 실선을 적용하기 위하여 해당 부분을 블록 지정한 후 셀 테두리(셀 테두리) 아이콘을 클릭하고, '아래'를 선택합니다.

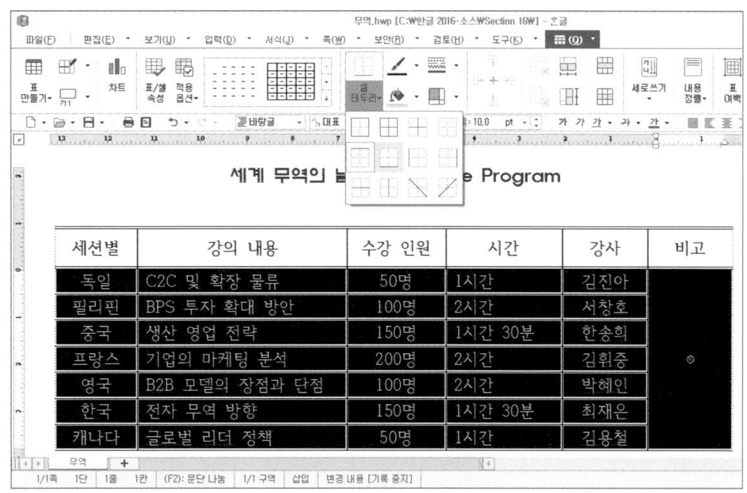

08 다시 제목 행을 블록 지정한 후 색상을 적용하기 위하여 [표] 탭에서 셀 배경 색( ) 아이콘을 클릭하고, '주황'을 선택합니다.

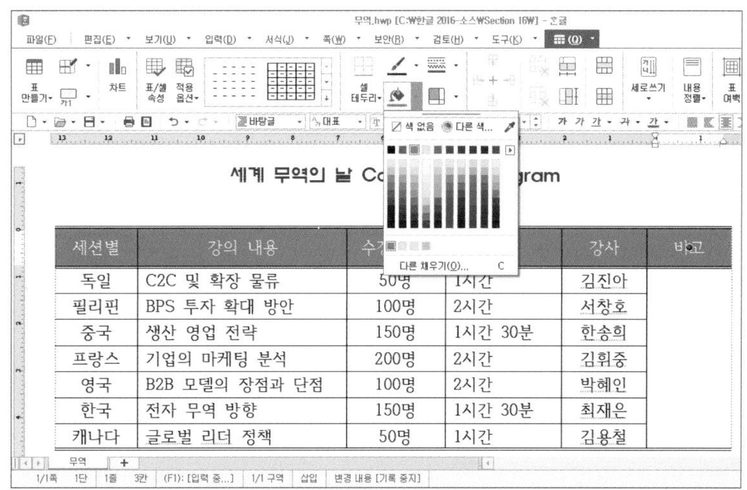

09 계속해서 셀 배경에 음영을 지정하기 위하여 [표] 탭에서 셀 음영( ) 아이콘을 클릭하고, 감소의 '-30%'을 선택합니다.

셀 테두리 색 — Plus Tip

[표] 탭에서 셀 테두리 색( ) 아이콘을 클릭하면 테두리 색을 선택할 수 있도록 색상 팔레트가 나타납니다.

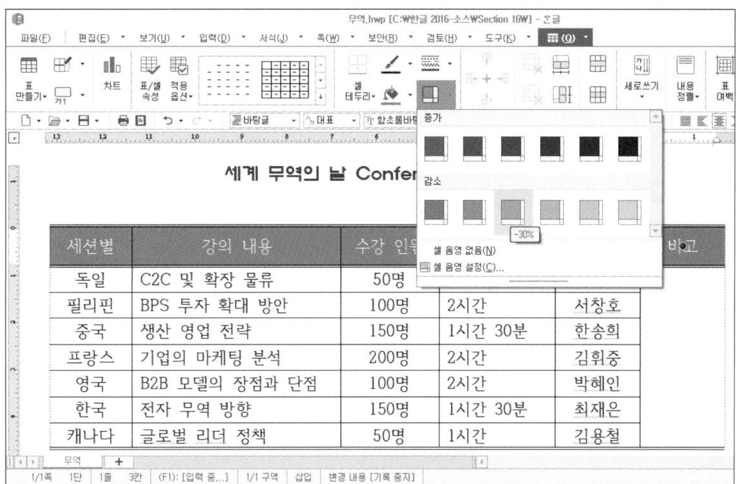

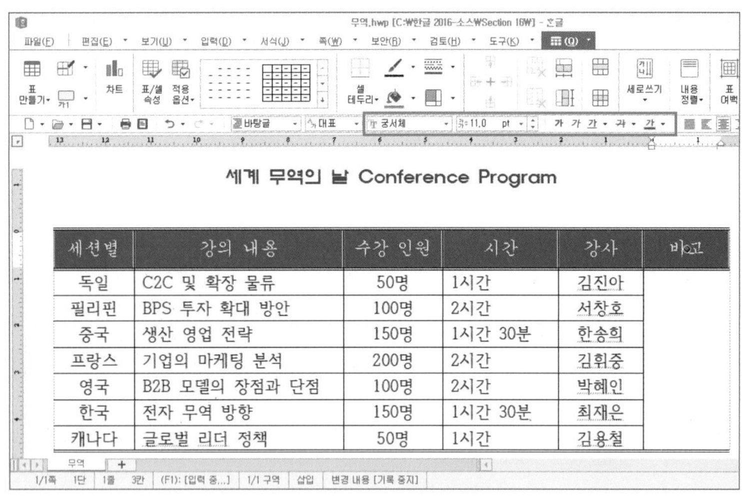

10 제목 행에 글꼴 서식을 지정하기 위하여 서식 도구 상자에서 글꼴은 '궁서체', 글자 크기는 '11pt', 글자 색은 '파랑'을 각각 지정합니다.

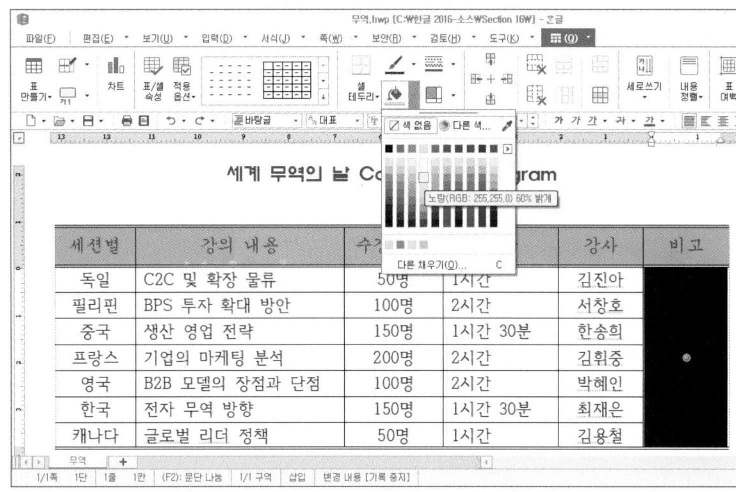

11 마지막으로 '비고' 열만을 블록 지정한 후 [표] 탭에서 셀 배경 색( ) 아이콘을 클릭하고, '노랑(RGB: 255,255,0) 60% 밝게'를 선택합니다.

셀 블록 지정 PLUS TIP

하나의 셀만 블록 지정할 경우는 F5 키를 누르면 됩니다.

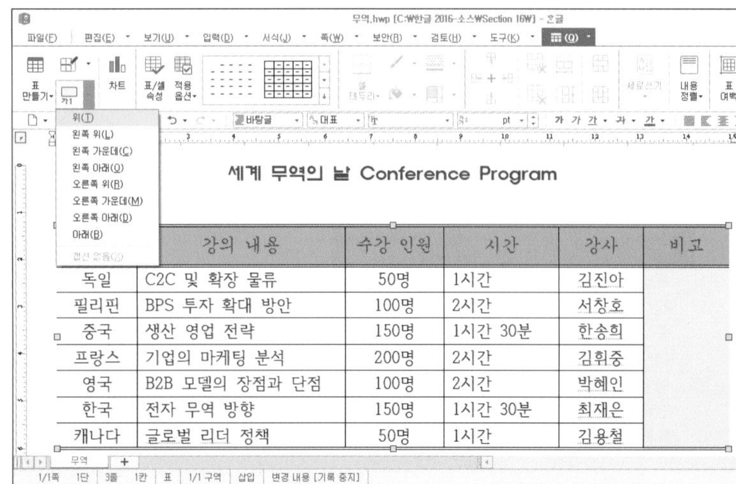

12 표에 캡션을 달기 위하여 표를 선택한 후 [표] 탭에서 캡션( ) 아이콘을 클릭하고, [위]를 선택합니다.

13 '표 1'이라는 캡션을 삭제하기 위하여 Back Space 키를 누른 후 [지우기] 대화 상자가 나타나면 [지움] 단추를 클릭합니다.

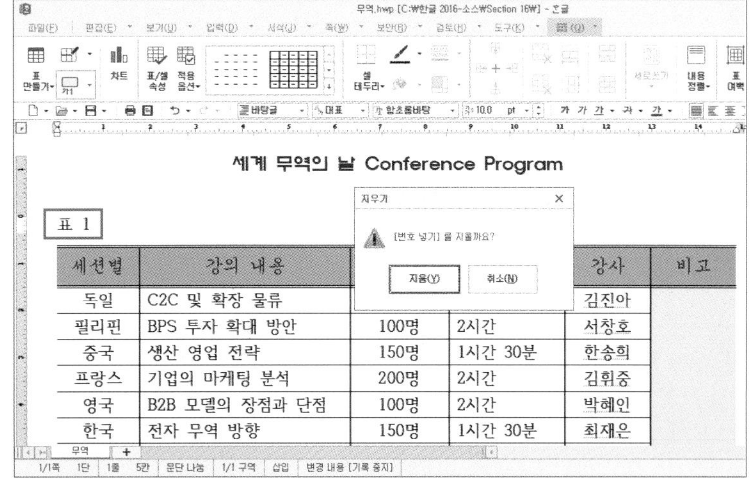

14 캡션 내용을 입력한 후 서식 도구 상자에서 글자 크기는 '9pt'와 오른쪽 정렬( ) 아이콘을 클릭합니다.

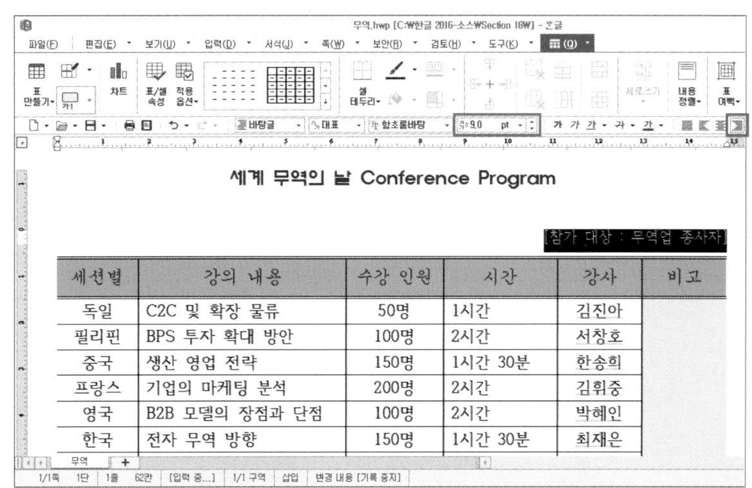

Power Upgrade

표의 셀 테두리/배경

- 표에서 셀 속성은 [셀 테두리/배경] 대화 상자를 이용해도 동일한 결과를 얻을 수 있습니다.
- 제목 행을 블록 지정한 후 [표] 탭의 펼침( ) 단추를 클릭하고, [셀 테두리/배경] – [각 셀마다 적용]을 선택합니다.
- [셀 테두리/배경] 대화 상자의 [테두리] 탭에서 테두리의 '종류', '굵기', '색', '위치' 등을 각각 지정할 수 있습니다.

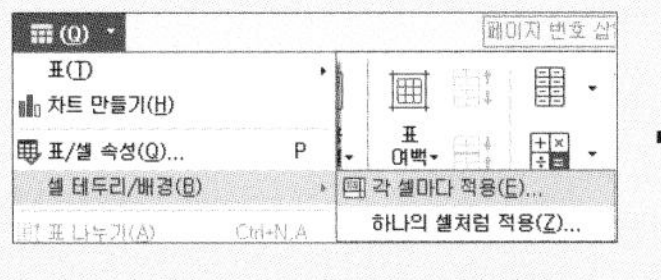

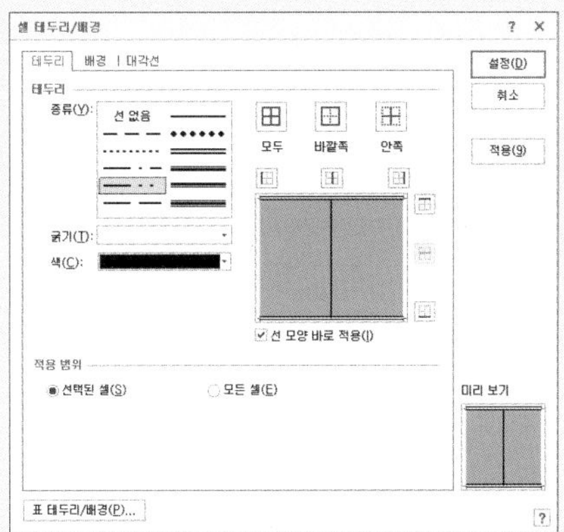

기초문제

1

다음의 표를 작성한 후 행 높이와 열 너비를 적당히 조절하고, '아시아.hwp'로 저장하세요.

아시아(Asia)의 날 행사 안내

시간	나라	행사 내용	담당자	비고
09:00-10:00	필리핀	전통 무용 시연	김정훈	
10:00-11:00	말레이시아	전통 악기 및 밴드 공연	배주연	
11:00-12:00	중국	폴라로이드 사진 촬영	신성재	
13:00-14:00	한국	깜짝 바자회	문정화	
14:00-15:00	싱가폴	영상물 상영	박은수	
15:00-16:00	일본	오락 및 사진전	허수진	
16:00-17:00	인도네시아	슬라이드 쇼	조준수	

아시아

2

'행사 내용' 열을 나누어 주어진 내용을 삽입한 후 각 칸의 셀 너비를 적당히 조절해 보세요.

아시아(Asia)의 날 행사 안내

시간	나라	행사 내용	참가 인원	담당자	비고
09:00-10:00	필리핀	전통 무용 시연	30명	김정훈	
10:00-11:00	말레이시아	전통 악기 및 밴드 공연	50명	배주연	
11:00-12:00	중국	폴라로이드 사진 촬영	10명	신성재	
13:00-14:00	한국	깜짝 바자회	70명	문정화	
14:00-15:00	싱가폴	영상물 상영	15명	박은수	
15:00-16:00	일본	오락 및 사진전	20명	허수진	
16:00-17:00	인도네시아	슬라이드 쇼	40명	조준수	

아시아

힌트 • '행사 내용' 열을 블록 지정한 후 [표] 탭에서 [셀 나누기] 아이콘을 클릭합니다.

3

4행 아래에 새로운 행을 삽입한 후 해당 행과 '비고' 열을 셀 병합해 보세요.

아시아(Asia)의 날 행사 안내

시간	나라	행사 내용	참가 인원	담당자	비고
09:00-10:00	필리핀	전통 무용 시연	30명	김정훈	
10:00-11:00	말레이시아	전통 악기 및 밴드 공연	50명	배주연	
11:00-12:00	중국	폴라로이드 사진 촬영	10명	신성재	
점심 식사 및 오후 행사 준비					
13:00-14:00	한국	깜짝 바자회	70명	문정화	
14:00-15:00	싱가폴	영상물 상영	15명	박은수	
15:00-16:00	일본	오락 및 사진전	20명	허수진	
16:00-17:00	인도네시아	슬라이드 쇼	40명	조준수	

아시아

힌트 • 4행에 커서를 위치시킨 후 [아래에 줄 추가하기] 아이콘을 클릭합니다.
• 해당 행과 열을 블록 지정하고, [셀 합치기] 아이콘을 클릭합니다.

1) 다음의 표를 작성한 후 주어진 테두리를 지정하고, '기록부.hwp'로 저장하세요.

회원 기록부 입력 사항

성명	성별	나이	소속	E-mail	비고
이준석	남자	35세	한국자산관리공사	lee123@kamco.go.kr	
염수혜	여자	27세	미래텔레콤	love80@tel.co.kr	
신기혁	남자	40세	우수대학교	shingi@naver.com	
정경화	여자	33세	위즈디자인스쿨	wiz45@hanmail.net	
임명기	남자	45세	제일유학원	lmg@nate.com	
신영아	여자	38세	최고정보처리학원	young77@gmail.com	
강현석	남자	30세	비전아이티 기획사	vision@hanmail.com	
서혜인	여자	25세	소프트웨어정책연구소	viagold@naver.com	

기록부

힌트
- 표의 왼쪽과 오른쪽은 '선 없음'으로 지정합니다.
- 표의 위쪽과 아래쪽은 '이중 실선'으로 지정합니다.

2) 제목 행과 비고 열에 임의의 배경 색과 셀 음영을 지정하고, 해당 행/열을 가운데로 정렬해 보세요.

회원 기록부 입력 사항

성명	성별	나이	소속	E-mail	비고
이준석	남자	35세	한국자산관리공사	lee123@kamco.go.kr	
염수혜	여자	27세	미래텔레콤	love80@tel.co.kr	
신기혁	남자	40세	우수대학교	shingi@naver.com	
정경화	여자	33세	위즈디자인스쿨	wiz45@hanmail.net	
임명기	남자	45세	제일유학원	lmg@nate.com	
신영아	여자	38세	최고정보처리학원	young77@gmail.com	
강현석	남자	30세	비전아이티 기획사	vision@hanmail.com	
서혜인	여자	25세	소프트웨어정책연구소	viagold@naver.com	

기록부

힌트
- 제목 행과 비고 열을 블록 지정한 후 [셀 배경 색]과 [셀 음영] 아이콘을 이용하여 임의의 색과 음영을 지정합니다.
- 1행과 '성명', '성별', '나이' 열을 각각 블록 지정하고, 가운데 정렬합니다.

3) 표 아래쪽에 주어진 캡션을 삽입하고, 글꼴 서식(9pt, 오른쪽 정렬)을 지정해 보세요.

회원 기록부 입력 사항

성명	성별	나이	소속	E-mail	비고
이준석	남자	35세	한국자산관리공사	lee123@kamco.go.kr	
염수혜	여자	27세	미래텔레콤	love80@tel.co.kr	
신기혁	남자	40세	우수대학교	shingi@naver.com	
정경화	여자	33세	위즈디자인스쿨	wiz45@hanmail.net	
임명기	남자	45세	제일유학원	lmg@nate.com	
신영아	여자	38세	최고정보처리학원	young77@gmail.com	
강현석	남자	30세	비전아이티 기획사	vision@hanmail.com	
서혜인	여자	25세	소프트웨어정책연구소	viagold@naver.com	

<게시판의 [회원 자료]를 클릭한 후 해당 자료를 입력>

기록부

힌트
- 표를 선택한 후 [표] 탭에서 [캡션] 아이콘을 클릭하고, [아래]를 선택합니다.

Section

17 차트 작성과 편집하기

차트는 주어진 표 데이터를 막대, 선, 타원 등을 이용하여 시각적으로 표현하는 기능입니다. 여기에서는 원하는 차트를 작성한 후 다양하게 편집하고, 응용하는 방법에 대해서 학습해 봅니다.

Preview

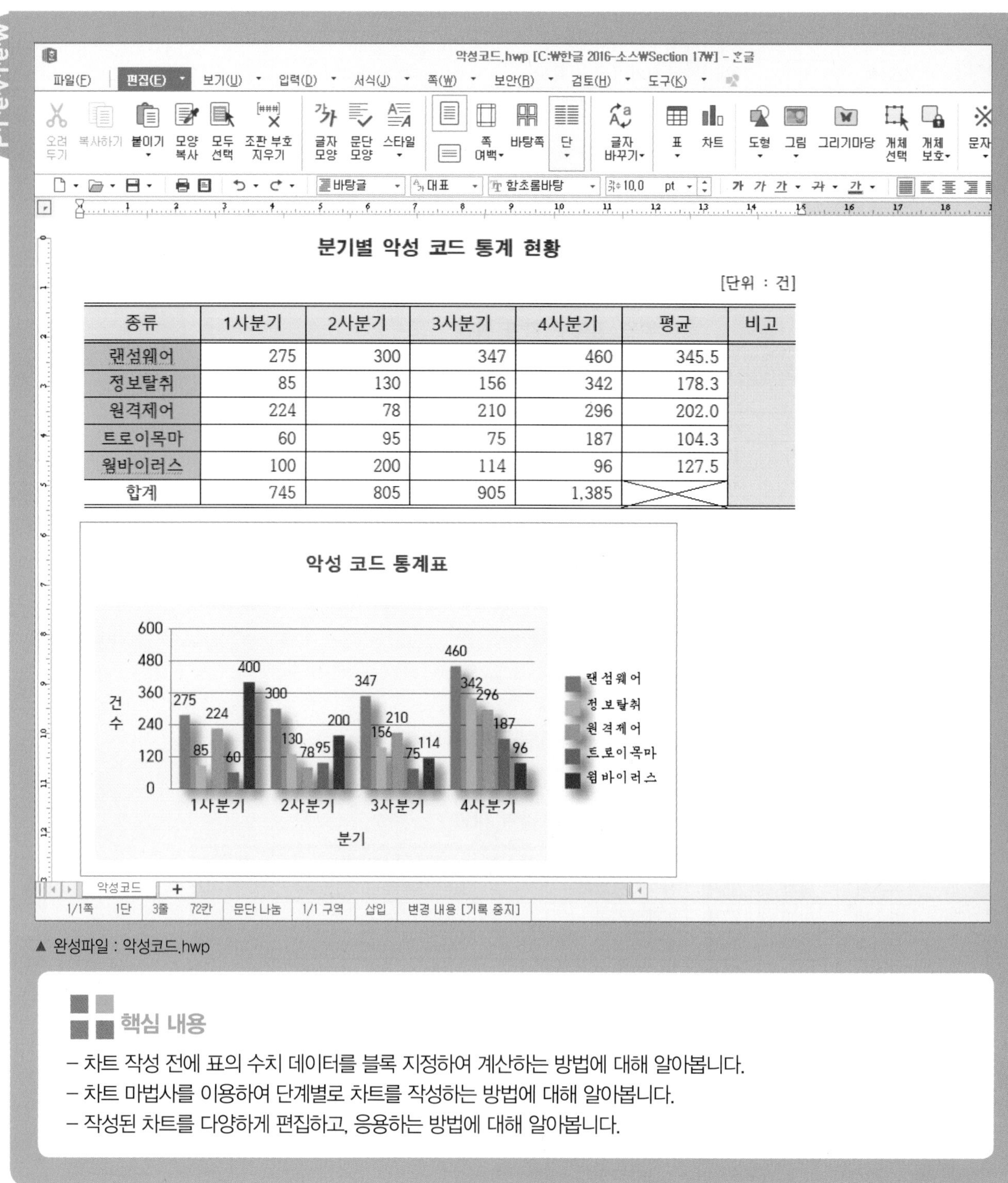

분기별 악성 코드 통계 현황

[단위 : 건]

종류	1사분기	2사분기	3사분기	4사분기	평균	비고
랜섬웨어	275	300	347	460	345.5	
정보탈취	85	130	156	342	178.3	
원격제어	224	78	210	296	202.0	
트로이목마	60	95	75	187	104.3	
웜바이러스	100	200	114	96	127.5	
합계	745	805	905	1,385		

▲ 완성파일 : 악성코드.hwp

핵심 내용

– 차트 작성 전에 표의 수치 데이터를 블록 지정하여 계산하는 방법에 대해 알아봅니다.
– 차트 마법사를 이용하여 단계별로 차트를 작성하는 방법에 대해 알아봅니다.
– 작성된 차트를 다양하게 편집하고, 응용하는 방법에 대해 알아봅니다.

따라하기 01 표 수치 계산하기

01 화면에서 주어진 표를 작성하고, 'C:₩한글 2016-소스₩Section 17'에 '악성코드.hwp'로 저장합니다(단, 표의 색상은 임의로 지정).

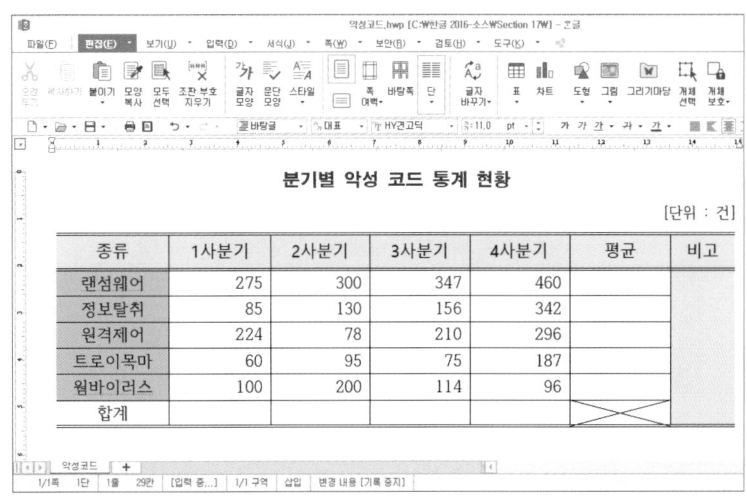

분기별 악성 코드 통계 현황

[단위 : 건]

종류	1사분기	2사분기	3사분기	4사분기	평균	비고
랜섬웨어	275	300	347	460		
정보탈취	85	130	156	342		
원격제어	224	78	210	296		
트로이목마	60	95	75	187		
웜바이러스	100	200	114	96		
합계						

02 분기별 합계를 구하기 위하여 해당 부분을 블록 지정한 후 [표] 탭에서 계산식( ) 아이콘을 클릭하고, [블록 계산식]-[블록 합계]를 선택합니다.

천 단위 구분 쉼표 PlusTip

[표] 탭에서 1,000 단위 구분 쉼표( ) 아이콘을 클릭하면 숫자의 1,000 단위마다 자릿점(,)을 넣어줍니다.

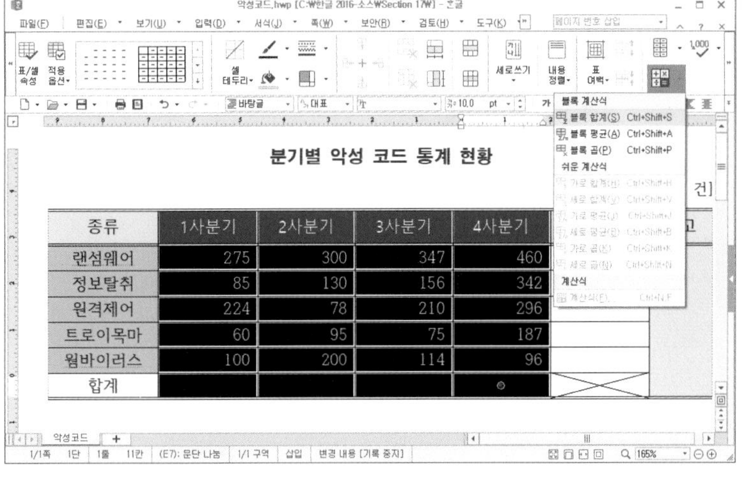

03 종류별 평균을 구하기 위하여 해당 부분을 블록 지정한 후 [표] 탭에서 계산식( ) 아이콘을 클릭하고, [블록 계산식]-[블록 평균]을 선택합니다.

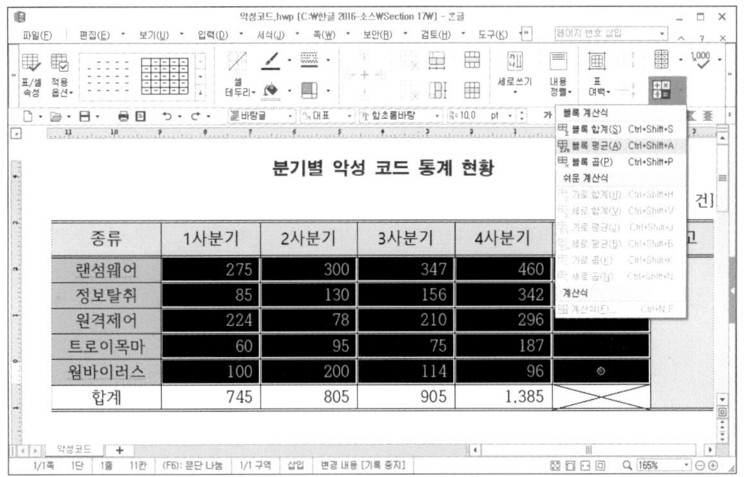

종류	1사분기	2사분기	3사분기	4사분기
랜섬웨어	275	300	347	460
정보탈취	85	130	156	342
원격제어	224	78	210	296
트로이목마	60	95	75	187
웜바이러스	100	200	114	96
합계	745	805	905	1,385

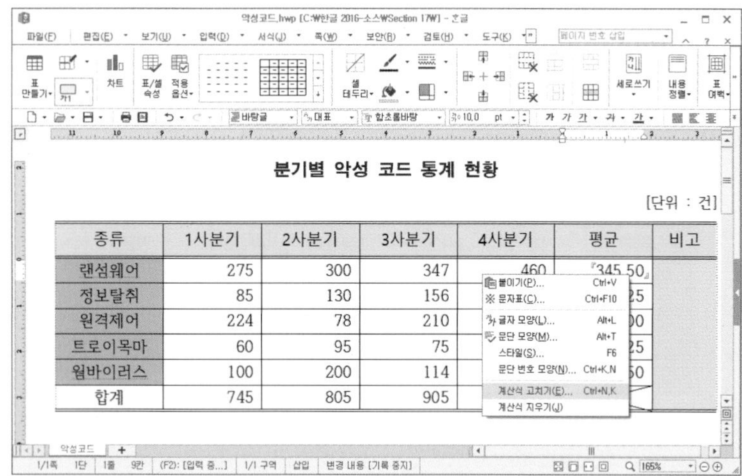

종류	1사분기	2사분기	3사분기	4사분기	평균	비고
랜섬웨어	275	300	347	460	「345.50」	
정보탈취	85	130	156		25	
원격제어	224	78	210		00	
트로이목마	60	95	75		25	
웜바이러스	100	200	114		50	
합계	745	805	905			

04 평균의 소수점 자릿수를 한 자리로 지정하기 위하여 첫 번째 평균에서 마우스 오른쪽 버튼을 클릭하고, [계산식 고치기]를 선택합니다.

계산식
계산식(E): =AVG(B?:E?)
함수(F):
쉬운 범위(R):
형식(M): 소수점 이하 한 자리
세 자리마다
기본 형식
정수형
소수점 이하 한 자리
소수점 이하 두 자리
소수점 이하 세 자리
소수점 이하 네 자리
확인(D)
취소

05 [계산식] 대화 상자에서 형식의 목록(▾) 단추를 클릭하고, '소수점 이하 한 자리'를 선택한 후 [확인] 단추를 클릭합니다.

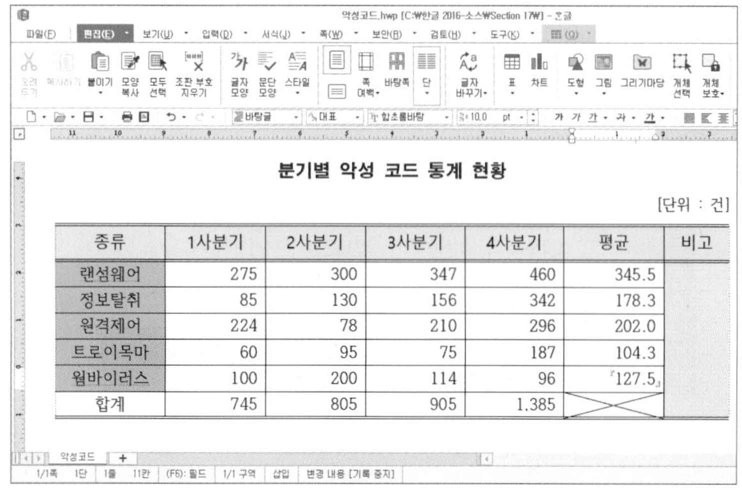

분기별 악성 코드 통계 현황

[단위 : 건]

종류	1사분기	2사분기	3사분기	4사분기	평균	비고
랜섬웨어	275	300	347	460	345.5	
정보탈취	85	130	156	342	178.3	
원격제어	224	78	210	296	202.0	
트로이목마	60	95	75	187	104.3	
웜바이러스	100	200	114	96	「127.5」	
합계	745	805	905	1,385		

06 동일한 방법으로 나머지 평균의 소수점 자릿수를 한 자리로 각각 지정합니다.

따라하기 02 차트 작성하기

01 표에서 차트로 작성할 내용을 블록 지정한 후 [입력] 탭의 펼침(▾) 단추를 클릭하고, [개체]–[차트]를 선택합니다.

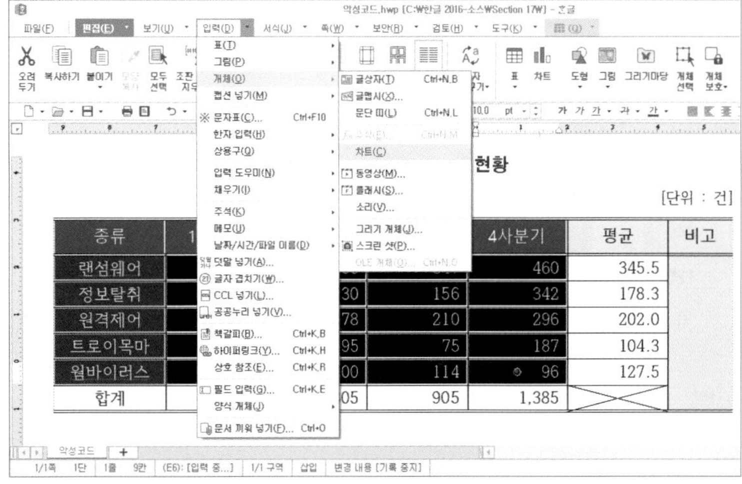

차트 Plus Tip

[입력] / [표] 탭에서 차트( ) 아이콘을 클릭해도 됩니다.

02 차트가 삽입되면 해당 차트를 더블 클릭한 후 마우스 오른쪽 버튼을 클릭하고, [차트 마법사]를 선택합니다.

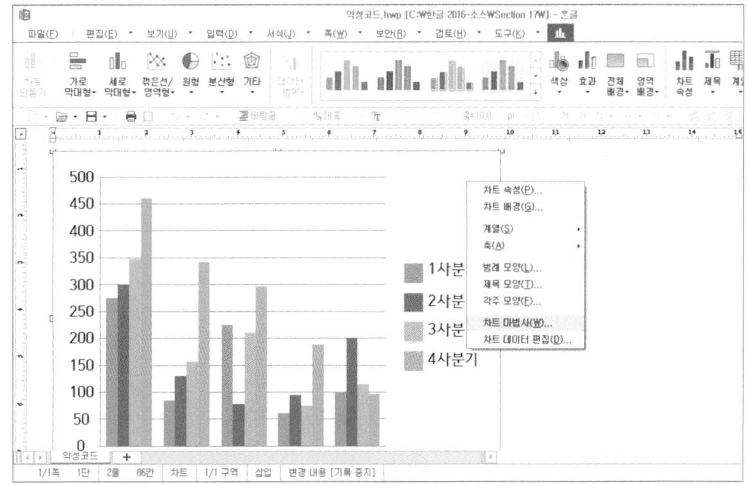

차트의 바로 가기 메뉴 Plus Tip

차트 편집에 관한 바로 가기 메뉴는 차트를 반드시 더블 클릭한 후 마우스 오른쪽 버튼을 클릭합니다. 이때, 차트를 클릭한 후 마우스 오른쪽 버튼을 클릭하면 메뉴가 다르게 나타납니다.

03 [차트 마법사 – 3단계 중 1단계] 대화상자의 [표준 종류] 탭에서 차트 종류(세로 막대형)와 차트 모양(묶은 세로 막대형)을 선택하고, [다음] 단추를 클릭합니다.

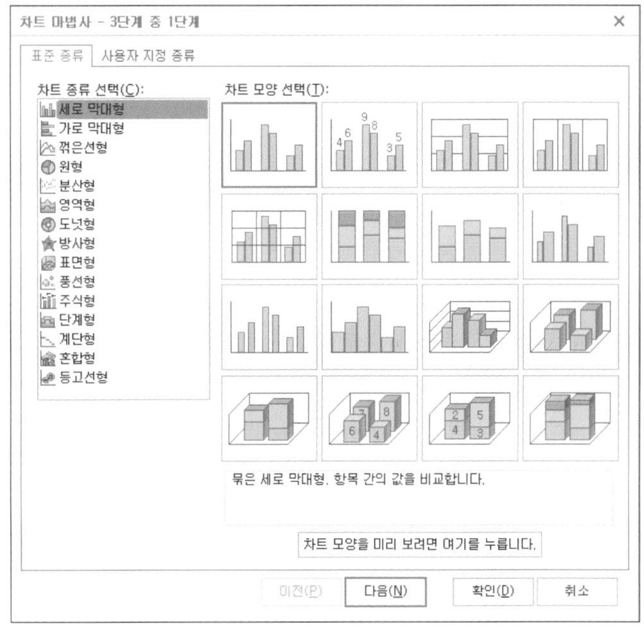

[사용자 지정 종류] 탭 Plus Tip

차트 종류 선택에서 원하는 차트를 선택하면 미리 보기에 해당 차트 모양이 나타나고, 아래에 차트 설명이 표시됩니다(다양하고, 복잡한 형태의 차트 종류를 선택).

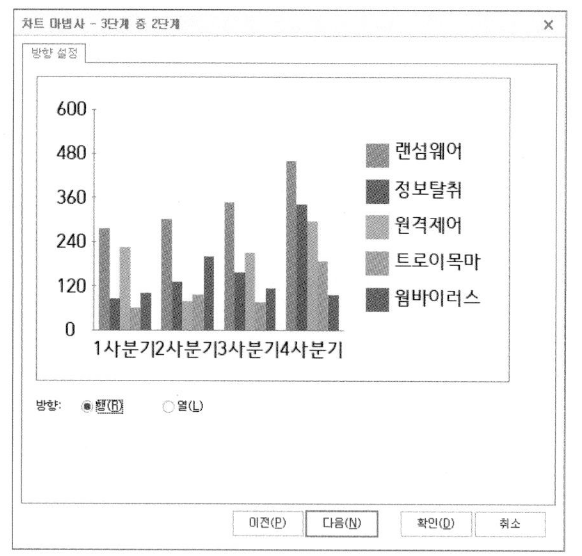

04 [차트 마법사–3단계 중 2단계] 대화상자의 [방향 설정] 탭에서 방향(행)을 선택하고, [다음] 단추를 클릭합니다.

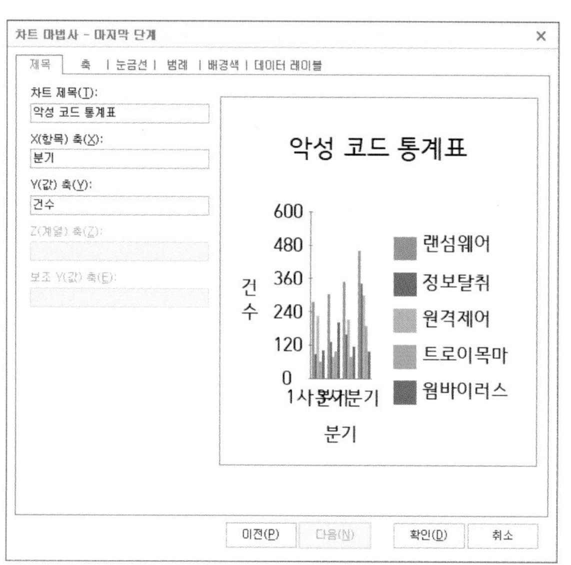

05 [차트 마법사–마지막 단계] 대화 상자의 [제목] 탭에서 차트 제목은 "악성 코드 통계표", X(항목) 축은 "분기", Y(값) 축은 "건수"를 각각 입력합니다.

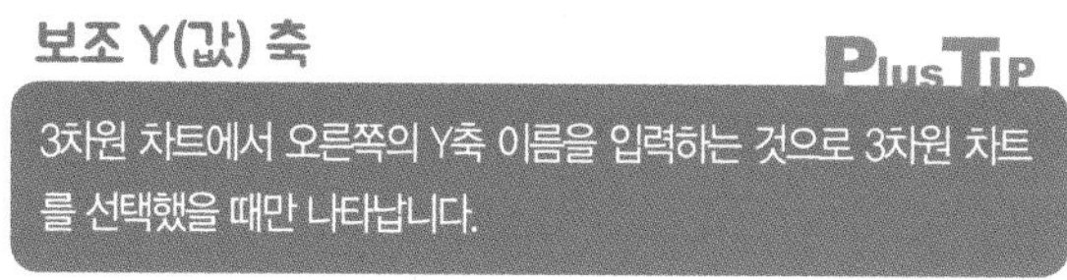
보조 Y(값) 축 Plus Tip

3차원 차트에서 오른쪽의 Y축 이름을 입력하는 것으로 3차원 차트를 선택했을 때만 나타납니다.

06 계속해서 [눈금선] 탭에서 눈금선 지정을 'Y축 주 눈금선'으로 선택합니다.

07 마지막으로 [데이터 레이블] 탭에서 '값'을 선택하고, [확인] 단추를 클릭합니다.

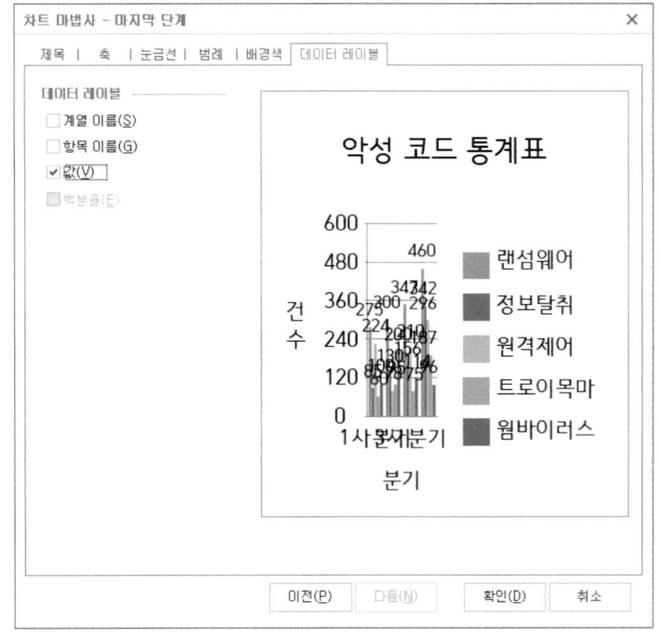

08 차트 마법사에서 설정한 세로 막대형 차트가 나타나면 [차트] 탭에서 '글자처럼 취급'을 선택합니다.

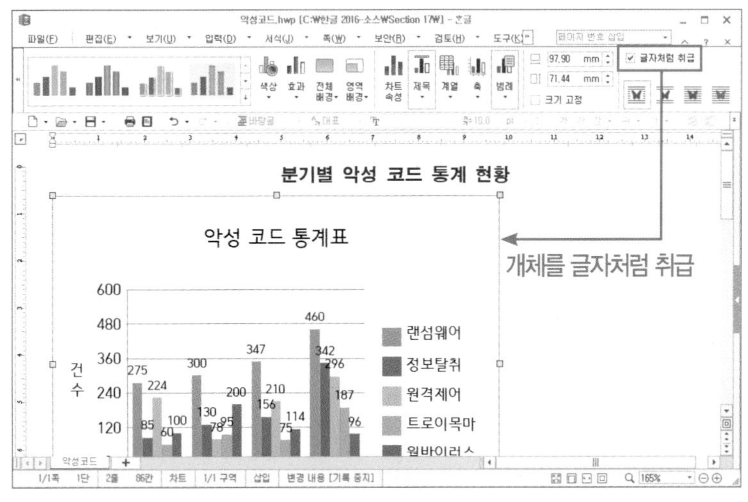

09 차트가 표 아래로 이동되면 차트의 크기 조절 핸들을 이용하여 가로/세로 크기를 적당히 조절합니다.

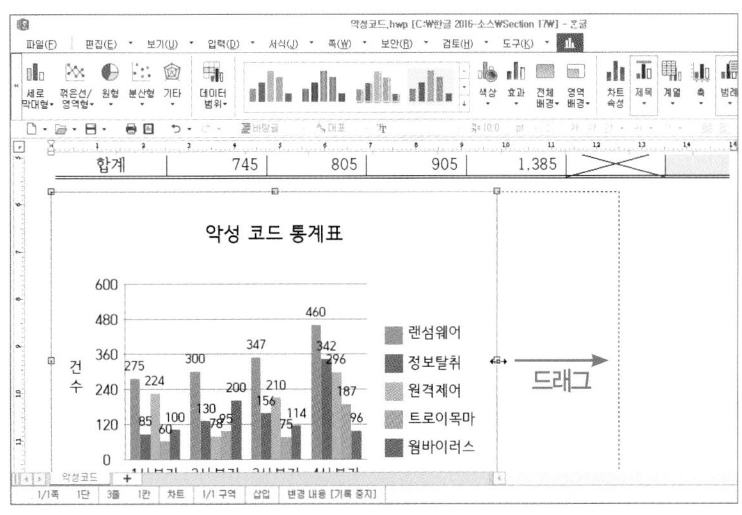

따라하기 03 차트 다양하게 편집하기

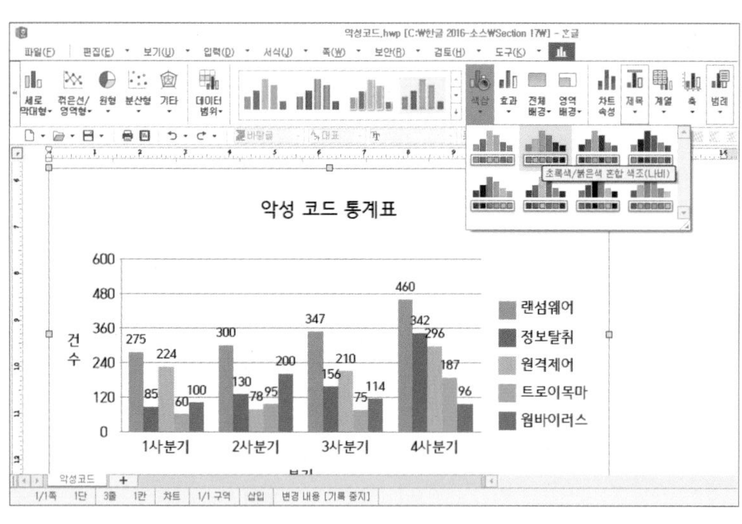

01 차트를 선택한 후 [차트] 탭에서 색상(색상) 아이콘을 클릭하고, '초록색/붉은색 혼합 색조(나비)'를 선택합니다.

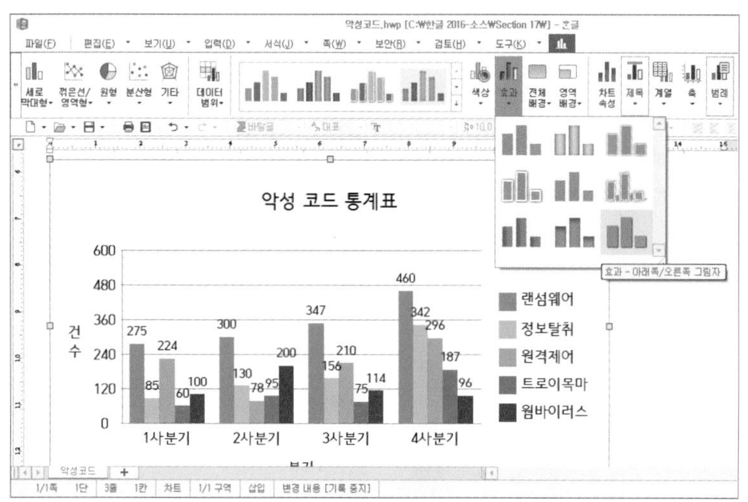

02 이번에는 효과(효과) 아이콘을 클릭하고, '효과 – 아래쪽/오른쪽 그림자'를 선택합니다.

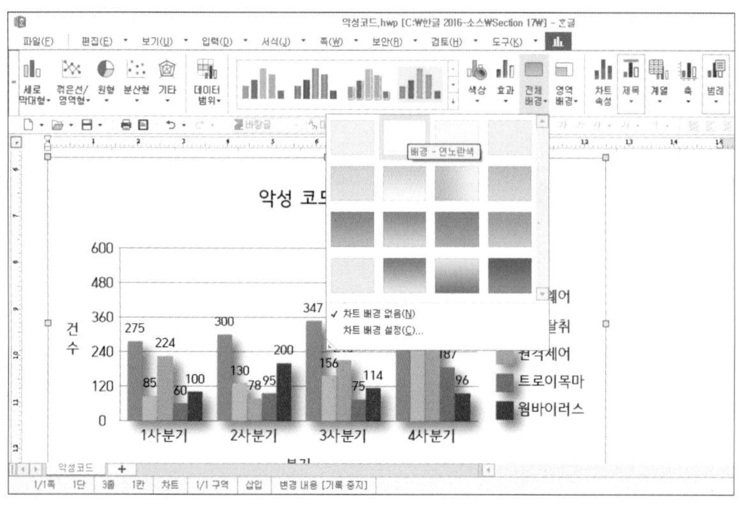

03 계속해서 전체 배경(전체 배경) 아이콘을 클릭하고, '배경 – 연노란색'을 선택합니다.

04 마지막으로 영역 배경(영역 배경) 아이콘을 클릭하고, '영역 배경 – 연두색'을 선택합니다.

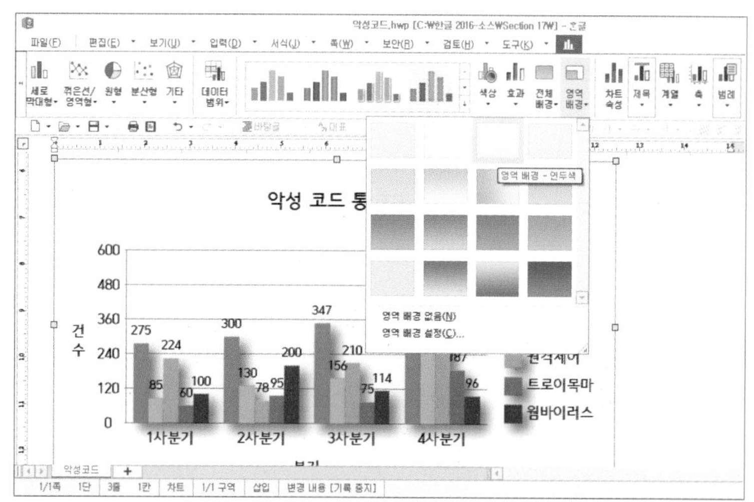

05 차트 제목을 편집하기 위하여 차트를 더블 클릭한 후 차트 제목을 선택하고, 바로 가기 메뉴에서 [제목 모양]을 선택합니다.

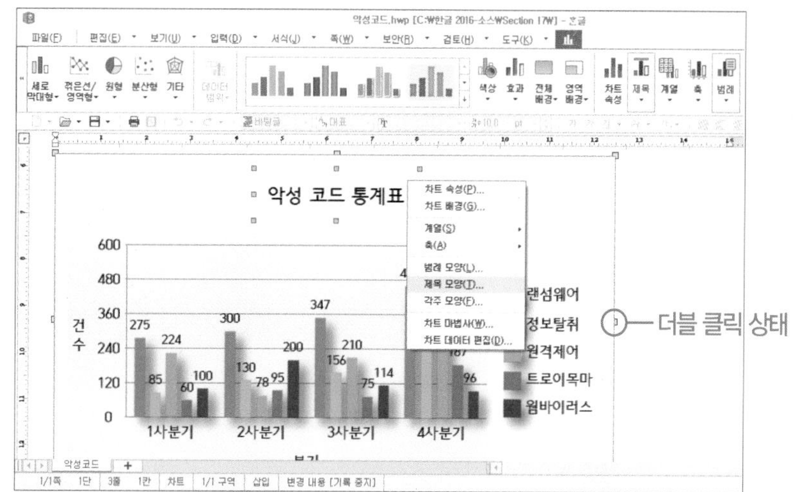

차트 Plus Tip

[차트] 탭에서 제목(제목) 아이콘을 클릭하고, [제목 모양]을 선택해도 됩니다.

06 [제목 모양] 대화 상자의 [글자] 탭에서 글꼴은 '맑은 고딕', 크기는 '11pt', 속성은 '진하게', 글자 색은 '파랑'을 각각 지정하고, [설정] 단추를 클릭합니다.

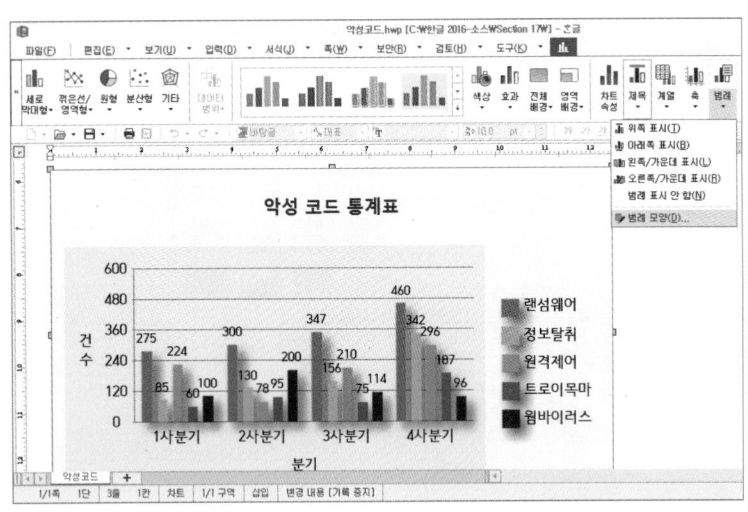

07 이번에는 [차트] 탭에서 범례(범례) 아이콘을 클릭하고, [범례 모양]을 선택합니다.

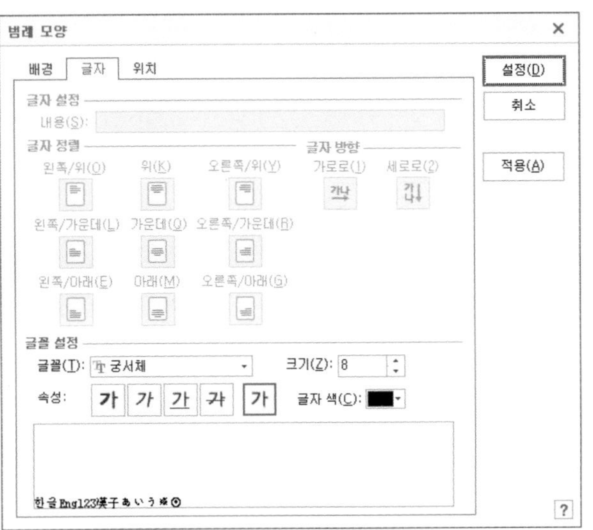

08 [범례 모양] 대화 상자의 [글자] 탭에서 글꼴은 '궁서체', 크기는 '8pt'를 각각 지정하고, [설정] 단추를 클릭합니다.

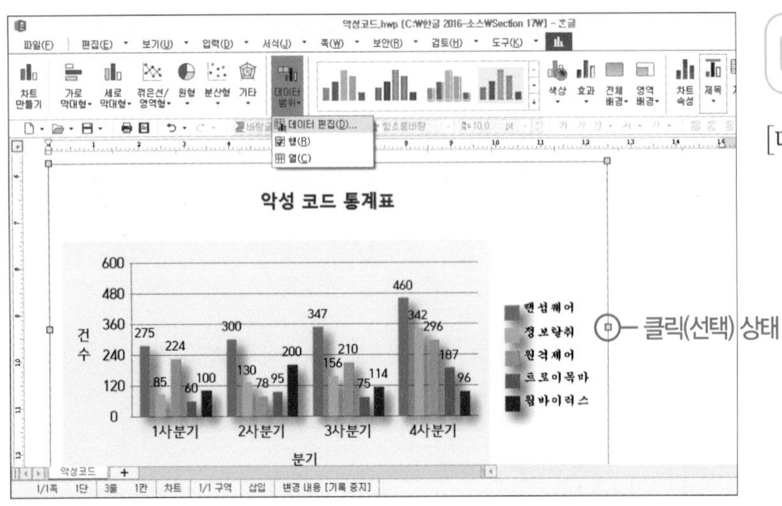

09 다시 차트를 선택한 후 [차트] 탭에서 데이터 범위(데이터 범위) 아이콘을 클릭하고, [데이터 편집]을 선택합니다.

10 [차트 데이터 편집] 대화 상자에서 웜 바이러스의 1사분기 데이터를 "400"으로 수정하고, [확인] 단추를 클릭합니다.

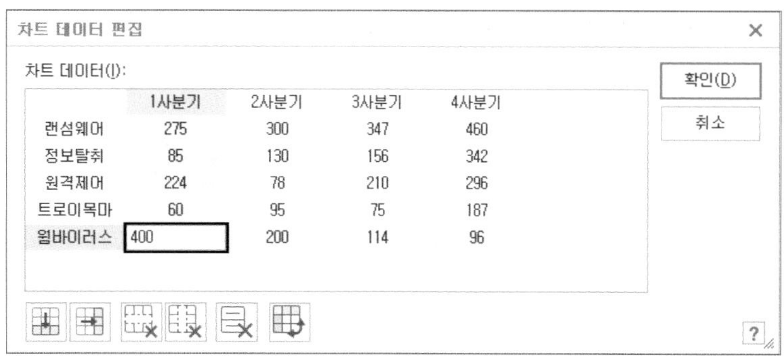

	1사분기	2사분기	3사분기	4사분기
랜섬웨어	275	300	347	460
정보탈취	85	130	156	342
원격제어	224	78	210	296
트로이목마	60	95	75	187
웜바이러스	400	200	114	96

11 그 결과 차트의 해당 데이터 계열값이 변경된 것을 확인할 수 있습니다.

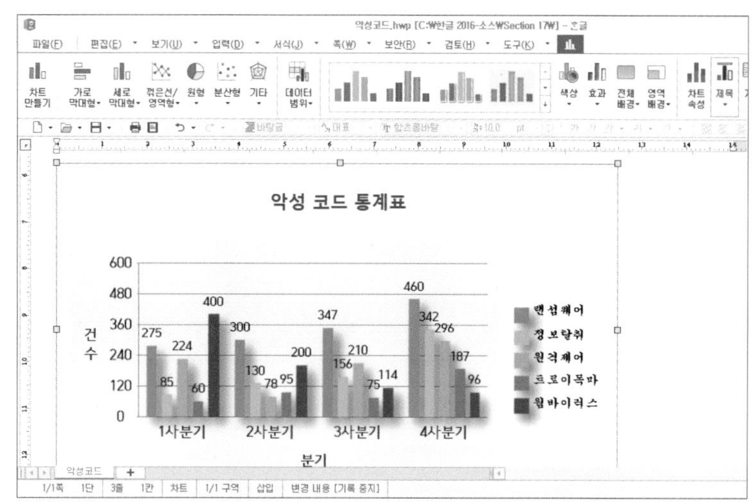

Power Upgrade

차트 종류 변경

이미 작성된 차트를 다른 종류의 차트로 변경하려면 [차트] 탭에서 원하는 차트 아이콘을 클릭하고, 차트 모양을 선택합니다 (예 : 꺾은선형 차트).

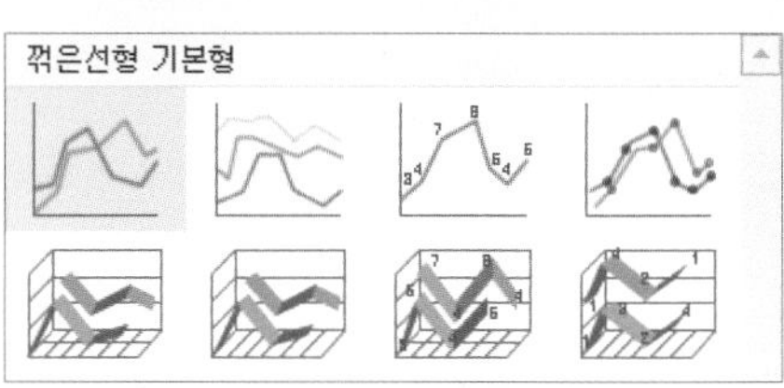

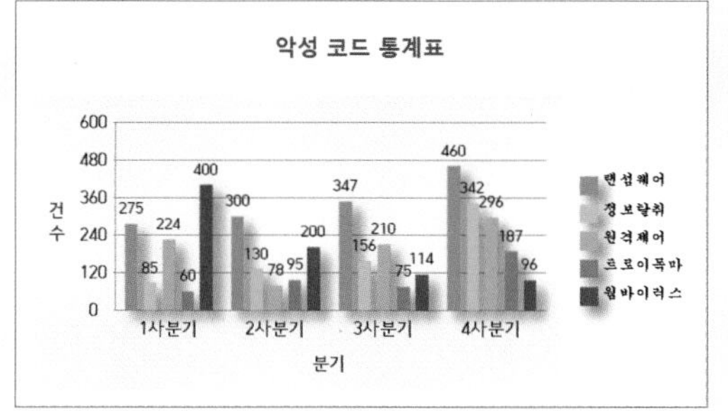

➔

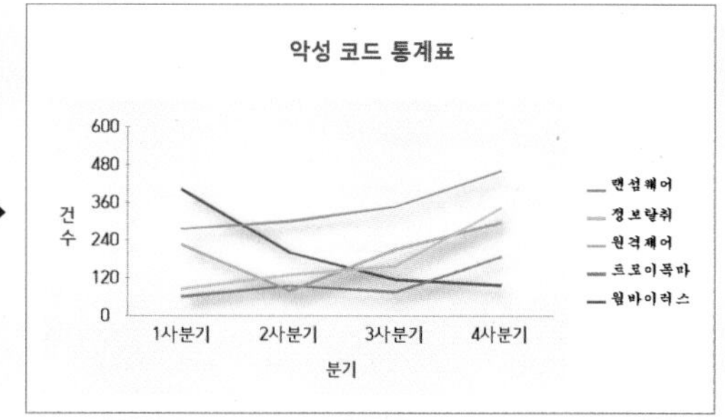

기초문제

1

다음의 표를 작성한 후 합계와 평균을 구하고, '인구현황.hwp'로 저장하세요.

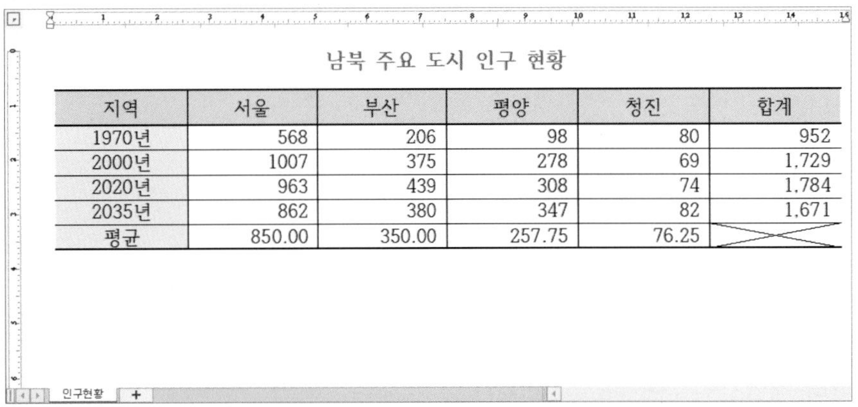

남북 주요 도시 인구 현황

지역	서울	부산	평양	청진	합계
1970년	568	206	98	80	952
2000년	1007	375	278	69	1,729
2020년	963	439	308	74	1,784
2035년	862	380	347	82	1,671
평균	850.00	350.00	257.75	76.25	

2

표에서 해당 데이터를 이용하여 묶은 가로 막대형 차트를 작성해 보세요.

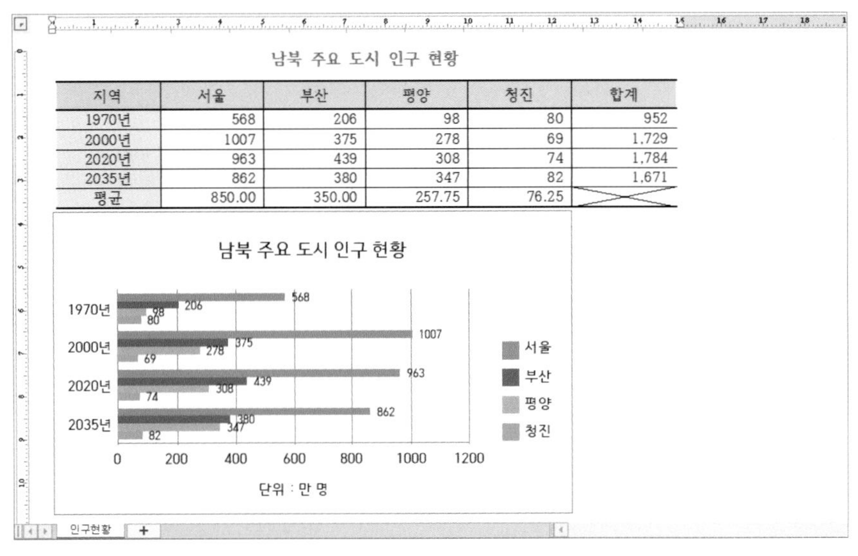

남북 주요 도시 인구 현황

지역	서울	부산	평양	청진	합계
1970년	568	206	98	80	952
2000년	1007	375	278	69	1,729
2020년	963	439	308	74	1,784
2035년	862	380	347	82	1,671
평균	850.00	350.00	257.75	76.25	

힌트

- [차트 마법사] 대화 상자에서 방향은 '열', 눈금선은 'Y축 주 눈금선', 데이터 레이블은 '값'을 각각 지정합니다.

3

차트에서 주어진 그림자 효과와 전체 배경 색을 지정해 보세요.

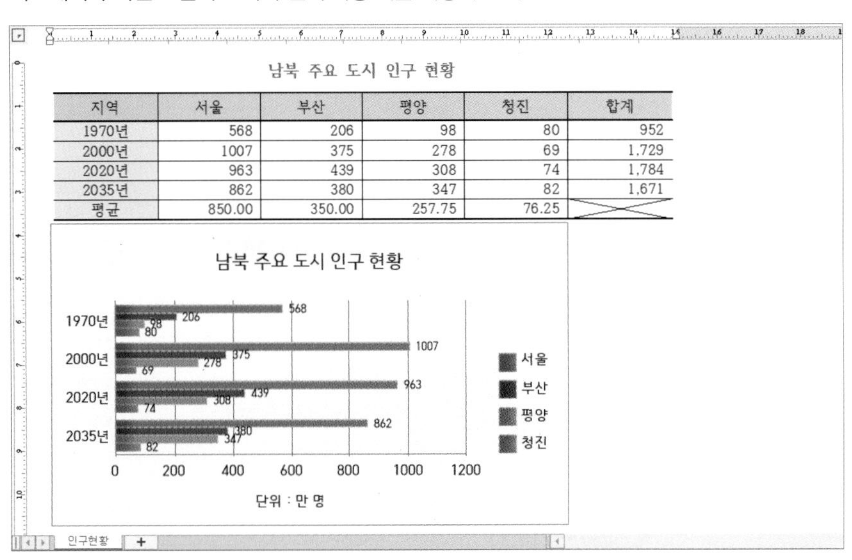

남북 주요 도시 인구 현황

지역	서울	부산	평양	청진	합계
1970년	568	206	98	80	952
2000년	1007	375	278	69	1,729
2020년	963	439	308	74	1,784
2035년	862	380	347	82	1,671
평균	850.00	350.00	257.75	76.25	

힌트

- [차트] 탭에서 [효과] 아이콘을 클릭하고, '테두리-점선, 효과-내부 왼쪽 그림자'를, [전체 배경] 아이콘을 클릭하고, '배경-연노란색'을 각각 선택합니다.

심화문제

1) 다음의 표를 작성한 후 3차원 꺾은선형 차트를 삽입하고, '평생학습.hwp'로 저장하세요.

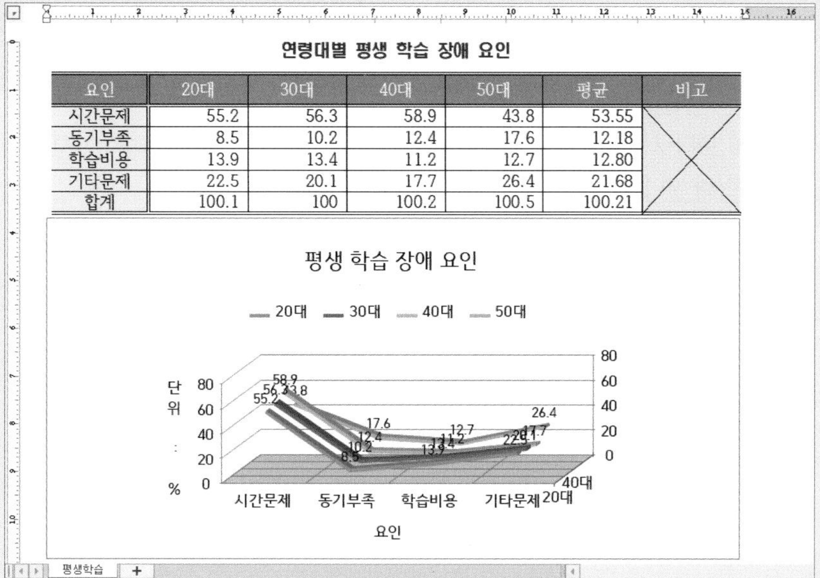

연령대별 평생 학습 장애 요인

요인	20대	30대	40대	50대	평균	비고
시간문제	55.2	56.3	58.9	43.8	53.55	
동기부족	8.5	10.2	12.4	17.6	12.18	
학습비용	13.9	13.4	11.2	12.7	12.80	
기타문제	22.5	20.1	17.7	26.4	21.68	
합계	100.1	100	100.2	100.5	100.21	

힌트
- [차트 마법사] 대화 상자에서 방향은 '열', 범례의 배치는 '위쪽', 데이터 레이블은 '값'을 각각 지정합니다.

2) 차트에서 주어진 색상과 전체 및 영역 배경 색을 지정한 후 범례의 위치를 오른쪽으로 이동하고, 차트 제목의 글꼴 서식(궁서체, 11pt)을 지정해 보세요.

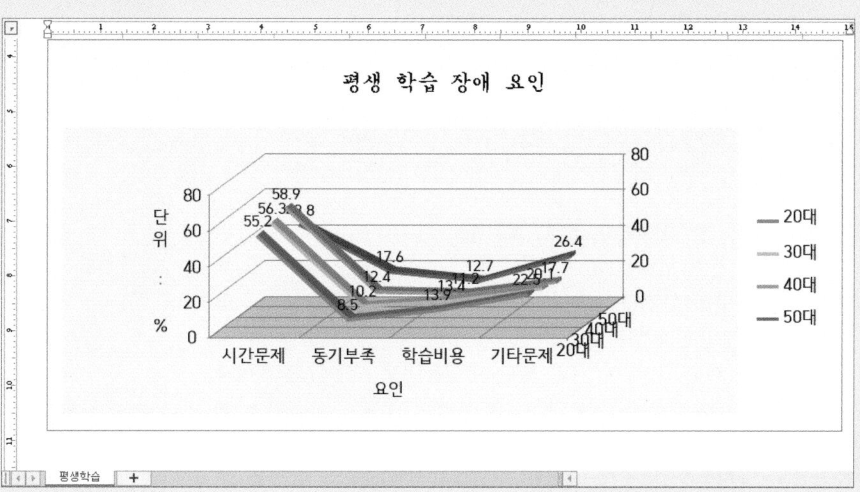

힌트
- [차트] 탭에서 [색상] 아이콘을 클릭하고, '초록색/붉은색 혼합 색조(나비)'를 선택합니다.
- [차트] 탭에서 [범례] 아이콘을 클릭하고, '오른쪽/가운데 표시'를 선택합니다.
- [제목 모양] 대화 상자의 [글자] 탭에서 글꼴과 크기를 지정합니다.

3) 차트를 3차원 설정 묶은 세로 막대형으로 변경한 후 40대의 동기부족 데이터 값을 '45.3'으로 수정해 보세요.

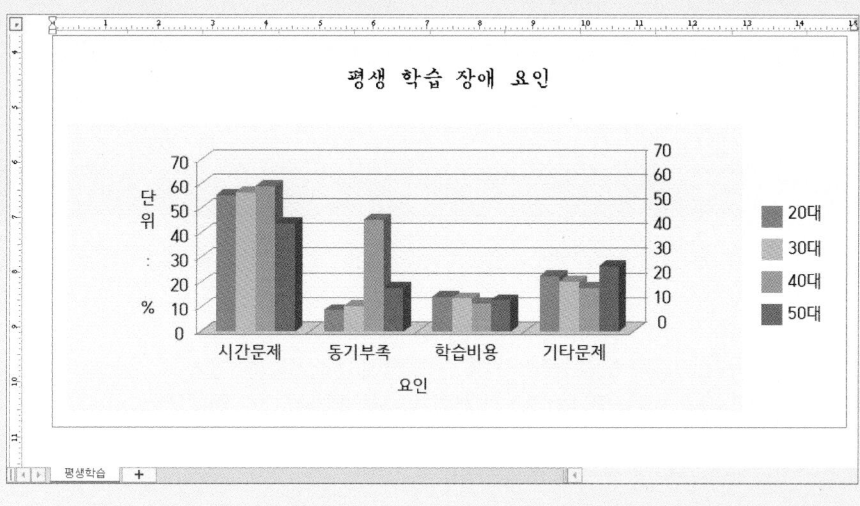

힌트
- [차트] 탭에서 [세로 막대형] 아이콘을 클릭하고, '3차원 설정 묶은 세로 막대형'을 선택합니다.
- [차트] 탭에서 [데이터 범위] 아이콘을 클릭한 후 [차트 데이터 편집] 대화 상자에서 해당 데이터를 수정합니다.

Section

18 그리기 개체 삽입과 편집하기

그리기 개체는 도형 등을 이용하여 문서 내용을 보다 시각적으로 표현할 수 있는 기능입니다. 여기에서는 여러 가지 도형을 삽입하고, 다양하게 편집하는 방법에 대해서 학습해 봅니다.

Preview

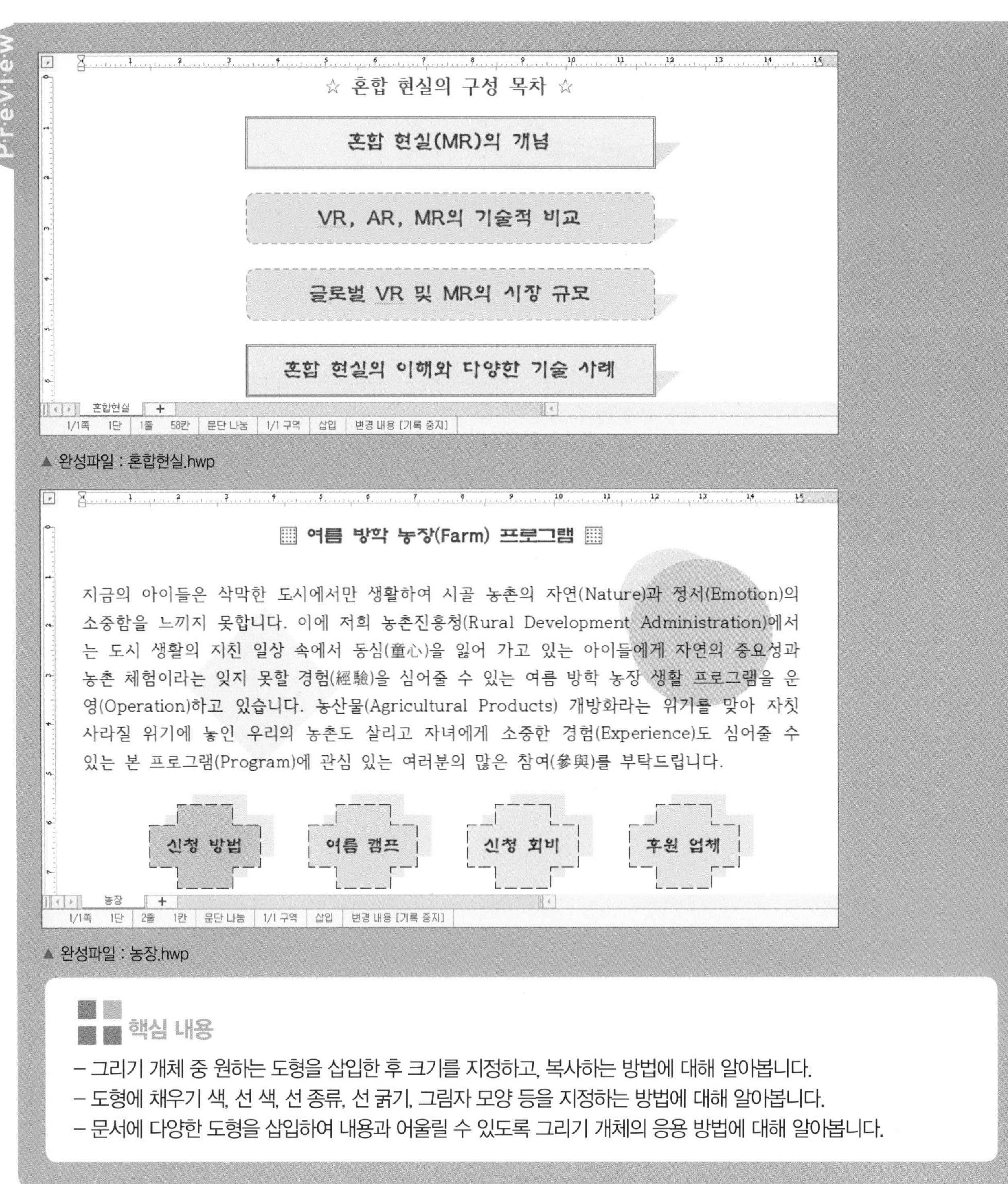

☆ 혼합 현실의 구성 목차 ☆
혼합 현실(MR)의 개념
VR, AR, MR의 기술적 비교
글로벌 VR 및 MR의 시장 규모
혼합 현실의 이해와 다양한 기술 사례
여름 방학 농장(Farm) 프로그램
지금의 아이들은 삭막한 도시에서만 생활하여 시골 농촌의 자연(Nature)과 정서(Emotion)의 소중함을 느끼지 못합니다. 이에 저희 농촌진흥청(Rural Development Administration)에서는 도시 생활의 지친 일상 속에서 동심(童心)을 잃어 가고 있는 아이들에게 자연의 중요성과 농촌 체험이라는 잊지 못할 경험(經驗)을 심어줄 수 있는 여름 방학 농장 생활 프로그램을 운영(Operation)하고 있습니다. 농산물(Agricultural Products) 개방화라는 위기를 맞아 자칫 사라질 위기에 놓인 우리의 농촌도 살리고 자녀에게 소중한 경험(Experience)도 심어줄 수 있는 본 프로그램(Program)에 관심 있는 여러분의 많은 참여(參與)를 부탁드립니다.
신청 방법
여름 캠프
신청 회비
후원 업체

▲ 완성파일 : 혼합현실.hwp

▲ 완성파일 : 농장.hwp

핵심 내용

- 그리기 개체 중 원하는 도형을 삽입한 후 크기를 지정하고, 복사하는 방법에 대해 알아봅니다.
- 도형에 채우기 색, 선 색, 선 종류, 선 굵기, 그림자 모양 등을 지정하는 방법에 대해 알아봅니다.
- 문서에 다양한 도형을 삽입하여 내용과 어울릴 수 있도록 그리기 개체의 응용 방법에 대해 알아봅니다.

따라하기 01 그리기 개체 삽입하기

01 임의의 글꼴 서식으로 주어진 제목을 입력하고, 'C:₩한글 2016-소스₩Section 18'에 '혼합현실.hwp'로 저장합니다.

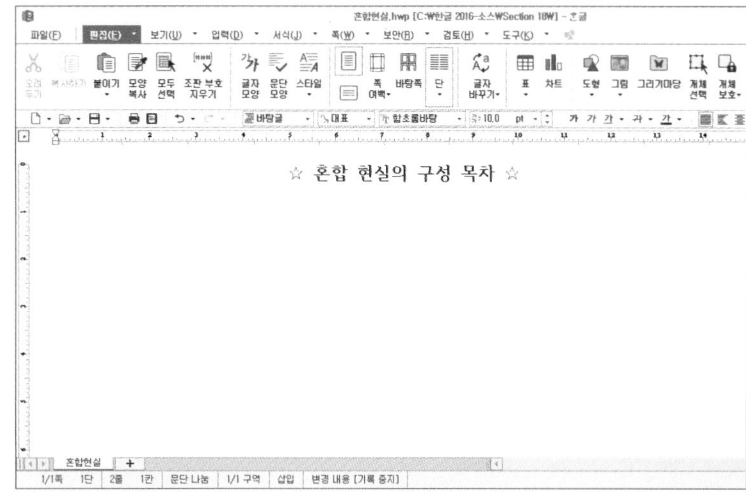

02 그리기 개체를 삽입하기 위하여 [입력] 탭의 펼침(▾) 단추를 클릭하고, [개체]-[그리기 개체]를 선택합니다.

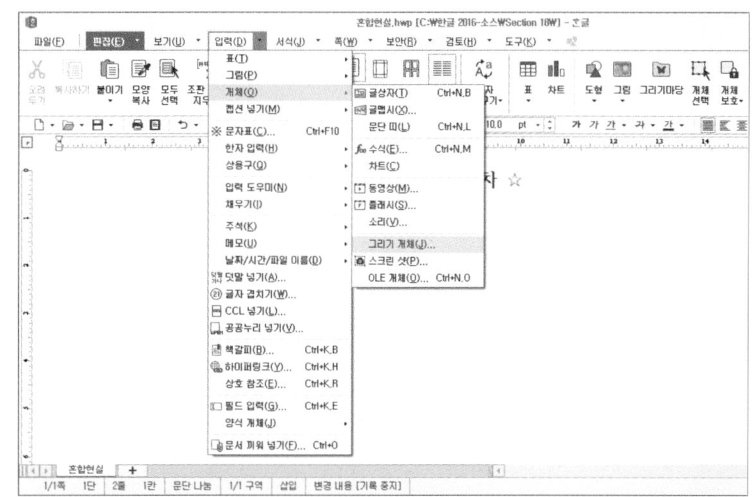

03 [그리기 개체 넣기] 대화 상자에서 개체는 '사각형'을 선택하고, 기타의 '마우스 끌기로 만들기'를 체크한 후 [넣기] 단추를 클릭합니다.

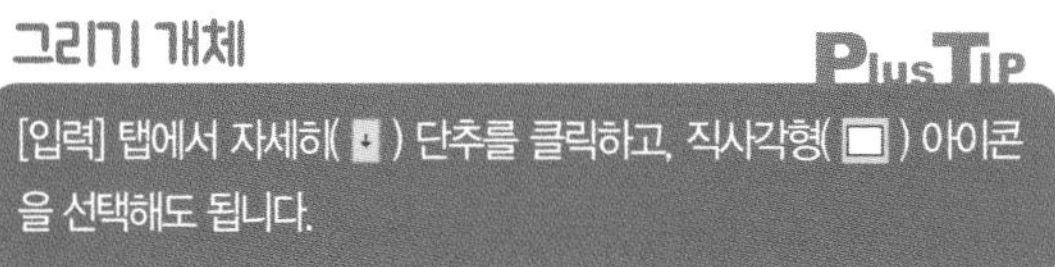

그리기 개체 PLUS TIP

[입력] 탭에서 자세히(▾) 단추를 클릭하고, 직사각형(▭) 아이콘을 선택해도 됩니다.

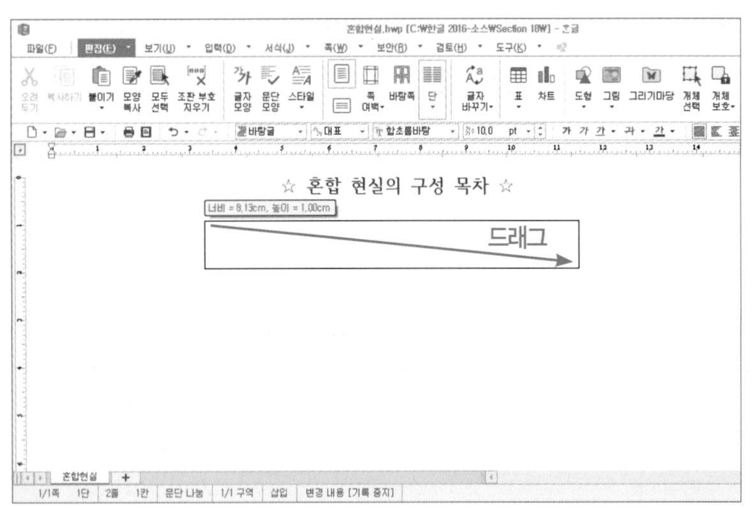

04 마우스 포인터가 '+' 모양으로 변경되면 제목 아래쪽에 마우스를 드래그하여 적당한 크기로 삽입합니다.

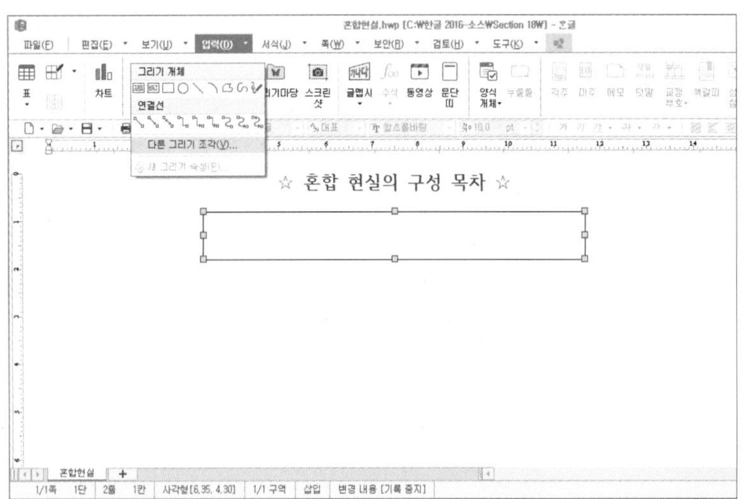

05 새로운 그리기 조각을 삽입하기 위하여 [입력] 탭에서 자세히(▾) 단추를 클릭하고, [다른 그리기 조각]을 선택합니다.

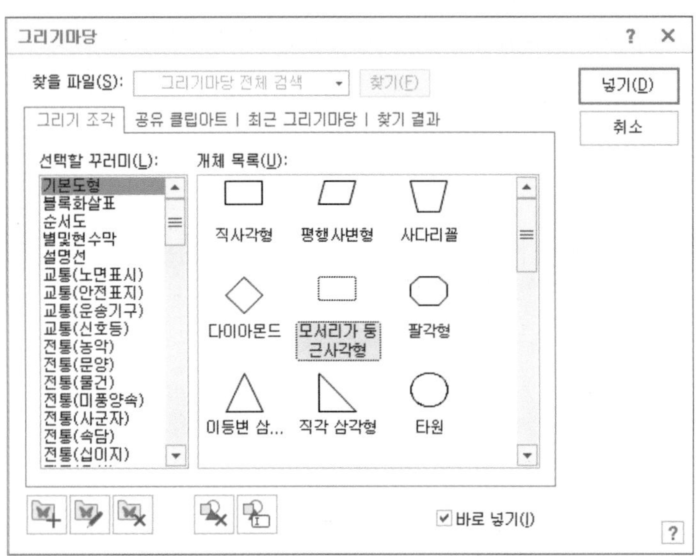

06 [그리기마당] 대화 상자의 [그리기 조각] 탭에서 기본도형에 있는 '모서리가 둥근사각형'을 선택하고, [넣기] 단추를 클릭합니다.

07 마우스 포인터가 '+' 모양으로 변경되면 직사각형 아래에 적당한 크기로 삽입하되 도형에 있는 크기 조절 핸들을 이용하여 가로/세로 크기를 조절합니다.

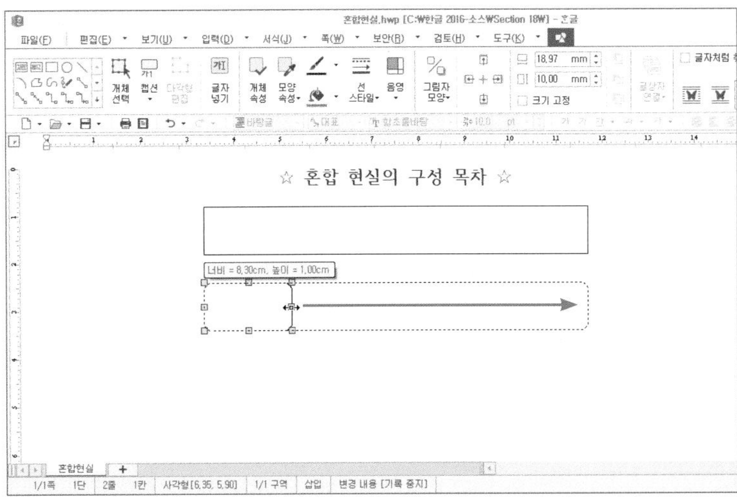

08 Ctrl + Shift 키를 누른 상태에서 '직사각형'과 '모서리가 둥근 사각형' 도형을 아래쪽으로 각각 드래그하여 복사합니다.

도형 복사 Plus Tip

Ctrl + 드래그는 도형을 원하는 위치로 복사하고, Ctrl + Shift + 드래그는 도형을 수평/수직으로 복사합니다.

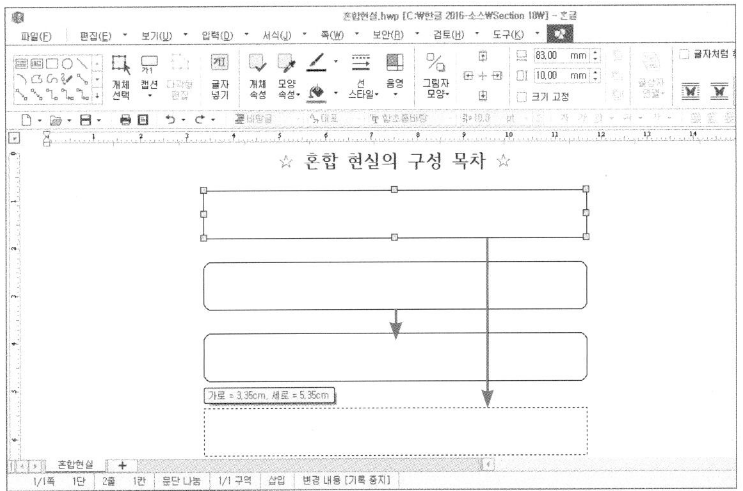

Power Upgrade

도형 크기 조절

도형의 크기는 [도형] 탭에서 너비와 높이를 직접 조절할 수 있는데 다음의 세 가지 아이콘은 두 개 이상의 도형을 선택한 경우에만 가능합니다. 즉, 선택한 도형들의 너비와 높이를 동일하게 조절합니다.

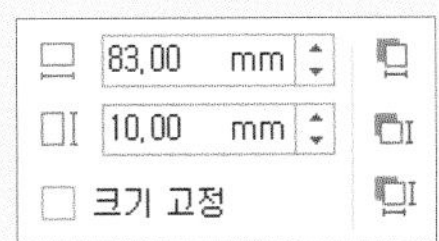

- 너비를 같게( ) : 선택한 개체의 너비를 기준 개체의 너비와 동일하게 합니다.
- 높이를 같게( ) : 선택한 개체의 높이를 기준 개체의 높이와 동일하게 합니다.
- 너비/높이를 같게( ) : 선택한 개체의 너비/높이를 기준 개체의 너비/높이와 동일하게 합니다.

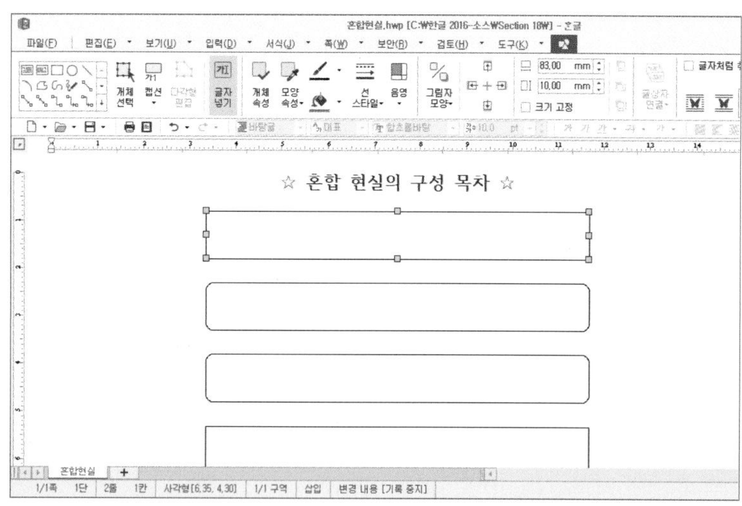

09 첫 번째 직사각형을 선택한 후 [도형] 탭에서 글자 넣기( ) 아이콘을 클릭합니다.

글자 넣기 PLUS TIP

원이나 다각형, 호 등의 그리기 개체를 글상자로 만들어 줍니다.

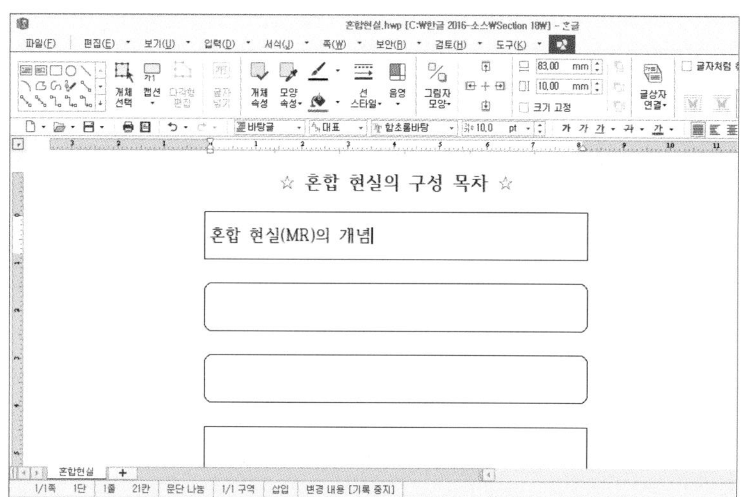

10 도형 안에 커서가 나타나면 주어진 내용을 입력합니다.

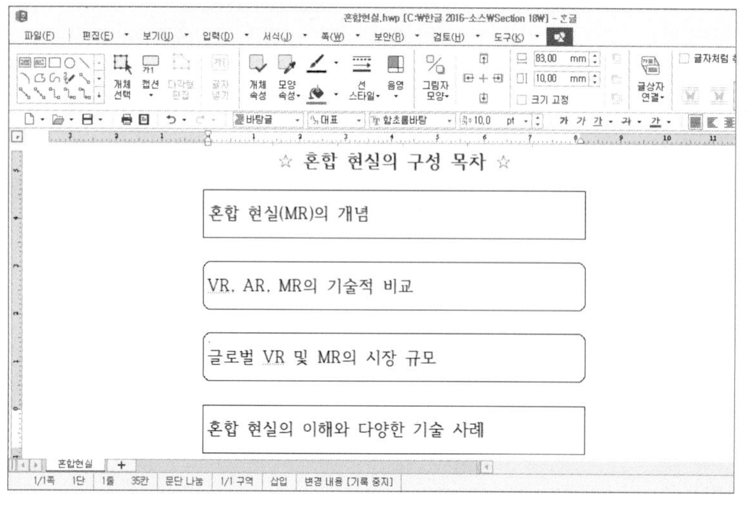

11 동일한 방법으로 나머지 도형에도 주어진 내용을 각각 입력합니다.

12 도형의 간격을 동일하게 맞추기 위하여 Shift 키를 누른 상태에서 4개의 도형을 하나씩 클릭하여 모두 선택합니다.

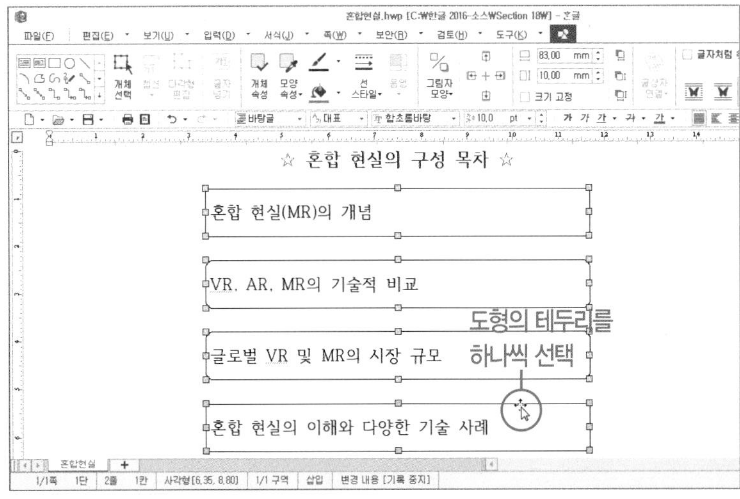

13 [도형] 탭에서 맞춤(맞춤) 아이콘을 클릭하고, [세로 간격을 동일하게]를 선택합니다.

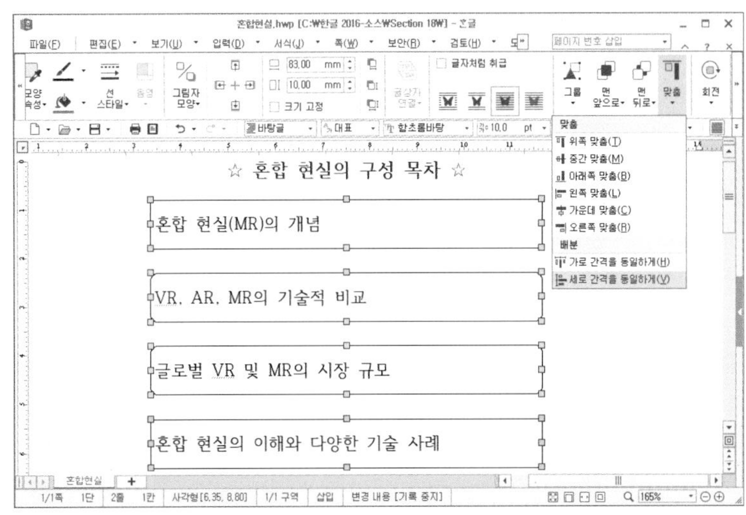

Power Upgrade

도형의 작성

- 클릭 : 삽입할 도형을 선택하고 화면에 바로 클릭하면 기본 크기의 도형이 삽입됩니다.
- Shift + 드래그 : 정사각형, 정원, 수직선, 수평선을 그릴 때 사용합니다.
- Ctrl + 드래그 : 드래그하는 시작점의 위치가 도형의 중심점을 기준으로 상하좌우로 그려집니다.
- Alt + 드래그 : 원하는 지점에서부터 도형을 그릴 때 사용합니다.

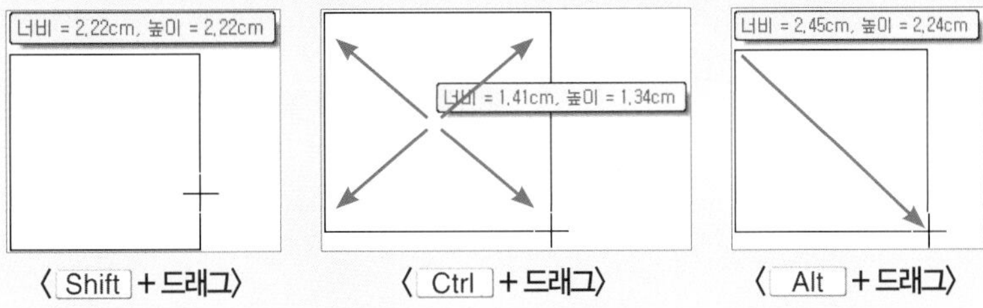

〈 Shift + 드래그〉 〈 Ctrl + 드래그〉 〈 Alt + 드래그〉

따라하기 02 그리기 개체 편집하기

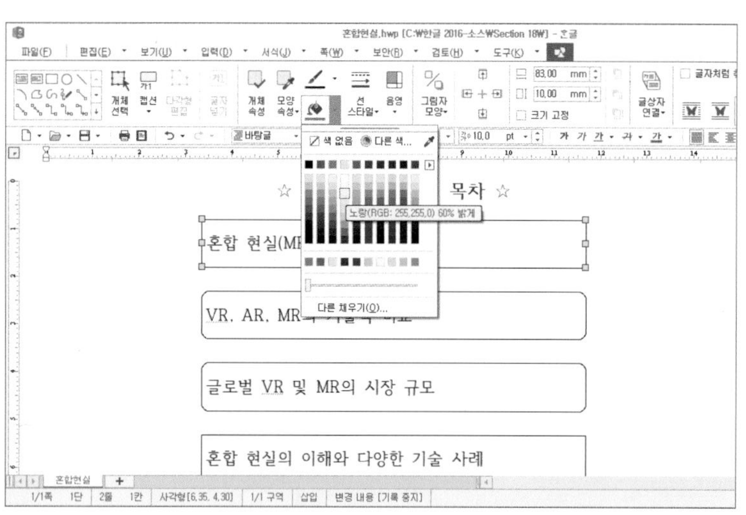

01 첫 번째 직사각형을 선택한 후 [도형] 탭에서 채우기( ) 아이콘을 클릭하고, '노랑(RGB: 255,255,0) 60% 밝게'를 선택합니다.

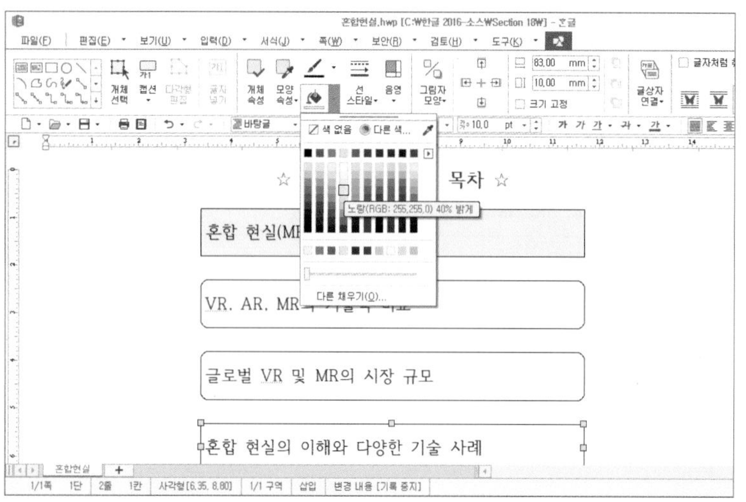

02 네 번째 직사각형을 선택한 후 [도형] 탭에서 채우기( ) 아이콘을 클릭하고, '노랑(RGB: 255,255,0) 40% 밝게'를 선택합니다.

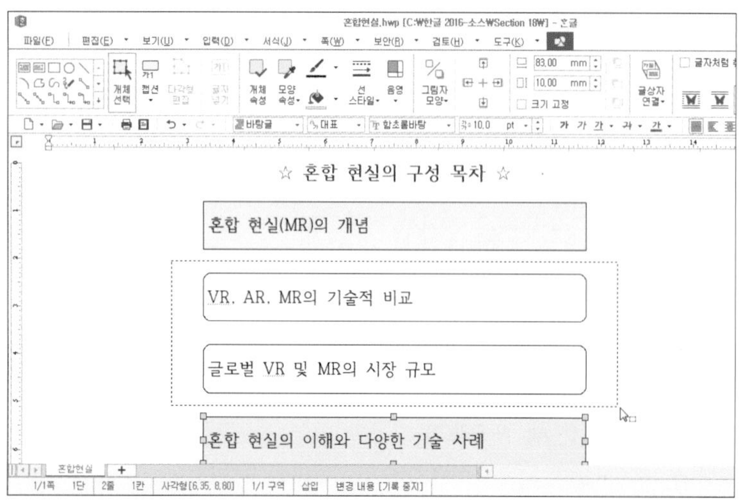

03 [도형] 탭에서 개체 선택( ) 아이콘을 클릭한 후 마우스 포인터가 변경되면 두 개의 모서리가 둥근 사각형이 포함되도록 마우스를 드래그하여 선택합니다.

개체 선택 PlusTip

대각선 방향으로 마우스를 끌어서 놓으면 해당 직사각형 안에 포함된 개체가 선택됩니다.

04 두 개의 도형이 선택된 상태에서 채우기( ) 아이콘을 클릭하고, '주황(RGB: 255,102,0) 80% 밝게'를 선택합니다.

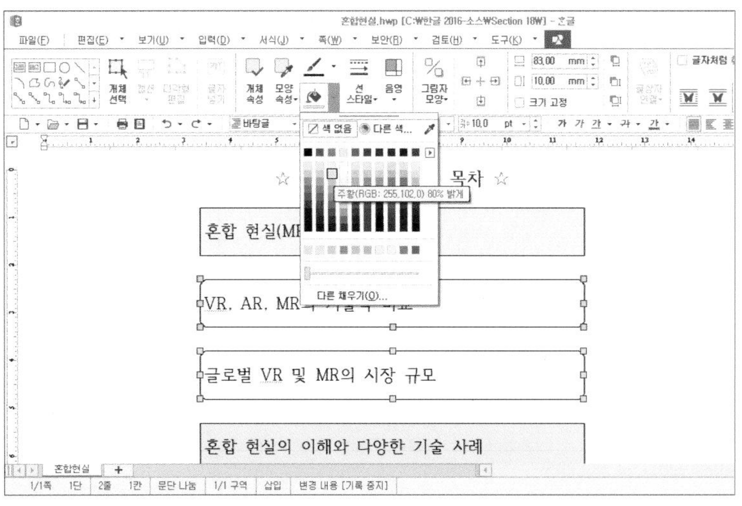

05 계속해서 [도형] 탭에서 선 색( ) 아이콘을 클릭하고, '주황(RGB: 255,102,0)'을 선택합니다.

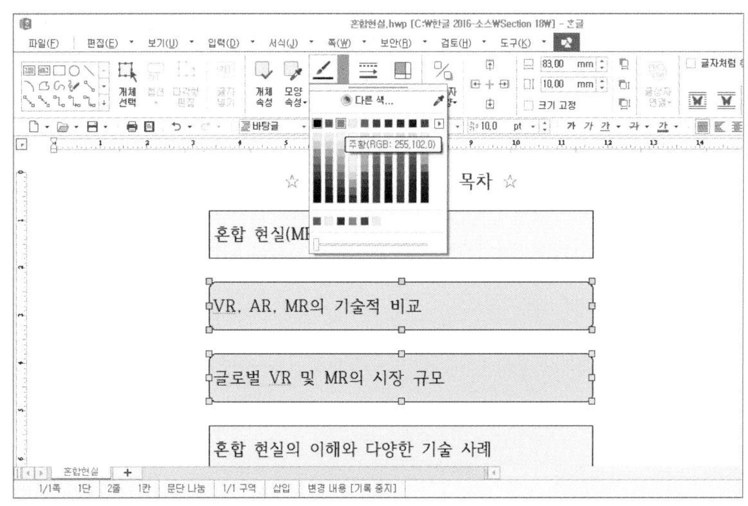

06 이번에는 Shift 키를 누른 상태에서 두 개의 직사각형을 선택한 후 선 색( ) 아이콘을 클릭하고, '초록(RGB: 0,128,0)'을 선택합니다.

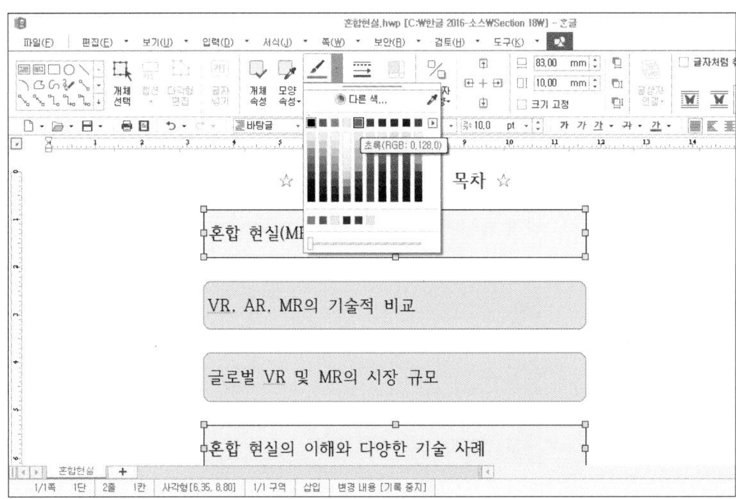

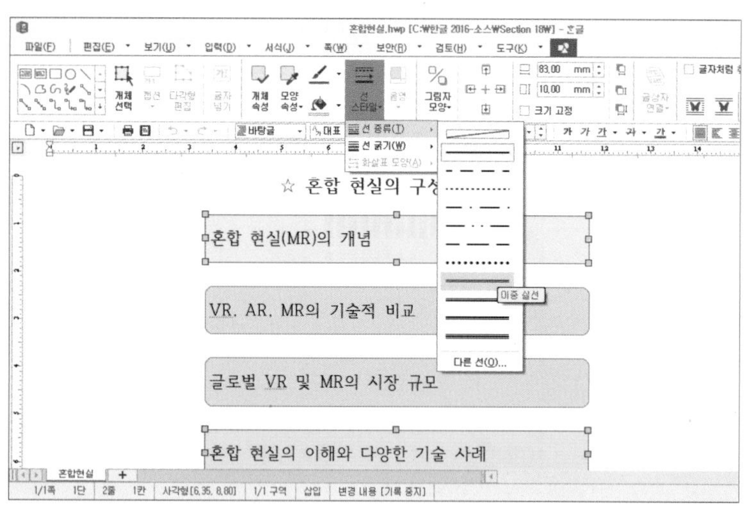

07 계속해서 선 스타일( ) 아이콘을 클릭하고, [선 종류]-[이중 실선]을 선택합니다.

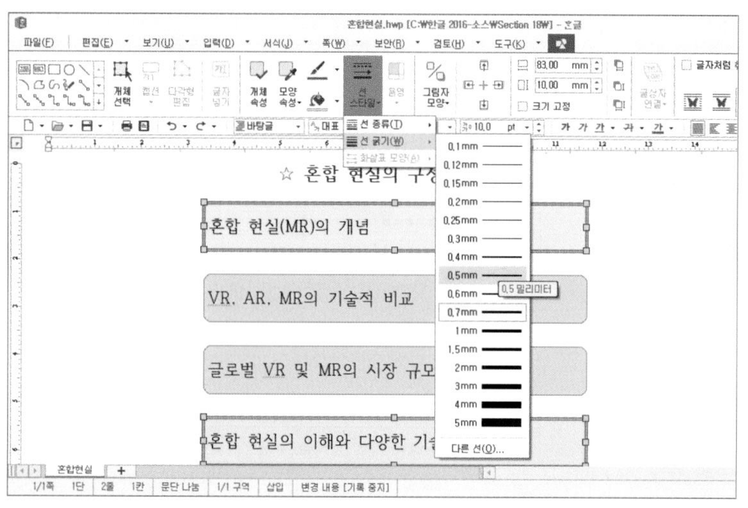

08 다시 한 번 선 스타일( ) 아이콘을 클릭하고, [선 굵기]-[0.5 밀리미터]를 선택합니다.

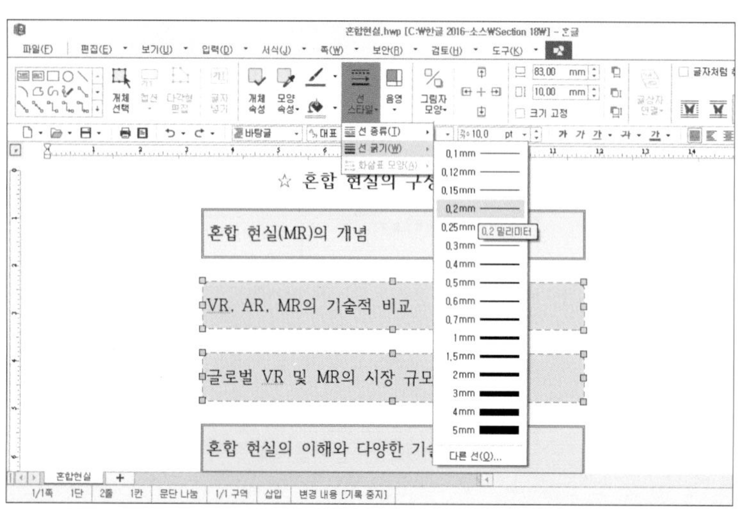

09 두 개의 모서리가 둥근 사각형을 선택한 후 선 스타일( ) 아이콘을 클릭하고, [선 종류]-[파선]과 [선 굵기]-[0.2 밀리미터]를 각각 선택합니다.

10 이번에는 모든 도형을 선택한 후 [도형] 탭에서 그림자 모양(그림자 모양) 아이콘을 클릭하고, '오른쪽 뒤'를 선택합니다.

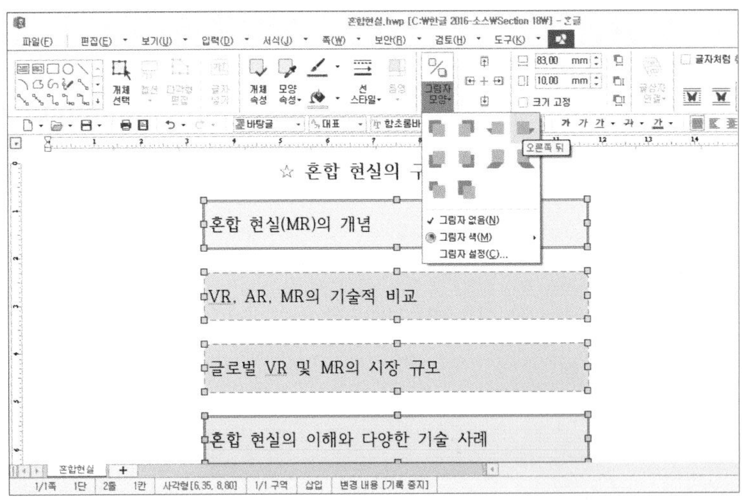

11 마지막으로 서식 도구 상자에서 글꼴은 'MD솔체', 글자 크기는 '11pt', 글자 색은 '보라', 정렬 방식은 '가운데 정렬'을 각각 지정합니다.

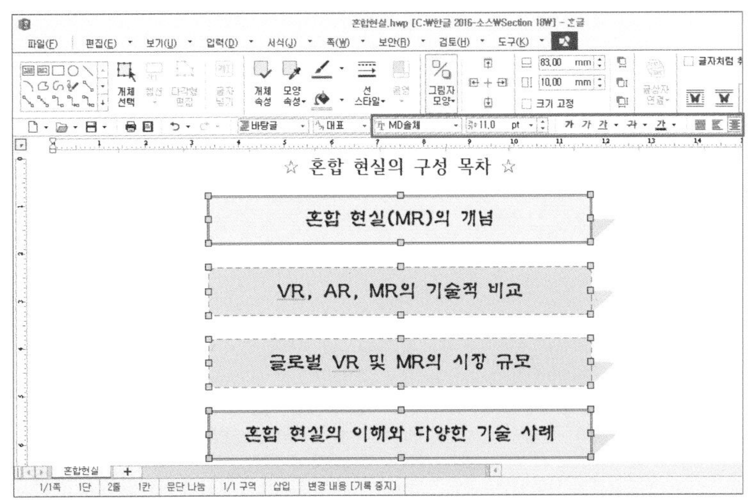

Power Upgrade

[도형] 탭의 기타 메뉴

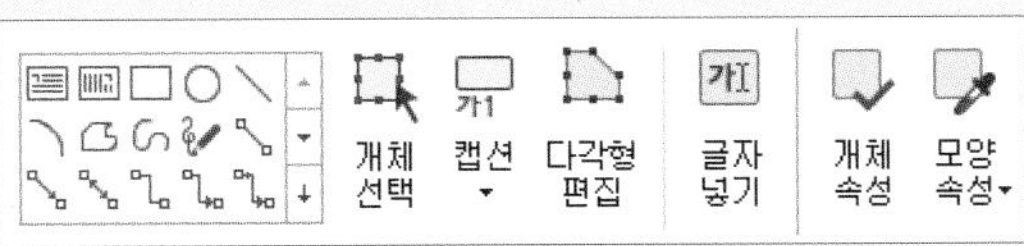

- 도형 : 원하는 도형을 바로 선택하여 삽입합니다.
- 개체 선택 : 이미 그려진 개체의 크기나 색상 바꾸기, 위치 옮기기, 묶기/풀기, 회전하기 등의 작업을 하기 위해서는 먼저 해당 개체를 선택해야 합니다.
- 캡션 : 선택한 도형 개체에서 필요에 따라 번호와 제목, 간단한 설명 등을 삽입할 수 있습니다.
- 다각형 편집 : 삽입한 다각형이나 곡선을 편집해 개체의 모양을 변경합니다.
- 개체 속성 : 선택한 개체의 속성을 변경합니다.
- 모양 속성 : 개체 모양과 관련된 기능을 사용할 수 있도록 [개체 모양 복사], [개체 모양 붙이기], [새 그리기 속성으로] 메뉴를 선택합니다.

따라하기 03 그리기 개체 응용하기

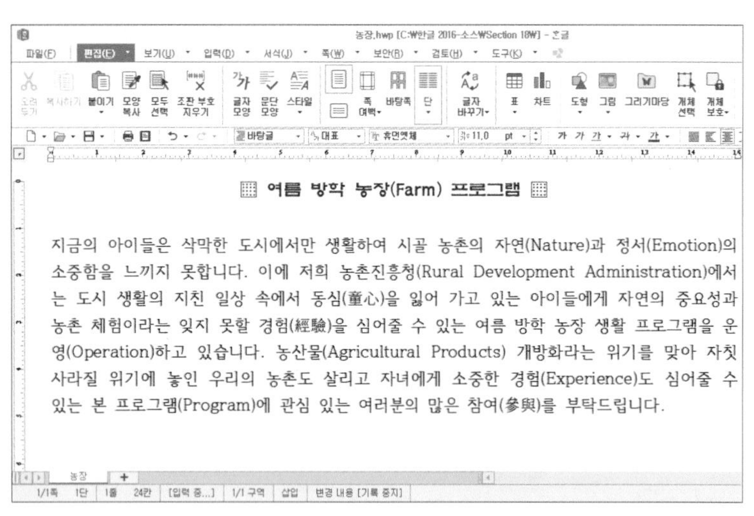

여름 방학 농장(Farm) 프로그램
지금의 아이들은 삭막한 도시에서만 생활하여 시골 농촌의 자연(Nature)과 정서(Emotion)의 소중함을 느끼지 못합니다. 이에 저희 농촌진흥청(Rural Development Administration)에서는 도시 생활의 지친 일상 속에서 동심(童心)을 잃어 가고 있는 아이들에게 자연의 중요성과 농촌 체험이라는 잊지 못할 경험(經驗)을 심어줄 수 있는 여름 방학 농장 생활 프로그램을 운영(Operation)하고 있습니다. 농산물(Agricultural Products) 개방화라는 위기를 맞아 자칫 사라질 위기에 놓인 우리의 농촌도 살리고 자녀에게 소중한 경험(Experience)도 심어줄 수 있는 본 프로그램(Program)에 관심 있는 여러분의 많은 참여(參與)를 부탁드립니다.

01 화면에 주어진 문서 내용을 입력한 후 'C:₩한글 2016–소스₩Section 18'에 '농장.hwp'로 저장합니다.

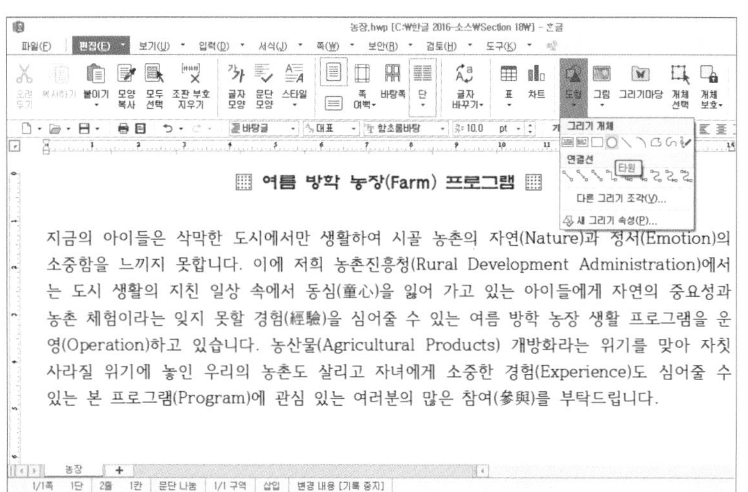

그리기 개체
연결선
타원
다른 그리기 조각(V)...
새 그리기 속성(P)...
여름 방학 농장(Farm) 프로그램

02 [편집] 탭에서 도형(도형) 아이콘을 클릭하고, 타원(◯)을 선택합니다.

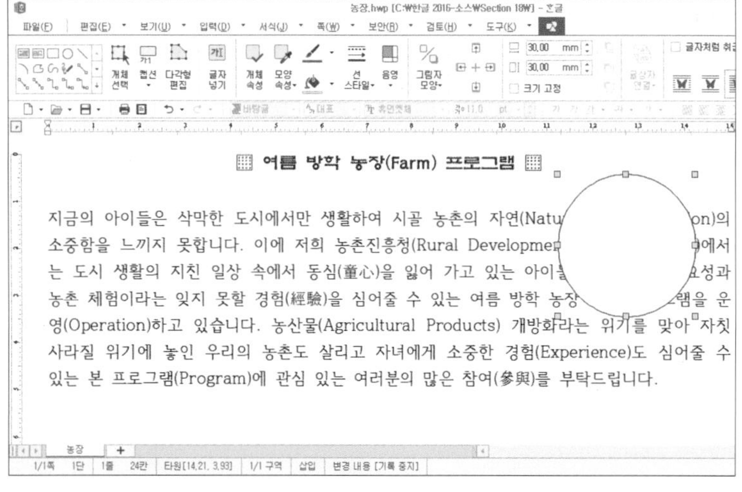

여름 방학 농장(Farm) 프로그램

03 마우스 포인터가 '+' 모양으로 변경되면 본문의 해당 부분에서 Shift 키를 이용하여 정원을 삽입합니다.

04 도형이 선택된 상태에서 [도형] 탭의 채우기( ) 아이콘을 클릭하고, '초록(RGB: 0,128,0) 80% 밝게'를 선택합니다.

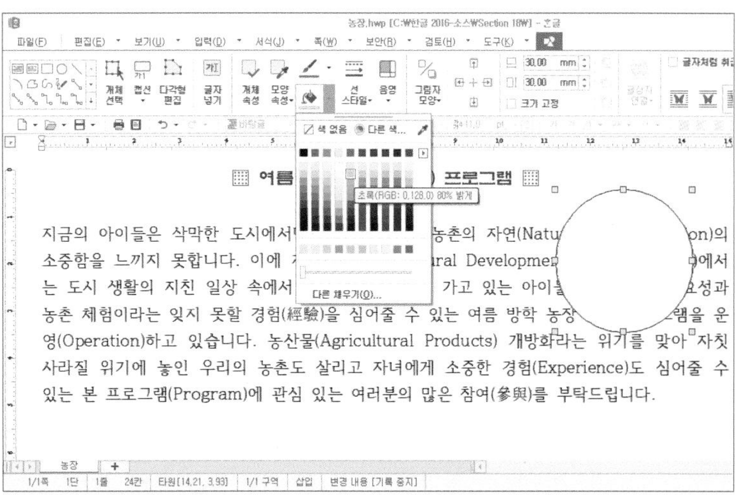

05 계속해서 선 스타일(선 스타일) 아이콘을 클릭하고, [선 종류]-[선 없음]을 선택합니다.

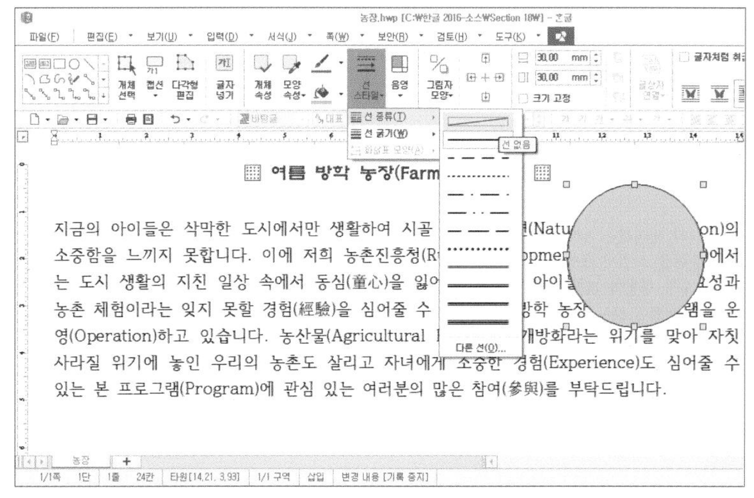

06 이번에는 그림자 모양(그림자 모양) 아이콘을 클릭하고, '작게'를 선택합니다.

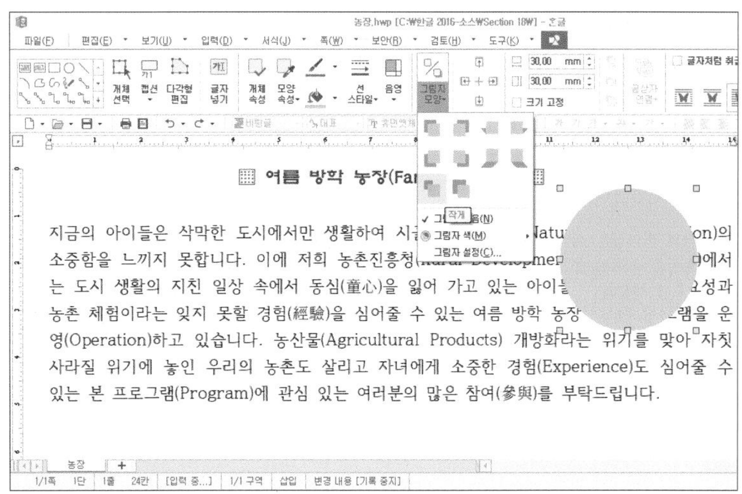

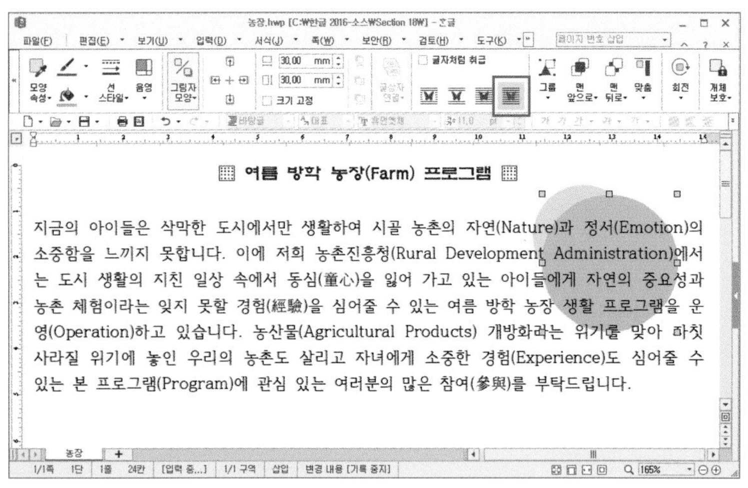
여름 방학 농장(Farm) 프로그램
지금의 아이들은 삭막한 도시에서만 생활하여 시골 농촌의 자연(Nature)과 정서(Emotion)의 소중함을 느끼지 못합니다. 이에 저희 농촌진흥청(Rural Development Administration)에서는 도시 생활의 지친 일상 속에서 동심(童心)을 잃어 가고 있는 아이들에게 자연의 중요성과 농촌 체험이라는 잊지 못할 경험(經驗)을 심어줄 수 있는 여름 방학 농장 생활 프로그램을 운영(Operation)하고 있습니다. 농산물(Agricultural Products) 개방화라는 위기를 맞아 자칫 사라질 위기에 놓인 우리의 농촌도 살리고 자녀에게 소중한 경험(Experience)도 심어줄 수 있는 본 프로그램(Program)에 관심 있는 여러분의 많은 참여(參與)를 부탁드립니다.

07 마지막으로 [도형] 탭에서 글 뒤로( )아이콘을 클릭하여 타원을 본문 내용 뒤로 배치합니다.

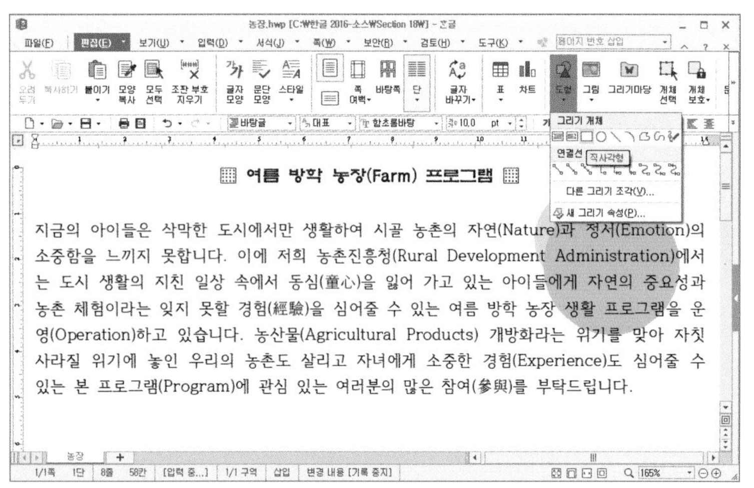
여름 방학 농장(Farm) 프로그램
지금의 아이들은 삭막한 도시에서만 생활하여 시골 농촌의 자연(Nature)과 정서(Emotion)의 소중함을 느끼지 못합니다. 이에 저희 농촌진흥청(Rural Development Administration)에서는 도시 생활의 지친 일상 속에서 동심(童心)을 잃어 가고 있는 아이들에게 자연의 중요성과 농촌 체험이라는 잊지 못할 경험(經驗)을 심어줄 수 있는 여름 방학 농장 생활 프로그램을 운영(Operation)하고 있습니다. 농산물(Agricultural Products) 개방화라는 위기를 맞아 자칫 사라질 위기에 놓인 우리의 농촌도 살리고 자녀에게 소중한 경험(Experience)도 심어줄 수 있는 본 프로그램(Program)에 관심 있는 여러분의 많은 참여(參與)를 부탁드립니다.

08 다시 [편집] 탭에서 도형( ) 아이콘을 클릭하고, 직사각형(□)을 선택합니다.

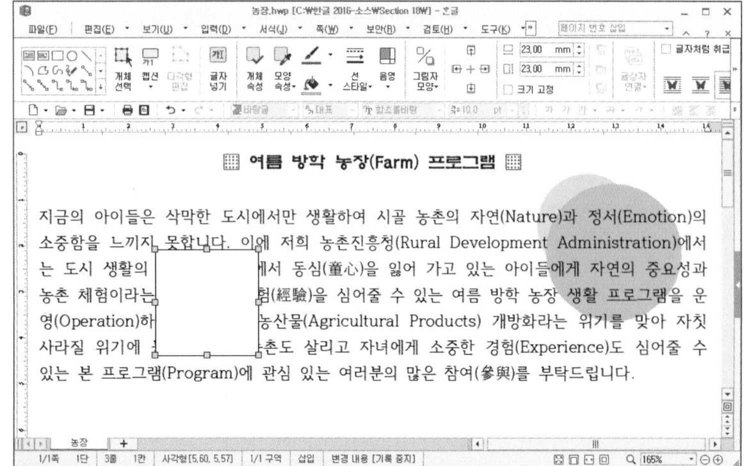
여름 방학 농장(Farm) 프로그램
지금의 아이들은 삭막한 도시에서만 생활하여 시골 농촌의 자연(Nature)과 정서(Emotion)의 소중함을 느끼지 못합니다. 이에 저희 농촌진흥청(Rural Development Administration)에서
는 도시 생활의
농촌 체험이라는
영(Operation)하
사라질 위기에
있는 본 프로그램(Program)에 관심 있는 여러분의 많은 참여(參與)를 부탁드립니다.

09 마우스 포인터가 '+' 모양으로 변경되면 본문의 해당 부분에서 Shift 키를 이용하여 정사각형을 삽입합니다.

10 도형이 선택된 상태에서 [도형] 탭의 채우기( ) 아이콘을 클릭하고, '노랑(RGB: 255,255,0) 60% 밝게'를 선택합니다.

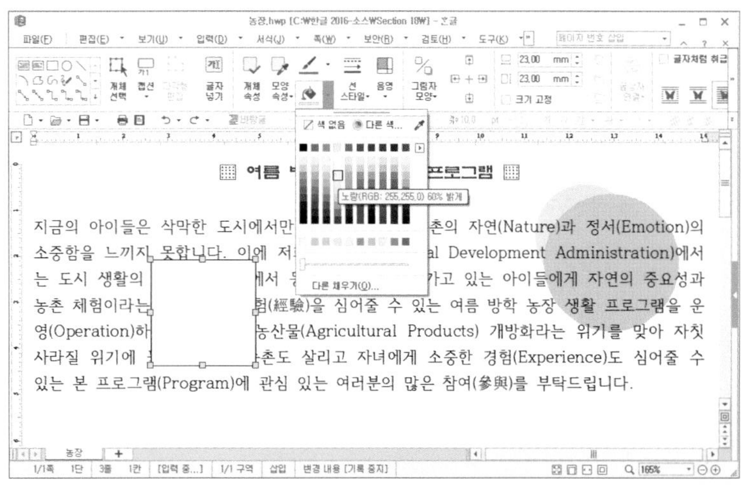

11 계속해서 선 스타일(선 스타일) 아이콘을 클릭하고, [선 종류]-[선 없음]을 선택합니다.

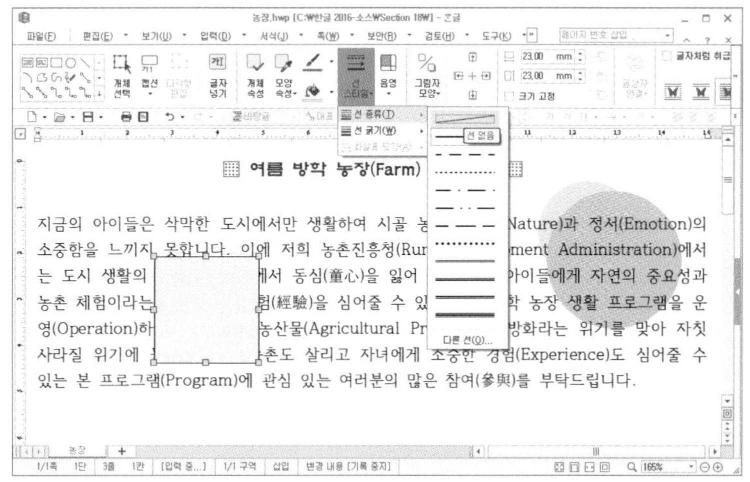

12 도형을 회전시키기 위하여 [도형] 탭에서 회전(회전) 아이콘을 클릭하고, [개체 회전]을 선택합니다.

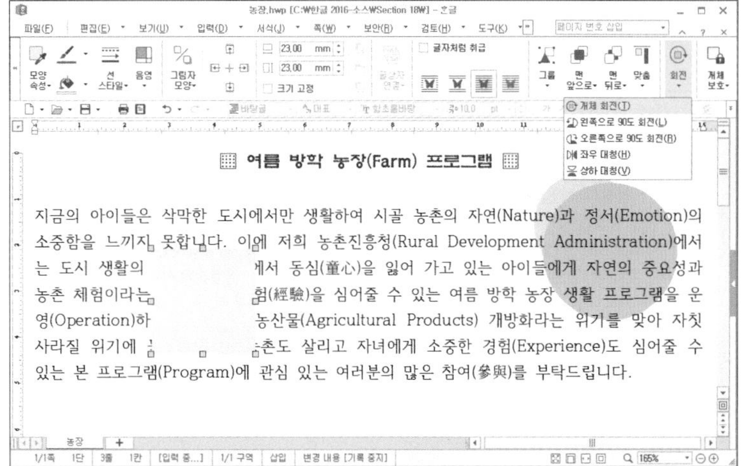

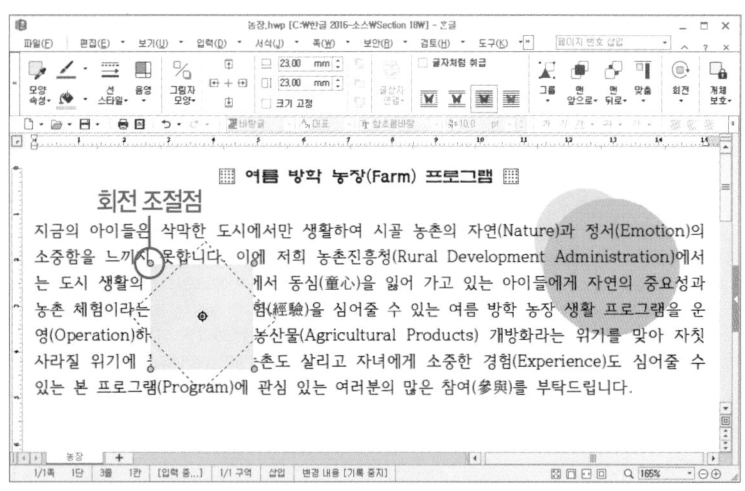

13 도형의 연두색 회전 조절점에서 마우스 포인터가 '⟳' 모양으로 변경되면 마우스를 시계 방향으로 드래그하여 회전시킵니다.

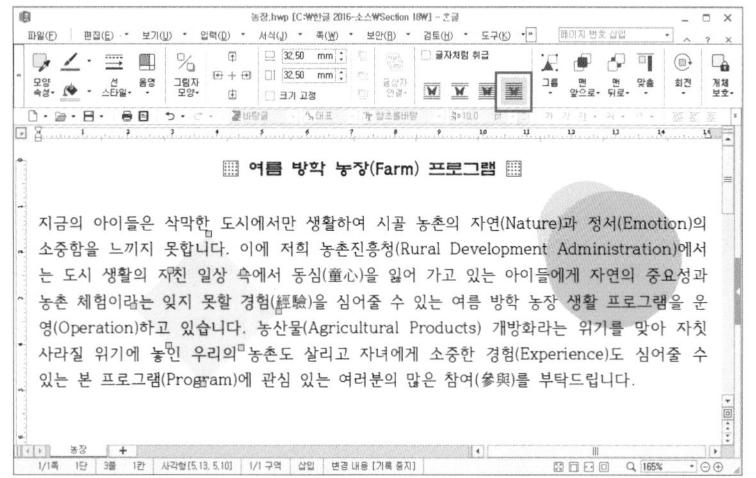

14 마지막으로 [도형] 탭에서 글 뒤로( )아이콘을 클릭하여 직사각형을 본문 내용 뒤로 배치합니다.

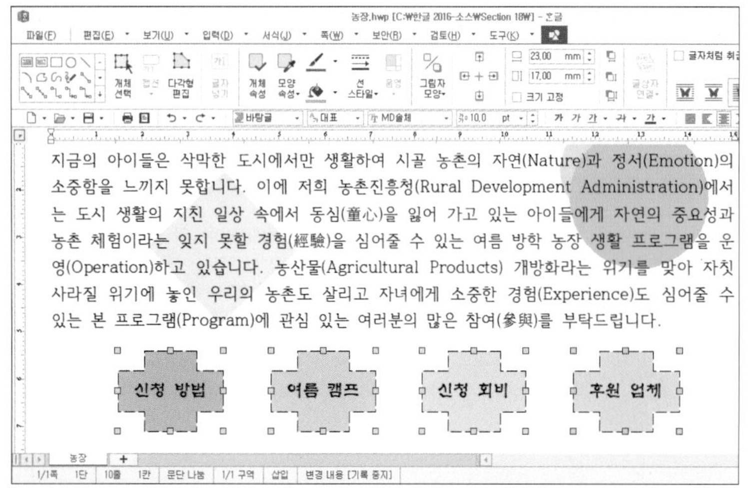

15 본문 내용 아래쪽에 십자형 도형을 삽입한 후 채우기 색과 선 종류(긴 파선)를 지정하고, 임의의 글꼴 서식(MD솔체, 검은 군청)으로 주어진 내용을 입력합니다.

16 그림자를 적용하기 위하여 [도형] 탭에서 그림자 모양(그림자 모양) 아이콘을 클릭하고, '오른쪽 위'를 선택합니다.

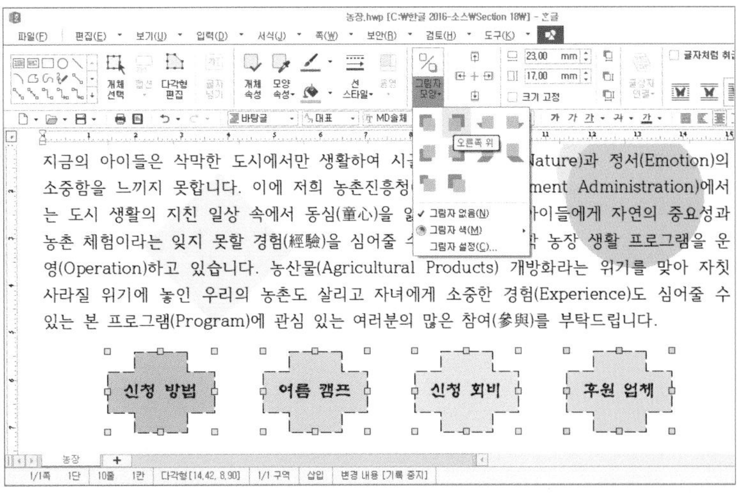

17 그림자에 색을 적용하기 위하여 다시 그림자 모양(그림자 모양) 아이콘을 클릭하고, [그림자 색] – [빨강(RGB: 255,0,0) 90% 밝게]를 선택합니다.

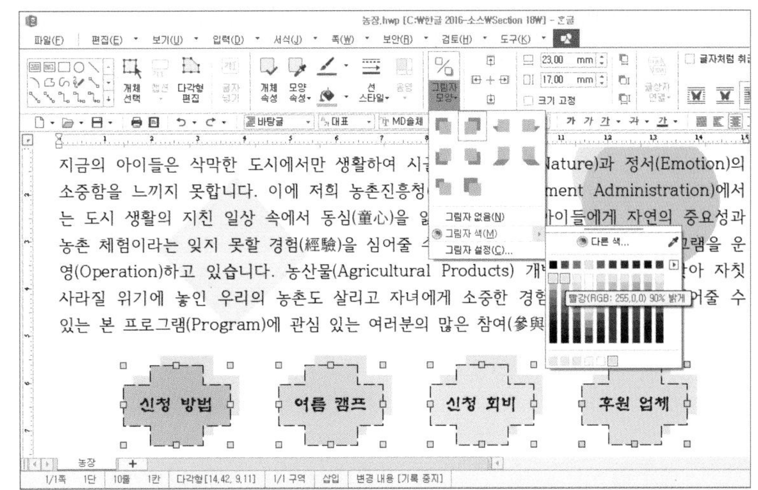

18 마지막으로 그림자를 이동시키기 위하여 [도형] 탭에서 그림자 오른쪽으로 이동( ) 아이콘을 클릭합니다.

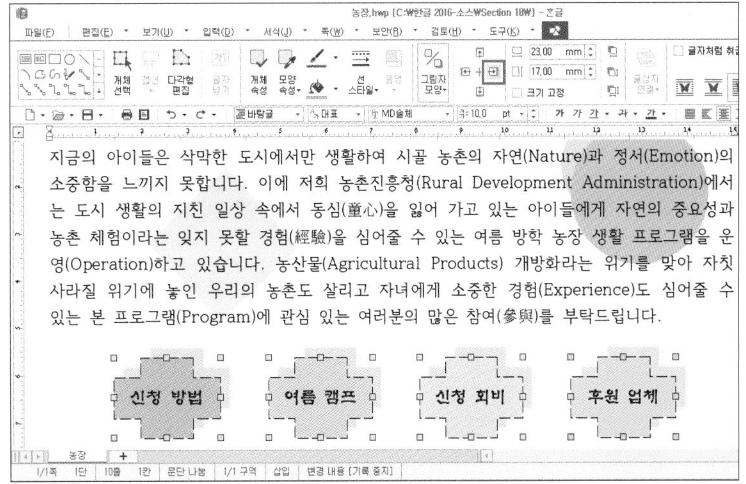

기초문제

1

그리기 개체 중 팔각형을 이용하여 주어진 도형을 작성하고, '규제.hwp'로 저장하세요.

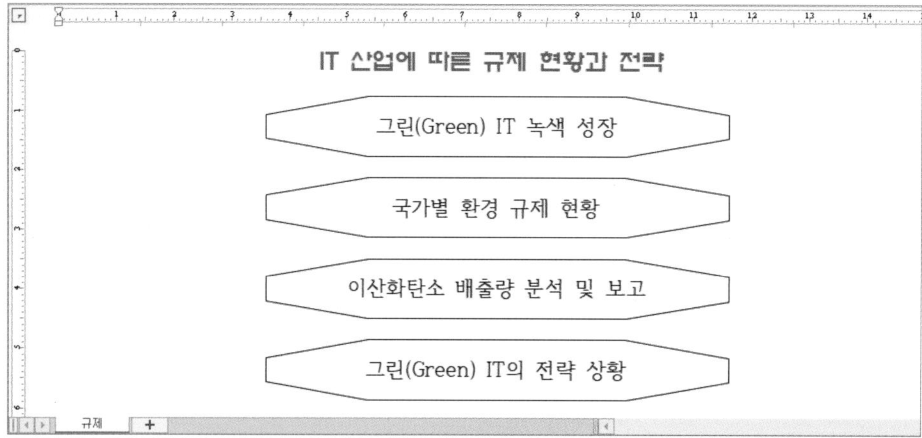

힌트
- [그리기마당] 대화 상자의 [그리기 조각] 탭에서 '팔각형'을 선택합니다.
- Ctrl + Shift 키를 이용하여 복사합니다.

2

팔각형 도형에 임의의 채우기 색과 선 스타일(선 종류)을 지정해 보세요.

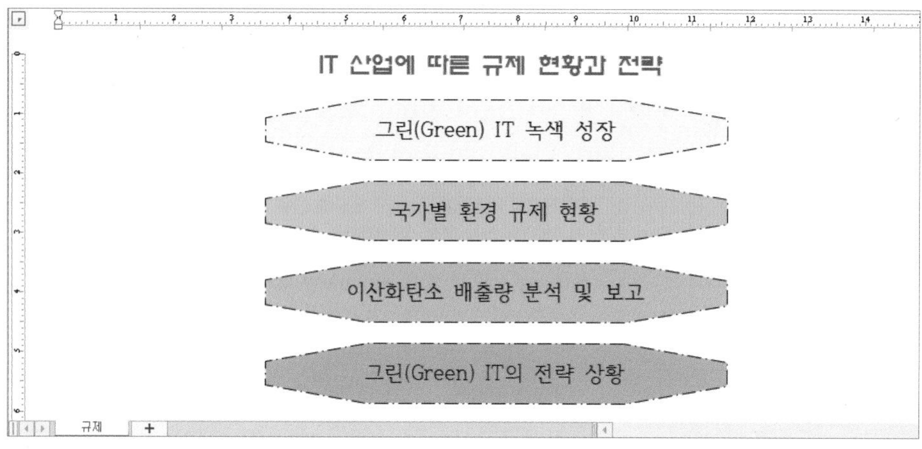

힌트
- [도형] 탭에서 [채우기] 아이콘을 클릭하여 임의의 색을 지정합니다.
- [도형] 텝에서 [선 스타일] 아이콘을 클릭하고, [선 종류]-[일점 쇄선]을 선택합니다.

3

모든 팔각형 도형에 주어진 그림자 모양과 글꼴 서식(궁서체, 11pt)을 지정해 보세요.

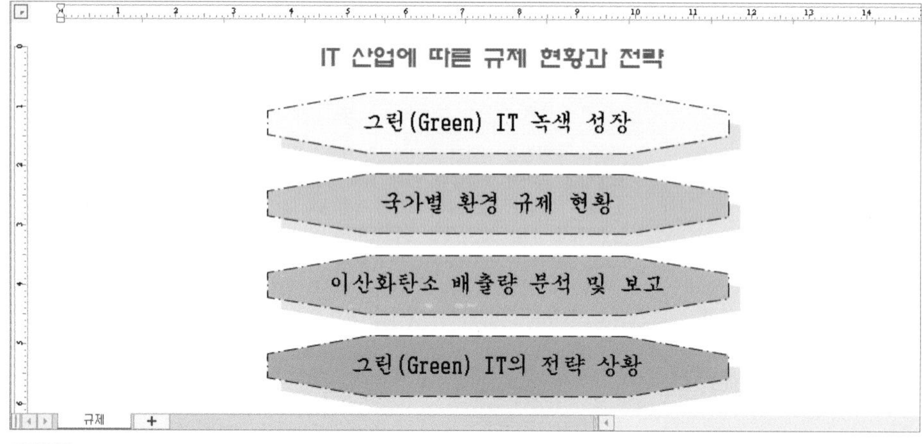

힌트
- [도형] 탭에서 [그림자 모양] 아이콘을 클릭하고, '오른쪽 아래'를 선택합니다.

심화문제

1) 다음의 내용을 작성한 후 본문에 세 개의 타원을 삽입하고, '꽃.hwp'로 저장하세요.

세계 꽃 박람회

전 세계 35개국에서 100여 개의 업체가 참가하는 제10회 세계 꽃 박람회(World Flower Exhibition)의 가장 큰 목적은 여러 가지 다양한 꽃의 아름다움을 전시 예술(Exhibition Art)로 표현하여 모든 시민의 정서 순화와 풍요롭고 건강한 삶을 누리는 계기(契機)를 마련하고자 합니다. 국내에서도 150여 개의 업체(業體)가 참가하는 이번 박람회 행사에 시민(市民) 여러분의 적극적인 성원(聲援)과 관심(關心)을 부탁드립니다.

힌트
- 타원을 삽입하여 임의의 색을 지정한 후 Ctrl 키를 이용하여 복사하고, 크기를 조절합니다.
- [도형] 탭에서 [글 뒤로] 아이콘을 클릭하여 본문 뒤로 배치합니다.

2) 세 개의 타원에 주어진 그림자 모양과 그림자 색을 각각 지정해 보세요.

세계 꽃 박람회

전 세계 35개국에서 100여 개의 업체가 참가하는 제10회 세계 꽃 박람회(World Flower Exhibition)의 가장 큰 목적은 여러 가지 다양한 꽃의 아름다움을 전시 예술(Exhibition Art)로 표현하여 모든 시민의 정서 순화와 풍요롭고 건강한 삶을 누리는 계기(契機)를 마련하고자 합니다. 국내에서도 150여 개의 업체(業體)가 참가하는 이번 박람회 행사에 시민(市民) 여러분의 적극적인 성원(聲援)과 관심(關心)을 부탁드립니다.

힌트
- [도형] 탭에서 [그림자 모양] 아이콘을 클릭하고, '왼쪽 뒤', '오른쪽 위', '왼쪽 앞'을 각각 선택합니다.
- [도형] 탭에서 [그림자 모양] 아이콘을 클릭하고, 임의의 그림자 색을 각각 지정합니다.

3) 문서 아래에 주어진 도형들을 삽입하고, 임의의 채우기 색, 선 색, 선 스타일을 각각 지정해 보세요.

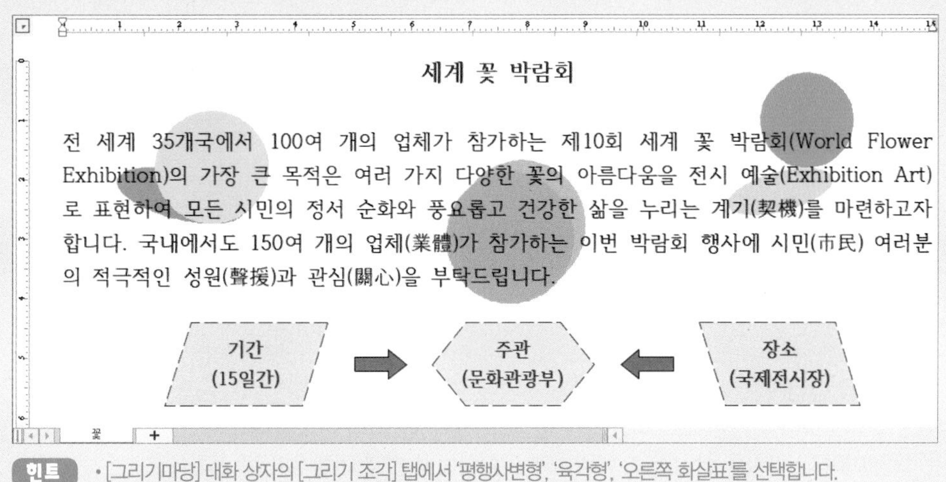
세계 꽃 박람회

전 세계 35개국에서 100여 개의 업체가 참가하는 제10회 세계 꽃 박람회(World Flower Exhibition)의 가장 큰 목적은 여러 가지 다양한 꽃의 아름다움을 전시 예술(Exhibition Art)로 표현하여 모든 시민의 정서 순화와 풍요롭고 건강한 삶을 누리는 계기(契機)를 마련하고자 합니다. 국내에서도 150여 개의 업체(業體)가 참가하는 이번 박람회 행사에 시민(市民) 여러분의 적극적인 성원(聲援)과 관심(關心)을 부탁드립니다.

기간 (15일간) → 주관 (문화관광부) ← 장소 (국제전시장)

힌트
- [그리기마당] 대화 상자의 [그리기 조각] 탭에서 '평행사변형', '육각형', '오른쪽 화살표'를 선택합니다.
- [도형] 탭에서 채우기 색, 선 색, 선 종류를 선택합니다.
- [도형] 탭에서 [회전] 아이콘을 클릭하고, [좌우 대칭]을 선택합니다.

Section

19 그림 삽입과 편집하기

작성한 문서에 클립아트나 그리기 조각을 삽입하면 보다 시각적인 문서를 만들 수 있습니다. 여기에서는 클립아트와 그리기 조각 그리고 제공된 그림 파일을 삽입하고, 다양하게 편집하는 방법에 대해서 학습해 봅니다.

Preview

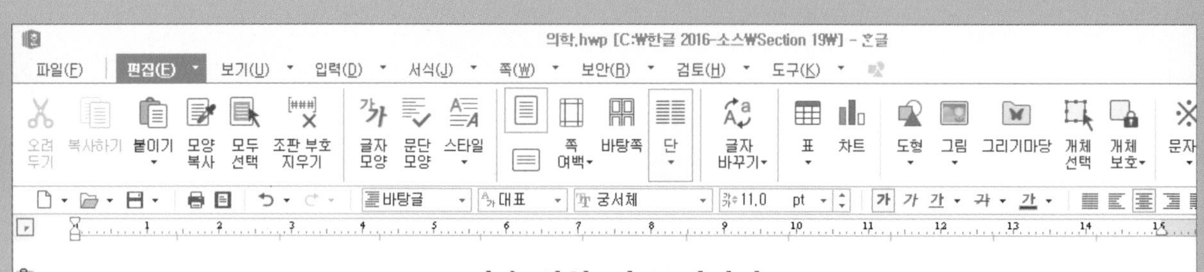

기술 의학 정보 세미나

의학 분업 실시 이후 부작용의 개선과 정보 공유를 위하여 의약인을 하나로 묶는 의학 시스템(Medical Science System)이 어느 때보다 절실히 필요한 때입니다. 이번 세미나(Seminar)는 이런 의학계의 필요에 동참하여 의약인들 각자의 직능 수행에 적합한 정보를 수집 및 공유하고, 나아가 보건의약산업의 종합적인 발전을 모색하는 기회(機會)가 될 것입니다. 최근 정보화 시대에 주목받고 있는 온라인 서비스(Online Service)와 이로 인하여 등장한 첨단 Marketing Tool System의 최신 기술을 소개합니다. 또한 미래를 지향하는 실천적 병원, 약국 경영의 모델(Model)을 제시함으로써 의약정보업계의 시장 확대 및 활성화는 물론 일반인에게 편리하고 안정적인 의료 서비스(Medical Service)를 제공할 것입니다.

▲ 완성파일 : 의학.hwp

핵심 내용

- 꾸러미에서 공유 클립아트를 삽입하고, 다양하게 편집하는 방법에 대해 알아봅니다.
- 그리기 기능에서 만든 그리기 조각을 삽입하고, 다양하게 편집하는 방법에 대해 알아봅니다.
- 사용자가 넣고 싶은 그림(이미지) 파일을 삽입하고, 다양하게 편집하는 방법에 대해 알아봅니다.

따라하기 01 클립아트 삽입과 편집하기

01 화면에 주어진 문서 내용을 입력한 후 'C:₩한글 2016-소스₩Section 19'에 '의학.hwp'로 저장합니다.

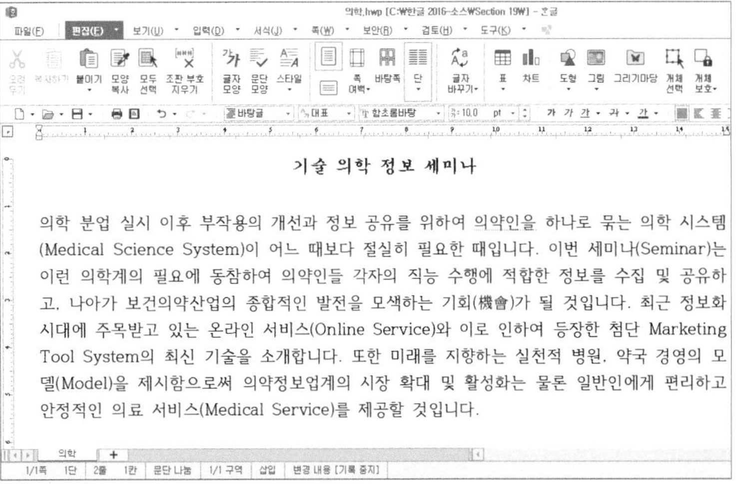

02 클립아트를 삽입하기 위하여 [입력] 탭의 펼침(▾) 단추를 클릭하고, [그림]-[그리기마당]을 선택합니다.

그리기마당 Plus Tip

[입력] 탭에서 그리기마당( ) 아이콘을 클릭해도 됩니다.

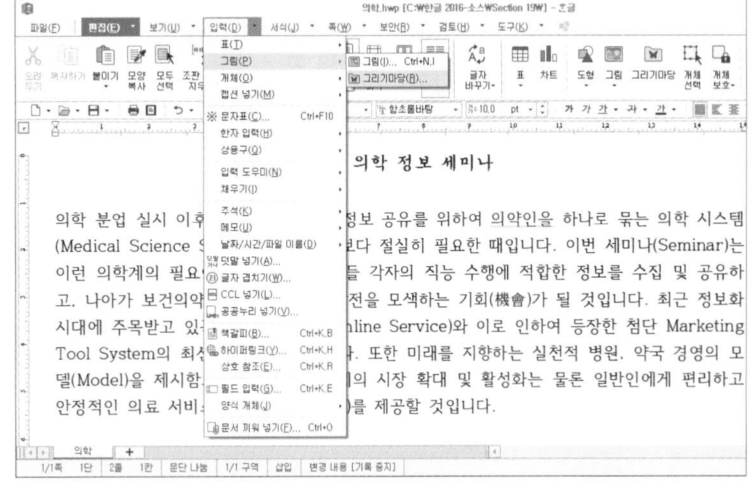

03 [그리기마당] 대화 상자의 [공유 클립아트] 탭에서 산업직종에 있는 '병원'을 선택하고, [넣기] 단추를 클릭합니다.

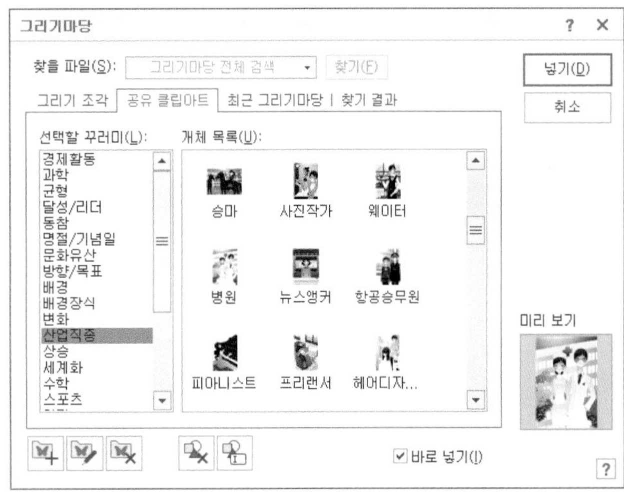

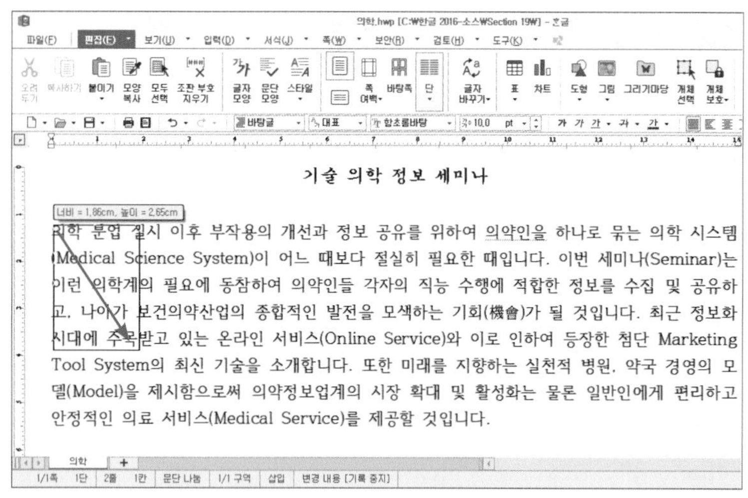

04 마우스 포인터가 '+' 모양으로 변경되면 클립아트를 삽입할 문서의 적당한 위치에서 마우스를 드래그합니다.

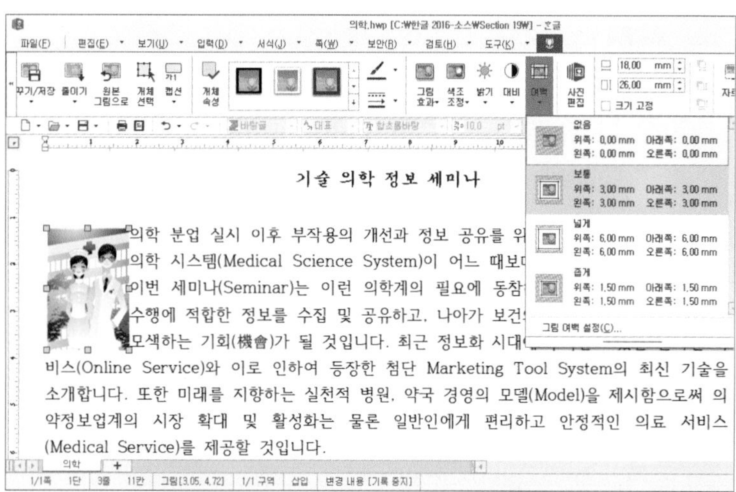

05 클립아트가 삽입되면 [그림] 탭에서 여백(여백) 아이콘을 클릭하고, [보통]을 선택합니다.

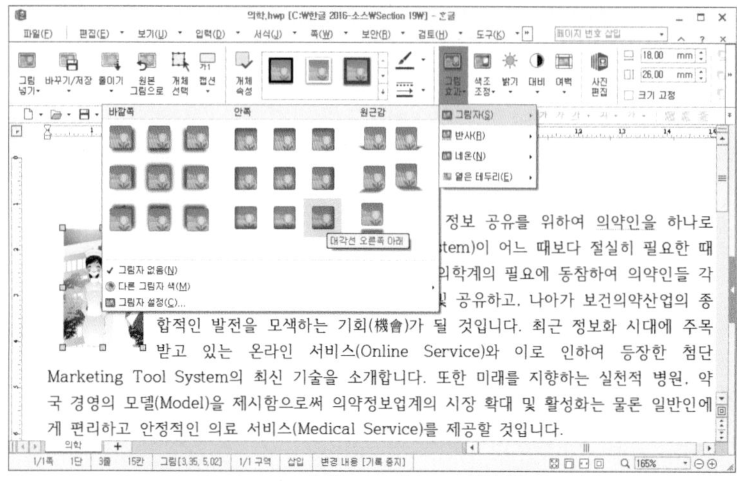

06 클립아트가 선택된 상태에서 [그림] 탭의 그림 효과(그림 효과) 아이콘을 클릭하고, 그림자의 '대각선 오른쪽 아래'를 선택합니다.

07 계속해서 그림 효과( ) 아이콘을 클릭하고, 반사의 '1/3 크기, 근접'을 선택합니다.

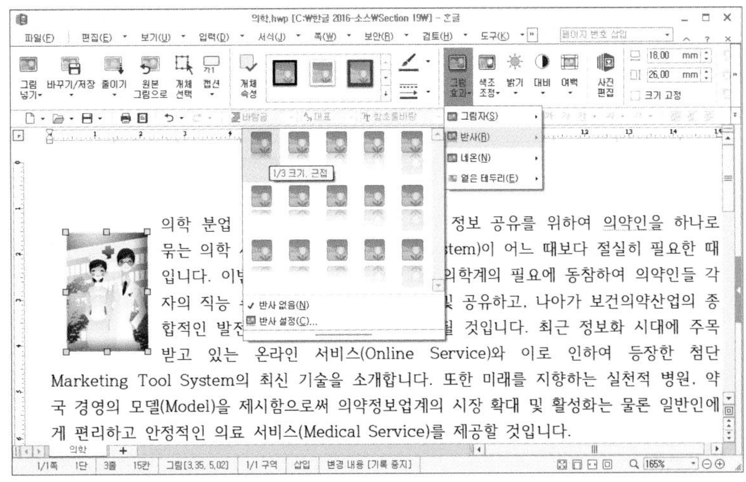

08 계속해서 그림 효과( ) 아이콘을 클릭하고, 네온의 '강조 색 2, 5 pt'를 선택합니다.

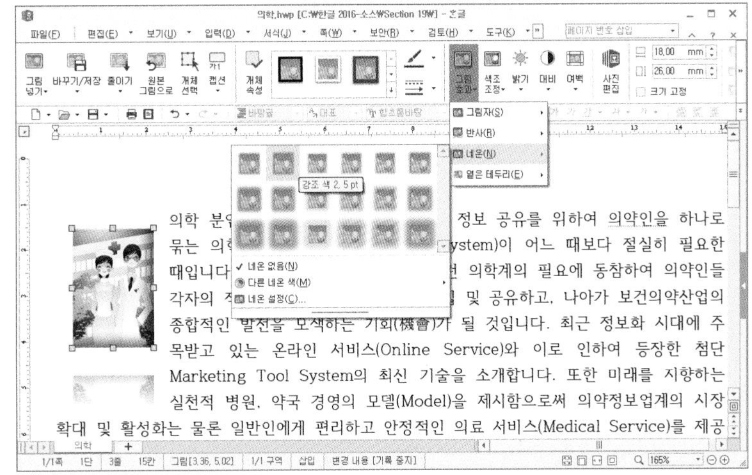

09 계속해서 그림 효과( ) 아이콘을 클릭하고, 옅은 테두리의 '1 pt'를 선택합니다.

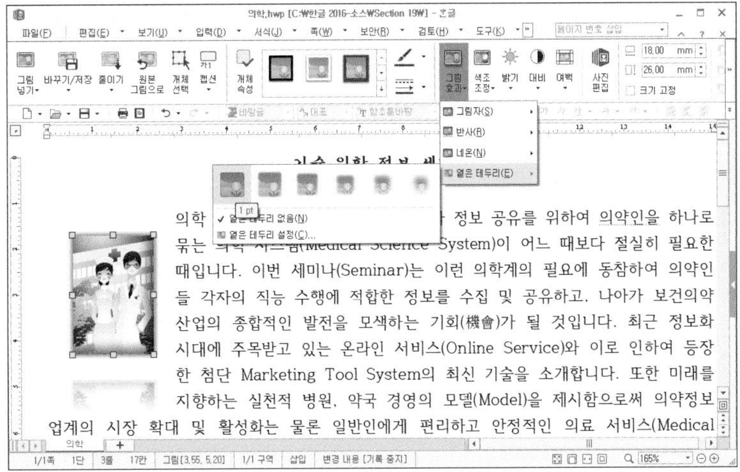

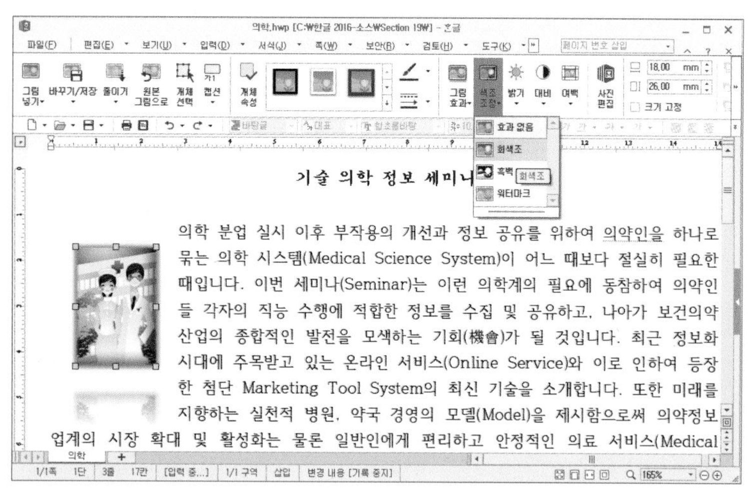

10 이번에는 [그림] 탭에서 색조 조정(색조 조정) 아이콘을 클릭하고, [회색조]를 선택합니다.

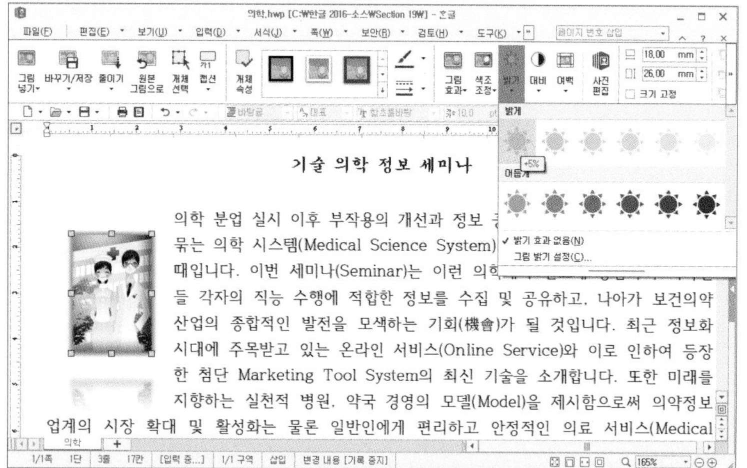

11 계속해서 밝기(밝기) 아이콘을 클릭하고, 밝게의 '+5%'를 선택합니다.

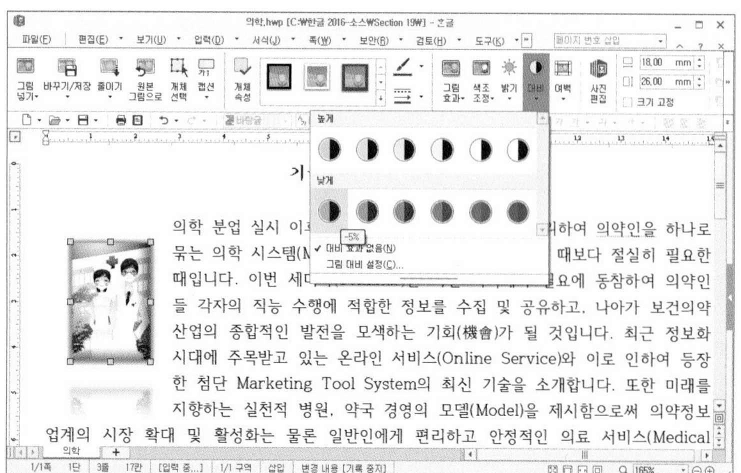

12 마지막으로 대비(대비) 아이콘을 클릭하고, 낮게의 '–5%'를 선택합니다.

13 클립아트에 대한 여러 가지 효과가 적용되면 [그림] 탭에서 너비(20mm)와 높이(25mm)를 적당히 조절한 후 개체 속성(개체 속성) 아이콘을 클릭합니다.

14 [개체 속성] 대화 상자의 [반사] 탭에서 반사 효과의 크기를 '25%'로 조절하고, [설정] 단추를 클릭합니다.

[개체 속성] 대화 상자 Plus Tip

클립아트의 그림 효과, 그림자, 반사, 네온, 옅은 테두리 효과에 대해서 세부적으로 설정할 수 있습니다.

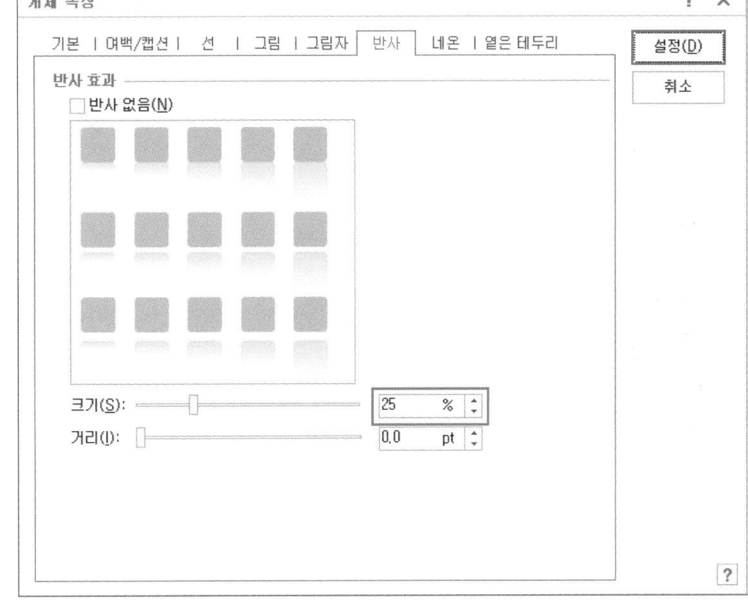

15 그 결과 반사 효과가 조금 줄어든 것을 확인할 수 있습니다.

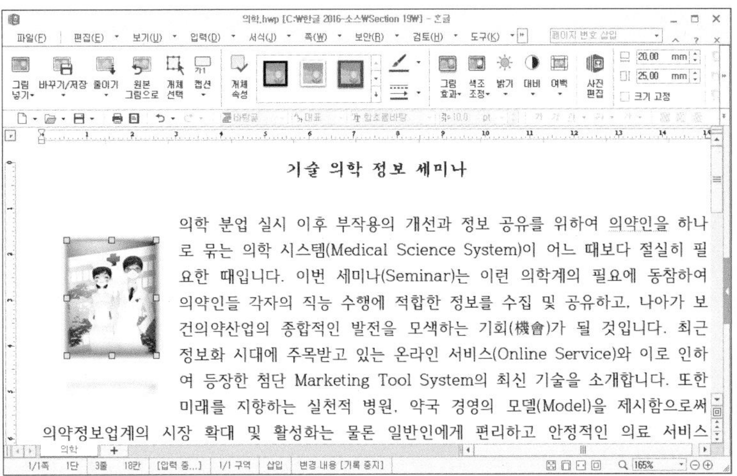

따라하기 02 그리기 조각 삽입과 편집하기

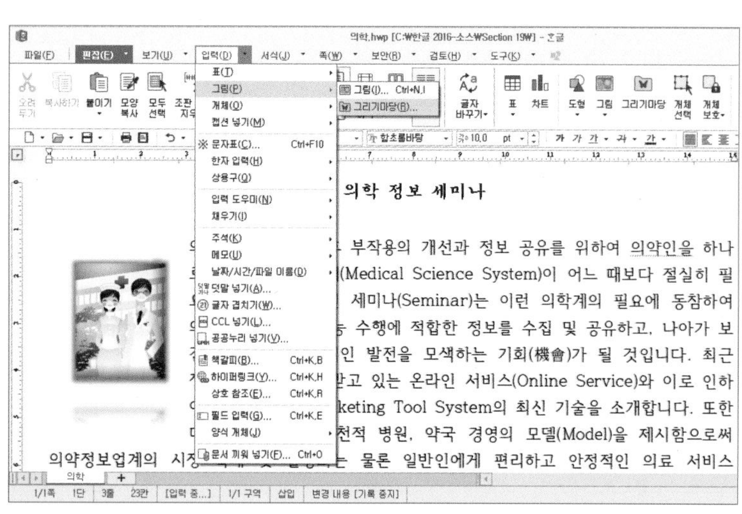

01 그리기 조각을 삽입하기 위하여 [입력] 탭의 펼침(▾) 단추를 클릭하고, [그림] – [그리기마당]을 선택합니다.

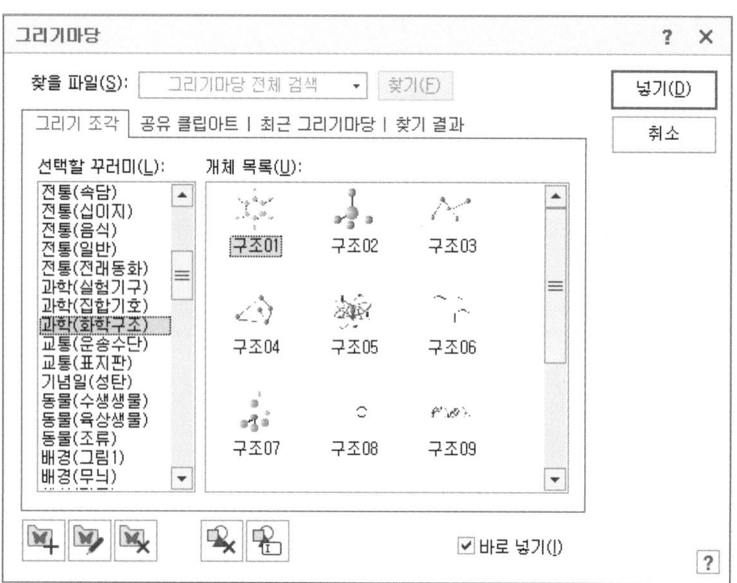

02 [그리기마당] 대화 상자의 [그리기 조각] 탭에서 과학(화학구조)에 있는 '구조01'을 선택하고, [넣기] 단추를 클릭합니다.

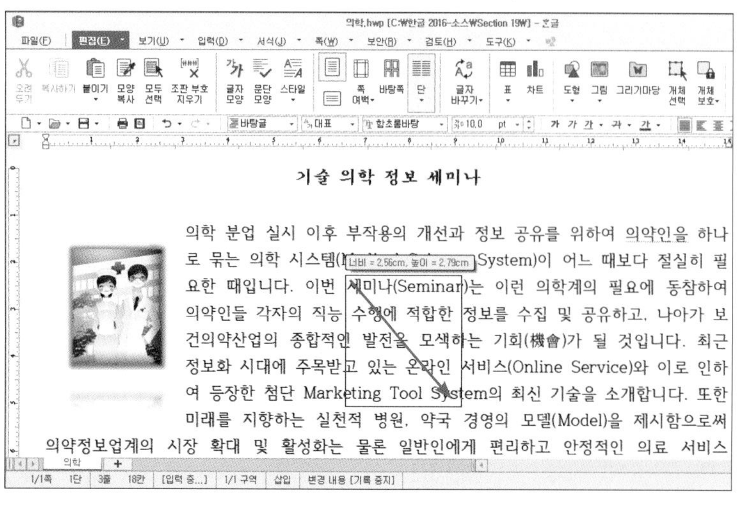

03 마우스 포인터가 '+' 모양으로 변경되면 본문에 그림을 삽입할 적당한 위치에서 마우스를 드래그합니다.

04 그림이 삽입되면 [도형] 탭에서 너비(25mm)와 높이(28mm)를 정확히 조절합니다.

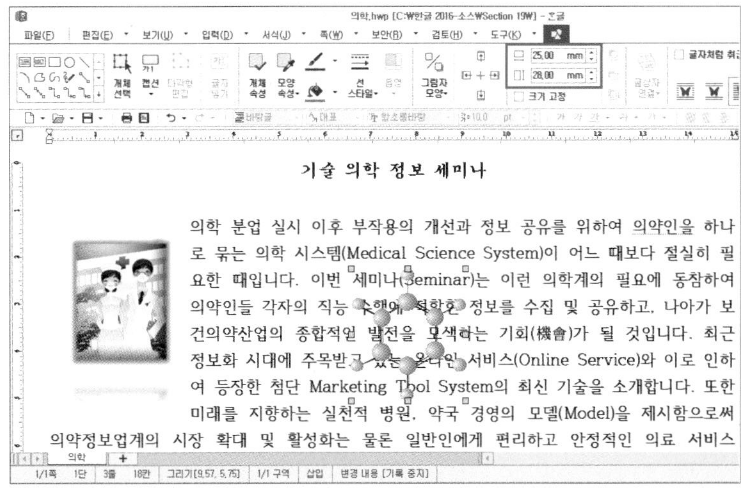

05 그림이 선택된 상태에서 [도형] 탭의 그림자 모양(그림자 모양) 아이콘을 클릭하고, '작게'를 선택합니다.

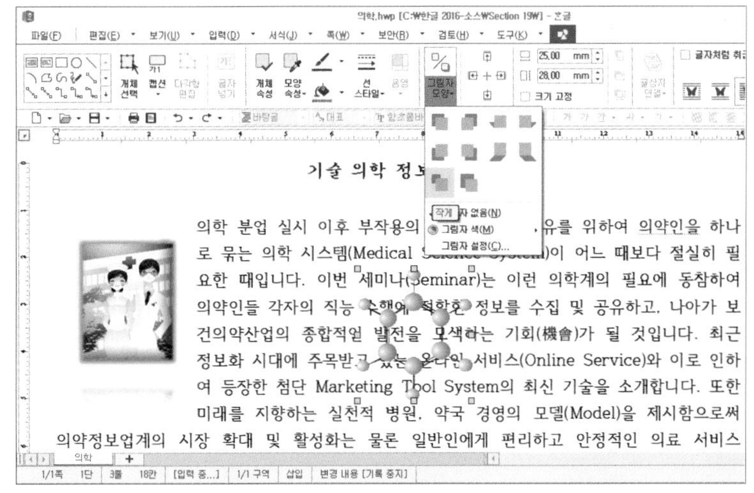

06 다시 한 번 그림자 모양(그림자 모양) 아이콘을 클릭하고, [그림자 색]에서 '초록(RGB: 0,128,0) 60% 밝게'를 선택합니다.

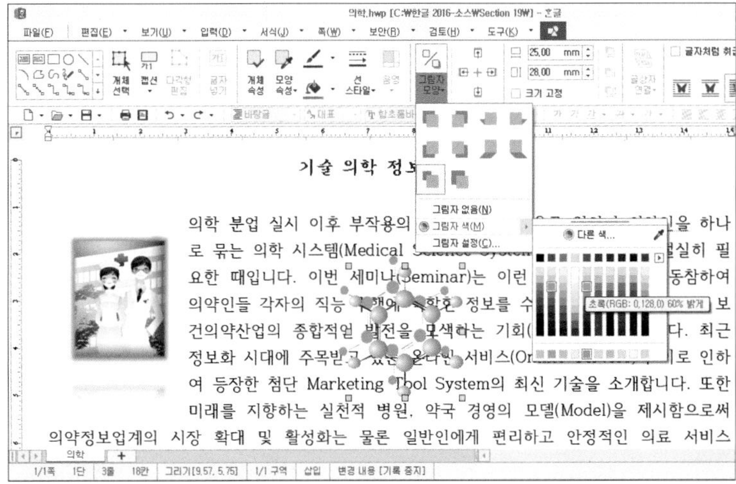

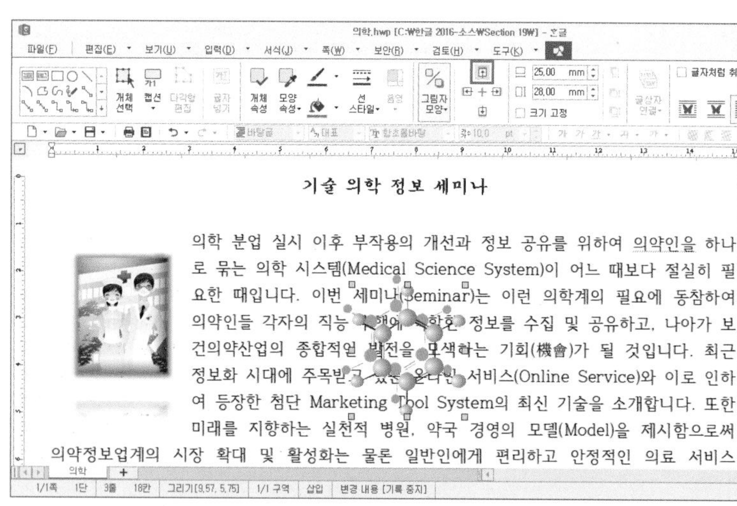

07 그림자를 이동시키기 위하여 [도형] 탭에서 그림자 위로 이동( ) 아이콘을 클릭합니다.

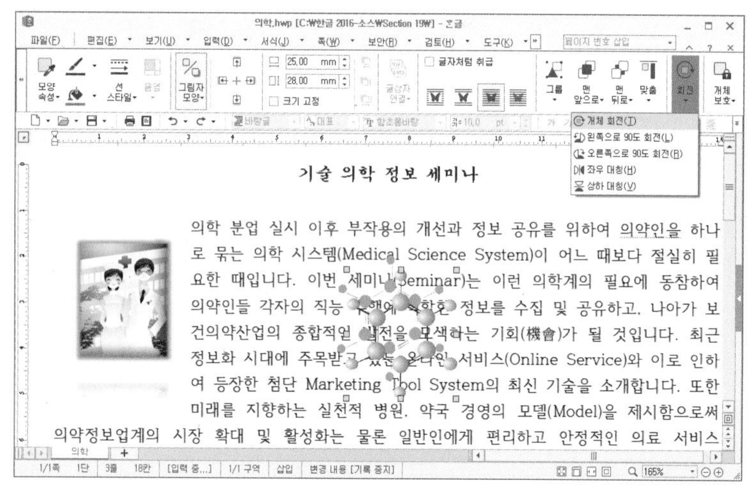

08 그림을 회전시키기 위하여 [도형] 탭에서 회전( ) 아이콘을 클릭하고, [개체 회전]을 선택합니다.

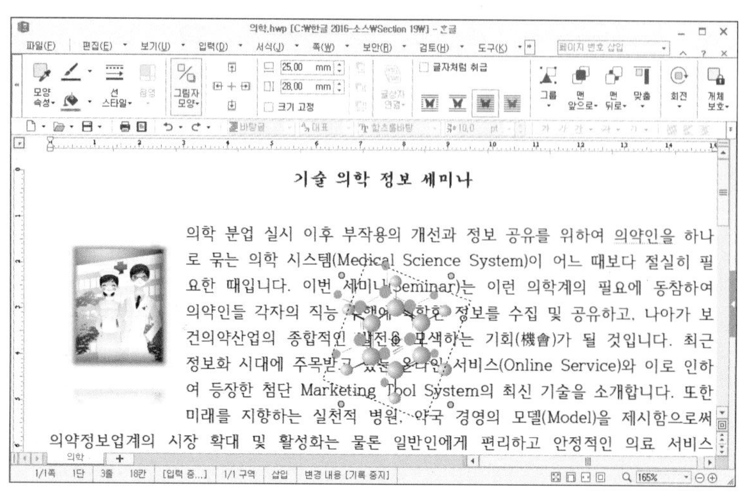

09 그림의 연두색 회전 조절점에서 마우스 포인터가 ' ' 모양으로 변경되면 마우스를 시계 방향으로 드래그하여 회전시킵니다.

10 그림이 선택된 상태에서 다시 한 번 회전(회전) 아이콘을 클릭하고, [상하 대칭]을 선택합니다.

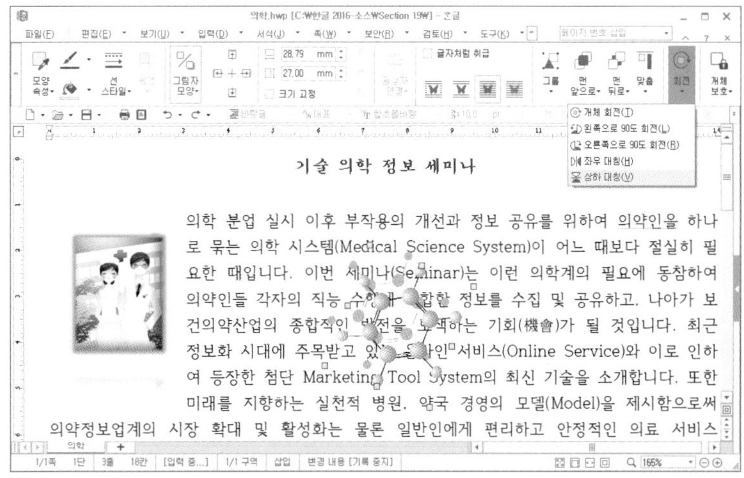

11 마지막으로 [도형] 탭에서 글 뒤로( ) 아이콘을 클릭하여 그림을 본문 내용 뒤로 배치합니다.

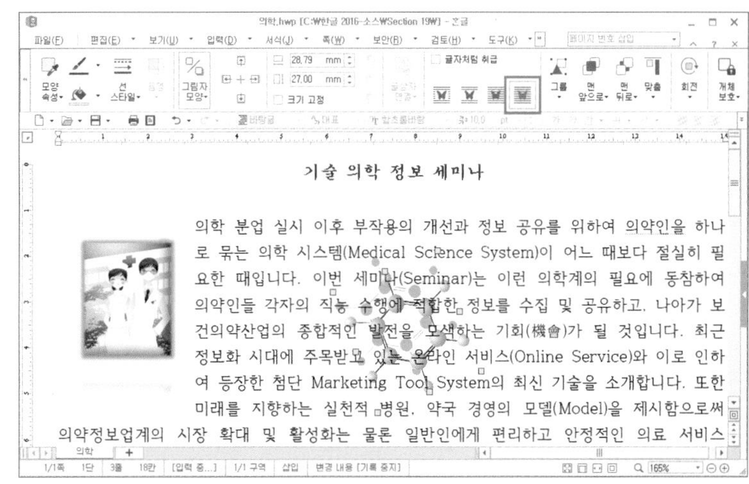

Power Upgrade

그림자 설정

- 그림자 모양(그림자 모양) 아이콘을 클릭하고, [그림자 설정]을 선택하면 [개체 속성] 대화 상자의 [그림자] 탭이 나타납니다.
- 종류 : 10가지의 그림자 모양 중에서 원하는 모양을 선택할 수 있습니다.
- 그림자 : 그림자의 색과 위치(가로 방향/세로 방향)를 지정할 수 있습니다.
- 투명도 설정 : 그림자 색에 투명도를 지정할 수 있습니다.

따라하기 03 그림 파일 삽입과 편집하기

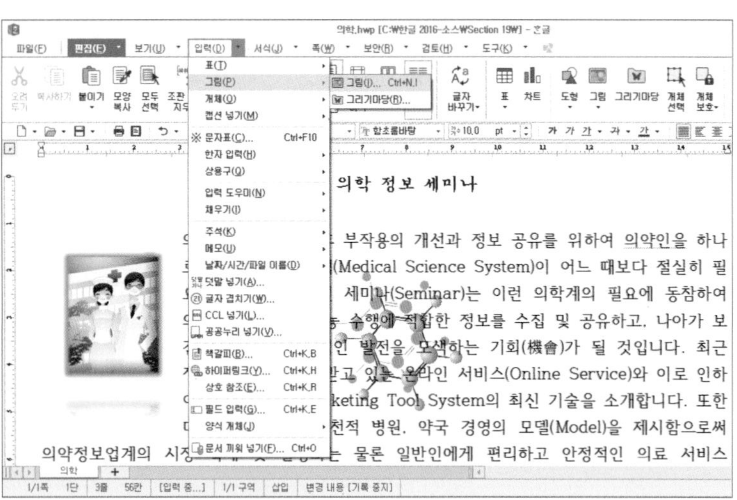

01 그림 파일을 삽입하기 위하여 [입력] 탭의 펼침(▾) 단추를 클릭하고, [그림]-[그림]을 선택합니다(= Ctrl + N, I).

그림 PlusTip

[편집]/[입력] 탭에서 그림( ) 아이콘을 클릭해도 됩니다.

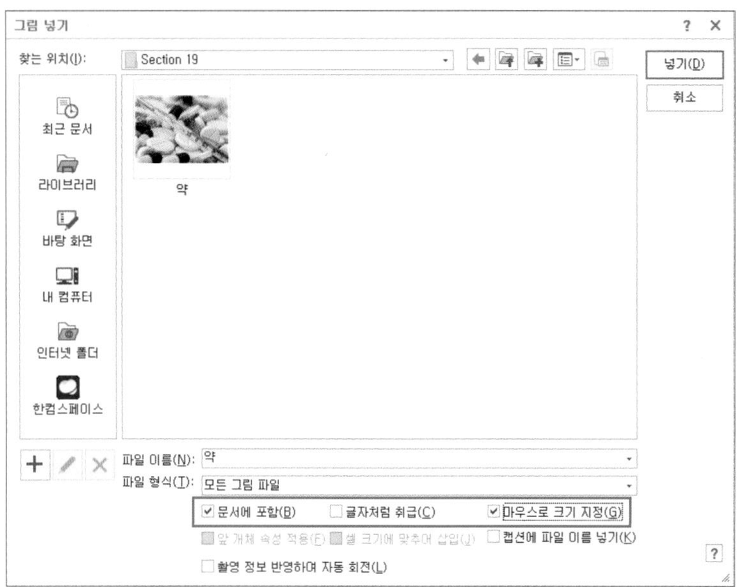

02 [그림 넣기] 대화 상자에서 찾는 위치는 'C:₩한글 2016-소스₩Section 19'에서 '약.jpg' 파일을 선택하고, [넣기] 단추를 클릭합니다.

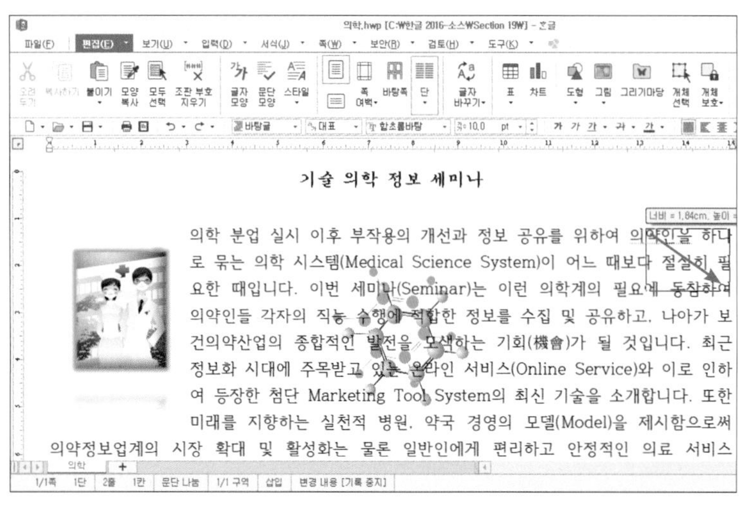

03 마우스 포인터가 '+' 모양으로 변경되면 본문에 그림 파일을 삽입할 적당한 위치에서 마우스를 드래그합니다.

04 그림 파일이 삽입되면 [그림] 탭에서 너비(25mm)와 높이(16mm)를 정확히 조절합니다.

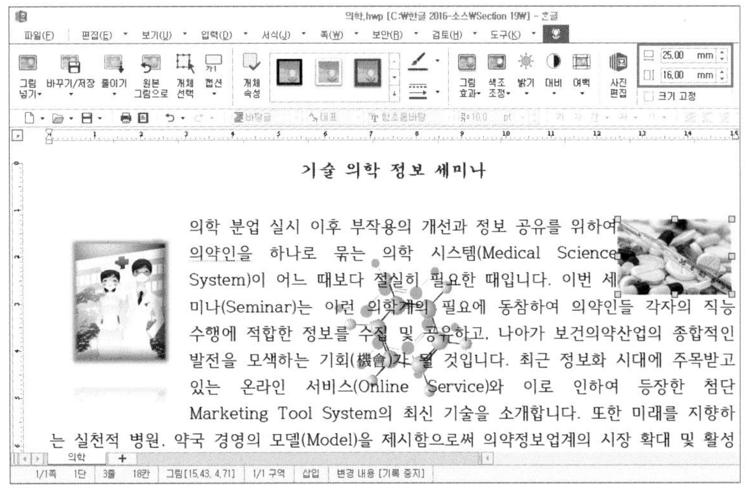

05 그림 파일의 일부분을 자르기 위하여 [그림] 탭에서 자르기(자르기) 아이콘을 클릭합니다.

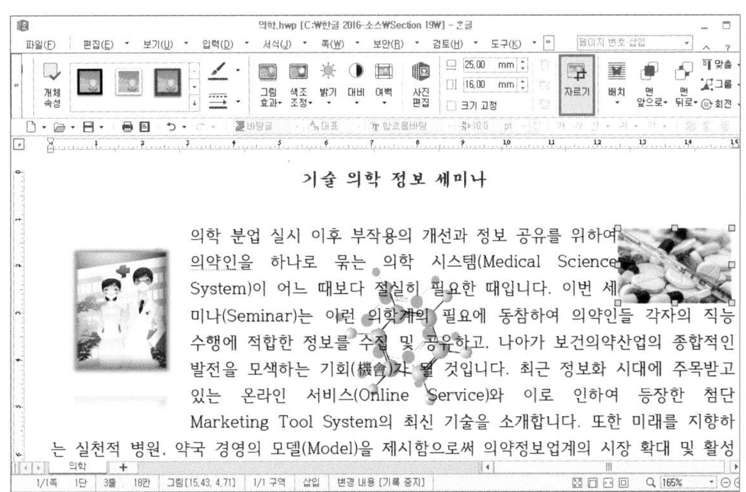

06 그림 파일 테두리에 경계선이 나타나면 왼쪽 경계선에서 마우스 포인터 모양이 변경될 때 안쪽으로 드래그하여 자릅니다.

자르기 해제 Plus Tip

[그림] 탭에서 선택된 [자르기] 아이콘을 다시 클릭하면 그림 자르기 상태가 해제됩니다.

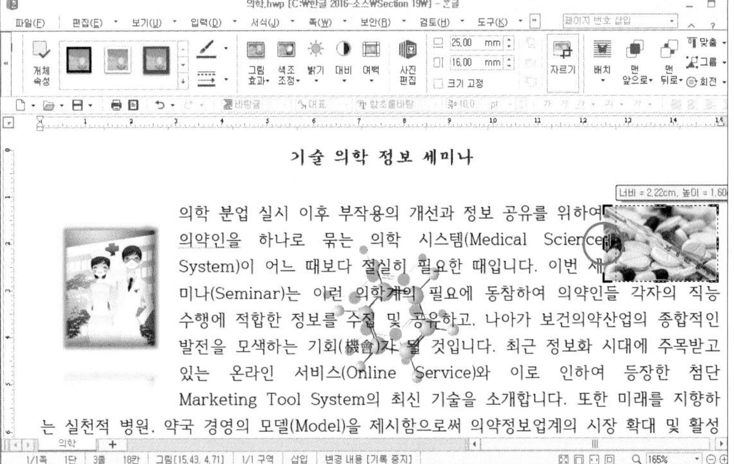

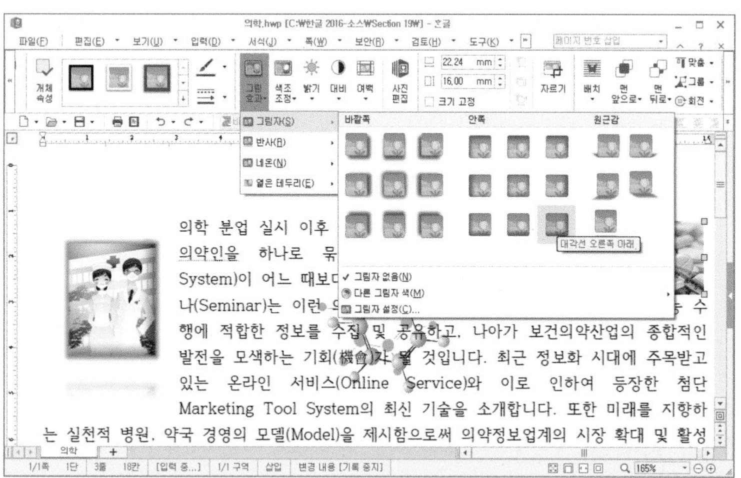

07 자른 그림 파일이 선택된 상태에서 [그림] 탭의 그림 효과(그림 효과) 아이콘을 클릭하고, 그림자의 '대각선 오른쪽 아래'를 선택합니다.

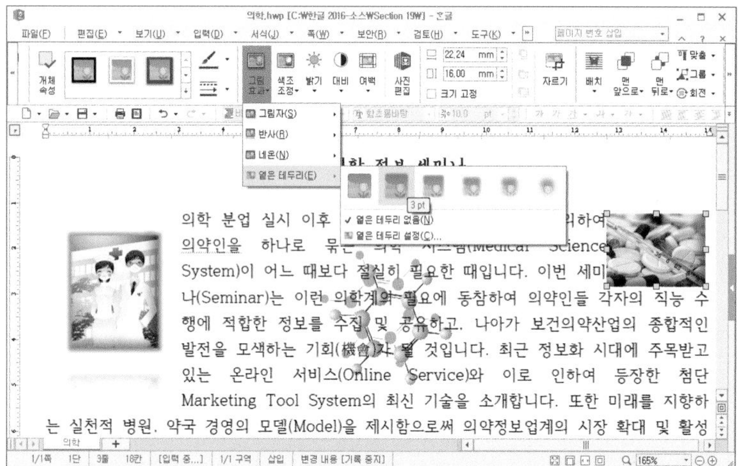

08 계속해서 그림 효과(그림 효과) 아이콘을 클릭하고, 옅은 테두리의 '3 pt'를 선택합니다.

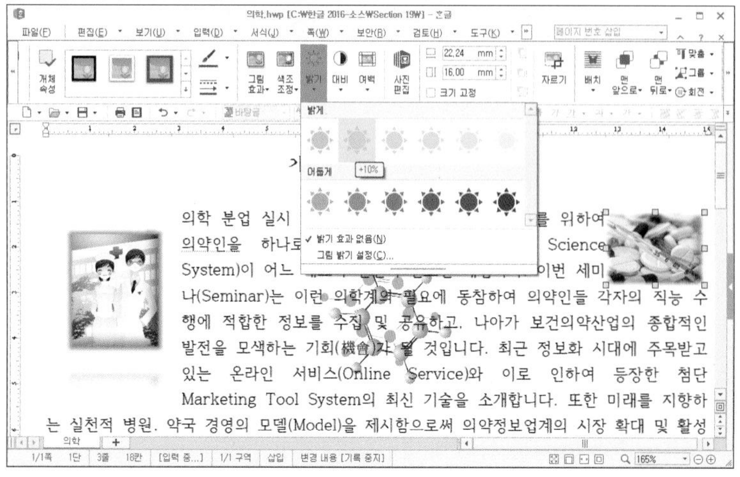

09 이번에는 [그림] 탭에서 밝기(밝기) 아이콘을 클릭하고, 밝게의 '+10%'를 선택합니다.

10 계속해서 대비(대비) 아이콘을 클릭하고, 높게의 '+5%'를 선택합니다.

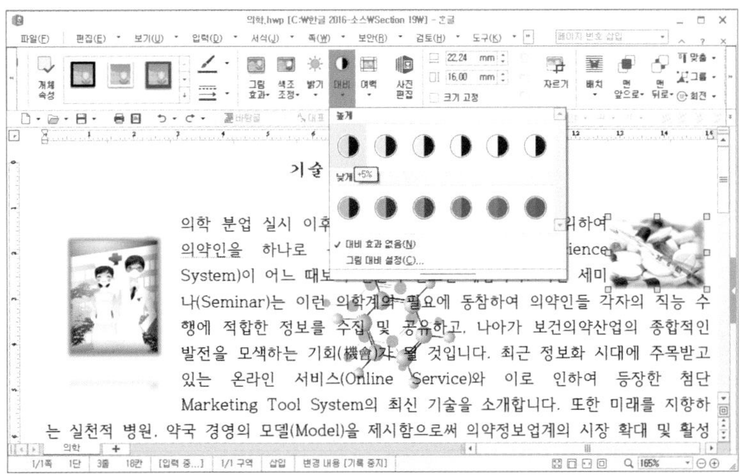

11 마지막으로 [그림] 탭에서 회전(회전) 아이콘을 클릭하고, [좌우 대칭]을 선택합니다.

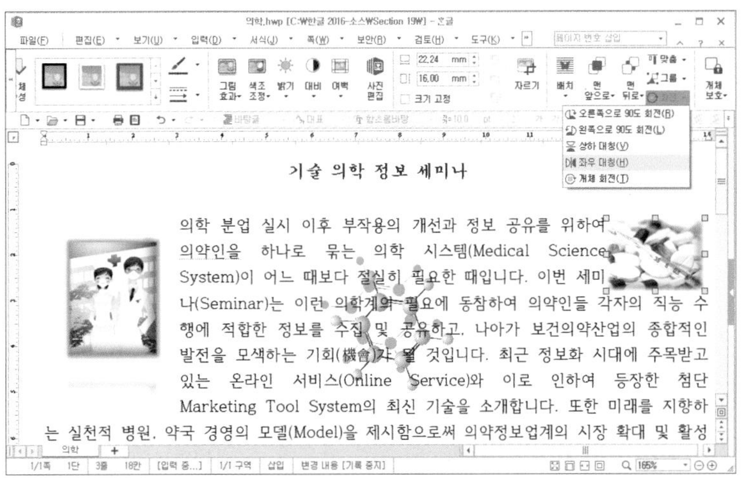

Power Upgrade

네온 설정

- 그림 효과(그림 효과) 아이콘을 클릭하고, [네온]-[네온 설정]을 선택하면 [개체 속성] 대화 상자의 [네온] 탭이 나타납니다.
- **색** : 색상표를 눌러 색상 팔레트가 나타나면 네온의 색을 지정합니다.
- **투명도** : 네온의 투명도 값을 조절합니다.
- **크기** : 네온의 크기 값을 조절합니다(조절 범위는 0~150pt).

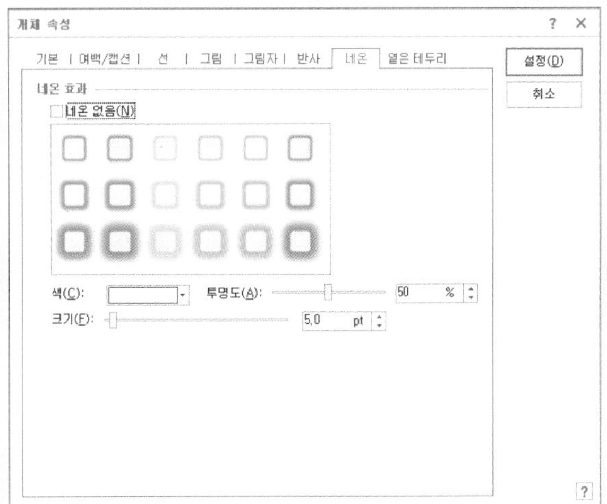

기초문제

1

다음의 내용을 입력한 후 주어진 클립아트(영어선생님)를 삽입하고, '고용.hwp'로 저장하세요.

고용 촉진 훈련생 모집

저소득층의 직업 훈련을 통해 취업(Employment)의 기회를 넓히고 자활(自活) 기반을 마련해 주기 위해 다음 달까지 고용 촉진 훈련생을 모집합니다. 지원 자격은 고용 보험 적용 사업장의 실직자를 제외한 만 19세 이상의 비취업자, 기초생활보장수급자, 영세농업인 등을 접수받아 심사를 통해 선발할 예정입니다. 훈련(訓練) 과정 중에 수업을 듣지 않거나 다른 사람에게 피해를 주는 경우가 늘어남에 따라 이번 훈련 과정부터는 각각 추천인(Recommender)과 보증인(Guarantor)이 있어야 접수할 수 있는 훈련생 보증(保證) 제도를 도입하였습니다. 수업료는 무료(No Charge)이며, 강좌 기간 동안 소정(所定)의 직업 재활 기금을 드립니다.

고용 +

힌트 • [그리기마당] 대화 상자의 [공유 클립아트] 탭에서 산업직종의 '영어선생님'을 선택합니다.

2

클립아트에 그림자(대각선 오른쪽 아래)와 옅은 테두리(3 pt) 효과를 지정해 보세요.

고용 촉진 훈련생 모집

저소득층의 직업 훈련을 통해 취업(Employment)의 기회를 넓히고 자활(自活) 기반을 마련해 주기 위해 다음 달까지 고용 촉진 훈련생을 모집합니다. 지원 자격은 고용 보험 적용 사업장의 실직자를 제외한 만 19세 이상의 비취업자, 기초생활보장수급자, 영세농업인 등을 접수받아 심사를 통해 선발할 예정입니다. 훈련(訓練) 과정 중에 수업을 듣지 않거나 다른 사람에게 피해를 주는 경우가 늘어남에 따라 이번 훈련 과정부터는 각각 추천인(Recommender)과 보증인(Guarantor)이 있어야 접수할 수 있는 훈련생 보증(保證) 제도를 도입하였습니다. 수업료는 무료(No Charge)이며, 강좌 기간 동안 소정(所定)의 직업 재활 기금을 드립니다.

고용 +

힌트 • [그림] 탭에서 [그림 효과] 아이콘을 클릭하고, '그림자'와 '옅은 테두리'를 각각 지정합니다.

3

클립아트에 밝기(어둡게, -5%)와 대비(높게, +20%) 효과를 지정해 보세요.

고용 촉진 훈련생 모집

저소득층의 직업 훈련을 통해 취업(Employment)의 기회를 넓히고 자활(自活) 기반을 마련해 주기 위해 다음 달까지 고용 촉진 훈련생을 모집합니다. 지원 자격은 고용 보험 적용 사업장의 실직자를 제외한 만 19세 이상의 비취업자, 기초생활보장수급자, 영세농업인 등을 접수받아 심사를 통해 선발할 예정입니다. 훈련(訓練) 과정 중에 수업을 듣지 않거나 다른 사람에게 피해를 주는 경우가 늘어남에 따라 이번 훈련 과정부터는 각각 추천인(Recommender)과 보증인(Guarantor)이 있어야 접수할 수 있는 훈련생 보증(保證) 제도를 도입하였습니다. 수업료는 무료(No Charge)이며, 강좌 기간 동안 소정(所定)의 직업 재활 기금을 드립니다.

고용 +

힌트 • [그림] 탭에서 [밝기] 아이콘과 [대비] 아이콘을 이용합니다.

심화문제

1) 다음의 내용을 입력한 후 제공된 그림 파일(자전거.jpg)을 삽입하고, '디자인.hwp'로 저장하세요(단, 그림 효과는 그림자와 옅은 테두리를 적용).

디자인 교육 네트워크

한국조형예술대학이 부산시와 공동으로 개최(開催)하는 '제15회 디자인 교육 네트워크' 행사를 맞이하여 '자전거 리모델링 공모전'을 열고 9월 20일까지 자전거를 활용한 리모델링 작품 접수를 받습니다. 공모전에 출품할 작품 내용은 자전거를 더 편리하게 개조(Remodeling)하는 것부터 전혀 다른 형태로 재창조(Recreation)하는 것까지 자유롭게 참여할 수 있습니다. 본 공모전에 자전거 디자인(Bicycle Design)과 관련된 모든 학계 관계자 및 전문가들이 적극 참여하여 실제 리모델링 사례, 디자인 창조 과정, 디자인 교육 방법 등 살아있는 창조(創造)의 장이 되도록 많은 관심을 가져주시면 감사하겠습니다.

디자인

힌트
- [그림 넣기] 대화 상자의 'C:\한글 2016-소스\Section 19'에서 '자전거.jpg' 파일을 선택합니다.
- [그림 효과]에서 그림자는 '대각선 오른쪽 위', 옅은 테두리는 '5 pt'를 지정합니다.

2) '자전거'의 그리기 조각을 삽입하고, 그림자 모양과 그림자 색을 지정해 보세요.

디자인 교육 네트워크

한국조형예술대학이 부산시와 공동으로 개최(開催)하는 '제15회 디자인 교육 네트워크' 행사를 맞이하여 '자전거 리모델링 공모전'을 열고 9월 20일까지 자전거를 활용한 리모델링 작품 접수를 받습니다. 공모전에 출품할 작품 내용은 자전거를 더 편리하게 개조(Remodeling)하는 것부터 전혀 다른 형태로 재창조(Recreation)하는 것까지 자유롭게 참여할 수 있습니다. 본 공모전에 자전거 디자인(Bicycle Design)과 관련된 모든 학계 관계자 및 전문가들이 적극 참여하여 실제 리모델링 사례, 디자인 창조 과정, 디자인 교육 방법 등 살아있는 창조(創造)의 장이 되도록 많은 관심을 가져주시면 감사하겠습니다.

디자인

힌트
- [그리기마당] 대화 상자의 [그리기 조각] 탭에서 교통(운송수단)의 '자전거'를 선택합니다.
- [도형] 탭에서 [그림자 모양] 아이콘을 클릭하고, '오른쪽 뒤'와 그림자 색(보라 계열)을 선택합니다.

3) '자전거'의 그리기 조각을 본문 내용 뒤로 배치하고, 좌우 대칭시켜 보세요.

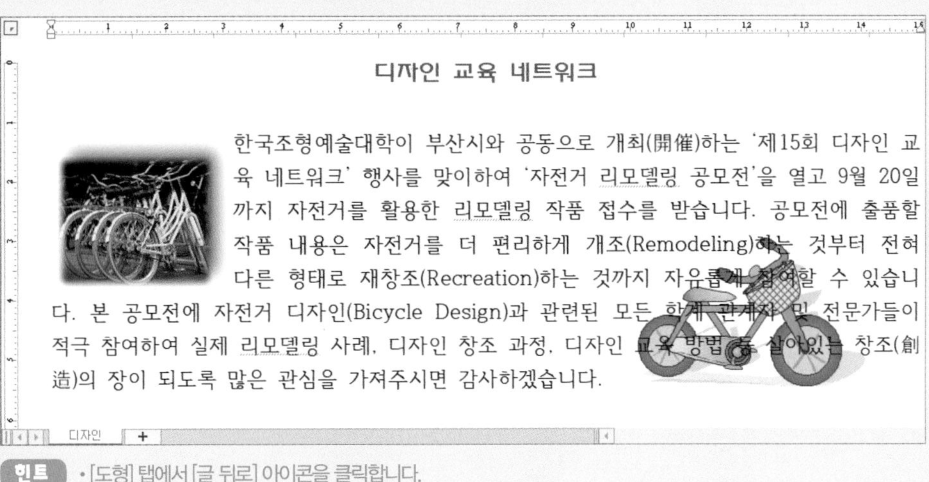

디자인 교육 네트워크

한국조형예술대학이 부산시와 공동으로 개최(開催)하는 '제15회 디자인 교육 네트워크' 행사를 맞이하여 '자전거 리모델링 공모전'을 열고 9월 20일까지 자전거를 활용한 리모델링 작품 접수를 받습니다. 공모전에 출품할 작품 내용은 자전거를 더 편리하게 개조(Remodeling)하는 것부터 전혀 다른 형태로 재창조(Recreation)하는 것까지 자유롭게 참여할 수 있습니다. 본 공모전에 자전거 디자인(Bicycle Design)과 관련된 모든 학계 관계자 및 전문가들이 적극 참여하여 실제 리모델링 사례, 디자인 창조 과정, 디자인 교육 방법 등 살아있는 창조(創造)의 장이 되도록 많은 관심을 가져주시면 감사하겠습니다.

디자인

힌트
- [도형] 탭에서 [글 뒤로] 아이콘을 클릭합니다.
- [도형] 탭에서 [회전] 아이콘을 클릭하고, [좌우 대칭]을 선택합니다.

Section

20 편집 용지와 인쇄 설정하기

전체적인 문서의 편집 용지를 설정한 후 문서의 일부분을 새로운 구역으로 나누어 봅니다. 또한 문서를 인쇄할 때 선택해야 하는 항목과 워터마크의 특수 효과를 적용하는 방법에 대해서 학습해 봅니다.

Preview

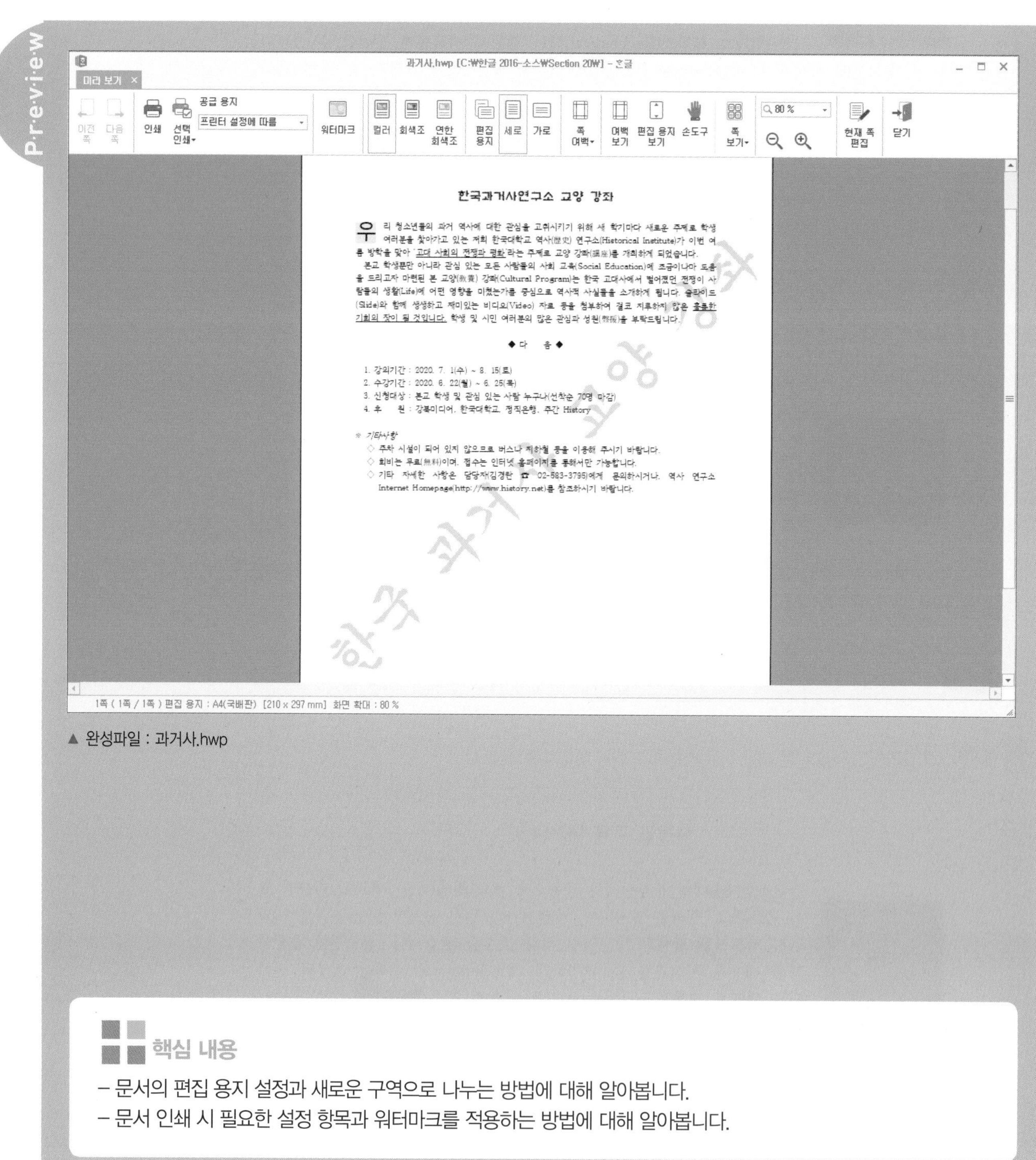

▲ 완성파일 : 과거사.hwp

핵심 내용

- 문서의 편집 용지 설정과 새로운 구역으로 나누는 방법에 대해 알아봅니다.
- 문서 인쇄 시 필요한 설정 항목과 워터마크를 적용하는 방법에 대해 알아봅니다.

따라하기 01 편집 용지 설정과 나누기

01 파일을 불러오기 위하여 [파일] 탭을 클릭하고, [불러오기]를 선택합니다(= Alt + O).

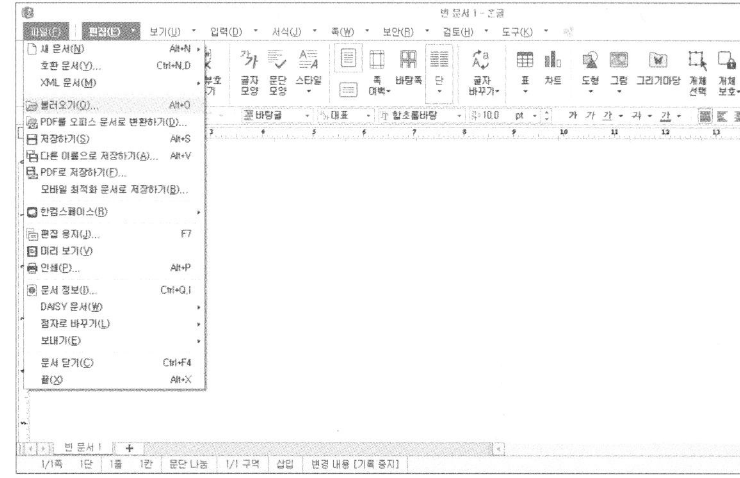

02 [불러오기] 대화 상자에서 찾는 위치는 'C:₩한글 2016-소스₩Section 20'으로 지정하고, 파일 이름은 '과거사'를 선택한 후 [열기] 단추를 클릭합니다.

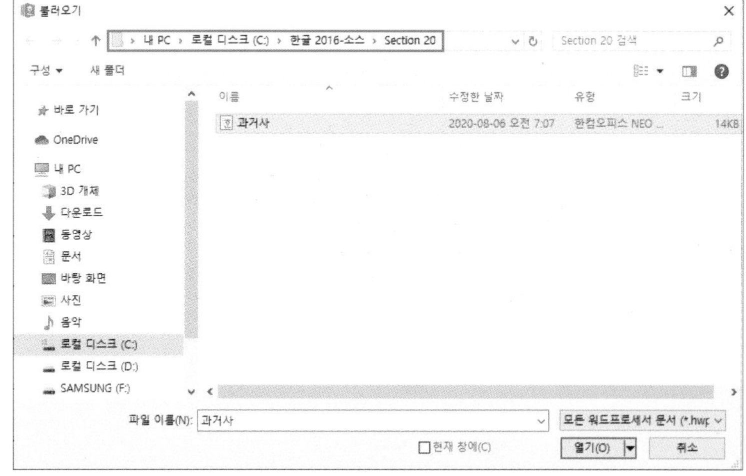

03 편집 용지를 설정하기 위하여 [파일]/[쪽] 탭의 펼침(▾) 단추를 클릭하고, [편집 용지]를 선택합니다(= F7).

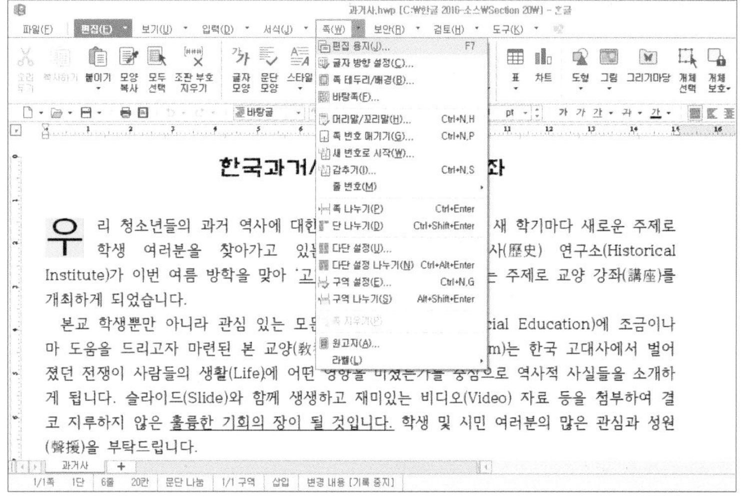

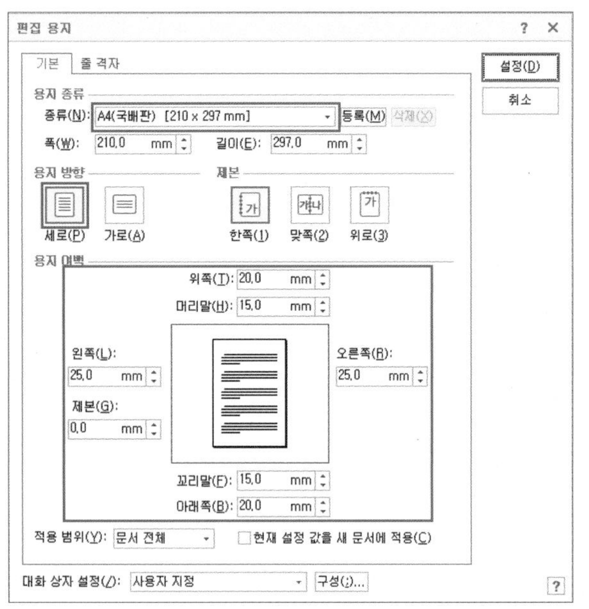

04 [편집 용지] 대화 상자의 [기본] 탭에서 용지 종류, 용지 방향, 용지 여백 등을 다음과 같이 각각 지정하고, [설정] 단추를 클릭합니다.

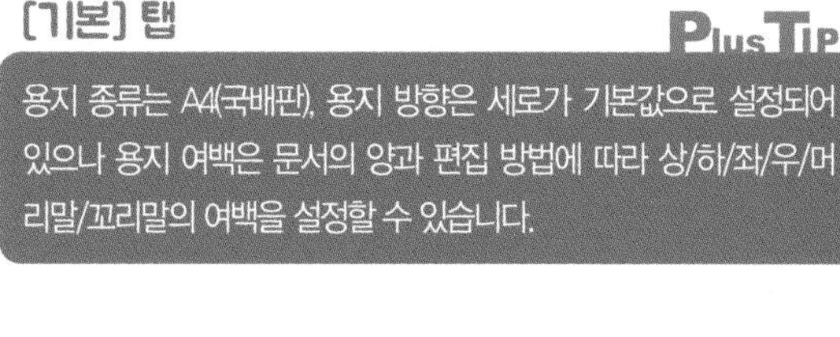
[기본] 탭 Plus Tip

용지 종류는 A4(국배판), 용지 방향은 세로가 기본값으로 설정되어 있으나 용지 여백은 문서의 양과 편집 방법에 따라 상/하/좌/우/머리말/꼬리말의 여백을 설정할 수 있습니다.

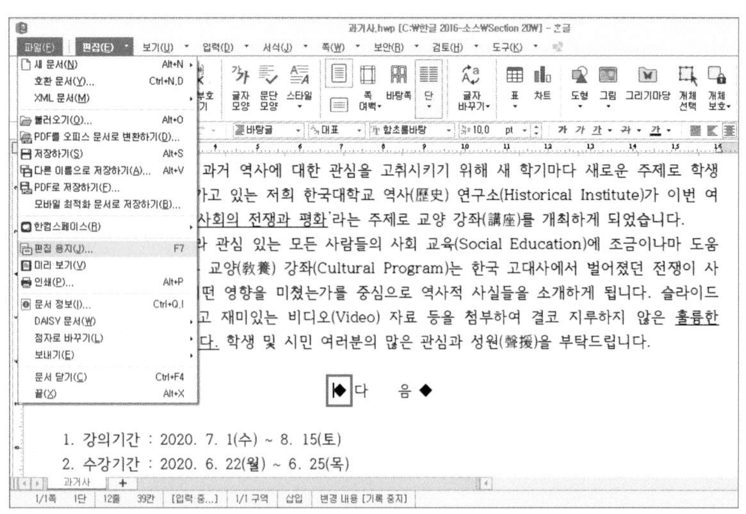

05 편집 용지를 나누기 위하여 해당 위치에 커서를 위치시킨 후 [파일]–[편집 용지]를 선택합니다.

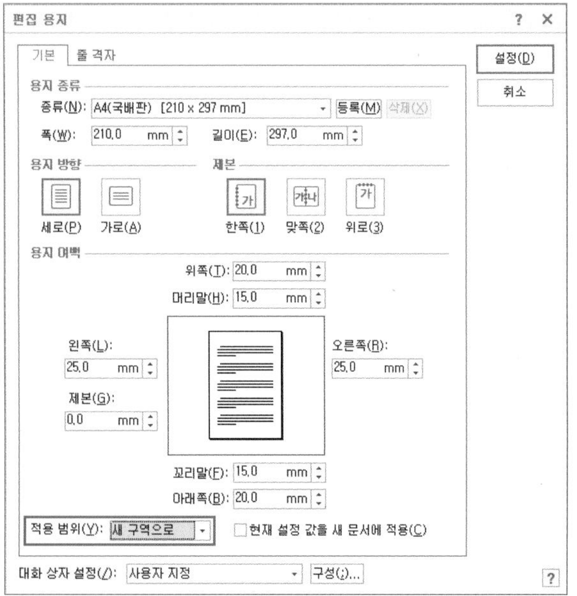

06 [편집 용지] 대화 상자의 [기본] 탭에서 적용 범위를 '새 구역으로' 선택하고, [설정] 단추를 클릭합니다.

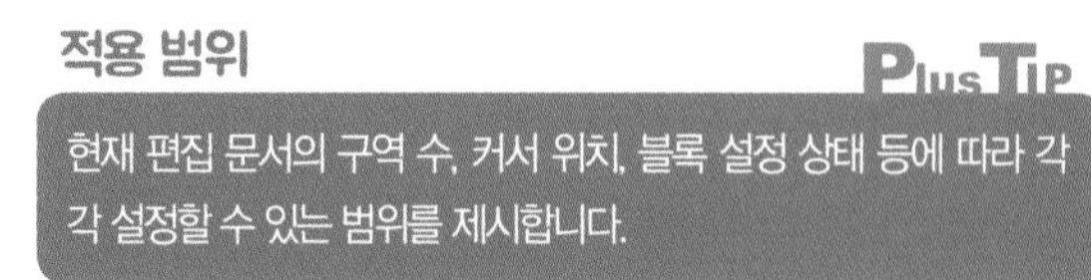
적용 범위 Plus Tip

현재 편집 문서의 구역 수, 커서 위치, 블록 설정 상태 등에 따라 각각 설정할 수 있는 범위를 제시합니다.

07 나누어진 구역을 확인하기 위하여 [파일] – [미리 보기]를 선택하거나 서식 도구 상자에서 미리 보기( ) 아이콘을 클릭합니다.

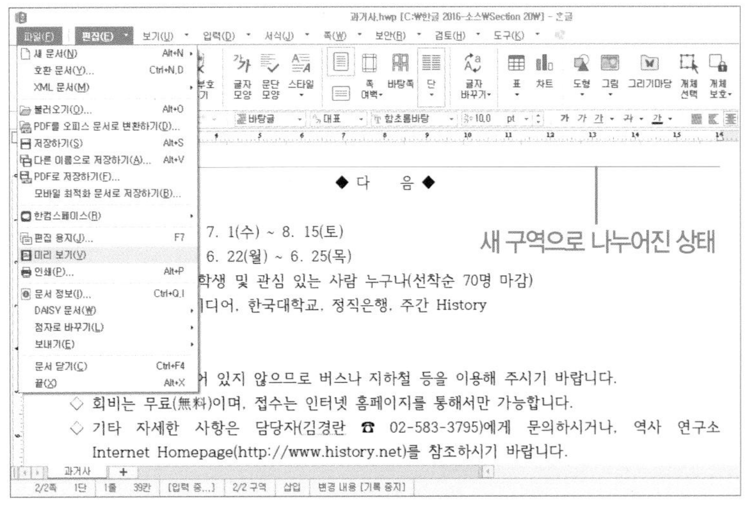

08 [미리 보기] 탭에서 쪽 보기( ) 아이콘을 클릭하고, [여러 쪽] – [1줄 × 2칸]을 선택합니다.

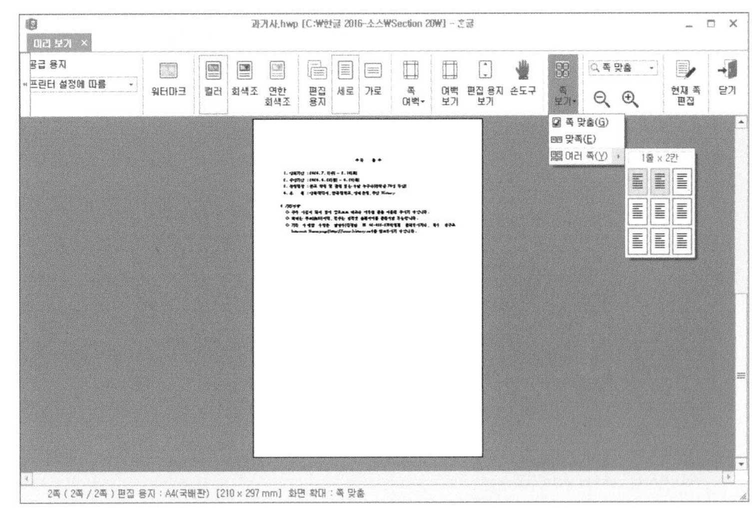

09 그 결과 문서가 새 구역으로 나누어진 상태를 확인할 수 있습니다.

미리 보기 종료 PlusTip

미리 보기 화면을 종료하려면 [미리 보기] 탭에서 닫기( ) 아이콘을 클릭하거나 ESC 키를 누릅니다.

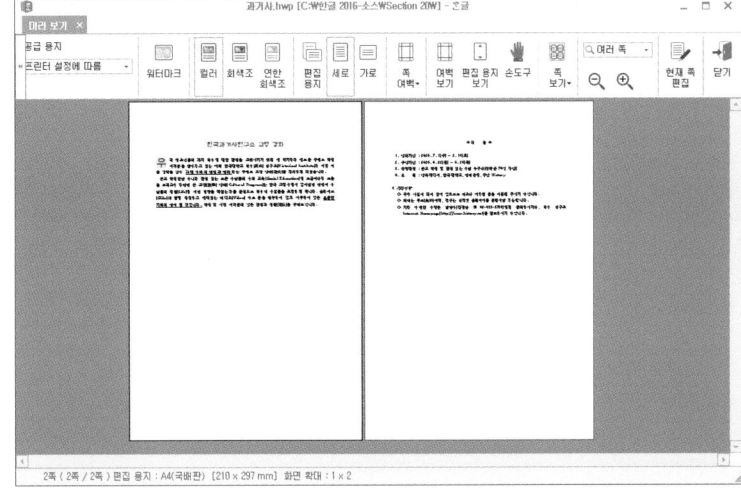

따라하기 02 문서 인쇄와 특수 효과 지정하기

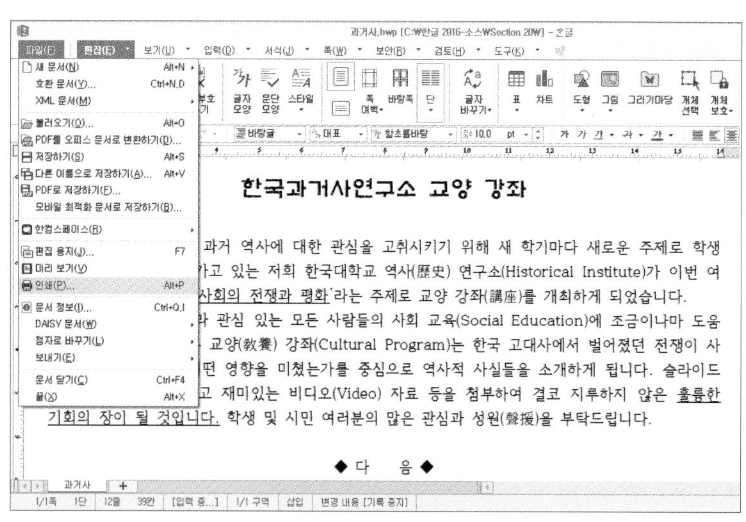

01 문서를 인쇄하기 위하여 [파일]−[인쇄]를 선택합니다(= Alt + P).

인쇄 PLUS TIP

서식 도구 모음에서 인쇄( ) 아이콘을 클릭해도 됩니다.

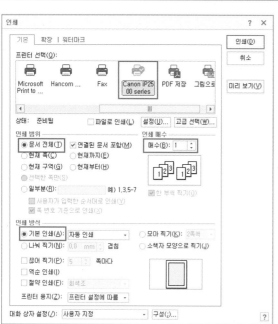

02 [인쇄] 대화 상자의 [기본] 탭에서 프린터를 선택한 후 인쇄 범위(문서 전체), 인쇄 매수(1), 인쇄 방식(기본 인쇄) 등을 지정하고, [인쇄] 단추를 클릭합니다.

프린터 PLUS TIP

프린터는 사용자나 사용 위치(장소)에 따라 다를 수 있으므로 인쇄 전에 반드시 확인을 해야 합니다.

03 인쇄 시 문서에 특수 효과를 적용하기 위하여 [파일]−[미리 보기]를 선택합니다.

04 [미리 보기] 탭에서 워터마크(워터마크) 아이콘을 클릭합니다.

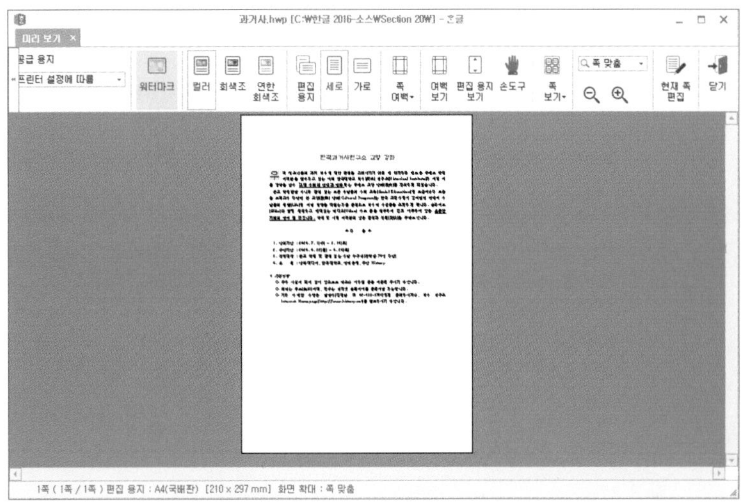

05 [인쇄] 대화 상자의 [워터마크] 탭에서 '글자 워터마크'를 선택한 후 글자 입력, 글꼴, 크기, 글자 색, 각도, 투명도, 배치 등을 다음과 같이 각각 지정하고, [설정] 단추를 클릭합니다.

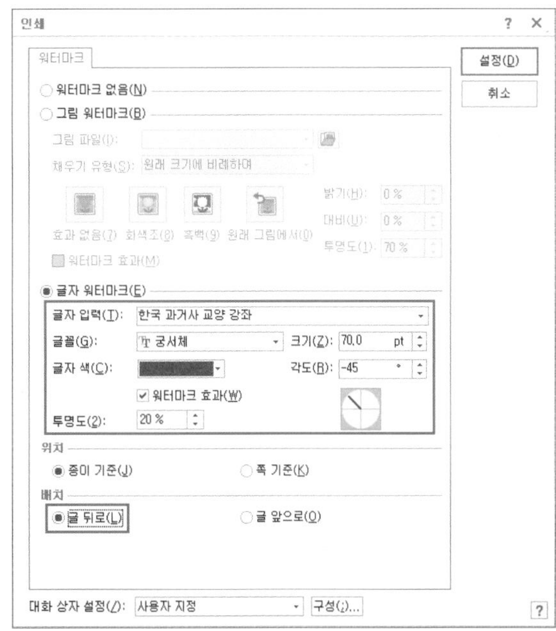

06 그 결과 미리 보기 화면에 글자 워터마크가 적용된 것을 확인할 수 있습니다.

워터마크 인쇄 PLUS TIP

워터마크는 미리 보기 화면과 인쇄 시 확인할 수 있으며, 원래의 편집 화면에는 나타나지 않습니다.

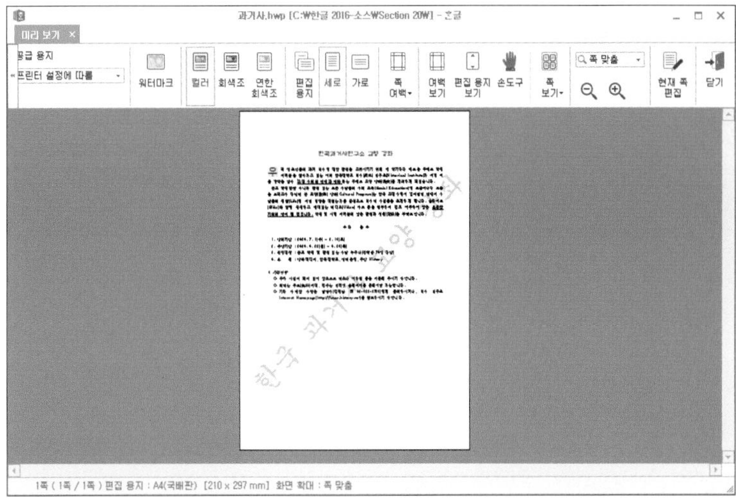

기초문제

1

'C:₩한글 2016-소스₩Section 20'에서 '전시회.hwp' 파일을 불러오기한 후 위쪽/아래쪽/왼쪽/오른쪽 여백을 모두 '25mm'로 지정해 보세요.

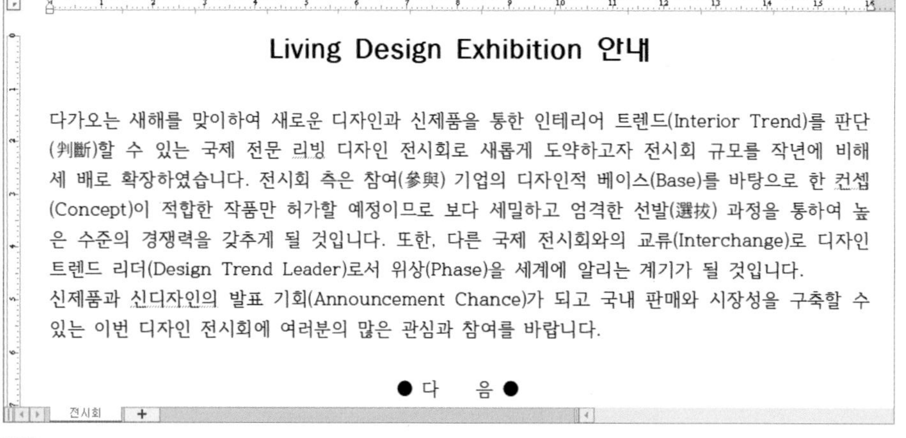

Living Design Exhibition 안내

다가오는 새해를 맞이하여 새로운 디자인과 신제품을 통한 인테리어 트렌드(Interior Trend)를 판단(判斷)할 수 있는 국제 전문 리빙 디자인 전시회로 새롭게 도약하고자 전시회 규모를 작년에 비해 세 배로 확장하였습니다. 전시회 측은 참여(參與) 기업의 디자인적 베이스(Base)를 바탕으로 한 컨셉(Concept)이 적합한 작품만 허가할 예정이므로 보다 세밀하고 엄격한 선발(選拔) 과정을 통하여 높은 수준의 경쟁력을 갖추게 될 것입니다. 또한, 다른 국제 전시회와의 교류(Interchange)로 디자인 트렌드 리더(Design Trend Leader)로서 위상(Phase)을 세계에 알리는 계기가 될 것입니다.
신제품과 신디자인의 발표 기회(Announcement Chance)가 되고 국내 판매와 시장성을 구축할 수 있는 이번 디자인 전시회에 여러분의 많은 관심과 참여를 바랍니다.

● 다　　음 ●

힌트

• [편집 용지] 대화 상자의 [기본] 탭에서 용지 여백의 위쪽/아래쪽/왼쪽/오른쪽을 모두 '25'로 지정합니다.

2

문서의 '● 다　음 ●' 내용부터 새로운 구역으로 지정해 보세요.

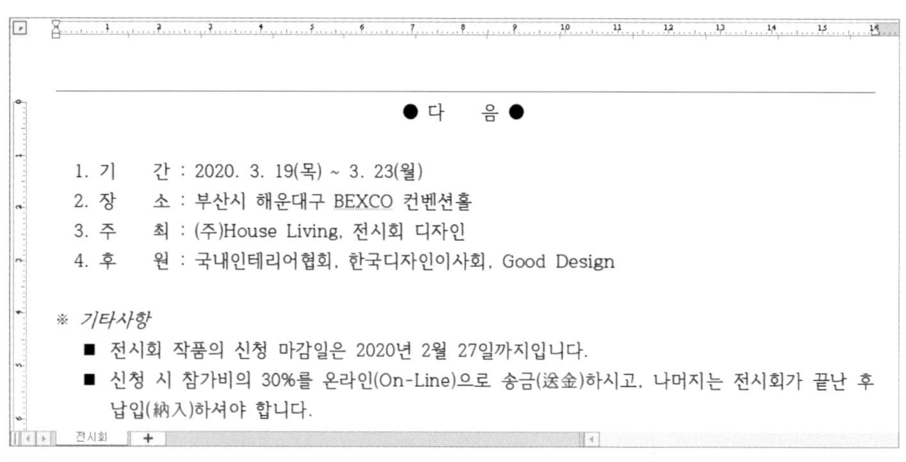

● 다　　음 ●

1. 기　　간 : 2020. 3. 19(목) ~ 3. 23(월)
2. 장　　소 : 부산시 해운대구 BEXCO 컨벤션홀
3. 주　　최 : (주)House Living, 전시회 디자인
4. 후　　원 : 국내인테리어협회, 한국디자인이사회, Good Design

※ *기타사항*

■ 전시회 작품의 신청 마감일은 2020년 2월 27일까지입니다.

■ 신청 시 참가비의 30%를 온라인(On-Line)으로 송금(送金)하시고, 나머지는 전시회가 끝난 후 납입(納入)하셔야 합니다.

힌트

• 해당 내용 앞에 커서를 위치시킨 후 [편집 용지] 대화 상자의 [기본] 탭에서 적용 범위를 '새 구역으로'를 선택합니다.

3

미리 보기에서 새 구역으로 나누어진 두 쪽을 확인해 보세요.

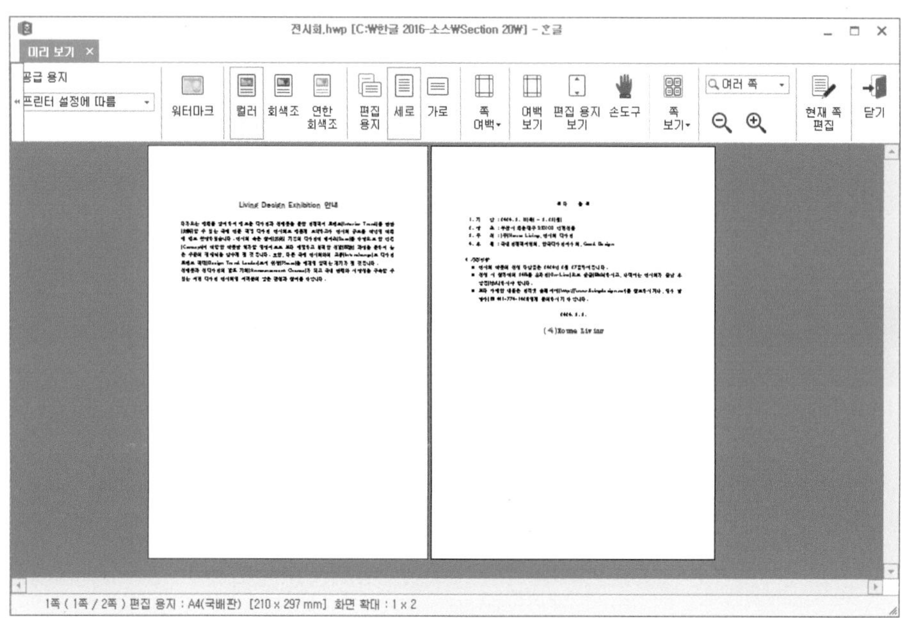

힌트

• [미리 보기] 탭에서 [쪽 보기] 아이콘을 클릭하고, [여러 쪽]-[1줄 × 2칸]을 선택합니다.

화문제

1) 'C:₩한글 2016-소스₩Section 20'에서 '협조문.hwp' 파일을 불러오기한 후 현재 쪽을 2장 인쇄해 보세요.

환경보호를 위한 1회용품 자제 협조문

환경보존부에서는 폐기물에 대한 처리 비용(費用)을 부과함으로써 배출량을 줄이고 재활용품을 분리 배출하도록 하는 쓰레기 종량제(The Volume-Rate Garbage Collection System) 제도를 실시하고 있습니다. 이는 비닐류 합성수지(Synthetic Resins)의 폐기물 다량 배출(排出)로 인한 매립지(Reclaimed Land) 저해 및 인체 유해 물질(Toxic Substance) 배출 등으로 인하여 환경의 심각한 문제점을 해소하기 위한 조치입니다.
제도의 조기 정착과 생활 습관을 위해서는 정부와 공공 기관이 솔선수범하여 전 국민의 적극적인 협조를 유도(誘導)해야 합니다. 또한, 각 학교에서도 교직원들이 우선적으로 자원 절약(Economy Of Natural Resource) 및 환경 보전(Environmental Preservation)을 위한 1회용품 사용 자제 홍보물을 게시하거나 관련 글짓기 및 포스터 대회 등을 적극 홍보하고, 학부모님에게도 다음과 같은 가정 통신문을 전달(傳達)하여 주시기 바랍니다.

협조문 +

힌트

• [인쇄] 대화 상자의 [기본] 탭에서 프린터를 선택한 후 인쇄 범위(현재 쪽), 인쇄 매수(2), 인쇄 방식(기본 인쇄)을 지정합니다.

2) 문서에 글자 워터마크(글꼴-태 나무, 크기-65, 글자 색-파랑, 투명도-10)를 설정해 보세요.

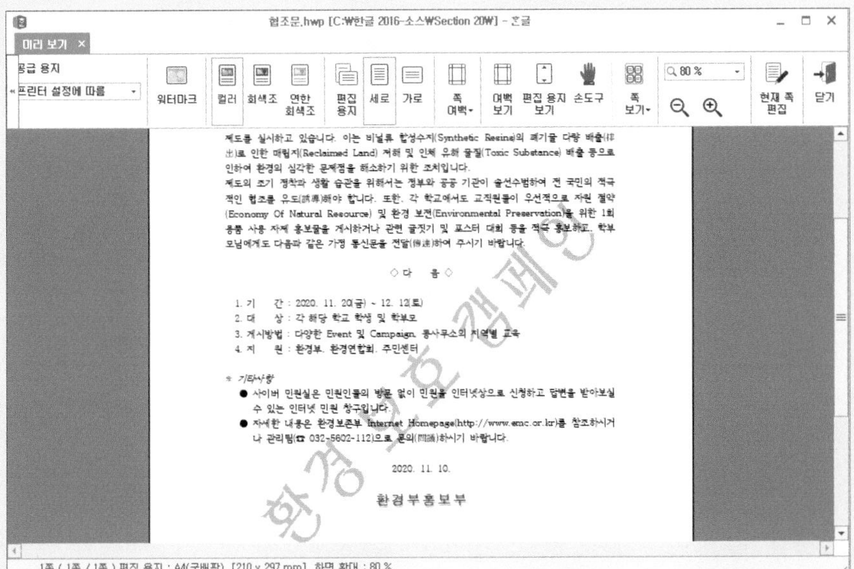

협조문.hwp [C:₩한글 2016-소스₩Section 20₩] - 한글

미리 보기

제도를 실시하고 있습니다. 이는 비닐류 합성수지(Synthetic Resins)의 폐기물 다량 배출(排出)로 인한 매립지(Reclaimed Land) 저해 및 인체 유해 물질(Toxic Substance) 배출 등으로 인하여 환경의 심각한 문제점을 해소하기 위한 조치입니다.
제도의 조기 정착과 생활 습관을 위해서는 정부와 공공 기관이 솔선수범하여 전 국민의 적극적인 협조를 유도(誘導)해야 합니다. 또한, 각 학교에서도 교직원들이 우선적으로 자원 절약(Economy Of Natural Resource) 및 환경 보전(Environmental Preservation)을 위한 1회용품 사용 자제 홍보물을 게시하거나 관련 글짓기 및 포스터 대회 등을 적극 홍보하고, 학부모님에게도 다음과 같은 가정 통신문을 전달(傳達)하여 주시기 바랍니다.

◇ 다 음 ◇

1. 기 간 : 2020. 11. 20(금) ~ 12. 13(토)
2. 대 상 : 각 해당 학교 학생 및 학부모
3. 게시방법 : 다양한 Event 및 Campaign, 봉사무소의 지역별 교육
4. 지 원 : 환경부, 환경연합회, 주민센터

※ 기타사항
● 사이버 민원실은 민원인들의 방문 없이 민원을 인터넷상으로 신청하고 답변을 받아보실 수 있는 인터넷 민원 창구입니다.
● 자세한 내용은 환경보존부 Internet Homepage(http://www.emc.or.kr)를 참조하시거나 관리팀(☎ 032-5602-112)으로 문의(問議)하시기 바랍니다.

2020. 11. 10.

환경부홍보부

환경보호캠페인

1쪽 (1쪽 / 1쪽) 편집 용지 : A4(국배판) [210 x 297 mm] 화면 확대 : 80 %

힌트

• [인쇄] 대화 상자의 [워터마크] 탭에서 '글자 워터마크'를 선택한 후 글자 입력, 글꼴, 크기, 글자 색, 투명도, 배치 등을 각각 지정합니다.

3) 문서에 그림 워터마크(그림 파일-나무.PNG, 가운데로, 투명도-50)를 설정해 보세요.

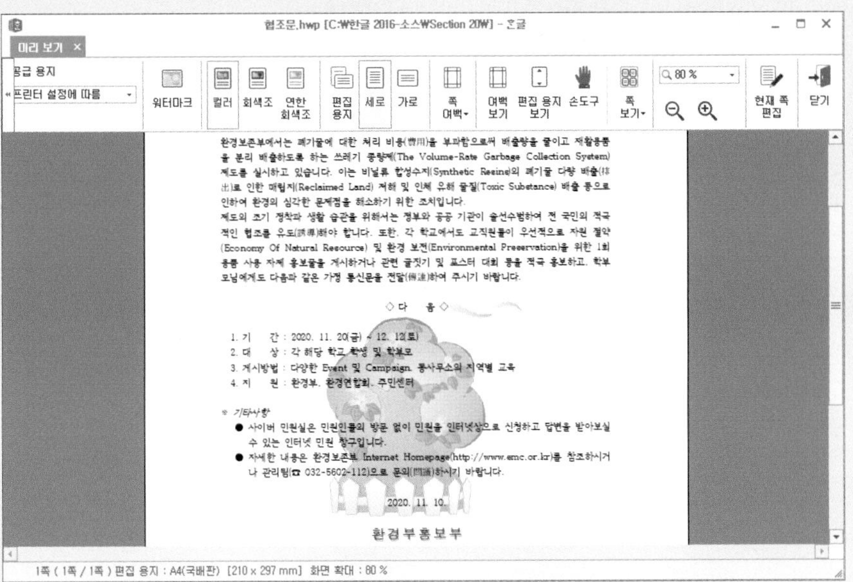

협조문.hwp [C:₩한글 2016-소스₩Section 20₩] - 한글

미리 보기

환경보존부에서는 폐기물에 대한 처리 비용(費用)을 부과함으로써 배출량을 줄이고 재활용품을 분리 배출하도록 하는 쓰레기 종량제(The Volume-Rate Garbage Collection System) 제도를 실시하고 있습니다. 이는 비닐류 합성수지(Synthetic Resins)의 폐기물 다량 배출(排出)로 인한 매립지(Reclaimed Land) 저해 및 인체 유해 물질(Toxic Substance) 배출 등으로 인하여 환경의 심각한 문제점을 해소하기 위한 조치입니다.
제도의 조기 정착과 생활 습관을 위해서는 정부와 공공 기관이 솔선수범하여 전 국민의 적극적인 협조를 유도(誘導)해야 합니다. 또한, 각 학교에서도 교직원들이 우선적으로 자원 절약(Economy Of Natural Resource) 및 환경 보전(Environmental Preservation)을 위한 1회용품 사용 자제 홍보물을 게시하거나 관련 글짓기 및 포스터 대회 등을 적극 홍보하고, 학부모님에게도 다음과 같은 가정 통신문을 전달(傳達)하여 주시기 바랍니다.

◇ 다 음 ◇

1. 기 간 : 2020. 11. 20(금) ~ 12. 13(토)
2. 대 상 : 각 해당 학교 학생 및 학부모
3. 게시방법 : 다양한 Event 및 Campaign, 봉사무소의 지역별 교육
4. 지 원 : 환경부, 환경연합회, 주민센터

※ 기타사항
● 사이버 민원실은 민원인들의 방문 없이 민원을 인터넷상으로 신청하고 답변을 받아보실 수 있는 인터넷 민원 창구입니다.
● 자세한 내용은 환경보존부 Internet Homepage(http://www.emc.or.kr)를 참조하시거나 관리팀(☎ 032-5602-112)으로 문의(問議)하시기 바랍니다.

2020. 11. 10.

환경부홍보부

1쪽 (1쪽 / 1쪽) 편집 용지 : A4(국배판) [210 x 297 mm] 화면 확대 : 80 %

힌트

• [인쇄] 대화 상자의 [워터마크] 탭에서 '그림 워터마크'를 선택한 후 그림 파일(제공한 그림 파일), 채우기 유형, 투명도 등을 각각 지정합니다.

HANGEUL 2016(NEO)

원리 쏙쏙 IT 실전 워크북 ㉓
한글 2016(NEO)

2020년 09월 20일 초판 발행
2022년 06월 20일 2판 인쇄
2022년 06월 20일 2판 발행

펴낸이 | 김정철
펴낸곳 | 아티오
지은이 | Vision IT
편 집 | 이효정
전 화 | 031-983-4092~3
팩 스 | 031-696-5780
등 록 | 2013년 2월 22일
정 가 | 12,000원
주 소 | 경기도 고양시 일산동구 호수로 336 (브라운스톤, 백석동)
홈페이지 | http://www.atio.co.kr

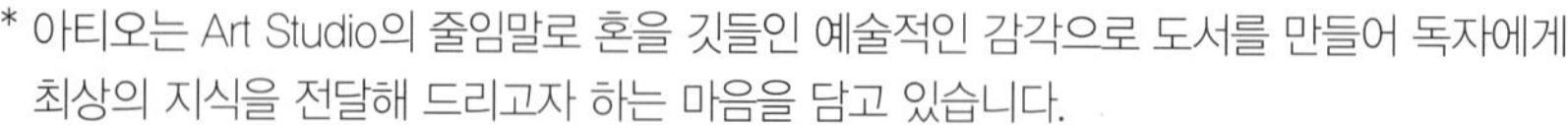

* 이 도서의 국립중앙도서관 출판예정도서목록(CIP)은 서지정보유통지원시스템 홈페이지(http://seoji.nl.go.kr)와 국가자료종합목록 구축시스템(http://kolis-net.nl.go.kr)에서 이용하실 수 있습니다. (CIP제어번호 : CIP2020037341)

◐ **실습 파일 받아보기**

– 예제 소스는 아티오(www.atio.co.kr) 홈페이지의 [자료실]에서 다운받으시면 됩니다.